"十二五"职业教育国家规划教材

经全国职业教育教材审定委员会审定

全国医药中等职业教育药学类"十四五"规划教材（第三轮）

供医药卫生类专业使用

医药商品学 （第3版）

主　编　周　容　高丽丽

副主编　吴　玲　刘　杰　秦付林　陈　诚

编　者　（以姓氏笔画为序）

邓　媚（湖南食品药品职业学院）

刘　杰（阜阳技师学院）

吴　玲（淮南市职业教育中心）

陈　诚（广西中医药大学附设中医学校）

邵　璟（江苏省常州技师学院）

周　容（四川省食品药品学校）

秦付林（四川省食品药品学校）

高丽丽（江西省医药学校）

鲁燕君（江西省医药学校）

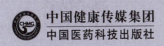

中国健康传媒集团

中国医药科技出版社

内容提要

本教材是"全国医药中等职业教育药学类'十四五'规划教材（第三轮）"之一，系根据医药商品学最新要求和课程特点编写而成，以 2018 年版《国家基本药物目录》为主，以非处方药为重点，结合《中华人民共和国药典》（2020 年版）收载品种，重点介绍了 300 余种医药商品的名称、医保信息、适应证、代表制剂及用法、典型不良反应、用药指导、贮藏及信息等商品属性。本教材通过医药商品的认识，医药商品的分类与使用、陈列、处方审核与调配，模拟销售等版块的岗位情景模拟及实训，培养学生调配处方、合理用药指导技能及用药咨询的药学服务能力。本教材为书网融合教材，即纸质教材有机融合电子教材、教学配套资源（PPT、微课、视频等）、题库系统、数字化教学服务（在线教学、在线作业、在线考试），使教学资源更加多样化、立体化。

本教材主要供全国医药中等职业院校药剂及医药卫生类相关专业教学使用，也可作为医药企业员工的培训教材。

图书在版编目（CIP）数据

医药商品学/周容，高丽丽主编 . —3 版 . —北京：中国医药科技出版社，2020.12
全国医药中等职业教育药学类"十四五"规划教材 . 第三轮
ISBN 978 - 7 - 5214 - 2181 - 1

Ⅰ. ①医… Ⅱ. ①周… ②高… Ⅲ. ①药品 - 商品学 - 中等专业学校 - 教材
Ⅳ. ①F763

中国版本图书馆 CIP 数据核字（2020）第 236062 号

美术编辑 陈君杞
版式设计 友全图文

出版 **中国健康传媒集团**｜中国医药科技出版社
地址 北京市海淀区文慧园北路甲 22 号
邮编 100082
电话 发行：010 - 62227427 邮购：010 - 62236938
网址 www.cmstp.com
规格 787mm×1092mm $^{1}/_{16}$
印张 23 $^{3}/_{4}$
字数 514 千字
初版 2011 年 5 月第 1 版
版次 2020 年 12 月第 3 版
印次 2023 年 11 月第 5 次印刷
印刷 三河市万龙印装有限公司
经销 全国各地新华书店
书号 ISBN 978 - 7 - 5214 - 2181 - 1
定价 **69.00 元**

获取新书信息、投稿、为图书纠错，请扫码联系我们。

2011 年，中国医药科技出版社根据教育部《中等职业教育改革创新行动计划（2010—2012 年）》精神，组织编写出版了"全国医药中等职业教育药学类专业规划教材"；2016 年，根据教育部 2014 年颁发的《中等职业学校专业教学标准（试行）》等文件精神，修订出版了第二轮规划教材"全国医药中等职业教育药学类'十三五'规划教材"，受到广大医药卫生类中等职业院校师生的欢迎。为了进一步提升教材质量，紧跟职教改革形势，根据教育部颁发的《国家职业教育改革实施方案》（国发〔2019〕4 号）、《中等职业学校专业教学标准（试行）》（教职成厅函〔2014〕48 号）精神，中国医药科技出版社有限公司经过广泛征求各有关院校及专家的意见，于 2020 年 3 月正式启动了第三轮教材的编写工作。在教育部、国家药品监督管理局的领导和指导下，在本套教材建设指导委员会专家的指导和顶层设计下，中国医药科技出版社有限公司组织全国 60 余所院校 300 余名教学经验丰富的专家、教师精心编撰了"全国医药中等职业教育药学类'十四五'规划教材（第三轮）"，该套教材付梓出版。

本套教材共计 42 种，全部配套"医药大学堂"在线学习平台。主要供全国医药卫生中等职业院校药学类专业教学使用，也可供医药卫生行业从业人员继续教育和培训使用。

本套教材定位清晰，特点鲜明，主要体现如下几个方面。

1. 立足教改，适应发展

为了适应职业教育教学改革需要，教材注重以真实生产项目、典型工作任务为载体组织教学单元。遵循职业教育规律和技术技能型人才成长规律，体现中职药学人才培养的特点，着力提高药学类专业学生的实践操作能力。以学生的全面素质培养和产业对人才的要求为教学目标，按职业教育"需求驱动"型课程建构的过程，进行任务分析。坚持理论知识"必需、够用"为度。强调教材的针对性、实用性、条理性和先进性，既注重对学生基本技能的培养，又适当拓展知识面，实现职业教育与终身学习的对接，为学生后续发展奠定必要的基础。

2. 强化技能，对接岗位

教材要体现中等职业教育的属性，使学生掌握一定的技能以适应岗位的需要，具有一定的理论知识基础和可持续发展的能力。理论知识把握有度，既要给学生学习和掌握技能奠定必要的、足够的理论基础，也不要过分强调理论知识的系统性和完整性；

注重技能结合理论知识，建设理论－实践一体化教材。

3. 优化模块，易教易学

设计生动、活泼的教学模块，在保持教材主体框架的基础上，通过模块设计增加教材的信息量和可读性、趣味性。例如通过引入实际案例以及岗位情景模拟，使教材内容更贴近岗位，让学生了解实际岗位的知识与技能要求，做到学以致用；"请你想一想"模块，便于师生教学的互动；"你知道吗"模块适当介绍新技术、新设备以及科技发展新趋势、行业职业资格考试与现代职业发展相关知识，为学生后续发展奠定必要的基础。

4. 产教融合，优化团队

现代职业教育倡导职业性、实践性和开放性，职业教育必须校企合作、工学结合、学作融合。专业技能课教材，鼓励吸纳 1～2 位具有丰富实践经验的企业人员参与编写，确保工作岗位上的先进技术和实际应用融入教材内容，更加体现职业教育的职业性、实践性和开放性。

5. 多媒融合，数字增值

为适应现代化教学模式需要，本套教材搭载"医药大学堂"在线学习平台，配套以纸质教材为基础的多样化数字教学资源（如课程 PPT、习题库、微课等），使教材内容更加生动化、形象化、立体化。此外，平台尚有数据分析、教学诊断等功能，可为教学研究与管理提供技术和数据支撑。

编写出版本套高质量教材，得到了全国各相关院校领导与编者的大力支持，在此一并表示衷心感谢。出版发行本套教材，希望得到广大师生的欢迎，并在教学中积极使用和提出宝贵意见，以便修订完善，共同打造精品教材，为促进我国中等职业教育医药类专业教学改革和人才培养作出积极贡献。

全国医药中等职业教育药学类"十四五"规划教材（第三轮）

建设指导委员会名单

苏兰宜	江西省医药学校	杨永庆	天水市卫生学校
李 芳	珠海市卫生学校	李应军	四川省食品药品学校
李桂兰	江西省医药学校	李桂荣	山东药品食品职业学院
李承革	四川省食品药品学校	何 红	江西省医药学校
张 玲	山东药品食品职业学院	张一帆	山东药品食品职业学院
张小明	四川省食品药品学校	陈 静	江西省医药学校
林 勇	江西省医药学校	林 楠	上海市医药学校
欧阳小青	广东省食品药品职业技术学校	欧绍淑	广东省湛江卫生学校
尚金燕	山东药品食品职业学院	罗 翀	湖南食品药品职业学院
罗玲英	江西省医药学校	周 容	四川省食品药品学校
郑小吉	广东省江门中医药学校	柯宇新	广东省食品药品职业技术学校
赵 磊	四川省食品药品学校	赵珍东	广东食品药品职业学院
秦胜红	四川省食品药品学校	贾效彬	亳州中药科技学校
夏玉玲	四川省食品药品学校	高 娟	山东药品食品职业学院
高丽丽	江西省医药学校	郭常文	四川省食品药品学校
黄 瀚	湖南食品药品职业学院	常光萍	上海市医药学校
崔 艳	上海市医药学校	董树裔	上海市医药学校
鲍 娜	湖南食品药品职业学院		

全国医药中等职业教育药学类"十四五"规划教材（第三轮）

◦ 评审委员会名单 ◦

数字化教材编委会

主　编　周　容　高丽丽
副主编　吴　玲　刘　杰　秦付林　陈　诚
编　者　(以姓氏笔画为序)

邓　媚 (湖南食品药品职业学院)

刘　杰 (阜阳技师学院)

吴　玲 (淮南市职业教育中心)

陈　诚 (广西中医药大学附设中医学校)

邵　璟 (江苏省常州技师学院)

周　容 (四川省食品药品学校)

秦付林 (四川省食品药品学校)

高丽丽 (江西省医药学校)

鲁燕君 (江西省医药学校)

　　医药商品学主要研究医药商品的商品属性以及在流通过程中实现其使用价值的规律，是商品学、经济学与药物学有机结合的一门应用学科，是药剂及其他相关专业的重要专业课程。

　　本教材包括医药商品的基本知识、药物商品、其他医药商品、实训四个模块，共计29个项目。医药商品的基本知识部分主要介绍医药商品的有关概念、医药商品的特殊性、药品的分类与使用、医药商品的质量与标准、药品包装、医药商品的陈列、处方调配等。药物商品部分及其他医药商品部分结合我国医药商品的经营现状，以2018年版《国家基本药物目录》为主，结合《中华人民共和国药典》（2020年版）的收载品种，以非处方药为重点，主要介绍常用药品的名称、医保信息、适应证、代表制剂及用法、典型不良反应、用药指导、贮藏及商品信息，以及药店经营的常用医疗器械等其他医药商品。根据医药商品学的特点及医药商品购销员的要求强化了实训部分。通过药品介绍、医药商品的分类与陈列保管、药品包装识别、处方审查与调配、岗位情景模拟等版块的案例分析及实训，培养学生调配处方、药品分类陈列、合理用药指导及用药咨询的药学服务能力。

　　本教材由周容、高丽丽担任主编，具体编写分工如下：周容（项目一、项目二、项目三、项目四、项目五、项目二十五、项目二十六、项目二十七及实训），高丽丽（项目七、项目十八及实训），吴玲（项目十二、项目十六及实训），刘杰（项目九、项目十五及实训），秦付林（项目六、项目十一、项目二十二、项目二十三及实训），陈诚（项目十、项目十九及实训），邓媚（项目十三、项目十七、项目二十一及实训），邵璟（项目八、项目二十），鲁燕君（项目十四、项目二十四）。

　　本教材在编写过程中得到了许多专家的悉心指导及各参编单位的支持和帮助，在此一并表示感谢！本教材所有涉及药品的商品名及厂商只作教学举例使用，不用作广告用途，特此说明。

　　由于受编者经验与能力所限，书中难免有疏漏与不足之处，恳请广大读者和专家批评指正，以便修订时进一步改进。

编　者
2020年10月

目录

模块一　基本知识

- 1. 掌握医药商品的基本概念及特殊性；医药商品的质量特性及药品质量标准的基本内容。
- 2. 熟悉我国的医药商品质量管理制度。

- 1. 掌握药品包装的基本要求；常用的药品包装；药品包装标志；药品说明书与标签的主要内容。
- 2. 熟悉药品常用的包装材料与包装容器。

1. 掌握药品按处方药与非处方药分类、按临床用途进行分类的方法；常见剂型药品的正确使用方法。
2. 熟悉国家基本药物制度。

1. 掌握医药商品陈列的原则和基本要求。
2. 熟悉医药商品陈列方式及陈列位置的选择；药店医药商品的分类陈列。

- 1. 掌握合理用药的原则。
- 2. 熟悉影响药物作用的因素。

- 1. 掌握处方调配的程序；处方审核的内容、调配处方的注意事项。
- 2. 熟悉处方格式、处方的规则。

- 1. 掌握常用抗感染药的名称、适应证、用药指导。
- 2. 熟悉常见抗感染药品的代表制剂及用法、典型不良反应。

● 掌握常用解热镇痛抗炎药及抗痛风药的名称、适应证、用药指导。

● 掌握抗变态反应药常用的名称、适应证、用药指导。

● 1. 掌握呼吸系统常用药品的名称、适应证、用药指导。

● 2. 熟悉常见呼吸系统药品的代表制剂及用法、典型不良反应。

1. 掌握消化系统常用药品的名称、适应证、用药指导。
2. 熟悉常见消化系统药品的代表制剂及用法、典型不良反应。

1. 掌握心血管系统常用药品的名称、适应证、用药指导。
2. 熟悉常见心血管系统药品的代表制剂及用法、典型不良反应。

1. 掌握泌尿系统常用药品的名称、适应证、用药指导。
2. 熟悉泌尿系统药品的代表制剂及用法、典型不良反应。

1. 掌握血液及造血系统常用药的名称、适应证、用药指导。
2. 熟悉常见血液及造血系统药品的代表制剂及用法、典型不良反应。

1. 掌握激素类常用药品的名称、适应证、用药指导。
2. 熟悉常见激素类药品的代表制剂及用法、典型不良反应。

1. 掌握中枢神经系统常用药的名称、适应证、用药指导。
2. 熟悉常见神经系统药品的代表制剂及用法、典型不良反应。

掌握维生素类常用药的名称、适应证、用药指导。

1. 掌握常用麻醉药的名称、适应证、用药指导。
2. 熟悉麻醉药品的代表制剂及用法、典型不良反应。

掌握临床专科常用药品的名称、适应证、用药指导。

1. 掌握抗肿瘤常用药物的名称、适应证、用药指导。
2. 熟悉常见抗肿瘤药品的代表制剂及用法、典型不良反应。

掌握影响机体免疫功能常用药的名称、适应证、用药指导。

1. 掌握常见调节生活质量药品的名称、适应证、用药指导。

2. 熟悉常见调节生活质量药品的代表制剂及用法、典型不良反应。

掌握调节水、电解质和酸碱平衡常用药的名称、适应证、用药指导。

1. 掌握常用生物制品的名称、适应证、用药指导。

2. 熟悉常见生物制品的代表制剂及用法、典型不良反应。

1. 掌握医疗器械定义；医疗器械的注册（备案）及产品注册（备案）号的常识；家用医疗器械的产品结构与功能、使用方法、注意事项、产品质量及商品信息等商品学知识。

模块四   实训

● 2. 熟悉医疗器械的分类与管理。

1

模块一

基本知识

▷▷ 项目一　认识医药商品学

PPT

学习目标

知识要求

1. **掌握**　医药商品的基本概念及特殊性；医药商品的质量特性及药品质量标准的基本内容。
2. **熟悉**　我国的医药商品质量管理制度。
3. **了解**　医药商品学的产生与发展；医疗器械的质量标准。

能力要求

1. 能明确医药商品学的研究对象及任务；学会识别各种医药商品。
2. 能分析医药商品质量与质量特性，树立患者生命安全第一、药品质量第一的理念。

▷ 任务一　认识医药商品学

医药商品是关系人类生命与健康的重要商品，医药产业被誉为"朝阳产业"。自20世纪以来，全球医药产业逐步进入快速发展时期。1970年，全球医药产值仅为217亿美元，到2000年全球医药产值猛增到3000多亿美元，2018年全球医药市场规模已达1.5万亿美元。目前，我国医药市场规模已达1.5万亿元人民币，占全球药品市场15%的份额，是全球第二大医药商品市场。中国已成为原料药出口大国，其中抗生素类、维生素类、解热镇痛类、激素类等产品已具有较强的国际竞争力。随着世界经济的发展、全球人口数量的增长、社会老龄化趋势以及民众健康意识的不断增强，预计2025年我国医药市场规模将达到5.3万亿美元。

一、医药商品学的研究对象及主要内容 📱微课

医药商品泛指医药企业所经营的药品、医疗器械、保健食品、化妆品、化学试剂、玻璃仪器等商品，如图1-1所示。医药商品作为一种特殊的商品，其流通过程必须受到国家的监管。

医药商品学主要研究医药商品的商品属性以及在流通过程中实现其使用价值的规律。现代医药商品学是由商品学、经济学、临床医学、市场营销学、消费者心理学等与药物学有机结合形成的一门应用学科，是连接医药产品与商品流通的桥梁与纽带。

图 1 – 1 医药商品

随着我国市场经济的发展，医药商品学的内容也越来越丰富，医药商品的品种和质量是医药商品学研究的中心内容。医药商品学主要内容如图 1 – 2 所示。

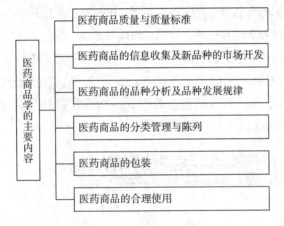

图 1 – 2 医药商品学的主要内容

二、医药商品学的任务

医药商品学的任务主要是为了促进医药商品的生产、经营，满足消费者的需要，促进医药市场的健康发展。主要包括以下几方面。

1. 规范医药商品经营，保证为公众提供质量合格、安全有效的医药商品。

2. 对医药商品进行全面评价，有效发挥其使用价值。

3. 研究医药商品的包装及包装上的各种标识，掌握不同医药商品在流通过程中可能引起质变的各种因素，以利于保护医药商品质量。

4. 实现对医药商品的科学分类陈列管理。

5. 培养经营人员的药学服务能力，指导消费者合理用药。

三、医药商品学的产生发展

随着我国改革开放及市场经济地位的确立，我国医药改革的步伐也明显加快。处方药与非处方药分类管理、国家基本药物制度、医疗保险制度改革、药品降价、药价放开等一系列的改革措施使中国医药企业的竞争力明显增强，促进了我国医药商业经营快速发展。

药品分类管理制度的实施，既为医药零售业提供了较大的市场发展空间，同时也对零售药店在人员配备、进货渠道、销售行为等方面提出了更高的要求；国家基本药物制度的推行，对企业产品生产经营结构的调整将产生重大影响；医疗保险制度的建立，药品的消费结构也将随之出现改变。这些管理制度的实行，逐步规范了医药商品流通市场秩序。

为适应我国医药市场经济发展的需求，业内陆续组织编写了相关培训资料。20世纪80年代末，中国医药公司编写了医药经营人员中级业务培训教材《医药商品学》，供药品从业人员使用。20世纪90年代全国中等职业教育学校药品经营管理专业开始增设医药商品学课程。进入21世纪后，各职业院校相继开设医药商品学，成为医药营销、药剂等专业的主要课程。医药商品学也逐渐由商品学、经济学、临床药学与临床医学、市场营销学、消费者心理学等多种学科有机结合与相互渗透而形成一门独立的学科。随着医药市场的细化，又产生了中成药商品学、保健品商品学、医疗器械商品学等分支学科。

医药商品学作为专门研究医药商品的一门应用学科，在实施药品分类管理和医疗卫生保障制度改革的今天，为维护正常的医药市场秩序，指导合理用药，促进医药经济的发展，具有较强的实际应用与指导意义。

任务二　认识医药商品

岗位情景模拟

情景描述　药店新到一批医药商品，店长要求新员工小王把这批医药商品按药品、医疗器械、保健食品、化妆品分开。

讨论　1. 店员应怎样识别这批医药商品？

　　　2. 店员识别医药商品的依据是什么？

医药企业经营的医药商品范围较大，在本任务中主要是认识其中的药品、医疗器械、保健食品、化妆品等。

一、药品

（一）药物与药品

1. 药物　具有治疗、预防和诊断疾病的化学物质称为药物。

2. 药品　是指用于预防、治疗、诊断人的疾病，有目的地调节人的生理机能并规定有适应证或者功能主治、用法和用量的物质，包括中药、化学药和生物制品等。主要有以下三层含义。

（1）专指用于预防、治疗、诊断人的疾病，因此药品不包括农药和兽药。

（2）其作用是有目的地调节人的生理机能并规定有适应证或者功能主治、用法和用量的物质，这就与保健品和化妆品区分开来。

（3）药品范围包括中药、化学药、生物制品等。具体有中药材、中药饮片、中成药、化学原料药及其制剂、抗生素、生化药品、放射性药品、血清疫苗、血液制品和诊断药品等，如图1-3所示。

从两者的概念来看：药品是可供临床直接使用的上市商品，一般都必须是有明确的剂型、剂量、适应证、用法和用量的物质。而药物范围更大，可以是实验的化学物质等，但有生物活性。

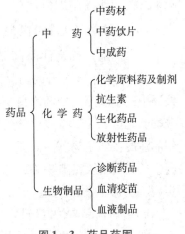

图1-3 药品范围

（二）现代药与传统药

1. 现代药 指19世纪以来发展起来的化学药品、抗生素、生物制品等，是用合成、分离、提取、化学修饰、生物工程等现代科学方法得到，并且是用现代医学理论和方法筛选确定其药效的物质。我国一般称为西药。

你知道吗

生化药品与生物制品

生化药品属于化学药品，是指以生物化学方法为手段从生物材料中分离、纯化、精制而成的用来治疗、预防和诊断疾病的药品，如氨基酸、肽类等。

生物制品是用病原微生物（细菌、病毒、立克次体）、病原微生物的代谢产物（毒素）以及动物和人血浆等制成的制品，可用于预防、治疗和诊断疾病。用于防治传染病的生物制品可分为人工自动免疫制品（如疫苗和类毒素等）和人工被动免疫制品（如丙种球蛋白、白喉抗毒素、破伤风抗毒素等）。

2. 传统药 指各国历史上流传下来的药物，主要是植物药、动物药和矿物药。世界许多国家都有自己的传统药。我国的传统药主要是中药，其治病的理论、药物加工的原则和选药的依据是以中医辨证理论为指导。

从以上分析看，中药与西药最根本的区别在于应用的医学理论不同。其实有很多现代药来源于中药，例如盐酸小檗碱（盐酸黄连素）是由黄连、黄柏、三颗针等中药材提取得到的有效成分，现已人工合成，其主要制剂有盐酸小檗碱片、复方黄连素片等。盐酸小檗碱片是按现代医学理论和方法筛选作为抗菌药使用，应属于现代药；而复方黄连素片中主要成分也是盐酸小檗碱，但按中医理论配方使用，用于清热燥湿、行气止痛、止痢止泻，复方黄连素片应属于中药。因此，在查阅质量标准时，盐酸小檗碱片收载于《中国药典》（二部），而复方黄连素片收载于《中国药典》（一部）。

（三）注册（上市）药品

上市药品又称为注册药品，指的经国家药品监督管理部门审查批准并发给生产（或试生产）批准文号的药品。我国最新《药品注册管理办法》明确规定：中药注册按照中药创新药、中药改良型新药、古代经典名方中药复方制剂、同名同方药等进行分类。化学药注册按照化学药创新药、化学药改良型新药、仿制药等进行分类。生物制品注册按照生物制品创新药、生物制品改良型新药、已上市生物制品（含生物类似药）等进行分类。其中临床急需的短缺药、儿童用药、罕见病用药、重大传染病用药、疾病防控急需疫苗和创新疫苗等可加快上市注册。

1. 原研药品与仿制药品　原研药品指境内外首个获准上市，且具有完整和充分的安全性、有效性数据作为上市依据的药品。仿制药品是指仿制境内外已批准上市原研药品的药品。我国目前不再区分进口仿制药和国产仿制药，进口仿制药与国产仿制药执行统一的审评标准和质量要求。试行标准的药品和受国家行政保护的品种不得仿制。

2. 境外生产药品　是指境外制药厂商所在生产国家或者地区的上市药品。未在生产国家或者地区获得上市许可，但经国家药品监督管理局确认该药品安全、有效而且临床需要的，可以批准进口。

二、医疗器械

医疗器械是指用于人体、旨在达到下列预期目的的仪器、设备、器具、体外诊断试剂及校准物、材料以及其他类似或者相关的物品，包括所需要的软件。医疗器械主要用于：①疾病的诊断、预防、监护、治疗或者缓解；②损伤的诊断、监护、治疗、缓解或者补偿；③生理结构或者生理过程的检验、替代、调节或者支持；④生命的支持或者维持；⑤妊娠控制；⑥医疗器械的消毒或者灭菌；⑦通过对来自人体的样本进行检查，为医疗或者诊断目的提供信息。

医疗器械的作用主要通过声学、光学、电学等物理的方式获得，不是通过药理学、免疫学或者代谢的方式获得，或者虽然有这些方式参与但是只起辅助作用。

医疗器械的功能主要是通过物理的方式来完成，物理方式如：机械作用、物理屏障或者支持人体器官或人体某种功能等。而药物一般是通过药理学、免疫学、药物化学和药剂学等手段达到预期的目的。例如普通创可贴系采用吸水垫、创口护膜、隔离膜、医用橡皮膏等组成，创可贴的吸收垫覆盖在伤口，防止细菌和异物的侵入，保护伤口卫生、加速伤口的愈合，用于小创伤止血、保护创面等，普通创可贴即属于医疗器械。

三、保健食品

保健食品是指声称具有特定保健功能或者以补充维生素、矿物质为目的的食品。即适宜特定人群食用，具有调节机体功能，不以治疗疾病为目的，并且对人体不产生任何急性、亚急性或者慢性危害的食品。

保健食品须具有以下属性：①食品属性；②功能属性，具有特定保健功能或者以补充维生素、矿物质为目的；③非药品属性；④对人体不产生急性或慢性的危害。

四、化妆品

化妆品是指以涂擦、喷洒或者其他类似方法，施用于皮肤、毛发、指甲、口唇等人体表面，以清洁、保护、美化、修饰为目的的日用化学工业产品。

根据国家药品监督管理局的有关规定，化妆品分为特殊化妆品和普通化妆品。用于染发、烫发、祛斑美白、防晒、防脱发的化妆品以及宣称新功效的化妆品为特殊化妆品。特殊化妆品以外的化妆品为普通化妆品。按最新规定，牙膏为普通化妆品。

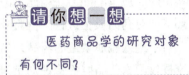

请你想一想

医药商品学的研究对象有何不同？

任务三 医药商品的质量与质量管理

一、医药商品的特殊性

医药商品是关系到公众生命健康的一类特殊商品。其中，药品作为医药商品的重要组成部分，其特殊性主要体现在以下三个方面。

（一）药品使用的特殊性

1. 药品的专属性　处方药必须在医生的检查、诊断、指导下合理使用，非处方药须根据病情合理选择，正确使用，才能达到防病、治病和保障健康的目的。

药品在使用方面不具有任何随意性。国家对于药品包装、标签、使用说明、要求都以法律形式作明确规定，用于指导人们用药，保证用药安全。

2. 药品的两重性　即药品的治疗作用和不良反应，是指药品在防病与治病的同时，也会发生某些不良反应，如毒性反应、过敏反应、继发反应、后遗反应、耐受性与成瘾性等。许多药品，特别是新药，还需要通过上市使用一段时间后，经过长期的、大量的调查、统计和分析，进行再评价，才能发现其不良反应。

3. 药品的时效性　药品只有在规定的有效期内才能保证病人用药的安全有效。人患何种疾病、何时患病是不以人的意志为转移的。而一旦生病，就立刻对药品产生强烈的需求。因此，药品的供应必须及时、有效、品种规格齐全，只有"药等病"，不能"病等药"。在紧急情况（自然灾害、疫情发生、战争等）时，药品将成为"战略物资"。药品的时效性，要求药品的生产、经营和使用单位要有超前和必要的储备以适应这种需要。

4. 消费者低选择性　患者在买药的时候，并不过分计较药价多少，关键是看药品的质量，药品只有符合质量标准要求，才能保证疗效。药品消费方式是被动消费，消费者对药品质量的信任完全寄托于政府，寄托于药品生产、经营及使用单位。

5. 种类复杂性 全世界药品的具体品种大约有 2 万余种，我国目前中药制剂约 5000 多种，化学药制剂和生物制品约 4000 多种。由此可见，药品的种类复杂、品种繁多。

（二）药品质量的严格性

病人用药的安全有效性取决于药品本身的质量。但是在通常情况下，病人并不具备鉴定药品质量的能力。因此，国家规定必须由专业人员在药品的生产、经营、使用等环节中对药品质量进行全程监督控制。

对于进入流通渠道的药品，只允许有合格品，绝对不允许有次品或等外品。为此，国家授权国家药品监督管理局负责制定并颁布药品标准，不合格的药品不准出厂、销售或使用。

对不合格药品，我国在《中华人民共和国药品管理法》中作出了如下定义。

1. 假药 有下列情形之一的，为假药：①药品所含成分与国家药品标准规定的成分不符的。②以非药品冒充药品或者以他种药品冒充此种药品的。③变质的药品。④药品所标明的适应证或者功能主治超出规定范围的。

2. 劣药 有下列情形之一的，为劣药：①药品成分的含量不符合国家药品标准。②被污染的药品。③未标明或者更改有效期的药品。④未注明或者更改产品批号的药品。⑤超过有效期的药品。⑥擅自添加防腐剂、辅料的药品。⑦其他不符合药品标准的药品。

（三）药品管理方式的特殊性

国家对药品的生产、经营和使用实行特殊管理，其基本目的是杜绝不合格的药品进入流通领域，保证公众的用药安全。

国家对药品监督是全方位的，有时，即使药品的专业检验合格，也不能全部确保药品的安全有效、均一稳定。《药品经营质量管理规范》（GSP）正是由此而在实践中产生，并以此来衡量药品在流通全过程是否处于严密的控制状态，是否能确保药品的质量，防止药品流通过程中没有污染、混淆、差错事故的发生。

二、医药商品的质量特性

1. 有效性 是药品的基本特性，指药品在规定的适应证或者功能主治、用法和用量的条件下，能满足预防、治疗、诊断人的疾病，有目的地调节人的生理机能的性能。

2. 安全性 是药品的基本特征，指使用安全、毒副作用小。是指药品在按规定的适应证或者功能主治、用法和用量使用后，人体产生毒副反应的程度。大多数药品均有不同程度的毒副反应，因此，只有在衡量有效性大于毒副反应，或可解除、缓解毒副作用的情况下才使用某种药品。药品的安全性与有效性一起，构成药品的真正质量特性。

3. 稳定性　是药品的重要特征，指药品在规定的条件下保持其有效性和安全性的能力。"规定条件"一般是指规定的有效期内，生产、贮存、运输和使用药品的要求。

4. 均一性　是药品的重要特征，指药品的每一单位产品（如一片药、一支注射剂，或一箱、一袋原料药等）都符合有效性、安全性的规定要求。

药品的方便性和经济性也是药品质量特性之一（图1-4）。人们研究药品的质量特性目的主要为了合理使用药品。医生和药师必须根据患者的病情特点及经济状况选择适当药品，以适当的方法、适当的剂量、在适当的时间准确用药，注意药物的禁忌、不良反应、相互作用等，保证用药安全、有效、方便、经济。

图1-4　药品质量特性

三、医药商品的质量标准

（一）药品的质量标准

药品的质量标准就是将药品的质量特性逐步量化，将反应药品质量特性的技术参数、指标明确规定下来，形成技术文件。如药品的性状、鉴别、检查、含量测定、贮藏等。

《中华人民共和国药品管理法》规定药品必须符合国家药品标准。我国的国家药品标准，是指国家药品监督管理局、国家卫健委发布的《中华人民共和国药典》、药品注册标准。

1.《中华人民共和国药典》　简称《中国药典》，英文名称为 Chinese Pharmaco-poeia（简称 ChP）。药典是一个国家关于药品标准的法典，是国家管理药品生产与质量的依据，和其他法令一样具有约束力。一个国家的药典在一定程度上反映了该国的药品生产、医疗及科学技术的水平，同时对保证用药安全有效、促进药品研究及药品生产水平的提高也有很大作用。大部分国家的药典出版后，一般经 5～10 年修订一次。出版新药典时，常淘汰一些旧品种；根据需要有时出版增补本。

《中国药典》是国家药品标准体系的核心组成部分。《中国药典》（2020 年版）于2020 年 12 月 1 日正式实施。《中国药典》（2020 年版）进一步扩大了药品品种的收载和修订，共收载品种5911 种。其中，一部中药收载品种2711 种，二部化学药收载品种2712 种，三部生物制品收载品种153 种。四部收载通用技术要求361 个；药用辅料收载335 种。《中国药典》（2020 年版）的实施，通过加强对药典相关通用技术要求和正文具体内容的制修订，整体提升我国药品标准水平，推进我国上市药品质量迈上新台阶。

你知道吗

我国药典的历史沿革

我国历史上最早的药典是唐代的《新修本草》，完成于公元659年，是世界上最早的药典。中华人民共和国成立后，第一部《中国药典》（1953年版）由原卫生部编印发行。其后相继发行了1963、1977、1985、1990、1995、2000、2005、2010，2015、2020版共十一版。

2. 药品注册标准 是指国家药品监督管理局批准给申请人特定药品的标准，生产该药品的药品生产企业必须执行该注册标准。

药品注册标准是针对指定的药品，如果该药品有多个企业被批准生产，也就是有多个药品注册标准，但均不得低于《中国药典》的标准；注册标准仅适用于特定的企业生产该种药品，不适用于其他企业；药品监督管理部门依据该企业的药品注册标准检验、监督，不以这个企业的注册标准去检验另一个企业生产的同类药品，也不能仅以《中国药典》来检验和监督。

（二）医疗器械的质量标准

医疗器械标准分为国家标准、行业标准和注册产品标准（备案的产品技术要求）。

1. 强制性国家标准代号为"GB"，例如GB 18671—2009《一次性使用静脉输液针》；推荐性国家标准代号为"GB/T"，例如GB/T 27949—2011《医疗器械消毒剂卫生要求》。

2. 医疗器械强制性行业标准代号为"YY"，例如YY 0881—2013《一次性使用植入式给药装置专用针》：医疗器械推荐性行业标准代号为"YY/T"，例如YY/T 1245—2014《自动血型分析仪》。强制性标准必须执行；推荐性参考执行。

3. 注册产品标准（备案的产品技术要求）是指由制造商制定，应能保证产品安全有效，并在产品申请注册或备案时，经设区的市级以上药品监督管理部门依据国家标准和行业标准相关要求复核的产品标准。制造商应对注册产品标准（备案的产品技术要求）所规定的内容负责。医疗器械注册产品标准（备案的产品技术要求）由各级药品监督管理部门负责管理。没有国家标准和行业标准的注册产品标准（备案的产品技术要求），可视为"保障人体健康的行业标准"。

四、医药商品的质量管理

近年来，我国医药商品的质量管理逐渐规范化，国家药品监督管理部门相继制定了一系列质量管理制度，规范医药商品的研制、生产、经营与使用。

（一）药品质量管理

国内药品质量管理规范见表1–1。

表1-1　国内药品质量管理规范一览表

标准名称	英文名称及缩写	执行版本
《药品生产质量管理规范》	Good Manufacture Practice，GMP	2010 年
《药品经营质量管理规范》	Good Supply Practice，GSP	2016 年
《药物临床试验质量管理规范》	Good Clinical Practice，GCP	2020 年
《药物非临床研究质量管理规范》	Good Laboratory Practice，GLP	2017 年

上述规范的施行，加强了药品的全面质量管理，有利于加速我国医药产业的发展，提高药品的国际竞争力。

《药品管理法》规定：国务院药品监督管理部门在审批药品时，对化学原料药一并审评审批，对相关辅料、直接接触药品的包装材料和容器一并审评，从制药源头把住药品原辅料质量关；新修订的《药品生产监督管理办法》进一步切实保障药品质量。加快修订《药品经营质量管理规范》（GSP），提高技术要求和准入门槛，引导药品经营规模化、现代化发展。

（二）医疗器械质量管理

为了加强对医疗器械的监督管理，保证医疗器械的安全、有效，保障人体健康和生命安全，国务院于2014年颁布了修订后的《医疗器械监督管理条例》，自2014年6月1日起施行。国家药品监督管理部门先后颁布了《医疗器械标准管理办法》《医疗器械召回管理办法（试行)》《医疗器械注册管理办法》《体外诊断试剂注册管理办法》《医疗器械生产监督管理办法》《医疗器械经营监督管理办法》《医疗器械说明书、标签管理规定》《医疗器械临床试验质量管理规范》等一系列法规，以规范医疗器械的生产、经营、使用与管理，确保医疗器械的质量。

目标检测

一、选择题

1. 医药商品学研究的主要对象是（　　）。（多选题）

　　A. 药品　　　　　B. 医疗器械　　　　C. 保健食品　　　　D. 化妆品

2. 我国最新《药品注册管理办法》明确规定：化学药注册的分类是（　　）。（多选题）

　　A. 化学药创新药　　　　　　　　B. 同名同方药

　　C. 化学药改良型新药　　　　　　D. 仿制药

3. 有下列情形之一的，为假药（　　）。

　　A. 被污染的药品　　　　　　　　B. 未标明或者更改有效期的药品

  C. 超过有效期的药品　　　　　　D. 变质的药品

4. 有下列情形之一的，为劣药（　　　）。

  A. 药品所含成分与国家药品标准规定的成分不符的

  B. 被污染的药品

  C. 以非药品冒充药品或者以他种药品冒充此种药品的

  D. 变质的药品

二、思考题

1. 药品、保健食品、医疗器械、化妆品的主要区别是什么？

2. 药品质量特性有哪些？

3. 我国药品的质量标准有哪些？

4. 我国医疗器械的质量标准有哪些？

5. GMP、GSP、GLP、GCP 的全称是什么？

（周　容）

书网融合……

微课　　　　　划重点　　　　　自测题

PPT

学习目标

知识要求

1. **掌握** 药品包装的基本要求；常用的药品包装；药品包装标志；药品说明书与标签的主要内容。

2. **熟悉** 药品常用的包装材料与包装容器。

3. **了解** 药品包装类别。

能力要求

1. 能认识药品的包装标志，指导消费者正确识别医药商品。

2. 能正确阅读理解药品的说明书和标签，指导合理用药。

任务一　认识药品包装

药品包装是一种特殊的商品包装，在保护药品质量的同时，也必须是药品信息的载体，能使医生、药师、护士及消费者获取必要的药品信息。药品包装指选用适宜的容器、材料及辅助物，采用一定的包装技术为药品提供质量保护、方便应用及促进销售的一种形态，常见药品包装如图 2-1 所示。

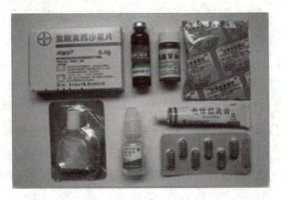

图 2-1　常见药品包装

一、药品包装类别

（一）按包装的特性分类

1. 内包装　是指直接与药品接触的包装，如安瓿、输液瓶（袋）、药用铝箔等。直接接触药品的包装材料和容器可简称为"药包材"。

药包材是药品不可分割的一部分，它伴随药品生产、流通及使用的全过程。尤其是药物制剂，一些剂型本身就是依附包装而存在的，如胶囊剂、气雾剂、水针剂等。由于药包材长期与药品直接接触，有的组分可能被所接触的药品溶出、与药品发生相互作用、被药品长期浸泡腐蚀脱片而直接影响到药品质量。有些包材对药品质量及人体的影响具有隐患性，即通过对药品质量及人体的常规检验不能及时发现问题。例如安瓿、输液瓶，如果不是针对不同药品采用不同配方和生产工艺，常常会有组分被溶出及玻璃脱片现象，而细微的玻璃脱片容易堵塞血管形成血栓或肉芽肿；又如，天然橡胶塞中溶出的异性蛋白对人体可能是致热原，溶出的吡啶类化合物可致癌、致畸、致突变等。因此，药包材质量水平直接影响到药品质量。

2. 外包装 是指内包装以外的包装，按由里向外分为中包装（又称为销售包装）和大包装（又称为运输包装）。外包装应根据药品的特性选用不易破损、防潮、防冻、防虫鼠的包装，应能保证药品在流通、使用过程中的质量，促进药品的销售和合理指导消费者安全使用药品。大包装应从运输作业的角度考虑，采用缓冲、固定、防湿、防水等包装技术将药品放入箱子、袋子等容器里，达到保护药品和方便储运的作用。

（二）按药品流通要求分类

1. 运输包装 我国的国家标准对运输包装的定义是："以运输储存为主要目的的包装。它具有保障产品的安全，方便贮运装卸，加速交接、点验等作用"。从我国的国家标准可以看出，运输包装是以运输、保管为主要目的的包装，其主要作用在于保护商品和方便搬运。运输包装的方式和造型多种多样，用料和质地各不相同，主要有木箱、纸箱、木桶等以及衬垫物、防潮纸、麻袋、塑料袋等包装物。

为了方便药品的运输和保管，在运输包装上应有明显、清晰的包装标志以便于识别货物，有利于装卸、运输、仓储、检验和交接工作的顺利进行。包装标志包括运输标志、指示性标志和警告性标志三种。

2. 销售包装 是指以销售为主要目的，并与药品一起到达消费者手中的包装。销售包装主要包括盛装药品的瓶、盒、塑料袋、盖等容器及药品的标签和说明书等内容。这类包装除必须具有保护商品的功能外，更应具有促销的功能。因此，医药企业对销售包装的造型结构、装潢画面和文字说明等方面的设计，都应与同类药品有区别。新颖独特的包装设计，能给消费者留下深刻的印象，从而促进药品的销售。

由于药品品种、剂型的多样性，销售包装材料和造型结构与式样的多样性，使得销售包装多种多样。究竟采用何种销售包装，主要根据药品特性和形状而定。因此，医药企业应设计出新颖、独特的包装，通过获得国家外观设计专利保护，使自己的产品不易被仿制。

（三）按包装容器分类

1. 密闭容器 指能防止尘土及异物等混入容器，如玻璃瓶、纸袋、纸盒、塑料袋、木桶及纸桶（内衬纸袋或塑料袋）等。凡受空气中氧、二氧化碳、水分影响不大，仅需防止损失或尘埃等杂质混入的药品均可使用此类容器。

2. 密封容器 指能防止药品风化、吸潮、挥发或被异物污染的容器，如带玻璃塞或木塞的玻璃瓶、软膏管、铁罐等，最好用适宜的封口材料辅助密封，适用于盛装易挥发的液体药品及易风化、潮解、氧化的固体药品。

3. 熔封和严封容器 指将容器熔封或用适宜的材料严封，以防止空气与水分的侵入并防止污染的容器，如安瓿或输液瓶等。用于注射剂、血清、血浆及各种输液的盛装。

4. 遮光容器 指能不透光，保护药品不受光化作用的一种容器。如棕色玻璃瓶，普通无色玻璃瓶外面裹以黑纸或装于不透明的纸盒内也可达到遮光的目的。该包装容器主要用于盛装遇光易变质的药品。

（四）按包装容器的形状分类

目前市场上的药品包装有袋装、瓶装、泡罩板装、条形装、管装等。

1. 袋装 塑料袋、铝塑复合袋等。

2. 瓶装 塑料瓶、玻璃瓶等。

3. 泡罩板装 铝塑泡罩板等。

4. 条形装 复合膜条形包装。

5. 管装 金属软管。

（五）按包装技术与目的分类

1. 真空包装 是指将药品装入气密性包装容器，抽去容器内的空气，使密封后的容器内达到预定真空度的包装方法。

2. 充气包装 是指将药品装入气密性容器，用氮、二氧化碳等气体置换容器中原有空气的包装方法。

3. 无菌包装 是将药品、包装容器、材料或包装辅助器材灭菌后，在无菌的环境中进行充填和封合的包装方法。

4. 喷雾包装 是将液体或膏状药品装入带有阀门和推进剂的气密性包装容器中，当开启阀门时，药品在推进剂产生的压力下被喷射出的包装方法。如云南白药气雾剂。

5. 儿童安全包装 是一种能够保护儿童安全的包装，其结构设计使大部分儿童在一定时间内难以开启或难以取出一定数量药品的包装方法。如儿童退热药泰诺林的包装瓶盖即为儿童保险盖，儿童不易打开，可避免儿童误服。

二、药品包装的基本要求

按《药品管理法》《药品管理法实施细则》《药品说明书和标签管理规定》的规定，药品包装必须符合以下基本的要求。

1. 直接接触药品的包装材料和容器，必须符合药用要求，符合保障人体健康、安全的标准。

2. 药品包装必须适合药品质量的要求，方便储存、运输和医疗使用。

（1）药品包装、标签内容不得超出国家药品监督管理局批准的药品说明书规定的内容。

（2）药品包装（包括运输包装）必须加封口、封签、封条或使用防盗盖、瓶盖套等；标签必须贴正、粘牢，不得与药物一起放入瓶内。

（3）凡封签、标签、包装容器等有破损的，不得出厂或销售。

（4）药品运输包装的储运图示标志、危险货物的包装标志等，必须符合国家标准和有关的规定。

（5）在正常储运条件下，包装必须保证合格的药品在有效期内不变质等。

3. 药品包装必须按照规定印有或者贴有标签并附有说明书。

（1）药品包装、标签上印刷的内容对产品的表述要准确无误，除表述安全、合理用药的用词外，不得印有其他不适当的宣传产品的文字和标识，如"国家级新药""中药保护品种""GMP认证""进口原料分装""监制""荣誉出品""获奖产品""保险公司质量保险""公费报销""现代科技""名贵药材"等。

（2）每个最小销售单元的包装必须按照规定印有标签并附有说明书。药品的最小销售单元，系指直接供上市药品的最小包装。

（3）凡在中国境内销售和使用的药品，包装、标签所用文字必须以中文为主并使用国家语言文字工作委员会公布的现行规范文字。民族药可增加其民族文字。企业根据需要，在其药品包装上可使用条形码和外文对照；获我国专利的产品，亦可标注专利标记和专利号，并标明专利许可的种类。

三、药品包装材料与包装容器

常用的药品包装材料主要包括药用玻璃、金属、橡胶、塑料及其复合片（膜）等，以及缓冲材料、涂料、胶黏剂、装潢与印刷材料和其他辅助材料等。

1. 玻璃　具有保护性良好、化学性质稳定、不渗透、坚硬、不老化、价廉、美观的优点。玻璃容器若能配上合适的塞子或盖子与盖衬，可以免受外界物质的入侵，但光线可以透入。若需要避光，可选用棕色玻璃容器。安瓿、大输液玻璃瓶必须采用硬质中性玻璃。

玻璃容器的主要缺点是体积大、口部密封性差、稳定性差和易碎等，容易给药品质量和运输带来不良影响。

主要药用玻璃包装有普通玻璃瓶、抗生素粉针剂瓶、水针剂包装用玻璃安瓿、玻璃输液瓶等，如图2-2所示。

2. 塑料　是一种合成的高分子化合物，可用于生产刚性或柔软容器。塑料具有包装牢固、不易破碎、色泽鲜艳、重量轻、携带方便、价格低廉等优点。能够做成各种规格和形状的塑料瓶和塑料袋，能与多种包装材料复合制成高性能复合包装材料。

图2-2 常见玻璃包装

塑料具有透气、透湿、高温软化、化学性质不稳定等缺点，这些缺点均可加速药品氧化变质的速度，引起药品变质。

目前，常用于药品包装的塑料主要有：聚氯乙烯（PVC）、聚乙烯（PE）、聚丙烯（PP）、聚酯（PET）、聚偏氯乙烯（PVDC）、聚萘二甲酸乙二醇酯（PEN）等包装材料。塑料中的附加剂，如增塑剂、成型剂、稳定剂、抗氧剂及着色剂等可能迁移进入药品中，以致药品质量发生变化。

主要药用塑料包装有塑料瓶、塑料袋、滴眼剂瓶等，主要盛装各类胶囊、片剂、粉剂、颗粒剂、胶丸、口服液等固体与液体等，如图2-3所示。

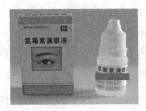

图2-3 常见塑料包装

3. 纸制品 纸质包装材料的优点是：原料来源广泛；成本较低；重量较轻；加工性能好，便于成型，能满足各类包装需求；无毒、无味、对包装物品不产生污染；可以回收进行二次利用，不会造成环境污染；可与塑料薄膜、铝箔等复合，成为性能更优良的复合包装材料。纸制品具有耐水性差、撕破强度低、易变形的缺点。常见纸制品有纸盒、纸袋、纸箱、纸桶、纸板等，如图2-4所示。

图2-4 常见纸制品包装

4. 金属 金属包装材料一般具有良好的阻隔光线、液体、气体、气味和微生物与药品的接触，耐高温、耐低温的优点。金属作为药品包装材料应用较多的是铝、锡、铁等,可制成刚性容器,如筒、桶、软管、金属箔等。为了防止内外腐蚀或发生化学作用,容器内外壁需要涂上保护层。因铝材具有良好的包装加工性和保护、使用性能,防潮性好,气体透过性小,是防潮包装的好材料。主要有铝制软膏管、泡罩包装、条形包装等铝制容器,如图2-5所示。

图2-5　常见金属包装

5. 橡胶　具有很好的弹性,遇外力变形后能迅速恢复,易于清洗等优点。在药品包装瓶中大多采用橡胶垫片、橡胶垫圈或橡胶塞,用于药品包装的密封。目前我国推广使用丁基橡胶,如图2-6所示。

图2-6　常见橡胶包装

6. 复合材料　是用塑料、纸、铝箔等进行多层复合而制成的包装材料。常用的有纸-塑复合材料、铝箔-聚乙烯复合材料、铝箔-聚氯乙烯复合材料等。复合材料由于其优良的性质,在药品包装中的应用越来越广泛。复合材料的优点是具有良好的机械强度,耐生物腐蚀性能、保持真空性能及耐高压性能等。如真空镀铝膜(VM)在塑料基材镀铝后,具有良好的装饰作用和良好的阻隔性,成为目前药品软包装材料主流之一。现代药品的包装材料逐渐向以纸代木、以塑料代纸或以纸、塑、铝箔等组成各种复合材料的方向发展。

(1) 铝塑泡罩包装　又称为水泡眼包装(简称PTP),是先将透明塑料硬片吸塑成型后,将片剂、丸剂或颗粒剂、胶囊剂等固体药品填充在凹槽内,再与涂有黏合剂的铝箔片加热黏合在一起,形成独立的密封包装。铝塑泡罩包装具有良好的防潮性、气体阻隔性、安全性等,避免药品在携带和使用过程中受到污染。该包装形式成为目前固体制剂的主要方式之一,如图2-7所示。

图2-7　常见铝塑包装

药用泡罩包装材料包括药用铝箔、塑胶硬片、封口材料。药用铝箔通常厚度为0.02mm，由保护层、油墨层、基材与黏合层构成。因为药品对潮、湿、光透非常敏感，就要求所用泡罩材料对水、汽、光等有高阻隔性。多选用聚氯乙烯（PVC）、聚偏二氯乙烯（PVDC）或复合材料 PVC/PVDC、PVC/PE、PVC/PVDC/PE、PVDC/OPP/PE 等，现主要采用 PVDC 及其复合材料为主。因 PVDC 具有很强的阻隔性能，其阻隔空气、水蒸气、异味等性能明显优于 PVC。如有些使用 PVC 或 PET 包装的维生素 E 胶丸，容易黏壁流液；还有一些需要高阻隔包装的中成药，如风湿止痛膏，选用 PVDC膜，气味就不会散失，不会影响疗效。

（2）药品复合膜包装　药品复合膜系指各种塑料与纸、金属或其他塑料通过黏合剂组合而形成的膜，其厚度一般不大于 0.25mm。复合袋系将复合膜通过热合的方法而制成，按制袋形式可分为三边封袋、中封袋、风琴袋、自立袋、拉链袋等。

药品复合膜包装主要用于片剂、胶囊剂、颗粒剂、丸剂、泡腾剂等常用固体口服制剂的包装，也有一部分用于贴剂等外用制剂和原料药的包装，中药颗粒剂、中药饮片一般采用药品复合膜袋包装。

大多数药品包装用复合膜都是高阻隔材料，一般为三层及以上的材料复合而成。根据材料不同可分为普通复合膜 PET/AL/PE、药用条状易撕包装材料 PT/PE/AL/PE、纸铝塑复合膜纸/PE/AL/PE 等，如图 2-8 所示。

图 2-8　常见复合膜包装

条形包装（简称SP）是利用两层药用条形包装膜（SP膜）把药品夹于中间，单位药品之间隔开一定距离，在条形包装机上把药品周围的两层 SP 膜内侧热合密封，药品之间压上齿痕，形成的一种包装形式。该包装形式是包装片剂、颗粒、散剂等剂型的主要包装形式，尤其适合包装计量大、吸湿强、对紫外线敏感的药品。目前常用的 SP 膜是铝塑复合膜。条形包装是在条形包装机上连续作业，特别适合大批量自动包装。取药品时，可沿着齿痕撕掉 SP 膜即可，这样取用一次剂量药品并不影响其他药品的包装。

（3）封口垫片　药用封口垫片通常由聚酯、聚乙烯复合膜与铝箔、纸板通过黏合剂制成的封口垫片将其热合在固体药品包装瓶口上达到密封的目的，如图 2-9 所示。

药用封口垫片根据材料的不同分为药用聚酯/铝/聚酯封口垫片、药聚酯/铝/聚乙烯封口垫片、药用纸/铝/聚乙烯封口垫片等。

图 2-9　封口垫片

7. 药用口服固体陶瓷瓶　陶瓷材料是用天然或合成化合物经过成形和高温烧结制成的一类无机非金属材料。药用口服固体陶瓷瓶制作精美，色彩艳丽，具有一定的防潮、防水性能。精美的陶瓷药瓶容易被客户接受，具有良好的包装推广、保存收藏、储藏药品的功能，特别适合中药产品的包装，如图 2-10 所示。

图 2-10　药用口服固体陶瓷瓶

8. 药用固体纸袋装硅胶干燥剂　适用于口服固体制剂（片剂、胶囊等）用滤纸袋包装的细孔球型硅胶干燥剂。纸质包装袋常使用热封型茶叶滤纸，药用固体纸袋装硅胶干燥剂主要性能指标为含水率和吸湿率，并具有一定的抗跌性能。

由于袋装干燥剂的纸袋在使用中直接接触药品，为保证不对药品产生影响，有必要控制纸袋的化学性能及微生物限度，避免污染药品。

任务二　药品的包装标志

岗位情景模拟

情景描述　药店新到一批药品，店长要求新员工小李把这批药品按处方药、非处方药、外用药等分开。

讨论　1. 店员应怎样识别这批药品？

　　　　2. 店员识别药品的依据是什么？

药品在包装上不仅应有一般商品的包装标志，还应有药品的一些专有标识。

一、药品专用标识

麻醉药品、精神药品、医疗用毒性药品、放射性药品、外用药品和非处方药品等国家规定有专用标识的，其说明书和标签必须印有规定的标志，如图 2-11 所示。

甲类非处方药专有标识

乙类非处方药专有标识

外用药品专用标志

医疗用毒性药品专用标志

麻醉药品专用标志

放射性药品专用标志

精神药品专用标志

图 2-11 药品专用标识

二、药品包装上的条形码

由于条形码技术的方便、快捷、准确和经济性，目前全世界很多国家的商品包装上使用条形码技术。随着我国市场经济的发展和加入世界贸易组织（WTO），条形码技术在我国得到了推广，凡适合使用条形码的商品，特别是出口商品，应在商品包装上印刷条形码。

条形码也叫条码，是由一组规则排列、宽度不同、黑白相间、平行相邻的线条组成，并配有相对应字符组成的码记，用来表示一定的信息。

商品条码相当于商品的"身份证"，消费者购买商品时，收银员只要扫描商品条码，电脑就可根据条码号码查到事先设定的该商品名称、价格等信息，并显示在收银机屏幕上，从而大大提高了购物结算的速度。

请你想一想
请同学们想一想如何识别各种药品的合法标志、专有标志和条形码？

商品包装上的商品条码具有国际通用性，大部分由 13 位数字组成。在我国申请的标准版的商品条码由 13 位数字组成，见表 2-1。

表 2-1 商品条形码表达方式

项 目	厂商识别代码		商品项目代码	校验码
	前缀码	厂商代码		
结构一	690、691	★★★★	★★★★★	★
结构二	692、693	★★★★★	★★★★	★

前缀码俗称"国家或地区代码"，我国大陆的前缀码是 690～693，台湾地区和香港地区的前缀码分别是 471 和 489。前缀码只代表该商品条码的注册地，并不代表商品的

产地。根据商品条码组成的规则，世界上任何两个厂商都不可能拥有相同的厂商识别代码。商品项目代码则由厂商按照产品的品种、商标、内装商品规格与数量及包装类型的不同而分配不同的号码，一般按照顺序号编制，没有特定的含义。

　　例如盐酸莫西沙星片的条形码为：6924147655012，其中 692 代表中国，41476 代表生产医药保健商品的公司，5501 是盐酸莫西沙星片的商品代码，2 是校验码，如图 2-12 所示。

图 2-12　盐酸莫西沙星片的条形码

三、药品运输包装标志

　　为了方便药品的运输和保管，在运输包装上应有明显、清晰的包装标志以便于识别货物，有利于装卸、运输、仓储、检验和交接工作的顺利进行。运输包装标志包括运输标志、指示性标志和警告性标志三种。

　　1. 运输标志　即唛头，一般是由一个简单的几何图形和一些字母、数字及简单的文字组成。运输标志的主要内容包括目的地的名称或代号；收、发货人的代号；件号、批号；商品的品名、规格、出厂日期、有效期、原产地、许可证号和体积与重量等内容。

　　2. 指示性标志　又称为注意标志，是一种操作注意标志，提示人们在装卸、运输和保管过程中需要注意的事项，一般是以简单、醒目的图形和文字表达。如小心轻放、易碎物品、怕晒、怕雨、禁止翻滚等。

　　3. 警告性标志　又称危险品标志，是指在运输包装内装有爆炸品、易燃物品、有毒物品、腐蚀物品、氧化剂和放射性物质等危险货物时，都必须在运输包装上标明用于各种危险品的标志，以示警告，使装卸、运输和保管人员按货物特性采取相应的防护措施，以保护物资和人身的安全。

任务三　药品的说明书与标签

　　药品的说明书与标签是药品包装的重要组成部分，它既是医师、药师和消费者治疗用药的依据，也是医药企业向医疗卫生人员和消费者宣传介绍药品特性、指导合理用药和普及医药知识的主要媒介。药品生产企业不只对药品质量负责，而且对药品的标签与说明书的内容准确性和真实性负责。药品的说明书和标签应当包含药品通用名称、适应证或者功能主治、规格、用法用量、生产日期、产品批号、有效期、生产企业等内容。药品的内标签包装尺寸过小无法全部标明上述内容的，至少应当标注药品

通用名称、规格、产品批号、有效期等。 📱 微课

一、药品的名称

药品的名称是药品标签与说明书的首要内容，包括药品通用名称、商品名称、英文名称等。药品名称应当科学、明确、简短（一般以 3 ~ 4 字为宜）；应避免采用可能给患者以暗示的有关药理学、解剖学、生理学、病理学或治疗学的药品名称。

（一）通用名称

通用名称是指列入国家药品标准的法定药品名称，如维生素 C、阿司匹林等。为了用药安全，医生开具处方必须使用药品通用名称。药品的通用名不可注册成为药品的商标。

为了大力推广药品通用名称，《药品说明书和标签管理规定》强制要求药品通用名称明显标注，如通用名称的位置：对于横版标签，必须在上三分之一范围内显著位置标出；对于竖版标签，必须在右三分之一范围内显著位置标出，如图 2 – 13 所示。

图 2 – 13 药品名称的标注

（二）商品名称

商品名是经国家药品监督管理部门批准的特定企业使用的商品名称。商品名是不同药厂生产的同一药品申请的不同的名称，具有专属性，受到法律的保护。如阿莫西林为常用抗感染药，常见的商品名有阿莫仙（联邦制药厂）、阿莫灵（澳美制药厂）、再林（先声药业）等。

药品商品名称不得与通用名称同行书写，其字体和颜色不得比通用名称更突出和显著。药品商品名称其字体单字面积计不得大于通用名称所用字体的二分之一。药品标签使用注册商标的，应当印刷在药品标签的边角，含文字的，其字体以单字面积计不得大于通用名称所用字体的四分之一，如图 2 – 13 所示。

药品使用商品名的意义主要有：突出产品的特性；便于医生、药师、患者的选择；厂家品牌建设的一部分；保护厂家市场推广的积极性。商品名也可造成医疗使用的误解和不便。

（三）英文名

英文名一般是指由 WHO 发表的国际非专利名（International Nonproprietary Name，INN），如阿司匹林的英文名为 Aspirin。

在实际工作中会经常遇到一些药品会有异名（别名），主要是该药品在原有的国家

标准中的名称或长期沿用的习惯名称。如诺氟沙星又称为氟哌酸；阿莫西林又称羟氨苄青霉素；马来酸氯苯那敏又称为扑尔敏；盐酸小檗碱又称为黄连素；对乙酰氨基酚又称为扑热息痛；阿司匹林又称乙酰水杨酸等。但异名（别名）一般不会出现在药品的说明书和标签中。

二、药品的用法和用量

药品用药方法的正确性与用药剂量的准确性是保障消费者用药安全、有效的重要基础，因此内容既要尽量详细，又要有较高的可读性及可操作性。药品的用药方法应明确、详细地列出，如口服、皮下注射、肌内注射、静脉注射、静脉滴注、外用、喷雾吸入、肛门塞入等。用药的剂量、计量方法、用药次数以及疗程期限应准确地列出，并使用通俗易懂的文字，以正确指导用药。如该药品为注射液、注射用无菌粉末、片剂、胶囊剂、丸剂、颗粒剂、口服溶液剂、膜剂或栓剂等，则注明相应的重量或容量的计数（如片、粒、包、支等）。如："一次×片，一日×次""一次×支，一日×次"等。

三、药品有效期

药品有效期是指药品在一定的贮存条件下，能够保证质量的期限。由于药品有效期是涉及药品效能和使用安全的标识，按国家规定药品均应制定有效期并在药品标签或说明书上予以标注。特别注意同一种药品或制剂因包装不同，有效期也可能不一样。

（一）国产药品有效期的标注

（1）药品标签中的有效期应当按照年、月、日的顺序标注，年份用四位数字表示，月、日用两位数表示。其具体标注格式见表2-2。

表2-2　药品有效期标注格式

格　式	举　例
有效期至 XXXX 年 XX 月	有效期至 2020 年 01 月
有效期至 XXXX 年 XX 月 XX 日	有效期至 2020 年 01 月 31 日
有效期至 XXXX. XX	有效期至 2020.01
有效期至 XXXX/XX/XX	有效期至 2020/01/31

（2）预防用生物制品有效期的标注按照国家药品监督管理局批准的注册标准执行，治疗用生物制品有效期的标注自分装日期计算，其他药品有效期的标注自生产日期计算。

（3）有效期若标注到日，应当为起算日期对应年月日的前一天，若标注到月，应当为起算月份对应年月的前一月。

例：药品生产日期为170501，有效期为三年，其有效期应标为："有效期至2020

年4月",代表2017年5月生产的药品,有效期为三年,该药品到2020年4月30日仍有效。

(二)进口药品有效期的标示与识别

进口药品效期的标示方法并不统一,各国有自己的习惯书写方法。如欧洲国家的产品按"日-月-年"顺序排列(如8/6/17);美国产品按"月-日-年"顺序排列(如 Nov.1,14);日本产品按"年-月-日"顺序排列(如2017-6-8)等。

进口药品有效期的英文标示如下:①Expiry date(Exp. Date)、Expiration 或 Expiring,失效期;②Use before 或 Use by,在以前使用;③Validity,有效期;④Duration,有效期;⑤Stability,稳定期;⑥Storage life,贮存期限。

四、药品的批准文号

批准文号是指国家药品监督管理局批准生产该药品的文号。药品生产企业在取得药品批准文号后,方可生产该药品,禁止未取得药品批准证明文件生产药品。因此,药品批准文号是药品生产企业合法生产药品的标志,也是消费者从外观上判定药品合法性的标志。按照我国最新《药品注册管理办法》的规定,药品批准文号格式如下。

境内生产药品批准文号格式为:

国药准字 H(Z、S)+四位年号+四位顺序号

中国香港、澳门和台湾地区生产药品批准文号格式为:

国药准字 H(Z、S)C+四位年号+四位顺序号

境外生产药品批准文号格式为:

国药准字 H(Z、S)J+四位年号+四位顺序号

其中,H 代表化学药,Z 代表中药,S 代表生物制品。药品批准文号,不因上市后的注册事项的变更而改变。

你知道吗

药品的批准文号格式

2020 年版《药品注册管理办法》施行时间为 2020 年 7 月 1 日,以下为之前的批准文号格式。

1. 国产药品的批准文号格式

国药准字 H(Z、S、J)+4 位年号+4 位顺序号

其中,H 代表化学药品,Z 代表中药,S 代表生物制品,J 代表进口药品分包装。

2. 医药产品注册证号的格式

H(Z、S)C+4 位年号+4 位顺序号

中国港、澳、台厂商申请品种的药品生产批件为医药产品注册证。

3. 进口药品注册证号的格式

$$H（Z、S）+4 位年号+4 位顺序号$$

进口药品需取得进口药品注册证。对于境内分包装用大包装规格的注册证，其证号在原注册证号前加字母 B。境内分包装的进口药品要同时标注药品批准文号。

五、药品的生产批号

（一）概述

《药品生产质量管理规范》（GMP）中规定，药品的生产批号是用于识别一个特定批的具有唯一性的数字和（或）字母的组合。

"批"是指批经一个或若干加工过程生产的、具有预期均一质量和特性的一定数量的原辅料、包装材料或成品。为完成某些生产操作步骤，可能有必要将一批产品分成若干亚批，最终合并成为一个均一的批。在连续生产情况下，批必须与生产中具有预期均一特性的确定数量的产品相对应，批量可以是固定数量或固定时间段内生产的产品量。如口服或外用的液体制剂以灌装（封）前经最后混合的药液所生产的均质产品为一批。

根据《药品管理法》的规定：未标明或者更改生产批号的药品为劣药，因此所有的药品都应标明药品的生产批号。根据药品的生产批号，可以追溯药品。

（二）国产药品的生产批号的标示

（1）按"年＋月＋流水顺序号"进行编制。药品批号的前两位数字（也有 4 位数字）为当年年份或年份的末尾两个数字，次两个数字为当月月份的两个数字（不足 2 位的在月份前加 0），前面 4 位数字之后的（一般为 2～4 位）为流水序号或代号。

例如 200106 或 20200106，即 2020 年 1 月第 6 批生产。也可采用亚批号，如 200106－03，即代表该药品为 2020 年 1 月生产的第 6 批第 3 小批或返工批号。

（2）按"年＋月＋流水顺序号"加字母进行编制。有 1 个字母的，也有几个字母加数字组成批号的；字母有在前的，也有在后的、在中间的，其长度大都在 6 位以上。例如生产批号 20200610 A。

（三）进口药品的生产批号标示

进口药品的生产批号一般由各国制造厂商自定，极不一致。其表示方式也与国产药品不同，从药品批号上一般看不出药品生产的日期和批次。例如盐酸莫西沙星片（拜耳制药）生产批号标注为"BJ20624"，而生产日期却为 2020 年 6 月 21 日。

六、药品的制剂规格与包装规格

（一）药品的制剂规格

指制剂的规格，每一支、片或其他每一个单位制剂中含有主药的重量（或效价）或含量（％）或装量。注射液项下，如为"1ml：10mg"，系指 1ml 中含有主药 10mg；

对于列有处方或标有浓度的制剂，也可同时规定装量规格。

生物制品的规格指每支（瓶）主要有效成分的效价（或含量及效价）或含量及装量（或冻干制剂复溶时加入溶剂的体积）。

不同药品或同一种药品的规格可以不同。如阿莫西林胶囊，有 0.125g/粒、0.25 g/粒和 0.5g/粒三种规格。

（二）包装规格

由药品生产企业根据药品性状、用法用量、贮存、运输、销售、使用的情况，选择适宜的内包装材料材质和包装数量。常见的有以下几种包装规格。

1. 小包装　指直接与药品接触的内包装，也称为销售包装，是消费者购买药品时基本包装单位。例如，25mg×12 片/盒。

2. 中包装　以若干小包装组成的包装规格。如 25mg×12 片×10 盒，每 10 盒为一个中包装。

3. 大包装　由若干中包装组成的包装规格。如 25mg×12 片×10 盒×30/箱（件），每 30 个中包装为一个大包装。

七、药品贮藏条件

《中国药典》（2020 年版）凡例中规定：阴凉处，系指不超过 20℃；凉暗处，系指避光并不超过 20℃；冷处，系指 2～10℃；常温，系指 10～30℃，凡贮藏项未规定贮存温度的系指常温；除另有规定外，生物制品应在 2～8℃避光贮藏。避光贮藏指避免日光直射。

"干燥处"，系指贮存和保管药品的处所不潮湿，没有水分或水分很少，即药品贮藏的相对湿度应在 35%～75%。

目标检测

一、选择题

1. 药品内包装标签上至少要标注（　　）。（多选题）

　　A. 药品名称　　　B. 规格　　　　　　C. 适应证　　　　　D. 生产批号

2. 必须在药品标签的明显位置上印刷规定标志的是（　　）。（多选题）

　　A. 处方药品　　　B. 非处方药　　　　C. 特殊管理药品　　D. 外用药

3. 新的药品批准文号规定"中药"使用（　　）来表示。

　　A. X　　　　　　B. Z　　　　　　　C. H　　　　　　　D. S

4. 药品批准文号国药准字 H20200205 中 H 代表（　　）。

　　A. 中药　　　　　B. 化学药品　　　　C. 保健药品　　　　D. 生物制品

二、思考题

1. 如何识别药品的真伪？

2. 药品说明书及标签的主要内容有哪些？

3. 常见的药品软包装有哪些？

4. 国产药品有效期的标注有哪些？

（周　容）

书网融合……

 微课　　　 划重点　　　 自测题

 项目三 **药品的分类与使用**

PPT

学习目标

知识要求

1. **掌握**　药品按处方药与非处方药分类、按临床用途进行分类的方法；常见剂型药品的正确使用方法。
2. **熟悉**　国家基本药物制度。
3. **了解**　以剂型为主的分类；国家基本医疗保险目录。

能力要求

1. 能对常见医药商品进行合理分类，方便患者购买。
2. 能认识医药商品的分类标志，指导消费者正确识别医药商品，指导患者正确使用药品。

任务一　药品分类

药品品种繁多，性质各异，分类的方法也不尽相同。但在零售药店必须按有关规定分类，其他按需要和特点分类，各种分类法并非十分完善。常用药品分类有以下几种。

一、按处方药与非处方药分类

药品分类管理是根据药品的安全性、有效性原则，依其品种、规格、适应证、剂量及给药途径等的不同，将药品分为处方药和非处方药进行分类管理。药品分类管理的核心是加强处方药的管理，规范非处方药的管理，减少不合理用药的发生，切实保证人民用药的安全有效。

（一）概念

1. 处方药　是为了保证用药安全，由国家药品监督管理部门批准，必须凭执业医师或执业助理医师处方才可调配、购买和使用的药品。处方药一般都具有较强的药理作用，专用性强，有的会产生毒性反应、过敏反应和依赖性等不良反应。

警示语："凭医师处方销售、购买和使用"。

2. 非处方药（OTC）　是指由国家药品监督管理局公布的，不需要凭执业医师和执业助理医师处方，消费者可以自行判断、购买和使用的药品。非处方药在国外又称之为"可在柜台上买到的药物"（Over The Counter），简称 OTC，现已经成为国际上非处方药简称的习惯用语。

警示语："请仔细阅读说明书并按说明书使用或在药师指导下购买和使用"。

（二）非处方药的分类

根据药品的安全性，非处方药分为甲、乙两类。我国将非处方药中安全性较高的药品划为乙类，乙类非处方药可在超市、百货商店等处销售。当然，这些普通商业企业需经相应的药品监督管理部门批准并达到要求后方可销售乙类非处方药。

在我国，非处方药使用国家统一的专有标识，该标识图案为椭圆形背景下的 OTC 三个英文字母。其中甲类非处方药专有标识为红底白字，乙类非处方药专有标识为绿底白字。

（三）非处方药的品种结构和适应证

我国 OTC 药品包括呼吸系统用药、神经系统用药、维生素与矿物质类药、五官科用药、皮肤科用药、妇科用药。非处方药的品种结构主要包括：感冒、咳嗽治疗药；抗酸、消胀药；解热、镇痛药；缓泻药；维生素类、滋补剂及微量元素补充剂；抗寄生虫药；驱虫药；避孕药；外用消毒药；外用止痛药；口腔清洁用品；祛疹用药；眼科用药；耳疾制剂；蚊虫叮咬药；皮肤科用药等。

（四）非处方药特点

一般来说非处方药具有以下特点。

（1）不需要医师开处方，但可在医师或药师的指导下使用。

（2）按标签或说明书使用，说明文字通俗易懂。

（3）适应证是患者能自我作出诊断的疾病。

（4）以口服、外用等剂型为主，使用方便。

（5）儿童、成年人应用的非处方药分别制备或包装。

（6）药品的理化性质较稳定，质量可靠。

（五）非处方药的合理使用

非处方药虽然安全，但并非绝对保险可以随便使用，因为药品的安全性只是相对而言，凡药都有治疗作用和不良反应两重性。因此，在使用中应把握好一个"度"，否则，会由于使用不当而贻误治疗，甚至加重病情。

1. 准确判断病情，对症购药　非处方药大多用于诊断容易、治疗简单的小病，如感冒、咳嗽、消化不良、腹泻、便秘、头痛、痛经、维生素缺乏等。据调查，在我国相当一部分消费者已养成了小病自医自治的习惯。因此，在购买非处方药之前，消费者应先根据自己掌握的医学常识，对病情作出准确的判断，也可通过向药学人员咨询，达到对症下药的目的。在这方面，消费者一定不要认为药品越贵越好，服用的种类越多越好。

2. 检查包装，严格按照说明书的要求服药　购药时，先要检查药品包装，看清楚药品的剂型、贮存条件、生产日期、有效期等，对过期药品绝对不能服用；服药时要仔细阅读药品的说明书，弄清药品的药理作用、适应证、禁忌证、不良反应等；并结合自己的性别、年龄、体重等因素，准确掌握用法、用量及疗程等。对服药情况，自己最好作用药记录，以便于以后就医时，提供医生参考。

3. 用药出现异常情况，应立即就医 非处方药是用以治疗或减轻能自我判断、自我药疗的轻微疾病，如感冒咳嗽、消化不良、便秘腹胀等，治疗这些病症的非处方药都是应用安全、不良反应较少、患者易于自己掌握的药物。

若用药后不见效或病情加重，或出现皮疹、瘙痒、发热、哮喘等异常情况，应考虑到可能是用药不对症、药品过敏、不良反应严重等，应立即停药，并尽快找医生，以准确诊断，对症治疗。

请你想一想
1. 如何正确使用非处方药？
2. 处方药和非处方药的警示语有何不同？

而高血压、冠心病等虽是常见病，但常见病不等于是能自我药疗的疾病，这些病都比较复杂和严重，必需经医师诊治。应用处方药，药品的选择权在医生，药品应用时必须密切注意其疗效和不良反应，并根据病情调整剂量，因此这些药物不宜列为非处方药。例如阿司匹林 0.3g 片剂，可作为解热镇痛类非处方药使用，但其小剂量的 0.1g 的片剂用于抗血栓时，须按处方药管理。

二、按普通药品与特殊管理药品分类

国家对麻醉药品、精神药品、医疗用毒性药品、放射性药品实行特殊管理。为加强麻醉药品和精神药品的管理，国家制定了《麻醉药品和精神药品管理条例》。

（一）麻醉药品

麻醉药品是指连续使用后易产生生理依赖性，能成瘾癖的药品。

1. 主要品种 我国生产麻醉药品品种有可卡因、二氢埃托啡、地芬诺酯、芬太尼、美沙酮、吗啡、阿片、哌替啶、布桂嗪、可待因、复方樟脑酊、福尔可定等。

2. 使用注意

（1）麻醉药品只限用于医疗、教学和科研需要。设有病床、具备进行手术或一定技术条件的医疗单位，经地市药品监督管理部门审核批准，核定供应级别后，发给"麻醉药品购用印鉴卡"，每季限量定点供应。

（2）使用麻醉药品的医务人员必须具有医师以上专业技术职务并经考核能正确使用麻醉药品。麻醉药品每张处方注射剂不得超过二日常用量，片剂、酊剂、糖浆剂等不超过三日常用量，连续使用不得超过七天。

（3）医疗单位要有专人负责、专柜加锁、专用账册、专用处方、专册登记。

（4）经诊断确需使用麻醉药品止痛的危重病人，可由卫生行政部门指定的医疗单位发给《麻醉药品专用卡》，患者凭专用卡到指定的医疗单位按规定开方配药。

（二）精神药品

精神药品是指直接作用于中枢神经系统，使之兴奋或抑制，连续使用能产生依赖性的药品。

1. 主要品种 依据精神药品使人产生的依赖性和危害人体健康的程度，将其分为第一类和第二类。

（1）第一类精神药品 丙诺啡、氯胺酮、哌醋甲酯、司可巴比妥、三唑仑等。

（2）第二类精神药品 苯巴比妥、异戊巴比妥、布托啡诺、咖啡因、去甲伪麻黄碱、安钠咖、喷他佐辛、地西泮、阿普唑仑、艾司唑仑、氟西泮、劳拉西泮、硝西泮、奥沙唑仑等。

2. 使用注意

（1）第一类精神药品只限供应县以上卫生行政部门指定的医疗单位使用，不得在医药门市部零售。第二类精神药品可供各医疗单位使用，经药品监督管理部门批准的药品零售药店可凭医师处方零售。

（2）精神药品使用除特殊需要外，第一类精神药品的处方，每次不超过三日常用量，第二类精神药的处方，每次不超过七日常用量。处方留存两年备查。

（3）医疗单位购买的精神药品只准在本单位使用，不得转售。

（三）医疗用毒性药品

医疗用毒性药品系指毒性剧烈、治疗剂量与中毒剂量相近，使用不当会致人中毒或死亡的药品。

1. 主要品种 毒性西药品种：去乙酰毛花苷、硫酸阿托品、洋地黄毒苷、氢溴酸后马托品、三氧化二砷、硝酸毛果芸香碱、升汞、水杨酸毒扁豆碱、亚砷酸钾、氢溴酸东莨菪碱、硝酸士的宁等。

2. 使用注意

（1）医疗单位供应和调配毒性药品，凭医生签名的正式处方。零售药店供应和调配毒性药品，凭盖有医生所在的医疗单位公章的正式处方。每次处方剂量不得超过二日极量。

（2）调配处方时，必须认真负责，计量准确，按医嘱注明要求，并由配方人员及具有药师以上技术职称的复核人员签名盖章后方可发出。处方一次有效，取药后处方保存二年备查。

（四）放射性药品

放射性药品是指用于临床诊断或者治疗的放射性核素制剂或者其标记药物。

1. 品种 我国国家药品标准收载的放射性药品全都是由放射性核素制备的。2020年版药典收载的放射性药品有：碘［^{131}I］化钠口服溶液、锝［^{99m}Tc］焦磷酸盐注射液、锝［^{99m}Tc］聚合白蛋白注射液、锝［^{99m}Tc］喷替酸盐注射液、锝［^{99m}Tc］亚甲基二膦酸盐注射液等。

2. 使用注意

（1）医疗单位凭省、自治区、直辖市公安、环保和药品监督管理部门联合发给的放射性药品使用许可证，申请办理订货。

（2）放射药品的包装和运输　放射性药品包装必须符合放射性药品质量要求，具有与放射性剂量相适应的防护装置。放射性药品的运输，按国家运输、邮政部门制定的有关规定执行。严禁任何单位和个人随身携带放射性药品乘坐公共交通运输工具。

（3）放射性药品的使用　医疗单位设置核医学科、室（同位素室）、配备相应的核医学技术人员；并须持有所在地的省、自治区、直辖市的公安、环保和药品监督管理部门核发的相应等级的放射性药品使用许可证。

三、按国家基本药物目录分类

我国的基本药物是指适应基本医疗卫生需求，剂型适宜，价格合理，能够保障供应，公众可公平获得的药品。国家基本药物目录是医疗机构配备使用药品的依据。国家基本药物目录包括基层医疗卫生机构配备使用和其他医疗机构配备使用两个部分。

《国家基本药物目录》（2018年版）由卫健委、国家药监局等部委联合发布，于2018年11月1日起执行。该目录主要分为化学药品和生物制品、中成药、中药饮片三个部分。其中化学药品和生物制品部分包括抗微生物药、抗寄生虫病药、麻醉药等26类药品，中成药部分包括内科用药、外科用药、妇科用药等7类药品。与2012年版基药目录相比，2018年版基药目录共调入药品187种、调出22种目录总品种数量由原来的520种增加到685种，其中西药417种、中成药268种（含民族药）。

国家基本药物目录的主要特点如下。

1. 基本药物是临床必需、疗效确切的药品。

2. 基本药物全部纳入政府定价范围，省级集中网上公开招标采购。

3. 基本药物全部纳入基本医疗保障药品报销目录，报销比例明显高于非基本药物。

4. 国家发展和改革委员会负责制定基本药物全国零售指导价格。基本药物零售指导价格原则上按药品通用名称制定公布，不区分具体生产经营企业。

你知道吗

国家医保局、人力资源社会保障部发布了《国家基本医疗保险、工伤保险和生育保险药品目录》（以下简称《药品目录》）。《药品目录》（2019年版）是基本医疗保险、工伤保险和生育保险基金支付药品费用的标准。

《药品目录》（2019年版）分西药、中成药、中药饮片和谈判药品，西药部分包括化学药品和生物制品；中成药部分包含中成药和民族药；谈判药品部分包括尚处于谈判协议期内的药品，中药饮片部分包括基金予以支付的饮片范围以及地方不得调整纳入基金支付的饮片范围。《药品目录》（2019年版）的常规准入部分共2643个药品，包括西药1322个、中成药1321个（含民族药93个）；中药饮片采用准入法管理，共纳入892个。

四、以剂型为主的药品分类

药物剂型即药物制剂，是指药物根据医疗需要，为了使用、运输和贮存方便，常被加工成不同的制剂形式。药物剂型约有几十种，常按给药途径、药品形态等进行分类，见表3-1。

表3-1　以剂型为主的药品分类表

分类依据	类　型
给药途径分类	口服：片剂、胶囊剂、颗粒剂、散剂、丸剂、口服液体剂等 外用制剂：软膏剂、贴剂、滴眼剂、眼膏剂、含漱剂、栓剂、阴道片 呼吸道吸入制剂：气雾剂、喷鼻剂、喷粉剂、喷雾剂、雾化吸入剂 注射给药制剂：注射液、粉针剂、冻干粉针
按药品形态分类	固体制剂：散剂、颗粒剂、片剂、胶囊剂、丸剂 液体制剂：水剂、溶液剂、注射剂、糖浆剂、合剂、洗剂、酊剂等 半固体制剂：栓剂、软膏剂、浸膏、膜剂等 气体制剂：气雾剂、喷雾剂等
按医药商业保管习惯分类	针剂类：注射液（水针与大输液）、注射用无菌粉末（粉针）、滴眼剂等 片剂类：片剂、丸剂及胶囊剂等 水剂类：液体制剂、半固体制剂、栓剂、气雾剂等 粉剂类：原料药、颗粒剂、散剂类

五、按药品的来源分类

药品按照来源的不同，可以分为以下几类。

（1）植物药　利用植物的皮、花、根、茎及果实等药用部位制成的药物。例如阿片中的吗啡、茶叶中的咖啡因、麻黄中的麻黄碱、黄花蒿中的青蒿素等。中药以植物药为最多，许多来源于植物的药物现已人工合成，如盐酸小檗碱（盐酸黄连素）等。

（2）动物药　利用动物的全体或部分脏器以及其分泌物制成的药物。例如从动物脏器提取抗凝血药肝素钠，从健康人尿中提取的尿激酶等。

（3）矿物药　直接利用矿物或经过加工而制成的药物。例如硫黄、硼砂等。

（4）抗生素　指由细菌、真菌或其他微生物在生活过程所产生的具有抗病原体或其他活性的一类物质。例如青霉菌的培养液中分离的青霉素，链霉菌产生的链霉素等。

（5）生物制品　是以微生物、细胞、动物或人源组织和体液等为原料，应用传统技术或现代生物技术制成，用于人类疾病预防、治疗和诊断的药品。例如人血白蛋白、干扰素等。

（6）人工合成药　指用化学方法合成的药物。该类药可分为全人工合成药和半合成药，例如阿司匹林、哌替啶等为全合成药，阿莫西林、琥乙红霉素等为半合成药。

六、按药理作用和临床用途分类

这种分类方法的优点是可以指导医生、药师、患者使用，使治疗不同疾病的药品名目清晰。缺点是每类药品剂型复杂，给储存与保管带来不便。本书就是按药理作用与临床用途来进行综合分类。主要包括以下几大类。

1. 抗感染药（包括抗微生物药、抗寄生虫药）、抗过敏药。
2. 呼吸、消化、心血管、泌尿、血液、内分泌、神经系统用药。
3. 解热镇痛药、生物制品、维生素及矿物质。
4. 调节免疫功能及调节水、电解质、酸碱平衡药等。

任务二 药品的使用方法

岗位情景模拟

情景描述 一老年患者到药店购买滴眼液，由于看不清说明书的用法，请店员指导其使用滴眼液。

讨论 店员应如何指导患者正确使用滴眼液？

一、固体剂型药品的正确使用方法

1. 口服片剂、胶囊、散剂 服用方法：先喝点水或者用水漱口保持口腔湿润→片剂或胶囊放在舌根部→用水送服。如果药片或胶囊过大：可将药片捻碎、胶囊倒空→置于汤勺中→用水混合服下。

包衣片、肠溶片（胶囊）、缓（控）释制剂等须完整吞服。

口服散剂不能干服，应与水或糖水等其他液体混合后吞服。

泡腾片：口服泡腾片时，宜先用 100～150ml 凉开水或温水浸泡，待药物充分崩解和释放（完全溶解或气泡消失）后再饮用。严禁直接服用或口含；若药液中有不溶物、沉淀、絮状物时不宜服用。

咀嚼片：先在口腔内充分咀嚼，后宜喝少量温开水送服。

含片：普通含片放在面颊与齿龈之间含化，切勿在含有药片的情况下入睡，因为含片可能会滑至咽喉部，造成窒息。舌下含片，例如硝酸甘油片的正确服用方法是：将药片放在舌下，闭上嘴；接着在舌下聚集口水，并尽量减少咽口水的频率，以便让药片溶解；请至少等待 5 分钟再喝水。

2. 局部用软膏及乳膏剂 清洗患处皮肤，擦干→将药膏按规定剂量尽可能薄地涂在皮肤上→轻轻按摩患处，使药物被皮肤吸收，直至药膏消失。

3. 皮肤贴剂 选择一块不会出现剧烈运动的皮肤部位，例如胸部或上臂，选择无毛发或刮尽毛发的部位，贴上药片即可。及时更换新的药膜，保证给药的连续性。为避免皮肤过敏，每次更换贴片最好敷到身体的不同部位。

4. 栓剂

（1）直肠栓剂 先上厕所排便清空肠道→洗手并擦干→侧卧位躺在床上，同时曲膝→一手戴上指套或手套取出栓剂→将栓剂的尖头朝里，尽量推至直肠深处，以舒适为宜→并拢双腿静坐几分钟。

（2）阴道用栓剂　平躺在床上，同时曲起双膝→一手戴上指套或手套取出栓剂→将栓剂轻轻推入阴道中，合拢双腿，并保持仰卧姿势20~30分钟。

二、液体剂型药品的正确使用方法

1. 滴眼剂

（1）滴眼液　将手洗净擦干→坐下或躺在床上→保持双眼睁开，向上看→拇指或食指将眼睑下拉，形成小囊→滴管靠近眼睑（在眼睑上方2~3cm，勿使管口触及眼睑或睫毛，以免污染）→挤出规定剂量的药液到此小囊→闭上眼睛→用手指按压鼻侧眼角1~2分钟即可。若双眼患病，应先滴病变较轻的一侧，再滴病变较重的一侧；同时使用2种药液，宜间隔10分钟。 📱微课

（2）眼膏剂　将挤出约1cm长的线状眼膏，置于下拉眼睑形成的小囊中（如眼膏为盒装，则将药膏涂敷于下眼睑内），使眼膏在眼中均匀分布。

2. 滴耳剂
将滴耳剂用手捂热以使其接近体温→将头偏向一侧，受感染的耳朵朝上→手抓住耳垂轻轻向后上方拉起，耳道变直→另一手持滴管，手掌根置于耳廓旁，滴管滴入规定剂量的药液→轻压耳屏数次，使药液进入中耳腔。注意避免滴管污染。

3. 滴鼻剂和鼻腔用喷剂

（1）滴鼻剂　张大鼻孔→将头后仰→滴入规定剂量的药液→保持5~10秒后，轻吸鼻2~3次即可。

（2）鼻腔用喷剂　喷鼻剂不用后仰。将喷雾器喷嘴插入鼻孔→挤压喷雾器，吸气即可。将喷雾器从鼻孔中抽出之前，不要松手，防止鼻腔内的黏液和细菌进入喷雾器污染药物。

4. 气雾剂
使用前充分摇匀喷雾器→站立，张口缓慢呼气→将气雾剂装置喷口放至嘴里或嘴边→开始吸气并按下按钮，缓慢吸入→屏住呼吸约10秒后用鼻慢慢呼气。如需多次吸入者，休息1分钟后重复操作。

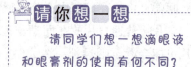

请你想一想

请同学们想一想滴眼液和眼膏剂的使用有何不同？

5. 含漱剂
使用前先将含漱剂按要求进行稀释→用清水漱口→将稀释后的含漱剂倒入口中坚持含漱2~5分钟→吐出。因含漱剂中的成分多为消毒防腐药，含漱时不宜咽下；同时，使用口腔含漱液半小时内，不宜马上饮水和进食。

目标检测

一、选择题

1. 哌替啶是属于（　　）。

A. 麻醉药品   B. 精神药品   C. 放射性药品   D. 毒性药品

2.《国家基本药物目录》（2018 年版）总品种为（   ）。

A. 520   B. 685   C. 417   D. 268

3. 严禁直接服用或口含的片剂是（   ）。

A. 咀嚼片   B. 含片   C. 泡腾片   D. 肠溶片

4. 标有警示语："凭医师处方销售、购买和使用"的是（   ）。

A. 非处方药   B. 外用药   C. 处方药   D. 国家基本药物

二、问答题

1. 简述片剂、胶囊、滴眼液、栓剂等常用剂型的正确使用方法。

2. 简述非处方药的主要特点。

3. 简述国家基本药物的主要特点。

4. 特殊管理的药品有哪些？

5. 第二类精神药品具体有哪些品种？

（周　容）

书网融合……

微课　　　　　划重点　　　　　自测题

▷▷▷ 项目四　医药商品的陈列

学习目标

知识要求

1. **掌握**　医药商品陈列的原则和基本要求。
2. **熟悉**　医药商品陈列方式及陈列位置的选择；药店医药商品的分类陈列。

能力要求

1. 能对常见医药商品进行合理分类与陈列。
2. 能选择合适的陈列方式及陈列位置，方便消费者购买。

任务一　医药商品陈列原则和要点

岗位情景模拟

情景描述　药店新到一批医药商品，店长要求新员工小刘把这批医药商品按规定陈列在药店内。

讨论　1. 店员应怎样陈列这批医药商品？

　　　　2. 店员陈列医药商品的依据是什么？

医药商品陈列是一项技术性工作，不仅具有保管、宣传的作用，而且在一定程度上它已成为衡量药品零售企业服务质量高低的重要标志，是企业决胜于零售终端市场的有力保证。

医药商品是一种特殊的商品，陈列时必须符合《药品经营质量管理规范》（以下简称 GSP）的要求，同时也要符合销售商品的原则。

一、药品经营质量管理规范的陈列原则

按 GSP 的要求，医药商品陈列的"三分开"基本原则为：药品和非药品严格分开；处方药和非处方药严格分开；外用药和其他药严格分开。

药店在"三分开"原则指导下，还必须符合 GSP 的要求。

1. 处方药不得以开架自选的方式陈列和销售。处方药必须持处方购买，应集中摆放，并制作明显标识，以提示消费者购买时出示处方。

2. 按剂型、用途以及储存要求分类陈列，并设置醒目标志，类别标签字迹清晰、放置准确。为方便消费者选购和经营者取药，药店常按用途和功能分类摆放药品。

3. 药品放置于货架（柜），摆放整齐有序，避免阳光直射。

4. 拆零销售的药品集中存放于拆零专柜或者专区。

5. 第二类精神药品、毒性中药品种和罂粟壳不得陈列。

6. 冷藏药品放置在冷藏设备中，按规定对温度进行监测和记录，并保证存放温度符合要求。需冷藏保存的药品应存放在冰箱内，并按处方药、非处方药、内服、外用等相对集中陈列。

7. 中药饮片柜斗谱的书写应当正名正字；装斗前应当复核，防止错斗、串斗；应当定期清斗，防止饮片生虫、发霉、变质；不同批号的饮片装斗前应当清斗并记录。

8. 经营非药品应当设置专区，与药品区域明显隔离，并有醒目标志。

二、医药商品陈列的一般性原则

1. 易见、易取原则　商品正面面向顾客，不被其他商品挡住视线，货架最底层不易看到的商品要平铺陈列或朝前陈列；货架最上层不宜陈列过高；过重和易碎的商品，应陈列在最底层。

2. 先产先出、先进先出原则　药品零售企业在药品陈列时，应考虑到药品的有效期，根据药品有效期的远近进行药品摆放，近效期商品放在前面以促进近效期药品的销售。

3. 纵向陈列原则　同类别或同一品牌商品采用纵向陈列在货架的不同高度的层位上，可使各商品平等享受到不同层次的关注，方便顾客选择，也方便营业员推荐商品。

4. 丰满、整齐原则　药店内的商品一定要丰满，给顾客一个商品丰富、品种齐全的直观印象。同时，也可以提高货架的储存功能，加速商品周转。整齐给顾客干净卫生的印象，有利于销售。

医药商品陈列时，除了按以上四原则陈列外，为了更好地销售商品，也可采取突出主题、季节性陈列等，可以把主推的商品或应季商品陈列在端架、花车、黄金位置和醒目位置，容易吸引顾客注意，从而起到好的陈列效果。

三、医药商品陈列的其他要点

1. 含特殊药品复方制剂的陈列　药品零售企业不得开架销售含特殊药品复方制剂，应当设置专柜集中陈列。

2. 同类化学药与中成药的陈列　同一类别的化学药和中成药不必分开陈列，但须相对集中陈列。

3. 外用药的陈列　外用药中有妇科、骨伤科、痔疮、皮肤、五官科等用药，较为复杂，因此在陈列时可按科别药品相对集中。

4. 包装规格差异性品种的陈列　药品包装相近或不同批号的药品要分开。同一功效药品，因剂型不同（片剂、胶囊、口服液等），包装有瓶装（方瓶、圆瓶、扁瓶）、纸盒装、盆装等，导致外包装规

请你想一想

医药商品陈列与普通商品陈列有何相同点？

格差异大，在陈列时以品种或品类的造型尤其重要。

5. 具体品种的陈列基本要点　①正面朝外勿倒置；②能竖不躺上下齐；③左小右大低到高；④ 价签商品要对准。

6. 非药品陈列要点　非药品应在药柜之外摆放，不应与药品混放，更不能摆在药品的中间。有经营避孕药具等家庭常用医疗器械资格的药店，应设置医疗器械专柜。

任务二　药店常见的分类陈列

一、药店分类

药店虽然是出售药品的场所，但是由于药店的规模、经营模式、主营品种、地理位置、性质、服务群体等的不同，药店之间存在很大的差别。药店类别不同，其医药商品陈列方式也有所不同。

（一）零售药店常见分类

1. 按药店规模分类

（1）连锁药店　以连锁形式存在的药店，在一个地区通常有多家药店，甚至跨地区、跨省经营的药店。药店经营的商品中，除处方药外，其余的非处方药、非药品多采用开架式，以便于顾客自由选购，一般营业面积相对单体药店较大。

（2）单体药店　以个人注册形式存在的药店，通常只有一家。一般药店面积小，工作人员少，提倡交易的便捷性。

2. 按药店经营模式分类

（1）超市自选类　指开放式货架的陈列，顾客自选购药，开架式不能摆放处方药。

（2）指导购药类　顾客第一时间接触不到药品，需要营业员指导购药，也称全封闭。

（3）半指导购药类　顾客第一时间接触不到处方药，需要营业员指导购药，也称半开架。

3. 按药店经营品种分类

（1）多品类经营　指不仅仅有药品，还有非药品的大型药店。

（2）药品专业店　指以药品为主导的药店，不涵盖食品、日化、化妆品的药店。

（3）特色专业店　指专业的特色经营品种店，如肿瘤药品店。

（二）零售药店的分类管理

国家药品监督管理局对零售药店进行三类监督管理。

1. 一类药品零售企业　经营类别为乙类非处方药。

2. 二类药品零售企业　经营类别为非处方药、处方药（禁止类、限制类药品除外）、中药饮片。

3. 三类药品零售企业　经营类别为非处方药、处方药（禁止类药品除外）、中药饮片。

禁止类药品是指麻醉药品、放射性药品、第一类精神药品、终止妊娠药品、蛋白同化制剂、肽类激素（胰岛素除外）、药品类易制毒化学品、疫苗等国家规定的药品零售企业不得经营的药品。

限制类药品是指医疗用毒性药品、第二类精神药品（仅限药品零售连锁企业）、上述蛋白同化制剂和肽类激素以外其他按兴奋剂管理的药品、含麻醉药品的复方口服溶液、精神障碍治疗药品等严格管理的处方药、生物制品、注射剂药品。

经过分类管理、资源整合和政策引导，促进城区内形成以三类药店为示范、二类药店为主体，对一些综合实力较差，专业技术配备较弱的单店、门店定位为一类药店，逐步淘汰小、散、差药店。

二、药店内常见的分类陈列 🅔微课

药店内商品的陈列首先确认所要经营的商品大类、中类和小类，然后再按照中西药、价格、剂型等要素进行细分。

（一）药店商品大类的分类陈列

药店常见的分类陈列见表4-1。

表4-1 药店常见的分类陈列

第一种	第二种	第三种	第四种
化学药品	化学药品	化学药品	化学药品
中成药	中成药	中成药	中成药
中药饮片	中药饮片	中药饮片	中药饮片
保健食品	保健食品	保健食品	保健食品
其他	医疗器械	医疗器械	医疗器械
	其他	化妆品	二类精神药品
		其他	其他

（二）药店商品中、小类的分类陈列

目前，药店内药品的中小分类没有统一标准。零售药店可结合各自的经营品种，根据其适应证或功能主治，进行归类或添加。

1. 以药品为主，结合非药品的分类陈列

※ 抗微生物药　　　　　　※ 心脑血管用药　　　　　※ 消化系统用药

※ 呼吸系统用药　　　　　※ 神经系统药　　　　　　※ 泌尿系统用药

※ 激素及内分泌系统用药　※ 免疫系统用药　　　　　※ 妇科用药

※ 五官科用药　　　　　　※ 解热镇痛类药　　　　　※ 清热解毒类药

※ 维生素与矿物质类药　　※ 补益类药　　　　　　　※ 骨伤科用药

※ 外用药　　　　　　　　※ 第二类精神药品　　　　※ 含特殊药品复方制剂

※ 综合类药　　　　　※ 医疗器械　　　　　※ 保健食品

※ 健康减肥产品

2. 特殊用品的分类陈列　降血脂产品、性用品（含计生用品）、除臭止汗用品等可单独陈列。

3. 非药品的分类陈列

（1）保健食品　维生素与矿物质、美容补血、参茸补品、免疫力调节、减肥润肠、儿童健康、辅助治疗等。

（2）健康减肥产品　化妆品、护肤品、洗发护发产品、沐浴产品等。

（3）医疗器械　医疗器械、卫生器材等。

你知道吗

药品分类陈列的归类原则

多种用途的药品，以说明书首项用途为分类的依据；抗寄生虫药品归入消化系统药；内服的计划生育药归入妇科用药；免疫类中成药归入补益类药；妇科用药类指妇科用中成药、化学药品等内服药；五官科用药类主要指五官科用药中的中成药、化学药品等内服药品；解热镇痛类药指解热、镇痛、消炎（包括抗痛风药、非阿片类镇痛药、骨伤科的止痛药等）等药品；综合类是指抗过敏药、皮肤科内服药、调节水和电解质及酸碱平衡药、营养药、肿瘤药、血液系统药、解毒药等。

任务三　陈列方式

一、货架陈列

药店货架是消费者识别、选择、获取医药商品的主要载体。开架自选的药品常采用货架陈列，药品陈列在开放式的货架或展台上，消费者能够更快、更便捷地挑选自己所需的药品，使得药店与消费者之间更具互动性和亲和力。

药店的货架管理就是根据所要陈列的商品选择合适的货架，对货架上医药商品陈列的顺序、位置、空间和容量等方面进行系统安排和科学合理利用。一般药品的包装较小，所以用高170cm、宽100cm、层距35cm的四至五层货架即可，端架用高140cm、宽70cm、厚35cm的四至五层货架，如图4-1所示。

在处方药区，陈列在背柜时，所有药品立式陈列，药品之间间隙较小；畅销的药品和主推药品放于中间两层。

在非处方药区，货架第一、二层为黄金陈列位置，以主推商品为主，可采用立式和平铺式两种陈列相结合的方法。如在三层以下采取平铺式陈列，而外用药在任何一层均可采用平铺式陈列。最底层一般放置滞销商品或体积较大的商品，也可采用塑料篮集中陈列一些价低高销量的商品，如凉茶、小塑料包装袋等。

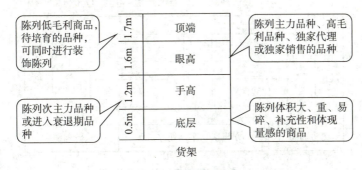

图 4 - 1　药品货架陈列

二、柜台陈列

现在药店里的柜台多为 90 ~ 100cm 高，用两块玻璃隔板隔成三段，这种柜台比较适宜采用排队陈列或堆码陈列的分类、组合方式。

（1）药品采用平铺式陈列。陈列时要将商标、图案面向顾客一面。

（2）第一层采取满层陈列，其他层不得少于层板宽度的 2/3。畅销药品和主推药品放于第一层，利于顾客购买。柜台的最底层可将储备的存货整齐地码放在那里，以充分利用柜台的最底层。

（3）对每个单元的艺术处理，都要注意做到局部和整体的统一，辅助的道具要精巧别致，陈列时可用丝织物加以衬托，以表现出药品的质量一流。

（4）除去外包装的陈列：瓶装商品（如药酒、口服液等）除去外包装后的陈列，吸引顾客对商品的内在质地产生直观的感受，激发购买欲望。

任务四　陈列位置的选择

由于医药商品种类的繁多，同类的品种较多，因此，只有将药品以适当的形式（考虑数量、价格、空间、组合方式）陈列在适当的位置，才能最大限度地提高销量，吸引消费者对药品的选购。

一、黄金陈列位置

药店在进行陈列时，针对药品的大小规格、包装形状及药品的售出频率，主营品种要摆在顾客比较容易看见的位置。药店的商品陈列一定要遵循易见、易选、易找的原则，商品的最佳陈列位置为顾客视线的水平位置，一般离地面 80 ~ 160cm 为黄金陈列位置。

1. 消费者经过的主要位置　如图 4 - 2 所示。

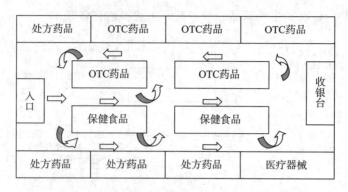

图4-2　消费者经过的主要位置

（1）消费者进入药店，第一眼看到的位置，即卖场正对门口位置。

（2）各个方向不阻挡消费者视线（主要为沿卖场顺、逆时针行走时视线）位置。

（3）消费者经常经过的交通要道。

2. 消费者容易拿到或者看到的位置

（1）营业员后方柜台：视线与肩膀之间的高度。

（2）营业员前方柜台：柜台上面第一层。

（3）最贴近玻璃的地方。

（4）非处方药采用自选形式的，患者较易拿取的位置为优势位置。

（5）同类药品的中间位置。

（6）著名品牌药品旁边的位置。

在收银台或入口、出口处，陈列一些刺激性小产品，如润喉药、抗酸药、维生素、微量元素等。

选择陈列位置时，除以上位置外，还应注意的是要根据药店药品类别布局而定，另外，要保持始终有一固定位置的药品陈列，方便消费者重复购买。

二、关联性陈列

关联性陈列旨在引导顾客购药时，能自然而然地过渡到购买另一种药品上，方便顾客，也能增加销售机会。

1. 考虑消费者的购物习惯和购物顺序　如感冒药→清热解毒药→五官科用药→止咳药→消炎药。

2. 药品之间的关联性陈列

（1）抗生素和呼吸系统用药、消化系统用药、泌尿系统用药相邻陈列。

（2）感冒药常和清热解毒消炎药或止咳药相邻。

（3）感冒药与消炎、增加抵抗力等商品放在一起。

（4）皮肤科用药和皮肤科外用药相邻。

（5）妇科药品和儿科药品相邻。

（6）维生素类药和钙制剂相邻。

（7）儿童健康维生素矿物质、提高记忆力、补血产品等相邻。

药品之间的关联性陈列可使顾客消费时产生连带性，方便顾客购药。

3. 药品与非药品区之间关联性陈列

（1）老年心脑血管用药、补益类药尽可能和辅助作用的保健食品相邻陈列。

（2）治疗辅助、助睡与减轻疼痛、戒烟类产品相邻摆放。

（3）除臭止汗、性用品与健康器械相邻摆放。

（4）凉茶、减肥品、通便茶等相邻摆放。

（5）无糖食品紧靠糖尿病药相邻摆放。

注意药品不能和医疗器械、保健食品等非药品在同一个货架摆放。如紧急避孕药与避孕套，润嗓、祛火的保健食品与金嗓子喉片、西瓜霜润喉片等药品必须分开存放。

4. 主力商品与辅助商品的搭配陈列　主辅陈列主要是用高周转率的商品带动低周转率的商品销售。购买频率高的商品与购买频率低的商品搭配陈列；单位价格高的商品与单位价格低的商品搭配陈列。例如，将白加黑和复方氨酚烷胺片等陈列在一起，同属于感冒药，只是制造商不一样，白加黑其品牌好，顾客购买频率高，属于高周转率商品，但由于药品零售价格竞争激烈，使这类商品毛利非常低，所以要引进一些同类商品增加卖场销售额。

三、堆头陈列

在不同的季节将应季商品（药品）陈列在醒目的位置，其商品陈列面、量较大并悬挂 POP，吸引顾客，促进销售，如图 4-3 所示。

图 4-3　堆头陈列

四、专柜陈列

1. 按品牌设立　一般为同一厂商的各类药品的陈列。如史克专柜、强生专柜等。

2. 按功能设立　将相同或关联功能的药品陈列在同一专柜。如男性专柜、减肥专柜、糖尿病专柜。

3. 利用柱子的"主题式"陈列　一般而言，柱子太多的店铺会导致陈列的不便，但若将每根柱子作"主题式"陈列，不但特别而且能营造气氛。

4. 陈列贵重精美仪器　如电子血糖仪、电子血压计、助听器等。

5. 陈列贵重药品　药店应按照提高药品价值感的思路去摆放药品。例如，贵重的药品所放的玻璃橱柜中要留有一些空间，周围用灯光和小饰物烘托气氛，以体现药品自身的价值。

> **请你想一想**
>
> 在零售药店如何进行医药商品陈列位置的设计？

目标检测

一、选择题

1. 西瓜霜含片在药店陈列时应归为（　　　）。
   - A. 五官科用药
   - B. 处方药
   - C. 外用药
   - D. 清热解毒类药

2. 零售药品在陈列药品时，一般不要求（　　　）。
   - A. 药品与非药品分开
   - B. 处方药与非处方药分开
   - C. 内服药与外用药分开
   - D. 胶囊剂与片剂分开

3. 下列药品在陈列时应分开的是（　　　）。（多选题）
   - A. 药品与保健食品
   - B. 内服药与外用药
   - C. 处方药与医疗器械
   - D. 片剂与胶囊剂

二、思考题

1. 按 GSP 的要求，医药商品陈列的基本原则及要求有哪些？
2. 简述药店内医药商品的主要分类及归类原则。
3. 如何做好医药商品的关联性陈列？

（周　容）

书网融合……

 微课　　 划重点　　 自测题

项目五　合理用药

学习目标

知识要求

1. **掌握**　合理用药的原则。
2. **熟悉**　影响药物作用的因素。

能力要求

1. 能遵循合理用药的原则审查处方。
2. 能合理为患者推荐药品。

任务一　影响药物作用的主要因素

多种因素影响药物在体内所产生的作用，主要有药物方面的因素（药物的化学结构、药物的剂量、药物的剂型、给药途径等）和机体方面的因素（年龄、体重、病人的生理因素等）。这些因素不仅影响药物的作用强度，有时还可改变药物作用性质。所以使用药物时不仅应了解各种药物的作用和用途，还应了解影响药物作用的一些因素，以便更好地掌握药物使用的规律，充分发挥药物的治疗作用，减少不良反应的发生率。

一、剂量

药物的剂量与体重、年龄、性别、种族等有密切的关系，不同剂量的药物所产生的作用是不同的。在一定范围内，剂量越大，药物在体内的浓度就越高，作用也越强，甚至会发生中毒反应，以至死亡。

1. 最小有效量　系指刚产生有效作用的剂量。可因个体不敏感或疗效不明显而延误病情。

2. 常用量（治疗量）　系指能产生明显作用的剂量，是临床上经常用于防治疾病的剂量。在一般情况下，常用量既可获得较好的疗效又比较安全。

3. 最小中毒量　系指能够使人中毒的最小剂量。

4. 极量　系指治疗剂量的最大极限，超过极量就有中毒的危险。《中国药典》对某些作用强烈、毒性较大的药物规定了极量，可视为用药的极限。除非在必要的情况下，一般不采用极量，更不应该超过极量，否则可能引起医疗事故。

二、给药途径、给药时间和次数

（一）给药途径

给药途径不同能直接影响药物的吸收、分布、代谢和排泄，影响药物的作用强度和快慢。有些药因给药途径不同而表现出完全不同的药理作用，如硫酸镁口服有泻下作用，而注射则有抗惊厥作用。有的药物因给药途径不同而致药理活性不同，如儿茶酚胺类药物口服无效，只有注射给药才有拟交感活性。不同的给药途径导致药物不同的吸收速度，药效出现时间从快到慢依次为静脉注射、肌内注射、皮下注射、口服、皮肤给药等。

（二）给药时间和次数

许多药物需在适当的用药时间方能充分发挥药效。一般情况下，饭前服药吸收较好，发挥作用较快；饭后服药吸收较差，发挥作用也较慢。但有刺激性的药物在饭后服用可减少对胃肠道的刺激。用药次数应根据病情的需要及药物的半衰期而定，如肝、肾功能不全的患者的用药剂量应减少，用药次数也应相应的减少；半衰期短的药物给药次数应增多，但要考虑病人的耐受力。

三、联合用药

两种或两种以上药物同时或先后应用，有时会产生一定的相互影响。使用得当，可以提高疗效；而使用不当，可降低疗效，造成浪费，甚至产生严重的不良反应。联合用药有协同作用和拮抗作用。

1. 协同作用　两种以上药物合并应用，其作用互相协同，效应增加称为协同作用。如磺胺类药物与甲氧苄啶合用，阿莫西林与克拉维酸合用，可使抗菌作用增强。

2. 拮抗作用　两种以上药物合并应用后因作用相互抵消，药效减弱者称拮抗作用。正确利用拮抗作用，可以纠正一些药物引起的不良反应或用于解救药物中毒。如用阿托品可以对抗有机磷农药中毒等。

四、病人的因素

（一）年龄

年龄是影响药物作用的一个重要因素，老年人和儿童由于体重和生理特点与成年人（18～60岁）不同，对某些药物的反应也与成年人不同。因为小儿的肝、肾功能，中枢神经系统等尚未发育完全，因此应用某些在肝脏内代谢的药物易引起中毒。如氯霉素主要在肝脏内代谢，早产儿、新生儿的肝功能发育不全，极易引起中毒（灰婴综合征）；婴儿的血－脑屏障发育也不完善，对药物的代谢和排泄功能降低，因此对药物耐受性也较差，故用药剂量也应比成年人少。老年人由于肝、肾功能减退，对药物的代谢的排泄功能也减退。用药剂量一般为成年人的3/4。对升压药、麻醉药等特别敏感，使用时应严格掌握剂量。

（二）性别

性别的不同也会影响药物的作用。如妇女有月经、妊娠、分娩、哺乳等特殊过程，用药时应适当注意。在妊娠及哺乳期，由于某些药物能通过胎盘进入胎儿体内或经乳汁进入体内，有引起胎儿或乳儿中毒的可能。故在此期间，切不可滥用药物。

（三）精神状态

病人的精神状态（心理状态）对药物作用有明显的影响。一般情况下，乐观的情绪对疾病的痊愈可产生有利的影响；而忧郁、悲观的情绪可影响药物的疗效。如使用安慰剂后，能够使很多疾病（如高血压、心绞痛、神经官能症等）的症状得到很大的改善。

（四）个体差异

在年龄、体重、性别等条件相同的情况下，多数病人对药物效应是相同的。但也有少数病人对药物的作用有所不同。有的病人对某种药物特别敏感，使用最小有效量，却能产生较强作用，对该病人可能就是中毒剂量，这种现象被称为高敏性；有的病人对某种药物特别耐受，需要用较大的剂量，可能到了常用的中毒剂量，才能产生应有的疗效，这种现象被称为耐受性。所以，对于作用强而安全范围较小的药物，应根据病人的具体情况来调整剂量，即剂量的个体化。

五、其他因素

此外，尚有药物剂型、病人的病理状态等，均可影响药物的作用。

任务二 认识合理用药

岗位情景模拟

情景描述 患者，男，10岁，因腹泻医院看病，医生为其开具处方：诺氟沙星胶囊 0.1mg tid；蒙脱石散 3g tid po。

讨论 该用药是否合理？说出理由。

药理学基础为合理用药提供了最基本的理论和知识。但合理用药是有关人员、药物和环境相互作用的结果，较为复杂。因此，需要系统地了解合理用药知识，在实践中做到合理用药。

一、概述

（一）基本概念和意义

20世纪90年代以来，国际上药学界的同仁已就合理用药问题达成共识，给合理用药赋予了科学、完整的定义：以当代药物和疾病的系统知识和理论为基础，安全、有效、经济、适当地使用药物，就是合理用药。

目前，我国正处在向小康社会过渡的阶段，让广大人民群众有病可医，有药可用，用则安全、有效、经济、适当是医药卫生工作者奋斗的目标。因此，合理用药的意义和目的就是要充分发挥药物的作用，不仅微观到每一个人，而且宏观到整个国家和社会；不仅要发挥经济效益，还要发挥社会效益。

（二）基本要素

从用药的过程和结果考虑。合理用药应当包括安全性、有效性、经济性和适当性四大要素。其中安全性和有效性是合理用药的首要条件，本教材已在质量特性中阐述，本任务只对经济性和适当性进行阐明。

1. 经济性　是指获得单位用药效果所投入的成本应尽可能低。而不是指尽量少用药，可使用廉价的药品。不合理用药造成严重的药品浪费，加重了国家和社会组织的经济负担。因此，经济地使用药品就成为合理用药的新内容。

2. 适当性　合理用药最基本的要求是根据用药对象选择适当的药品，在适当的时间，以适当的剂量、途径和疗程，达到适当的治疗目标。适当性的原则强调尊重客观现实，立足当前医药科学技术和社会的发展水平，避免不切实际地追求高水平的药物治疗。

二、处方中应遵循的合理用药原则

> **请你想一想**
> 生活中有哪些不合理用药现象？

医生在开具处方时应遵循合理用药的原则，药师及护师应把好关；为了加强公众合理用药的意识，国家提出了合理用药的十大核心信息。本节内容主要讨论药师审核处方时应遵循的合理用药原则。 📱微课

1. 严格掌握适应证、禁忌证，正确选择药物　正确选择药物在治疗过程中起着重要作用，这在抗菌药物的应用上显得更为重要。无指征地滥用抗菌药物不仅会造成很大的浪费和加重病人的负担，而且会增加不良反应、细菌耐药性、菌群失调及二重感染的机会。临床用药指征掌握不严的情况也见于肾上腺皮质激素类药物，因为骤然停药后，体内肾上腺分泌激素的量来不及相应地增加，而出现疲乏无力、恶心呕吐等一系列症状，甚至会造成疾病加重或复发。另外还有解热镇痛药和维生素类也要注意用药指征。

2. 明确联合用药的目的　能用一种药物治愈的疾病绝不加用另外的药物。联合用药的目的是增强疗效，降低毒性和减少副作用，延缓耐药性的发生。当今药物的种类越来越多，相互作用也越来越复杂。盲目联合用药不可取，明确联合用药目的，才能更好地使用药物。

3. 充分考虑影响药物作用的各种因素，制定合理的用药方案　影响药物作用的主要因素是药物因素及机体因素。量效关系、剂型、给药时间、给药途径、制剂工艺等均可明显影响药物的作用。

三、促进合理用药的措施

（一）推行基本药物政策

基本药物概念的提出已有 40 多年历史，70 年代世界卫生组织（WHO）就提了基

本药物的概念：基本药物是能够满足大部分人口卫生健康需要的药物。我国自 1992 年就开展了国家基本药物工作，基本药物是从我国目前临床应用的各类药物中遴选出的适应基本医疗卫生需求，剂型适宜，价格合理，能保障供应，公众可公平获得的药品。现行版是 2018 年版《国家基本药物目录》。

（二）开展用药监护

临床监护工作主要由临床药师向医生通报临床用药的药物信息，医院用药的新进展及处方用药方面存在的问题等，达到不断提高临床用药水平的目的。

（三）加强药品上市后的再评价工作

药品上市后不会再受临床试验时各种因素的制约，面对用药病例增多、患者和疾病的复杂化、使用范围广泛等影响，药物不良反应的发生率就会增大，药物对特定患者产生特殊的情况也会增多。为保证药品的安全和有效性，WHO 从 60 年代开始就推行国际药品监测合作，现有 40 多个国家参与，我国于 1998 年参与。药品上市后监测制度是确保人民用药安全、有效的制度，是药品监督管理体系的重要组成部分。

（四）发挥执业药师的作用

执业药师既要正确无误地执行处方医嘱，又负有重要的把关重任。因此，要求执业药师有相应的业务水平，在合理用药方面做到：保证药品质量，严格按要求妥善贮存保管药品，杜绝伪劣药品，防止用药差错，确保临床用药安全、有效、合理；有针对性向临床医师推荐和提供安全有效的药物和提供医学情报，及时发现、报告药物不良反应，评价药剂的稳定性和疗效，搜集和总结临床用药经验等。

你知道吗

合理用药的十大核心内容

1. 合理用药是指安全、有效、经济地使用药物。优先使用基本药物是合理用药的重要措施。不合理用药会影响健康，甚至危及生命。

2. 用药要遵循能不用就不用、能少用就不多用，能口服就不肌注、能肌注就不输液的原则。

3. 购买药品要到合法的医疗机构和药店，注意区分处方药和非处方药，处方药必须凭执业医师处方购买。

4. 阅读说明书是正确用药的前提，特别要注意药物的禁忌、慎用、注意事项、不良反应、药物间的相互作用等事项。如有疑问要及时咨询药师或医生。

5. 处方药要严格遵医嘱，切勿擅自使用。特别是抗菌药和激素类药物，不能自行调整用量或停用。

6. 任何药物都有不良反应，非处方药长期、大量使用也会导致不良后果。用药过程中如有不适要及时咨询医生或药师。

7. 孕期及哺乳期妇女用药要注意禁忌；儿童、老年人和有肝脏、肾脏等方面疾病的患者，用药应谨慎且用药后应注意观察是否出现不良反应；从事驾驶、高空作业等特殊职业者要注意药物对工作的影响。

8. 药品存放要科学、妥善，防止因存放不当导致药物变质或失效；谨防儿童及精神异常者接触，一旦误服、误用，应及时携带药品及包装就医。

9. 接种疫苗是预防一些传染病最有效、最经济的措施，国家免费提供一类疫苗。

10. 保健食品不能替代药品。

目标检测

一、选择题

1. 影响药物作用的主要因素是（　　）。（多选题）
　　A. 剂量　　　　B. 药物的剂型　　　C. 给药途径　　　　D. 病人的生理因素

2. 治疗剂量的最大极限是（　　）。
　　A. 最小有效量　　B. 最小中毒量　　C. 极量　　　　D. 治疗量

3. 下列给药途径产效最快的是（　　）。
　　A. 静脉注射　　　B. 肌内注射　　　C. 皮下注射　　　D. 口服

4. 合理用药最基本的要求是（　　）。（多选题）
　　A. 适当的药品　　B. 适当的时间　　C. 适当的剂量　　D. 适当的途径

5. 合理用药的四大因素是（　　）。（多选题）
　　A. 安全性　　　　B. 经济性　　　　C. 有效性　　　　D. 适当性

二、思考题

1. 我国医疗中不合理用药现象有哪些？

2. 药师如何审查处方中用药的合理性？

3. 药师在审查处方时应注意哪些药物的用药指征？

4. 采取哪些措施可以促进合理用药？

（周　容）

书网融合……

　　e 微课　　　　　划重点　　　　自测题

项目六 处方调配

PPT

学习目标

知识要求

1. **掌握** 处方调配的程序；处方审核的内容、调配处方的注意事项。
2. **熟悉** 处方格式、处方的规则。
3. **了解** 处方常用的外文缩写及中文含义。

能力要求

1. 能正确解读处方。
2. 能理解处方中常用外文缩写的中文含义。
3. 能正确审核和调配处方。

岗位情景模拟

情景描述 患者，男，64岁，既往患有心绞痛，本次因抗心绞痛药物用完，同时出现腹部绞痛到医院看病，医生为其开具处方：硝酸甘油片 0.3mg 舌下含化 p.r.n.；山莨菪碱片 10mg tid po。

讨论 1. 处方中的缩写分别代表什么意思？

2. 如果你是药师，你觉得两药同时合用是否合理？对此你有什么建议？

3. 如果你是调剂人员，该如何进行调配？

任务一 处方基本知识 微课

处方是指由注册的执业医师和执业助理医师在诊疗活动中为患者开具的、由取得药学专业技术职务任职资格的药学专业技术人员审核、调配、核对，并作为患者用药凭证的医疗文书。处方包括医疗机构病区用药医嘱单。

一、处方的意义

处方是医生对患者用药的书面文件，是药剂人员调配药品的依据，具有法律、技术、经济方面的意义。

1. 法律意义 因开具处方或调配处方所造成的医疗差错或事故，医师和药师分别负有相应的法律责任。因此，处方要求医师和药师必须在处方上签字以示对该处方负责。

2. 技术意义 开具或调配处方者都必须由经过医药院校系统专业学习、并经资格认定的医药卫生技术人员担任。医师对患者作出明确的诊断后，在安全、有效、经济的原则下，开具处方。药学技术人员应对处方进行审核，并按医师处方准确、快捷地调配，将药品发给患者应用。同时，处方说明了药品的名称、规格、数量、用法及用量。

3. 经济意义　处方是药品消耗及药品经济收入结账的凭证和原始依据，也是患者在治疗疾病，包括门诊、急诊、住院全过程中用药报销的真实凭证。

二、处方分类

1. 按性质分类

（1）法定处方　是指《中华人民共和国药典》及部颁标准收载的处方。它具有法律的约束力，在制备法定制剂或医师开写法定制剂时，均需遵照此规定。

（2）医师处方　是指医师为患者诊断、治疗与预防用药所开具的处方。

（3）协定处方　是指医院药剂科与临床医师根据医院日常医疗用药的需要，共同协商制定的处方。适于大量配置和储备，便于控制药品的品种和质量，可减少患者取药等候时间，提高工作效率。每个医院的协定处方仅限于在本单位使用。

2. 按《麻醉药品、精神药品处方管理规定》分类　可分为麻醉药品处方、第一类精神药品处方、第二类精神药品处方、普通处方。

3. 按医院部门及科别分类　可分为门诊处方、住院病房处方、急诊处方、儿科处方等。

三、处方颜色

1. 普通处方　印刷用纸为白色。

2. 急诊处方　印刷用纸为淡黄色，右上角标注"急诊"。

3. 儿科处方　印刷用纸为淡绿色，右上角标注"儿科"。

4. 麻醉药品和第一类精神药品处方　印刷用纸为淡红色，右上角标注"麻""精一"。

5. 第二类精神药品处方　印刷用纸为白色，右上角标注"精二"。

处方的种类及颜色如图 6－1 所示。

> 请你想一想
>
> 普通处方和第二类精神药品处方印刷用纸都为白色，有何区别？

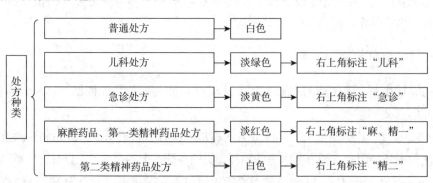

图 6－1　处方种类

四、处方的格式

处方由各医疗机构按规定的格式统一印制，处方格式由三部分组成，分别是处方前记、处方正文、处方后记，如图 6 - 2 所示。

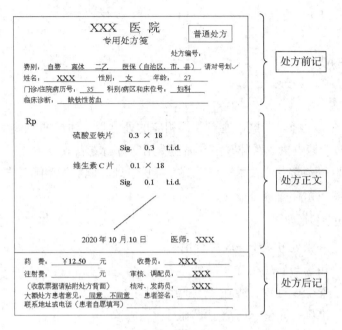

图 6 - 2　处方格式

1. 处方前记　包括医疗机构名称、费别、患者姓名、性别、年龄、门诊或住院病历号、科别、床位号、临床诊断、开具处方日期等。也可根据需要，在前记中添列特殊要求的项目。麻醉药品和第一类精神药品处方还应当包括病人身份证号，代办人姓名、身份证号。

2. 处方正文　正文以"R"或"Rp"起头（处方头，拉丁文 Recipe 的缩写），意为"请取"。正文内容包括药品的名称、剂型、规格、数量、用法、用量等。用法是指患者的服用方法，处方上通常以拉丁缩写"Sig"进行表示。处方正文是医师为患者开具的用药依据，是处方的核心部分。

3. 处方后记　包括医生签名或加盖专用签章（表示医师对处方负有责任），药品金额，审核、调配、核对、发药的药学专业技术人员签名或加盖专用签章，签名必须签全名。

你知道吗

电子处方

电子处方是依托网络传输，采用信息技术编程，在诊疗活动中填写药物治疗信息，开具处方，并通过网络传输至药房，经药学专业技术人员审核、调配、核对、计费，并作为药房发药和医疗用药的医疗电子文书。

目前多数医疗单位已经使用电子处方。与传统处方相比，电子处方的格式规范，字迹工整、清晰，包含的信息全面，临床应用中具有：规范医疗行为；提高接诊效率，简化就医流程；易于辨认，避免差错事故；控制处方剂量，减少医患矛盾等优点。

五、处方规则

（一）处方权

1. 注册的执业医师　在执业地点取得相应的处方权；注册的执业助理医师开具的处方须经所在执业地点执业医师签字或加盖专用签章后方有效。

2. 药师　取得药学专业技术资格人员方可从事处方调剂、调配工作。

3. 医师　签名留样备查。

（二）处方的书写要求

1. 一对一　一张处方限于一名患者用药。

2. 二相符　用药与诊断相符。

3. 三原则　安全、有效、适宜（包括经济）。

4. 四要求　准确、完整、简洁、清晰。

5. 限五种　每张处方不得超过 5 种药品。

6. 处方书写规范

（1）处方必须用蓝色或黑色钢笔、签字笔或圆珠笔书写，字迹要清楚，不得涂改。如需修改，医师应当在修改处签名并注明修改日期。

（2）患者一般情况、临床诊断应填写清晰、完整，并与病历记载相一致。患者年龄应当填写实足年龄，新生儿、婴幼儿写明日、月龄，必要时要注明体重。

（3）西药和中成药可以分别开具处方，也可以开具一张处方；中药饮片应当单独开具处方。开具西药、中成药处方，每一种药品应当另起一行。

（4）药品及制剂名称，应以国家药品监督管理部门批准的药品通用名（中文名或英文名）书写。

（5）药品剂量一律以法定剂量表示，重量如克（g）、毫克（mg）、微克（μg）、纳克（ng）为单位；容量以升（L）、毫升（ml）为单位；国际单位（IU）、单位（U）；中药饮片以克（g）为单位。药品的数量用阿拉伯数字书写。若因治疗需要，药品一日剂量或一次剂量超过极量时，医师要在用量旁重加签字，以示负责。

（6）片剂、丸剂、胶囊剂应注明含量，以片、丸、粒为单位；颗粒剂以最小剂量袋为单位；口服液、眼药、注射剂等以支或瓶为单位，并要注明含量。饮片以剂或付为单位。

（7）中药饮片处方的书写，一般应当按照"君、臣、佐、使"的顺序排列；调剂、煎煮的特殊要求注明在药品右上方，并加括号，如包煎、先煎、后下等；对饮片的产地、炮制有特殊要求的，应当在药品名称之前写明。

（8）药品使用方法可以用中文、英文、拉丁文或缩写体书写，但不能用"遵医嘱""自用"等含糊不清的语句。

（9）开具处方后的空白处画一斜线以示处方完毕。

（三）处方有效期

处方开具当日有效。特殊情况下需延长有效期的，由开具处方的医师注明有效期限，但有效期最长不得超过3天。

（四）处方限量

1. 普通药品 处方一般不得超过7日用量；急诊处方一般不得超过3日用量；对于某些慢性病、老年病或特殊情况，处方用量可适当延长，但医师应当注明理由。

2. 特殊管理药品 麻醉药品、精神药品、医疗用毒性药品、放射性药品的处方用量应当严格按照国家有关规定执行。开具麻醉药品处方，应有病历记录。

（五）处方保管

处方由调剂、出售处方药品的医疗机构或药品零售企业妥善保存。

1. 医院处方 一般药品处方保存一年备查；毒性药品、精神药品处方保存两年备查；麻醉药品保存三年备查。

2. 零售药店处方 按 GSP 的规定，零售药店必须保存处方 2 年以上备查。

六、处方常用外文缩写及含义

医师在书写处方正文中药物的使用方法等内容时，常采用外文缩写来表示。因此，药师应掌握处方中常用的外文缩写，并理解其相应的中文含义。

1. 用药方法 常用用药方法的缩写见表6－1。

表6－1 处方中用药方法的外文缩写及含义

外文缩写	中文含义	外文缩写	中文含义	外文缩写	中文含义
im.	肌内注射	iv.	静脉注射	iv. gtt.	静脉滴注
ih.	皮下注射	p. o.	口服	inspire.	吸入
instill.	滴入	a. c.	饭前	p. c.	饭后
q. d.	每日1次	b. i. d.	每日2次	t. i. d.	每日3次
q. i. d.	每日4次	q. m.	每日早晨	q. n.	每晚
q. o. d.	隔日1次	q. h.	每1小时	q. 4. h.	每4小时
h. s.	睡前	p. r. n.	必要时	q. s.	适量
aa.	各个	St.	立即	C. T.	皮试
ad.	加至	us. Int.	内服	us. Ext.	外用

2. 制剂名称 常用制剂名称的缩写见表6－2。

表 6 - 2　处方中制剂名称的外文缩写及含义

外文缩写	中文含义	外文缩写	中文含义	外文缩写	中文含义
Tab.	片剂	Caps.	胶囊剂	Inj.	注射剂
Amp.	安瓿	Gutt.	滴剂	Dec.	煎剂
Lin.	擦剂	Mist.	合剂	Ocul.	眼膏
Aq.	水、水剂	Extr.	浸膏	Lip.（Sol.）	溶液剂
Pig.	涂剂	Neb.	喷雾剂	Pl.	油
Pil.	丸剂	Supp.	栓剂	ung.	软膏剂
Co.	复方的	NS	生理盐水	GS	葡萄糖溶液

你知道吗

服药时间

一日三次：按 24 小时计，尽可能每 8 个小时服药 1 次，这样血药浓度较平稳。

空腹：指清晨至早餐前、餐前 1 小时或餐后 2 小时。

睡前：一般指临睡觉之前 15～30 分钟。

饭前：一般指用餐前 30～60 分钟。

饭后：一般指用餐后 15～30 分钟

任务二　处方审核

处方审核是指药学专业技术人员运用专业知识与实践技能，根据相关法律法规、规章制度与技术规范等，对医师在诊疗活动中为患者开具的处方，进行合法性、规范性和适宜性审核，并作出是否同意调配发药决定的药学技术服务。审核的处方包括纸质处方、电子处方和医疗机构病区用药医嘱单。

处方审核是处方调配的重要环节，为了保障患者的用药安全，保证临床用药有效、合理，减少不合理用药支出，减轻患者用药费用，为患者调配处方时必须要先对处方进行审核，经审核通过后方可进入划价收费和调配环节，未经审核通过的处方不得收费和调配。

一、处方审核流程

1. 药师接收待审核处方，对处方进行合法性、规范性、适宜性审核。

2. 若经审核判定为合理处方，药师在纸质处方上手写签名（或加盖专用印章）、在电子处方上进行电子签名，处方经药师签名后进入收费和调配环节。

3. 若经审核判定为不合理处方，由药师负责联系处方医师，请其确认或重新开具处方，并再次进入处方审核流程。

二、处方审核内容

（一）合法性审核

1. 处方开具人是否根据《执业医师法》取得医师资格，并执业注册。

2. 处方开具时，处方医师是否根据《处方管理办法》在执业地点取得处方权。

3. 麻醉药品、第一类精神药品、医疗用毒性药品、放射性药品、抗菌药物等药品处方，是否由具有相应处方权的医师开具。

（二）规范性审核

1. 处方是否符合规定的标准和格式，处方医师签名或加盖的专用签章有无备案，电子处方是否有处方医师的电子签名。

2. 处方前记、正文和后记是否符合《处方管理办法》等有关规定，文字是否正确、清晰、完整。

3. 条目是否规范。

（1）年龄应当为实足年龄，若是新生儿或婴幼儿应当写明日龄或月龄，必要时要注明体重。

（2）中药饮片、中药注射剂是否单独开具处方。

（3）开具西药、中成药处方，每一种药品应当另起一行，每张处方不得超过 5 种药品。

（4）药品名称是否使用经药品监督管理部门批准并公布的药品通用名称、新活性化合物的专利药品名称和复方制剂药品名称，或使用由原卫生部公布的药品习惯名称；医院制剂应当使用药品监督管理部门正式批准的名称。

（5）药品剂量、规格、用法、用量是否准确、清楚，是否符合《处方管理办法》规定，有无使用"遵医嘱""自用"等含糊不清字句。

（6）普通药品处方量及处方效期是否符合《处方管理办法》的规定；抗菌药物、麻醉药品、精神药品、医疗用毒性药品、放射药品、易制毒化学品等的使用是否符合相关管理规定。

（7）中药饮片、中成药的处方书写是否符合《中药处方格式及书写规范》规定。

（三）适宜性审核

1. 处方用药与诊断是否相符 处方用药与诊断的相符性是指患者疾病与药品说明书中的适应证一致，否则即为不相符。

（1）超适应证用药 指用药超过规定的药品适应证范围。如二甲双胍用于非糖尿病患者减肥。

（2）无适应证用药 指对患者诊断结论的疾病与药品的适应证不相符，例如普通感冒使用抗菌药等。

（3）无指征联合用药、不适宜联合用药　指违反联合用药原则使用多种药品，如对病因尚未查清就使用两种以上药品、对革兰阳性菌感染使用头孢菌素联合氨基糖苷类等。

（4）禁忌证用药　指开具禁止使用的药品，如对罗红霉素过敏者使用阿奇霉素等。

（5）过度用药　轻症用药、疗效过长、剂量过大等都属于过度用药。如轻度细菌感染使用头孢吡肟。

2. 规定必须做皮试的药品，是否注明过敏试验及结果的判定。

3. 处方剂量、用法是否正确，单次处方总量是否符合规定。

4. 选用剂型与给药途径是否适宜。

5. 是否有重复给药、相互作用和配伍禁忌情况。

（1）重复给药　系指含有同一种化学单体的药物，同时非正常联合的多药应用，出现剂量和作用的重复，易导致用药过量。造成重复给药的原因主要是一药多名和中成药中含有相同的化学药成分。

（2）相互作用和配伍禁忌　药物相互作用是指同时或相继使用两种或两种以上药物时，发生在体内的药动学、药效学方面的作用以及发生在体外的相互作用。药物相互作用是双向的，既可能产生对患者有益的结果，使疗效协同或毒性降低，也可能产生对患者有害的结果。药师在审核处方时，应注意药物间的相互作用和配伍禁忌。

6. 是否有用药禁忌　包括妊娠期和哺乳期妇女用药、儿童用药、老年人的用药及肝肾功能低下的患者用药剂量是否符合要求，是否有禁忌使用的药物。如妊娠期和哺乳期妇女用药会产生致癌、致畸、致死等。另外，还应注意审核患者用药是否有食物及药物过敏史禁忌证、疾病史禁忌证与性别禁忌证等。

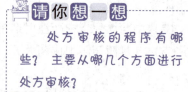

请你想一想

处方审核的程序有哪些？主要从哪几个方面进行处方审核？

7. 是否有其他用药不适宜情况　违反慎用原则使用药品，如对青霉素过敏者要慎用头孢呋辛，如果使用其注射剂静脉注射可能会导致不良反应。

三、审核结果的处理

1. 对用药不适宜处方的处理当即告知处方医师，请其确认或者重新开具处方。

2. 对不规范处方或者不能判定其合法性的处方不得进行调剂，待联系医师确认或改正后方可调剂。

3. 对严重不合理用药或者用药错误的处方处理坚决拒绝调剂，及时告知处方医师并且做出记录和按照有关规定报告药事管理委员会或医疗管理部门。

任务三　认识处方调配

处方调配是指医院药剂科或社会药房的调剂工作人员，按医师处方的要求进行调配、发药的过程。调配人员应当准确、快速地配方，确保患者用药安全、有效、合理、经济。

一、处方调配的资质

必须由取得药学专业技术资格的人员方可从事处方调剂、调配工作。

对医疗机构而言，具有药师以上专业技术职务任职资格的人员负责处方审核、评估、核对、发药以及安全用药指导；药师从事处方调配工作。

二、处方调配程序

1. 处方调配操作流程 处方调配基本程序分为收方、审核、划价、调配、核查和发药六个环节。处方调配的操作流程见图 6-3。

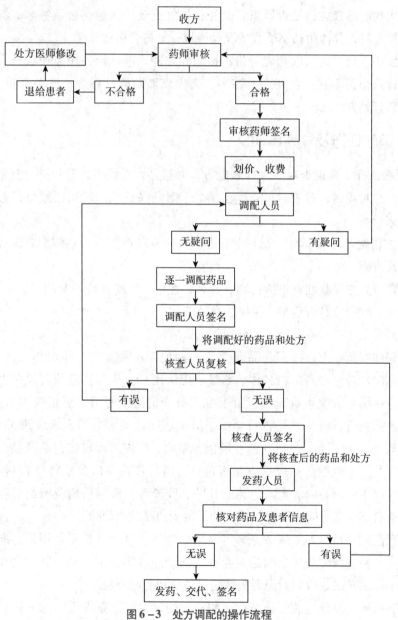

图 6-3 处方调配的操作流程

2. 各环节工作重点

（1）审核处方重点　医师资质和处方书写、药物皮试结果、用药与诊断、剂量与用法、剂型与给药途径、重复用药、相互作用和配伍禁忌、潜在的药物相互作用和配伍禁忌等。

（2）调配处方重点　药名核查、规格确认、剂型核对、数量无误、填写（打印）核对单、按处方药品顺序调配、临时稀释或改变剂型的调配以及麻、精等特殊药品登记在册。

（3）复核处方重点　调剂药品是否与处方一致；有无调配差错；处方用药与诊断是否相符；皮试药品试验结果及判定；选用剂型与给药途径；有否重复给药现象；潜在相互作用和配伍禁忌；是否属患者禁忌；处方更改后医师是否重签名；签名或盖章是否与式样相符；其他用药不适宜情况及违规；复核合格后签字。

（4）发药重点　确认取药者身份；按顺序发药；确认药品用量用法；发现问题及时处理；特殊交代事宜；在处方上签字；交代或加贴醒目标签；注意尊重患者隐私；及时清点装订处方。

三、调配处方及注意事项

1. 严格执行"四查十对"　即查处方，对科别，对姓名，对年龄；查药品，对药名，对剂型，对规格，对数量；查配伍禁忌，对药品性状，对用法用量；查用药合理性，对临床诊断。

2. 处方调配及注意事项　处方审核合格后应及时调配，为达到配方准确无误，要注意以下几方面。

（1）审核处方完整性，包括科别、姓名、性别、年龄、日期及药名、剂型、剂量、数量和用法、收费章是否清楚、正确、有效。

（2）对贵重药品及麻醉药品等分别登记账卡。

（3）仔细阅读处方，按照药品顺序逐一调配：对照处方药品名称、剂型、剂量，进行药品调配。若处方药品在名称、剂量、用法用量上未写清楚或与说明书所述有较大差异时，应将处方交咨询窗口，由服务人员交请医生写清、更正或加盖签名确认。特殊管理药品处方，应检查是否符合国家有关法律法规和各级医药管理部门的规定。同时检查药品有否变质，包括变色、风化、潮解、破碎等；对整包装药品，应检查可打开最小包装。有效期药品应检查是否过期。需拆零药品应分别装于密封小药袋内，取剩药品保存于原包装内。无内包装的片剂、胶囊等，拆零后均应密封保存。所取同一种药品若有不同批号时，取批号最早的。取剩药品放回原位。

（4）药品配齐后，与处方逐条核对药名、剂型、规格、数量和用法，准确规范地书写标签；并检查所配药品之间是否存在配伍禁忌或不合理用药。对药名相近相似而药理作用不同的药品，应问清患者病情是否与所用药品对应。

（5）在每种药品外包装上分别贴上用法、用量、贮存条件等的标签；对需要特殊保存的药品加贴醒目的标签提示患者注意，如"置2~8℃保存"。

(6) 核对后签名或盖名章。

(7) 调配好一张处方的所有药品后再调配下一张处方，以免发生差错。

3. 核对检查 处方药品调配完成后由另一名药师进行核对检查，内容如下。

(1) 再次全面认真审核处方内容。

(2) 逐个核对处方与调配的药品、规格、剂量、用法、用量是否一致。

(3) 逐个检查药品的外观质量是否合格，是否在有效期内，是否为同一批号的药品。

(4) 核对无误后签字或盖章。

4. 发药

(1) 核对患者姓名，最好询问患者所就诊的科室以帮助确认患者身份。

(2) 逐一核对药品与处方相符性，按处方顺序将药品逐个交予取药者，同时核对所取药品名称、剂型、剂量、数量与处方所载是否一致。并检查可打开的最小包装是否完整，数量是否准确，药品有否过期或变质。最后签字确认。

(3) 发现配方错误时，应将药品退回配方人，并及时更正。

(4) 向患者说明每种药品的用法用量，以及应用和保存的特殊注意事项，特别是有用药时间要求的药品等。若取药者有疑问或要求，发药人员应认真回答有关问题。若本人解释不了或需解释的内容较多时，可请取药者取完药后到用药咨询窗口或有关医生处咨询。

(5) 发药完毕后，告诉取药者，药已配齐，可以装袋。

(6) 发药时应注意尊重患者隐私。

(7) 对于有特殊储存要求的药品应告知患者储存的方法和要求。

(8) 发药完成后注意签名或盖章。

四、处方调配差错

1. 处方调剂差错事故常见的类型

(1) 审方错误 医师不了解药品品名、剂量、用法、规格、配伍变化而书写错误的处方，或者因为匆忙开具处方而书写错误。而药师审核、调配时未能审核出错误处方，依照错误处方调配给患者使用。

(2) 调配错误 处方没有错误，但调配人员调配了错误的药品。包括：①将 A 药品发成了 B 药品；②规格错误；③剂量错误；④剂型错误。

(3) 标示错误 调配人员在药袋、瓶签等容器上标示患者姓名、药品名称、用法、用量时发生错误，或张冠李戴，致使患者错拿他人的药品。

(4) 其他错误 如配发变质失效的药品；或特殊药品未按国家有关规定执行管理措施，造成流失；或擅自脱岗，延误急重患者的抢救等行为。

2. 处方调剂差错出现的原因

(1) 工作责任心不强 工作粗心，过于自信，注意力不集中。

（2）药品摆放不合理　不按药品分类要求摆放药品，陈列不定位，药品摆放混乱等容易导致调配错误。因此，合理布局药架及科学合理摆放药品，可以有效提高调配速度，降低调配差错率。

（3）处方辨识不清　对于处方字迹模糊的，由于药师的假设或猜想导致调剂差错。

（4）药品名称相似　药名相似是调剂差错中最多的一类，如将克林霉素调配克拉霉素。

（5）药品外观相似　同一厂家的不同品种往往包装、颜色以及字号相近，容易导致出现差错。

3. 处方调剂差错的防范　药师及调配人员应清醒地认识到自己在药品调配和给药过程中的地位和作用，增强责任心和集中注意力，以减少和预防调剂差错的发生。

（1）在调剂处方过程中严格遵守操作规程，严格做到"四查十对"。

（2）严格执行有关处方调剂管理和工作制度，熟知工作程序及工作职责。

（3）建立差错登记，包括时间、地点、差错或事故内容与性质、原因、后果、处理结果及责任人等。对差错及时处理、及时报告。

（4）建立首问负责制，无论所发生差错是否与己有关，第一个接到询问、投诉的药师必须负责接待患者，就有关问题做出耐心细致的解答。

> **请你想一想**
>
> 1. 如何做好处方调配工作？
> 2. 实际工作中如何有效防止处方调剂出现差错？

你知道吗

"智慧药房"让药品调配信息化

2018年11月26日，国家卫健委和中医药管理局联合发布《关于加快药学服务高质量发展的意见》（国卫医发〔2018〕45号）文中提出了智慧药房概念：充分利用信息化手段，实现处方系统与药房系统的无缝对接，缩短患者取药等候时间。

当前，我国多个省（市、地区）的多家医院引入了智慧药房系统，整套系统一般包括快速发药系统、智能存取系统、智能传输系统、智能药框系统、传输系统和辅助设备等。与传统手工调配相比，改变了以往所有药品都需要药师手动调配的情况，调配一张处方只需要10~15秒，大大提高了药品调配效率。

目标检测

一、选择题

1. 普通处方中药品的用量一般不得超过（　　）用量。

　　A. 1 天　　　　　　B. 3 天　　　　　　C. 5 天　　　　　　D. 7 天

2. 不属于处方用药适宜性审核的是（　　）。

    A. 处方前记、正文和后记书写是否清晰、完整

    B. 皮试药品是否注明皮试及结果判定

    C. 处方用药与临床诊断是否相符

    D. 选用剂型与给药途径是否合理

3. 开具西药、中成药处方，每一种药品应当另起一行，每张处方不得超过（   ）种。

    A. 3   B. 4   C. 5   D. 6

4. 医生在书写的处方中"bid"意为（   ）。

    A. 一日1次   B. 一日2次   C. 一日3次   D. 一日4次

5. 儿科处方为（   ）。

    A. 白色   B. 淡黄色   C. 淡绿色   D. 淡红色

6. 零售药店处方的保存年限为（   ）。

    A. 1 年   B. 2 年   C. 3 年   D. 4 年

二、思考题

每张处方的调配需要多少名药师完成？每人的工作内容是否一致？具体内容是什么？

（秦付林）

书网融合……

   微课

   划重点

   自测题

模块二

药物商品

▶▶ 项目七　抗感染药

知识要求

1. **掌握**　常用抗感染药的名称、适应证、用药指导。

2. **熟悉**　常见抗感染药品的代表制剂及用法、典型不良反应。

3. **了解**　常见抗感染药品的商品信息。

能力要求

1. 能按用途、剂型及分类管理要求陈列药品并对其进行正常养护。

2. 对本类药品进行全面评价，指导抗感染药品的合理使用。

3. 能介绍新上市品种的特点，并进行同类药品的比较。

　　病毒、细菌、寄生虫等病原体可侵入人体皮肤、呼吸道、胃肠道、尿道、阴道、眼部等部位，引起各组织器官出现感染。抗感染药主要有抗生素、合成抗菌药、抗结核药、抗真菌药、抗病毒药、抗寄生虫药等。

　　自 20 世纪 40 年代以来，抗感染药品发展迅速，新药不断涌现。由于耐药性的出现，各国对抗感染药品的应用都采取了限制措施等。

任务一　抗生素

岗位情景模拟

　　情景描述　患者，女，26 岁，发热、咳嗽、咳痰 2 天，伴有咽痛，体温 39℃，听诊肺部无啰音，血常规：白细胞及中性粒细胞增高，胸片正常。医生诊断为急性上呼吸道感染（细菌感染）并开具处方。针对本病例，药店店员小王对患者提供了用药咨询服务。

　　讨论　医生诊断为细菌感染的依据是什么？如何指导患者使用抗感染药？

　　抗生素系指由细菌、真菌或其他微生物在生活过程中所产生的，对细菌、真菌、病毒、立克次体、衣原体、支原体等病原微生物具有杀灭或抑制作用的一类微生物产物。自 1943 年以来，青霉素应用于临床，现抗生素的种类已达几千种。在临床上常用的有几百种。其主要是从微生物的培养液中提取或者用合成、半合成方法制造。在销售方面，抗生素仍占世界抗感染药物市场的最大份额。

抗生素按其结构可分为 β - 内酰胺类（青霉素类、头孢菌素类、其他 β - 内酰胺类）、大环内酯类、氨基糖苷类、四环素类、氯霉素类以及其他类抗生素，如图 7 - 1 所示。

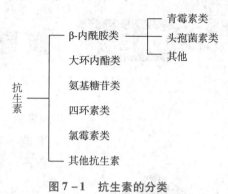

图 7 - 1　抗生素的分类

一、青霉素类

青霉素自 20 世纪 40 年代投入使用以来，一直是应用广泛和重要的一类抗生素，青霉素类包括天然青霉素和半合成青霉素。天然青霉素对大多数革兰阳性菌（如链球菌、肺炎球菌、葡萄球菌、白喉杆菌、破伤风杆菌）和少数革兰阴性菌（如脑膜炎球菌、淋球菌）以及螺旋体和放线菌有强大的杀菌作用；对病毒、真菌、支原体、立克次体无效。为了克服其不耐酸、不耐酶、抗菌谱窄、容易引起过敏等缺点，人们对青霉素进行了结构改造，研制开发了耐酶、耐酸、广谱的半合成青霉素。

（1）天然青霉素　常用药有青霉素。

（2）半合成青霉素　耐酸青霉素有青霉素 V 钾；耐酶青霉素有苯唑西林钠、氯唑西林钠；广谱青霉素有氨苄西林、阿莫西林、阿洛西林钠、美洛西林钠、哌拉西林等。

（3）复合青霉素　常用药有氨苄西林 – 舒巴坦、阿莫西林 – 克拉维酸钾、替卡西林钠 – 克拉维酸钾等。

阿莫西林（阿莫西林克拉维酸钾）[典][基][医保（甲）]

Amoxicillin

【商品名】阿莫仙，阿莫林，再林

【适应证】主要用于治疗敏感菌引起的各种感染。①上呼吸道感染：鼻窦炎、扁桃体炎、咽炎等。②下呼吸道感染：急性支气管炎、慢性支气管炎急性发作、肺炎、肺脓肿和支气管合并感染等。③泌尿系统感染：膀胱炎、尿道炎、肾盂肾炎、前列腺炎、盆腔炎、淋病奈瑟菌尿路感染及软性下疳等。④皮肤和软组织感染：疖、脓肿、蜂窝组织炎、伤口感染等。⑤其他感染：中耳炎、骨髓炎、败血症、腹膜炎和手术后感染等。

【代表制剂及用法】阿莫西林胶囊：内容物为白色或类白色粉末，味微苦，成人一次 0.5g，每 6 ~ 8 小时 1 次，一日剂量不超过 4g。小儿一日剂量按体重 20 ~ 40mg/kg，每 8 小时 1 次；3 个月以下婴儿一日剂量按体重 30mg/kg，每 12 小时 1 次。饭后服用。

阿莫西林克拉维酸钾片：为薄膜衣片，除去包衣后显类白色或淡黄色，每片 0.625g（每片含有阿莫西林 0.5g 和克拉维酸 0.125g）。成人及 12 岁以上儿童：轻至中度感染，一日 2 次，一次 1 片。口腔感染（如牙周脓肿）常用剂量：成人和 12 岁以上儿童，一日 2 次，一次 1 片，使用 5 天。不推荐 12 岁以下儿童使用本品。

【典型不良反应】①恶心、呕吐、腹泻及假膜性肠炎等胃肠道反应。②皮疹、药物热和哮喘等过敏反应。③贫血、血小板减少、嗜酸性粒细胞增多等。④血清氨基转移酶可轻度增高。⑤由念珠菌或耐药菌引起的二重感染。⑥偶见兴奋、焦虑、失眠、头晕以及行为异常等中枢神经系统症状。

【用药指导】（1）用药注意 ①用药前必须做皮试。②疗程较长，患者应检查肝、肾功能和血常规。

（2）药物评价 ①具有耐酸性，在胃肠道吸收好，一般不受食物影响。②能口服，服用方便、安全性高、疗效好、不良反应少、价格适宜。

【商品信息】口服制剂有胶囊剂、颗粒剂、片剂、分散片及干混悬剂等多种剂型。阿莫西林制剂为一成熟药品，特别是胶囊剂的生产，占据了70%的市场份额。国内主要生产厂家有华北制药、石家庄制药集团、张家口制药集团、哈药集团、山东鲁抗、四川制药、丽珠合成制药、联邦制药、山西同领药业等。

【贮藏】遮光，密封保存。

阿洛西林钠[典][医保(乙)]

Azlocillin

【商品名】赛柯偌朋，阿乐欣

【适应证】阿洛西林钠主要用于敏感的革兰阳性菌及阴性菌所致的各种感染以及铜绿假单胞菌感染，包括败血症、脑膜炎、心内膜炎、化脓性胸膜炎、腹膜炎以及下呼吸道、胃肠道、胆道、肾及输尿管、骨及软组织和生殖器官感染，妇科、产科感染，外耳炎，烧伤，皮肤及手术感染。

【代表制剂及用法】注射用阿洛西林钠：为白色至微灰黄色粉末，极易溶于水。水溶液透明，无色至灰黄色，一般一次2g，8小时1次，肌内注射、静脉注射或静脉滴注。重症一次5g，8小时1次。小于7日的新生儿每次100mg/kg，一日2次；婴儿每次100mg/kg，一日3次；儿童每次75mg/kg，一日3次。

【典型不良反应】①类似青霉素的不良反应，主要为过敏反应（如瘙痒、荨麻疹等）。②其他反应有腹泻、恶心、呕吐、发热，个别病例可见出血时间延长、白细胞减少等，电解质紊乱（高钠血症）较少见。

【用药指导】（1）用药注意 ①使用前必须做青霉素皮试，阳性者禁用，对头孢菌素过敏者慎用本品。②可通过胎盘，胎儿组织中可达较高浓度，妊娠3个月以内的孕妇不宜应用。

（2）药物评价 ①阿洛西林是一广谱半合成青霉素，对革兰阳性菌和阴性菌及铜绿假单胞菌均有良好的抗菌作用。②因其抗菌谱广、抗菌作用强、疗效确切，同时耐受性好，不良反应发生率低，且多轻微，在临床上被广泛应用。③治疗革兰阴性杆菌和铜绿假单胞菌所致的严重全身性感染时，常与氨基糖苷类联合应用。

【商品信息】阿洛西林1977年由联邦德国Bayer公司原研制，由拜德里希公司上市。目前国内生产企业主要有浙江金华康恩贝生物制药有限公司、苏州二叶制药有限公司、山西振东泰盛制药有限公司、海南通用康力制药有限公司、海南美好西林生物制药有限公司等。

【贮藏】密封，在干燥处保存。

二、头孢菌素类

头孢菌素是由天然的头孢菌素 C 经结构改造而获得的一类半合成 β - 内酰胺类抗生素。本类药可破坏细菌的细胞壁，并在繁殖期杀菌。对细菌的选择作用强，而对机体几乎没有毒性，具有抗菌谱广、抗菌作用强、耐青霉素酶、过敏反应较青霉素类少见等优点。所以是一类高效、低毒、临床应用广泛的重要抗生素。根据头孢类药物抗菌性能的不同和开发年代的先后，可将其分为四代。其主要头孢菌素类药品的特点，见表 7 - 1。

表 7 - 1　主要头孢菌素类药品的特点

抗菌谱	耐药性	肾毒性	血 - 脑屏障	常用品种
第一代 G^+ 强、G^- 弱	对酶稳定性差	有毒性	不易进入	头孢唑啉、头孢氨苄、头孢羟氨苄、头孢拉定
第二代 G^+ 较强、G^- 较强	对酶稳定性较强	毒性小	部分进入	头孢呋辛、头孢孟多、头孢克洛等
第三代 G^+ 弱、G^- 强	对酶稳定性强	几乎无毒性	可进入	头孢噻肟钠、头孢哌酮、头孢曲松、头孢他啶
第四代 G^+ 强、G^- 强	对酶稳定性强	几乎无毒性	可进入	头孢吡罗、头孢吡肟

自 20 世纪 70 年代以来，头孢菌素新品种纷纷进入临床，为治疗细菌感染，特别是青霉素类抗生素耐药菌株所致的感染及院内感染提供了良好的抗菌品种。头孢菌素类药虽然增长速度已经放缓，但在相当长的时间内仍将是世界药品市场销售份额最大的抗生素。

头孢呋辛钠[典][基][医保(甲)]

Cefuroxime Sodium

【商品名】西力欣，新福欣，力复乐

【适应证】主要用于治疗敏感菌（革兰阴性菌的淋球菌、流感杆菌、大肠埃希菌、克雷伯杆菌、奇异变形菌、沙门菌属、志贺菌属等）所致的下呼吸道、泌尿系统、皮肤软组织、骨和关节、女性生殖器等部位的感染；对败血症、脑膜炎也有效。

【代表制剂及用法】注射用头孢呋辛钠：白色至微黄色粉末或结晶性粉末。每瓶 0.25g；0.5g；0.75g；1.0g；1.5g；2.0g；2.25g；2.5g；3.0g。成人一次 0.75～1.5g，一日 3 次。严重感染一次 1.5g，一日 4 次。应用于脑膜炎每日剂量在 9g 以下。儿童每日每千克体重60mg；严重感染可用到每日每千克体重100mg，分3~4次给予。临用前以注射用水溶解。肌内注射时用水3ml，使成混悬液，用粗针头做深部注射。静脉给药用水10~20ml使成澄明液，缓慢静脉注射或静脉滴注。

【典型不良反应】①偶见皮疹及血清氨基转移酶升高，停药后症状消失。②与青霉素有交叉过敏反应。③长期使用本品可导致非敏感菌的增殖，胃肠失调，包括治疗中、后期甚少出现的假膜性结肠炎。④罕见短暂性的血红蛋白浓度降低，嗜酸性粒细胞增多，白细胞和中性粒细胞减少，停药后症状消失。⑤肌内注射时，注射部位会有暂时的疼痛。

【用药指导】（1）用药注意　①对青霉素过敏或有过敏体质者慎用。②与强效利尿药联合应用，可致肾损害。③不宜与氨基糖苷类抗生素混合在同一容器内使用。

（2）药物评价　①为半合成的第二代头孢菌素。对革兰阳性菌的作用低于或接近于第一代头孢菌素。②其酯化产物头孢呋辛酯可口服，在体内被酯酶分解为头孢呋辛而起作用。

【商品信息】最早由英国葛兰素制药公司生产。目前国内生产企业有广州天欣药业、深圳九新药业、浙江尖峰药业等。

【贮藏】遮光，密封，在阴凉处保存。

头孢噻肟钠[典][医保(甲)]

Cefotaxime Sodium

【商品名】凯福隆，凯蒂龙

【适应证】用于治疗敏感细菌所致的肺炎及其他下呼吸道感染、尿路感染、脑膜炎、败血症、腹腔感染、盆腔感染、皮肤软组织感染、生殖道感染、骨和关节感染等。头孢噻肟可以作为婴幼儿脑膜炎的选用药物。

【代表制剂及用法】头孢噻肟钠注射液：肌内注射或静脉注射，成人，中等度感染，一次1g，12小时1次；严重感染，一日8~12g，分3~4次；儿童每日100~150mg/kg，分2~4次；新生儿每日50mg/kg，分2~4次。可供静脉滴注，宜用1~2g溶于0.9%氯化钠注射液或葡萄糖注射液中稀释，在20~60分钟内滴注完毕。

【典型不良反应】①有皮疹和药物热、静脉炎、腹泻、恶心、呕吐、食欲不振等。②碱性磷酸酶或血清氨基转移酶轻度升高，暂时性血尿素氮和肌酐升高等。③白细胞减少、嗜酸性粒细胞增多或血小板减少少见。④偶见头痛、麻木、呼吸困难和面部潮红。⑤极少数患者可发生黏膜念珠菌病。

【用药指导】（1）用药注意　①交叉过敏反应，对一种头孢菌素或头霉素过敏者对其他头孢菌素类或头霉素也可能过敏。②与氨基糖苷类不可同瓶滴注。③肾功能减退者应在减少剂量情况下慎用；有胃肠道疾病或肾功能减退者慎用。

（2）药物评价　①为第三代半合成头孢菌素，头孢噻肟钠对革兰阳性菌作用低于第一代、第二代头孢类抗生素，对革兰阴性菌作用则较第二代更强。②头孢噻肟钠使用广泛，治疗婴幼儿脑膜炎可作为首选药。

【商品信息】目前国内主要生产厂家有华北制药河北华民药业有限责任公司、哈药集团制药总厂、上海新亚药业有限公司、珠海联邦制药股份有限公司中山分公司、齐鲁制药有限公司、石药集团中诺药业（石家庄）有限公司、广州白云山天心制药股份有限公司等。

【贮藏】遮光，密封，在阴凉处保存。

头孢曲松钠^{[典][基][医保(甲)]}
Ceftriaxone Sodium

【商品名】罗氏芬，泛生舒复

【适应证】在临床用于治疗淋病，效果良好。也用于敏感菌所致的脑膜炎、肺炎、腹膜炎以及尿路、胆道、皮肤和软组织感染，还用于败血症和脑膜炎等。

【代表制剂及用法】注射用头孢曲松钠：白色或类白色结晶性粉末。每瓶0.25g；0.5g；1.0g；2.0g；4.0g。深部肌内注射或静脉注射。成人一次1~2g，一日1次。儿童用量一般按成人的1/2给予。肌内注射，用0.5%利多卡因溶液3.5ml溶解；静脉注射用灭菌用注射用水10ml溶解，缓慢注入；静脉滴注溶于等渗氯化钠注射液或5%~10%葡萄糖液50~100ml中，于0.5~1小时内滴入。

【典型不良反应】①局部反应有静脉炎，此外可有皮疹、皮炎、瘙痒、荨麻疹、水肿、发热、支气管痉挛和血清病等过敏反应。②头痛或头晕，软便、腹泻、恶心、呕吐、口炎、腹痛、结肠炎、黄疸、胀气、味觉障碍和消化不良等消化道反应。

【用药指导】（1）用药注意　①对青霉素过敏或过敏体质者慎用。对头孢菌素类药物过敏者禁用。②妊娠期内前3个月的孕妇慎用。③使用时应现用现配。

（2）药物评价　①为第三代长效头孢菌素，每天给药1次，主要治疗严重感染。②与氨基糖苷类抗生素合用有增效作用，但两药必须分别注射，不能混于同一注射器内。

【商品信息】头孢曲松钠最早由瑞士罗氏公司开发，临床应用较广。目前，我国主要生产企业有哈药集团、上海先锋药业、广州白云山天心制药股份有限公司。

【贮藏】原料药应遮光，严封于阴凉干燥处保存；粉针应遮光，密闭，于阴凉干燥处保存。

头孢哌酮钠舒巴坦钠^{[典][医保(乙)]}
Cefoperazone Sodium and Sulbactam sodium

【商品名】舒普深，瑞普欣

【适应证】用于治疗由敏感细菌所引起的下列感染：呼吸道感染（上呼吸道与下呼吸道）；泌尿道感染（上泌尿道与下泌尿道）；腹膜炎、胆囊炎、胆管炎和其他腹内感染；败血症、脑膜炎；皮肤及软组织感染、眼部感染、骨骼及关节感染；盆腔炎、子宫内膜炎、淋病和其他生殖器、生殖道感染等；预防因腹腔、妇科、心血管、骨科及整形手术所引起的手术后感染。

【代表制剂及用法】 注射剂1g中含舒巴坦500mg、头孢哌酮500mg，静脉滴注、肌内注射。成人一次1~2g（头孢哌酮0.5~1g），每日2~4次。小儿每日40~80mg/kg（体重）分2~4次用药。最大剂量，每日160mg/kg，分2~4次用药，舒巴坦的最大剂量每日不得超过80mg/kg。

【典型不良反应】 ①主要不良反应为腹泻、皮疹、发热等。②ALT升高、AST升高以及ALP升高等，休克、过敏性休克/类过敏反应（呼吸困难等）。

【用药指导】 （1）用药注意 ①对本品任何成分过敏者禁用；对β-内酰胺类药物过敏者慎用。②严重胆囊炎患者、严重肾功能不良者慎用。③用药期间禁酒及禁服含乙醇药物。④与氨基糖苷类抗生素有协同作用，二者有配伍禁忌，如需并用，应分别溶解稀释后输注。

（2）药物评价 ①为复合制剂，对产酶菌株的作用明显优于头孢哌酮。在产广谱β-内酰胺酶（ESBLs）的肺炎克雷伯菌和大肠埃希菌中，细菌对本品的耐药率只有单用头孢哌酮的1/3~1/4。②抗菌作用和安全性均优于头孢哌酮，并不能完全替代头孢哌酮，对于病原菌明确的非产酶菌仍提倡单用头孢哌酮。

你知道吗

双硫仑样反应

头孢类药在用药期间饮酒（或接触乙醇）会出现双硫仑样反应，又称戒酒硫样反应，表现为面部潮红、头痛、头晕、恶心、呕吐、眼花、呼吸困难、心悸、多汗、失眠、嗜睡、幻觉、恍惚等，甚至发生过敏性休克。其作用机制是抑制人体内乙醛脱氢酶，使乙醛不能氧化为乙酸，致使乙醛在体内蓄积，出现中毒反应。

引起双硫仑样反应的药物有头孢类（如头孢哌酮、头孢曲松、头孢唑林、头孢拉定等含甲硫四氮唑基团的药物）和咪唑衍生物（如甲硝唑、替硝唑、呋喃唑酮等）。其中以头孢哌酮致双硫仑样反应最为敏感，患者在使用后吃酒心巧克力、服用藿香正气水，甚至仅用乙醇处理皮肤也会发生双硫仑样反应。头孢噻肟、头孢他啶、头孢克肟等，因不含甲硫四氮唑基团，在应用期间饮酒不会引起双硫仑样反应。

【商品信息】 临床上剂型为注射剂，主要生产厂家有辉瑞制药有限公司、丽珠集团丽珠制药厂、浙江亚太药业有限公司等。

【贮藏】 密闭保存。

其他β-内酰胺类抗生素，见表7-2。

表 7 – 2 其他 β – 内酰胺类抗生素

分类	主要药品	特点
头霉素类	头孢西丁、头孢美唑	对拟杆菌属等厌氧菌抗菌作用较头孢类强
单酰胺类	氨曲南	对需氧革兰阴性菌具有良好抗菌活性，与青霉素和头孢类交叉过敏少
氧头孢烯类	拉氧头孢、氟氧头孢	抗菌谱广，对酶稳定，活性与头孢噻肟相似
碳青霉烯类	亚胺培南、美罗培南	抗菌谱广，活性强，对酶高度稳定

三、大环内酯类

大环内酯类是由链霉菌产生或经半合成制取的一类弱碱性抗生素，因其分子中含有一个大的内酯环而得名，一般为 14～16 元大环内酯。主要药品有红霉素及其结构改造产物，如罗红霉素、克拉霉素、阿奇霉素等；以及乙酰螺旋霉素、麦迪霉素、交沙霉素和麦白霉素等，见表 7 – 3。其中我国生产的克拉霉素、阿奇霉素和罗红霉素是国际医药市场上的畅销品种。

表 7 – 3 大环内酯类抗生素抗菌特点

分类	主要药品	特点
第一代	红霉素、琥乙红霉素	G^+ 球菌非典型致病菌（嗜肺军团菌、肺炎支原体/衣原体）、厌氧消化球菌；常出现消化系统反应，如呕吐、腹胀等
第二代	罗红霉素、克拉霉素、阿奇霉素	第一代 + G^- 杆菌
第三代	泰利霉素	第一代 + 第二代 + 肺炎链球菌，易发生耳毒性

琥乙红霉素[典][医保(乙)]
Erythromycin Ethylsuccinate

【商品名】利君沙，利特加

【适应证】主要用于耐青霉素的金黄色葡萄球菌所引起的各种疾病及对青霉素过敏的金黄色葡萄球菌感染患者。对于军团菌肺炎和支原体肺炎，可作为首选药应用。还用于溶血性链球菌及肺炎球菌所致的呼吸道、皮肤黏膜等感染。

【代表制剂及用法】琥乙红霉素颗粒：每袋 0.1g，口服，将颗粒倒入适量的温水中，摇匀后服用。儿童用量：按照体重一次 7.5～12.5mg/kg，一日 4 次，具体参考用量表。成人用量：每次 5 包，一日 3 次。预防链球菌感染，一次 4 包，一日 2 次。

琥乙红霉素片：规格为每片 0.125g，口服，成人一日 1.6g，分 2～4 次服用；军团菌病患者，一次 0.4～1.0g，一日 4 次，成人每日量一般不宜超过 4g；预防链球菌感染，一次 400mg，一日 2 次。

【典型不良反应】①用后发生肝毒性反应者较服用其他红霉素制剂为多见，服药数日或 1～2 周后，患者可出现乏力恶心、呕吐、腹痛、皮疹、发热等。②可出现黄疸，停药后常可恢复。

【用药指导】（1）用药注意 ①不宜持续长时间大剂量用药，特别对于老年人、儿童以及肝肾功能不全者须慎用。②用药前必须详细询问患者既往史，包括用药后有无过敏反应、皮疹、发热等；有无变态反应性疾病；有无对食物过敏反应等。③红霉素可透过胎盘和进入乳汁，对胎儿及幼儿可产生影响，孕妇和哺乳妇女均需慎用，必要时暂停哺乳。④本药对胃肠道有刺激性，且有引起消化道出血的报道，有溃疡史的患者应避免使用。

（2）药物评价 ①琥乙红霉素为新一代大环内酯类抗生素，为红霉素的换代产品。②因其抗菌作用强，不良反应少，抗菌谱广，疗效确切，主要用于对青霉素耐药的葡萄球菌感染，特别是对由军团菌、支原体、衣原体等引起的呼吸道感染效果非常明显，故问世以来被临床广泛应用。

【商品信息】国内主要生产厂家有西安利君制药有限责任公司、湖北东信药业有限公司、浙江京新药业股份有限公司等。

【贮藏】遮光，密封，在干燥处保存。

阿奇霉素^{[典][基][医保(甲/乙)]}

Azithromycin

【商品名】希舒美，赛乐欣

【适应证】用于治疗敏感菌引起的呼吸道、皮肤和软组织感染。

【代表制剂及用法】阿奇霉素胶囊：白色片或薄膜衣片，除去包衣后显白色或类白色。每粒0.1250g；0.25g。口服，成人一次500mg，一日1次；儿童每日10mg/kg，一日1次；连用3日。

注射用乳糖酸阿奇霉素（冻干粉）：白色疏松块状物，每支500mg。静脉滴注。一日1次，一次500mg，用注射用水5ml溶解后，加入0.9%氯化钠液或5%葡萄糖液使成1~2mg/ml浓度，滴注1~2小时，约2日症状控制后改成口服巩固疗效。

【典型不良反应】（1）口服固体制剂不良反应 ①消化系统：消化不良、胃肠胀气、黏膜炎、口腔念珠菌病、胃炎等。②神经系统：头痛、嗜睡等。③过敏反应：支气管痉挛等。④其他反应：味觉异常等。

（2）注射剂不良反应 ①胃肠道反应：腹泻、腹痛、稀便、恶心、呕吐等。②局部反应：注射部位疼痛、局部炎症等。③皮肤反应：皮疹、瘙痒。④其他反应：如厌食、阴道炎、口腔炎、头晕或呼吸困难等。

【用药指导】（1）用药注意 ①严重肾功能障碍及对大环内酯类药物过敏者禁用。②肝肾功能不全者，孕妇、哺乳期妇女慎用。③禁与麦角衍生物类药物配伍。

（2）药物评价 ①阿奇霉素为红霉素的结构改造物，具有15元大环内酯结构。克服了红霉素口服给药、不耐酸的缺点，使口服稳定性增加，生物利用度提高，作用增强。②半衰期长，每天只需给药一次，连续给药2或3日后药效可持续数天。③患者耐受性良好，不良反应发生率较低。

【商品信息】阿奇霉素游离碱供口服，乳糖酸盐供注射。剂型较多，除胶囊和注射用干粉外，还有糖浆剂和分散片、颗粒剂等。目前国内生产企业有辉瑞制药、珠海联邦制药、国药集团、正大青春宝药业等。

【贮藏】密封，在阴凉干燥处保存。

克拉霉素 [典][基][医保(乙)]

Claricid

【商品名】克拉仙，诺邦，卡斯迈欣

【适应证】适用于治疗克拉霉素敏感菌所引起的下列感染。①鼻咽感染：扁桃体炎、咽炎、副鼻窦炎。②下呼吸道感染：包括支气管炎、细菌性肺炎、非典型肺炎。③皮肤感染、脓疱病、丹毒、毛囊炎、疖和伤口感染。

【代表制剂及用法】克拉霉素干混悬剂：125mg/5ml，有每瓶60ml和100ml，成人口服，常用量一次250mg，每12小时1次。

克拉霉素片：每片250mg。成人：口服，常用量一次0.25g，每12小时1次；重症感染者一次0.5g，每12小时1次。根据感染的严重程度应连续服用6～14日。儿童：口服，6个月以上的儿童按体重一次7.5mg/kg，每12小时1次。

【典型不良反应】最频繁、最常见的不良反应有腹痛、腹泻、恶心、呕吐和味觉异常。

【用药指导】（1）用药注意　①可见恶心、胃灼热、腹痛腹泻、头痛。②暂时性氨基转移酶升高，停药后可恢复。③可能出现真菌或具抗药性细菌导致的严重感染，这时应停药，并做相应治疗。④可发生过敏反应，轻者为药疹、荨麻疹，重者为过敏。

（2）药物评价　①抗菌谱与红霉素、罗红霉素等相同，对革兰阳性菌如链球菌属、肺炎球菌、葡萄球菌的抗菌作用略优，且对诱导产生的红霉素耐药菌株亦具有一定的抗菌活性。②特点为在体外抗菌活性与红霉素相似，但在体内对部分细菌如金黄色葡萄球菌、链球菌、流感嗜血杆菌等抗菌活性比红霉素强。

【商品信息】20世纪90年代初由日本大正公司开发成功。目前主要的生产厂家有诺华药业、哈药集团、亚太药业等。

【贮藏】密封，30℃以下干燥保存。

你知道吗

自1952年第一个大环内酯类药物——红霉素A应用于临床以来，迄今为止已经发现的大环内酯类抗生素已逾百种。但随着大环内酯类抗生素临床应用的增多，细菌对其耐药性也逐渐上升，使大环内酯类抗生素的应用受到一定的限制。近年来研究发现大环内酯类抗生素对心血管疾病、大泡性肺气肿、老年性便秘等也有疗效。

四、氨基糖苷类

氨基糖苷类是由链霉菌、小单孢菌产生或经半合成制取的一类碱性抗生素。此类抗生素主要包括由链霉菌产生的链霉素、新霉素、卡那霉素和核糖霉素以及由小单孢菌产生的庆大霉素、奈替米星等。

由于氨基糖苷类抗生素在国际抗生素市场上仅占3%份额，故被视为是"小品种抗生素产品"。其市场不可能很大，但仍是临床治疗不可或缺的品种。

硫酸庆大霉素[典][基][医保(甲/乙)]

Gentamycin Sulfate

【商品名】瑞贝克，塞透派勒链

【适应证】用于治疗铜绿假单胞菌、耐药金黄色葡萄球菌、大肠埃希菌及其他敏感菌等引起的各种严重感染，如败血症、呼吸道感染、胆道感染以及烧伤感染等。

【代表制剂及用法】硫酸庆大霉素片：白色片或糖衣片，除去糖衣后显白色或类白色。每片20mg（2万单位）；40mg（4万单位）。口服，成人一次80～160mg（8万～16万单位），一日3～4次；儿童每日10～15mg/kg，分3～4次服用。用于肠道感染或肠道手术前准备。

硫酸庆大霉素注射液：无色或几乎无色的澄明液体。每支1ml：2万单位；1ml：4万单位；2ml：4万单位；2ml：8万单位。肌内注射或静脉滴注，成人一次8万单位，一日2～3次，间隔8小时；儿童每日3～5mg/kg，分2～3次给药。

硫酸庆大霉素滴眼液：无色澄明液体。每支8ml：4万单位。用于铜绿假单胞菌感染引起的结膜炎和角膜炎。滴眼，一次1～2滴，每2小时1次。

【典型不良反应】①用药过程中可能引起听力减退、耳鸣或耳部饱满感等耳毒性反应，影响前庭功能时可发生步履不稳、眩晕。②也可能发生血尿、排尿次数显著减少或尿量减少、食欲减退、极度口渴等肾毒性反应。发生率较低者有因神经肌肉阻滞或肾毒性引起的呼吸困难、嗜睡、软弱无力等。

【用药指导】（1）用药注意 ①肾功能不全者慎用，儿童慎用。②有呼吸抑制作用，不可静脉推注或大剂量快速静脉滴注。

（2）药物评价 ①庆大霉素对耳前庭的影响较大，而对耳蜗损害较小。主要表现为头晕、眩晕、耳鸣；疗程过长或用量过大时，可引起耳、肾毒性。②口服仅用于肠道感染或结肠手术前准备。③细菌对本品可产生抗药性，但停药后可恢复敏感性，用药不宜超过两周。

【商品信息】由于新的抗菌药不断问世，其应用有减少的趋势。目前国内生产企业有石家庄制药集团欧意公司、内蒙古龙祥药业、山东新华制药等。

【贮藏】片剂应密封，在干燥处保存；注射液、滴眼剂应密闭，在凉暗处保存。

硫酸阿米卡星[典][基][医保(甲)]

Amikacin Sulfate

【商品名】安卡星，立可信，米丽先

【适应证】用于治疗对其他氨基糖苷类有抗药性的菌株所致的感染，如对庆大霉素、卡那霉素耐药的菌株引起的尿路、肺部、软组织、骨和关节、生殖系统等部位的感染，以及铜绿假单胞菌、变形杆菌所致的败血症。

【代表制剂及用法】注射用硫酸阿米卡星：白色或类白色的粉末或疏松块状物。每瓶 0.1g（10 万单位）；0.2g（20 万单位）；0.4g（40 万单位）。临用前加灭菌注射用水适量使溶解，肌内注射或稀释后静脉滴注，成人一次 0.1~0.2g（10 万~20 万单位）；儿童每日 4~8mg/kg（4000~8000 单位），每 12 小时 1 次。

硫酸阿米卡星注射液：白色至微黄色的澄明液体。每支 1ml：0.1g；2ml：0.2g，用法与用量同注射用硫酸阿米卡星。

【典型不良反应】①患者可发生听力减退、耳鸣或耳部饱满感。少数患者亦可发生眩晕、步履不稳等症状。②有一定肾毒性。患者可出现血尿、排尿次数减少或尿量减少、血尿素氮、血肌酐值增高等。③软弱无力、嗜睡、呼吸困难等神经肌肉阻滞作用少见。

【用药指导】（1）用药注意　①肾功能减退、脱水、应用强利尿剂的患者以及老年患者均应慎用。②本品干扰正常菌群，长期应用可导致非敏感菌过度生长。③可抑制呼吸，不可静脉推注或大剂量快速静脉滴注。

（2）药物评价　①卡那霉素的半合成衍生物。抗菌效力略强于庆大霉素，不易被钝化酶灭活，对肾及听觉的毒性比卡那霉素略低。②目前国际公认的好品种，尤其在治疗耐药性铜绿假单胞菌感染方面有较好的疗效。

【商品信息】目前国内生产企业有湖南中南科伦药业、上海旭东海普药业、齐鲁制药、丽珠集团等。

【贮藏】原料应严封，在干燥处保存；粉针剂应密封，在干燥处保存；注射液密闭保存。

你知道吗

氨基糖苷类抗生素

　　氨基糖苷类抗生素对静止期细菌的杀灭作用较强，为静止期杀菌剂。用于革兰阴性菌感染，尤其是对革兰阴性杆菌作用突出。有的品种对铜绿假单胞菌或金黄色葡萄球菌以及结核杆菌有抗菌作用。细菌对本类抗生素的耐药性，主要是由其产生的钝化酶形成的，不同的氨基糖苷类药物间存在着不完全的交叉耐药性。本类药物具有较好的水溶性，临床上应用以注射为主；口服难吸收，可作为肠道感染用药。

　　其他常用氨基糖苷类抗生素，见表 7-4。

表 7-4 其他常用氨基糖苷类抗生素

药品名称	主要制剂	特 点
妥布霉素	注射剂	对铜绿假单胞菌高度敏感
硫酸小诺霉素	注射剂、口服液	与其他氨基糖苷的交叉耐药性较轻
硫酸奈替米星	注射剂	对氨基糖苷乙酰转移酶稳定

五、四环素类

四环素类是由链霉菌产生或经半合成制取的一类碱性抗生素，具有相同四元稠环基本结构。由链霉菌产生的有四环素、土霉素、金霉素；半合成制取的米诺环素、多西环素等。

盐酸多西环素[典][基][医保(甲)]

Doxycycline Hyclate

【商品名】强力霉素，长效土霉素

【适应证】主要用于敏感的革兰阳性菌和革兰阴性杆菌所致的上呼吸道感染、扁桃体炎、胆道感染、淋巴结炎、蜂窝织炎、老年慢性支气管炎等，也用于治疗斑疹伤寒、羌虫病、支原体肺炎等。尚可用于治疗霍乱，也可用于预防恶性疟疾和钩端螺旋体感染。可用于对青霉素类过敏患者的破伤风、气性坏疽、雅司、梅毒、淋病和钩端螺旋体病以及放线菌属、李斯特菌感染。可用于中、重度痤疮患者作为辅助治疗。

【代表制剂及用法】每片 0.1g。用法及用量：口服，一次 0.1g，一日 2 次。必要时首剂可加倍。8 岁以上儿童：首剂 4mg/kg；以后，每次 2mg/kg，一日 2 次。一般疗程为 3~7 日。预防恶性疟：每周 0.1g。预防勾端螺旋体病：每周 2 次，每次 0.1g。

【典型不良反应】①消化系统：口服可引起恶心、呕吐、腹痛、腹泻等胃肠道反应。②肝毒性：脂肪肝变性患者和妊娠期妇女容易发生，亦可发生于并无上述情况的患者。③过敏反应：多为斑丘疹和红斑。④血液系统：偶可引起溶血性贫血、血小板减少、中性粒细胞减少和嗜酸性粒细胞减少。⑤中枢神经系统：偶可致良性颅内压增高，可表现为头痛、呕吐、视神经乳头水肿等，停药后可缓解。⑥二重感染：长期应用可发生耐药金黄色葡萄球菌、革兰阴性菌和真菌等引起的消化道、呼吸道和尿路感染，严重者可致败血症。

【用药指导】（1）用药注意 ①胃肠道反应多见，如恶心、呕吐、腹泻等，饭后服药可减轻。②肝、肾功能重度不全者则应注意慎用。③对 8 岁以下小儿及孕妇、哺乳妇女一般应禁用。

（2）药物评价 ①抗菌谱与四环素、土霉素基本相同，体内、外抗菌力均较四环素为强。②目前常见致病菌对四环素类耐药现象严重，仅在病原菌对本品敏感时，方有应用指征。

【商品信息】目前国内的主要生产厂家有江苏瑞年前进制药有限公司、江苏联环药业股份有限公司。

【贮藏】遮光，密封保存。

六、氯霉素类

氯霉素 [典][医保(甲)]
Chloramphenicol

【商品名】润舒

【适应证】主要用于治疗伤寒、副伤寒、立克次体病及敏感菌所致的严重感染；也常用于治疗其他药品疗效较差的脑膜炎；还可用于眼、耳、皮肤、伤口感染的局部治疗。

【代表制剂及用法】氯霉素片：糖衣片或薄膜衣片，除去包衣后，显白色至微带黄绿色。每片 0.05g；0.125g；0.25g。口服，成人一次 0.25 ~ 0.5g，一日 4 次；儿童每日 25 ~ 50mg/kg，分 3 ~ 4 次服用；新生儿每日不超过 25mg/kg。

氯霉素滴眼液：无色至微黄绿色的澄明液体。规格：5ml：12.5mg；8ml：20mg；10ml：25mg。外用。滴眼，每次 1 ~ 2 滴，一日 3 ~ 5 次。

【典型不良反应】①对造血系统的毒性反应是氯霉素最严重的不良反应。临床表现为贫血，并可伴白细胞和血小板减少。②与剂量无关的骨髓毒性反应，常表现为严重的、不可逆性再生障碍性贫血。③溶血性贫血、灰婴综合征、消化道反应（腹泻、恶心、呕吐）等。④二重感染：可致变形杆菌、铜绿假单胞菌、金黄色葡萄球菌、真菌等的肺、胃肠道及尿路感染。

【用药指导】（1）用药注意　①应严格掌握适应证，切忌滥用。②肝、肾功能不全者及孕妇慎用。③注意定期检查血常规、控制剂量及疗程。④患神经疾病者、新生儿和早产儿禁用。

（2）药物评价　①由委内瑞拉链霉菌产生，也可用全合成法制取，临床用其左旋体。②由于可抑制骨髓造血系统，引起再生障碍性贫血等不良反应，现临床多用其外用制剂，如滴眼液、眼膏、滴耳液等。

【商品信息】氯霉素是第一个用于临床的广谱抗生素。目前由于其严重的不良反应及新抗生素的广泛应用，生产过程"三废"污染严重，发达国家基本停止生产。国内生产企业有东北制药集团、内蒙古龙祥药业、北京双鹤药业、三九万荣药业等。

【贮藏】原料、滴耳液、滴眼液密闭保存；片剂、胶囊则应密封于干燥处保存。

七、其他抗生素类

克林霉素 [典][基][医保(乙)]
Clindamycin

【商品名】克林美，特丽仙

【适应证】（1）适用于革兰阳性菌引起的感染性疾病 ①扁桃体炎、化脓性中耳炎、鼻窦炎等。②急性支气管炎、慢性支气管炎急性发作、肺炎、肺脓肿和支气管扩张合并感染等。③皮肤和软组织感染：疖、痈、脓肿、蜂窝织炎、创伤和手术后感染等。④泌尿系统感染：急性尿道炎、急性肾盂肾炎、前列腺炎等。⑤其他：骨髓炎、败血症、腹膜炎和口腔感染等。

（2）适用于厌氧菌引起的各种感染性疾病 ①脓胸、肺脓肿、厌氧菌引起的肺部感染。②皮肤和软组织感染、败血症。③腹腔感染：腹膜炎、腹腔内脓肿。④女性盆腔及生殖器感染：子宫内膜炎、非淋球菌性输卵管及卵巢脓肿、盆腔蜂窝织炎及妇科手术后感染等。

【代表制剂及用法】盐酸克林霉素胶囊：每胶囊75mg（活性）；150mg（活性）。

磷酸克林霉素注射液：每支150mg（2ml）。克林霉素磷酸酯注射液：2ml：0.3g（按 $C_{18}H_{33}ClN_2O_5S$ 计算）。

克林霉素磷酸酯凝胶：无色透明凝胶，局部外用，取适量在患处涂一薄层，早晚各一次。

【典型不良反应】①胃肠道反应：包括恶心、呕吐、腹痛、腹泻等症状；严重者有腹绞痛、腹部压痛、严重腹泻（水样或脓血样），伴发热、异常口渴和疲乏（假膜性肠炎）。腹泻、肠炎和假膜性肠炎等可出现于治疗中或停药后。②过敏反应：通常以轻到中度的麻疹样皮疹最为多见，其次为水疱样皮疹和荨麻疹，偶见多形红斑、剥脱性皮炎。③可出现肝功能异常、肾功能异常，偶见中性粒细胞减少和嗜酸性粒细胞增多等。

【用药指导】（1）用药注意 ①与青霉素、头孢菌素类抗生素无交叉过敏反应，可用于对青霉素过敏者。②与氨苄西林、苯妥英钠、巴比妥盐酸盐、氨茶碱、葡萄糖酸钙及硫酸镁可产生配伍禁忌，与红霉素呈拮抗作用，不宜合用。③肝、肾功能损害者，胃肠疾病如溃疡性结肠炎、局限性肠炎、抗生素相关肠炎的患者要慎用。④使用时，应注意可能发生假膜性肠炎。

（2）药物评价 ①克林霉素为国家基本药物之一，主要用于治疗厌氧菌和革兰阳性菌引起的感染，也是治疗金黄色葡萄球菌骨髓类的首选药品，因此颇有临床实用价值。②使用时，仍应注意其不良反应，加强临床合理安全用药，以减少或避免不良反应对患者的危害。

> **请你想一想**
> 抗菌药物联合应用的原则是什么？抗生素滥用有哪些危害？

【商品信息】剂型有片剂、胶囊剂、凝胶剂及注射剂等，自1970年在我国上市。主要生产厂家有江苏中丹制药有限公司。

【贮藏】遮光，密封保存。

任务二　合成抗菌药

岗位情景模拟

情景描述　药店员工小李，接待了一名女性患者，29岁，患泌尿系统感染、腹泻。医生处方为：诺氟沙星胶囊，0.2克/粒，每次1粒，一日3次；蒙脱石，3克/袋，每次1袋，一日3次。同时服用。

讨论　1. 请问本案例处方是否正确？

　　　　2. 请说出二者配伍是否会影响药物吸收？如有，应如何避免？

一、喹诺酮类

喹诺酮类，又称吡酮酸或吡啶酸类，是一类合成抗菌药。喹诺酮（即沙星类）是迄今为止，上市数量最多的抗感染药品之一。2020年，喹诺酮类药的全球销售额达百亿美元左右。

根据其开发年代和抗菌作用及性质的不同，本类药品可分为四代。临床常用的药物为第三代诺氟沙星、环丙沙星、氧氟沙星、洛美沙星、氟罗沙星等氟喹诺酮类及莫西沙星、加替沙星等，见表7-5。

表7-5　常用喹诺酮类药特点

代表药		特　点
第一代	萘啶酸	仅对 G^- 有效，吸收差，毒副作用大，易产生耐药性
第二代	吡哌酸	对 G^+、G^- 有效，吸收、毒副作用、耐药性优于第一代
第三代	诺氟沙星	对 G^+、G^-、支原体、衣原体和分枝杆菌有效，其他优于第二代（氟喹诺酮类）
第四代	莫西沙星	作用更强，敏感菌所致各种感染

诺氟沙星 [典] [基] [医保(甲)] 🔵微课

Norfloxacin

【**商品名**】艾立克

【**适应证**】用于治疗敏感菌所致泌尿系统和肠道的细菌感染，以及外科、妇科、皮肤科的细菌感染。目前可用于淋病的治疗，但非首选药。

【**代表制剂及用法**】诺氟沙星胶囊：内容物为白色或淡黄色颗粒和粉末。每粒0.1g。口服，一次0.1~0.2g，一日3~4次。

诺氟沙星滴眼液：无色澄明液体。每支8ml∶24mg。适用于多种病原菌引起的外眼部感染。滴眼，一日3~6次，一次1~2滴。

诺氟沙星软膏：黄色软膏。每支10g∶0.1g；250g∶2.5g。涂患处，一日2次。

【典型不良反应】①中枢神经系统：惊厥、中毒性精神病、震颤、躁动、焦虑、头晕、意识模糊、幻觉、妄想、抑郁、噩梦、失眠、癫痫发作。②周围神经病变：感觉错乱、感觉迟钝、触物痛感、疼痛、烧灼感、麻刺感、麻木、无力，或轻触觉、痛觉、温度觉、位置觉和振动觉异常，多发性神经炎。③骨骼肌肉系统：关节痛、肌痛、肌无力、张力亢进及肌腱炎、肌腱断裂、重症肌无力恶化。

【用药指导】（1）用药注意　①一般不用于儿童。②孕妇、严重肾功能不全患者慎用。③对喹诺酮类过敏者不宜使用。④有癫痫或癫痫病史者在医护人员观察和随访下使用。

（2）药物评价　①1978 年合成的第一个第三代喹诺酮类药，具有广谱、高效、低毒、方便、价廉等优点。②本品的不良反应一般较轻微，停药后即可消失。

【商品信息】世界上应用最广泛的喹诺酮类药物之一。我国于 1985 年开始生产，1988 年曾出现"氟哌酸热"。目前生产企业有贵州汉方制药、海润（秦皇岛）药业、嘉兴南湖制药等。

【贮藏】遮光，密封保存。软膏剂、乳膏剂应遮光，密闭，在阴凉处保存。

环丙沙星 [典][基][医保（甲\乙）]

Ciprofloxacin

【商品名】悉复欣，希普欣，西普乐

【适应证】适用于治疗敏感菌所致的呼吸道、尿道、消化道、胆道、皮肤和软组织、盆腔及眼、耳、鼻、咽等部位的感染。

【代表制剂及用法】环丙沙星片：每片 0.25g；0.5g；0.75g。口服，成人一次 0.25g，一日 2 次。重症患者可加倍服用。

乳酸环丙沙星氯化钠注射液：无色或几乎无色的澄明液体。每瓶 100ml：0.1g；100ml：0.2g；200ml：0.2g；250ml：0.25g。静脉滴注，一次 0.1～0.2g，一日 2 次。用等渗氯化钠或葡萄糖溶液稀释，滴注时间不少于 30 分钟。

【典型不良反应】①胃肠道反应较为常见，可表现为腹部不适或疼痛、腹泻、恶心或呕吐。②中枢神经系统反应可有头晕、头痛、嗜睡或失眠。③过敏反应：皮疹、皮肤瘙痒，偶可发生渗出性多形性红斑及血管神经性水肿。少数患者有光敏反应。

【用药指导】（1）用药注意　①孕妇、哺乳期妇女及儿童禁用。②肾功能不全者应减量使用。③可与食物同服，但抗酸药抑制本品吸收，应避免同服。④不宜与氨茶碱、丙磺舒等合用。

（2）药物评价　①本品特点是广谱、高效，特别对抗药菌引起的严重感染有效，可口服或静脉注射给药。②本品不良反应少而轻，较大剂量用药可见恶心、上腹部隐痛、腹泻等。

【商品信息】德国拜耳公司研制的第三代喹诺酮类药品，是目前临床应用的抗菌力最强的合成抗菌药之一，也是目前世界上应用最广泛的喹诺酮类药品之一。目前国内生产企业有丽珠医药集团、河南天方药业、上海三维制药等。

【贮藏】遮光，密封保存。

左氧氟沙星 [典] [基] [医保(甲\乙)]

Levofloxacin

【商品名】来立信，利复星，左克

【适应证】适用于治疗敏感细菌所致的呼吸道、尿道、肠道、皮肤软组织、胆道、咽喉、扁桃体、中耳、鼻窦、泪囊等部位的轻、中度感染。也可用于外伤、烧伤及手术后伤口感染、腹腔感染、胆囊炎、胆管炎、骨与关节感染以及五官科感染等。

【代表制剂及用法】盐酸左氧氟沙星分散片：淡黄色片。每片 0.1g。口服，成人一次 0.1g，一日 2 次。病情偏重者可增为每日 3 次。

乳酸左氟沙星片：薄膜衣片，除去薄膜衣后显类白色或微黄绿色。每片 0.1g，口服，成人常用量为每日 0.3 ~ 0.4g，分 2 ~ 3 次服用。

乳酸左氧氟沙星注射液：淡黄色的澄明液体。每支 100ml：0.1g。静脉滴注，一次 0.1 ~ 0.2g，一日 2 次。或遵医嘱。

【典型不良反应】①胃肠道反应：腹部不适或疼痛、腹泻、恶心或呕吐。②中枢神经系统反应可有头晕、头痛、嗜睡或失眠。③过敏反应：皮疹、皮肤瘙痒，偶可发生渗出性多形性红斑及血管神经性水肿。光敏反应较少见。④偶可发生：癫痫发作、精神异常、烦躁不安、意识混乱、幻觉、震颤；血尿、发热、皮疹等间质性肾炎表现；静脉炎；结晶尿，多见于高剂量应用时；关节疼痛。

【用药指导】（1）用药注意　①有中枢神经系统疾病及癫痫史患者应慎用。②治疗时应避免过度阳光暴晒和人工紫外线。如出现光敏反应或皮肤损伤应停用。③与含镁或铝的抗酸剂、硫糖铝、金属阳离子（如铁）、含锌的多种维生素制剂等药物同时使用时将干扰胃肠道对本品的吸收。

（2）药物评价　①为氧氟沙星的左旋体，活性是氧氟沙星的 2 倍，对葡萄球菌和链球菌以及厌氧菌的活性都比氧氟沙星强，抗菌强度为其 2 倍。②水溶性好，更易制成注射剂。③毒副作用小，不良反应发生率低。

【商品信息】由日本第一制药株式会社于 20 世纪 90 年代初开发成功，国内全年销售额超过 8 亿元，居所有抗菌药之首。目前国内生产企业有浙江医药新昌制药、上海三维制药、湖南正清制药集团、联邦制药公司等。

【贮藏】遮光，密封保存。

二、磺胺类

磺胺类药是最早用于临床的合成抗菌药，可有效地用于防治全身性细菌感染性疾病。单独使用易产生耐药性，但与抗菌增效剂（甲氧苄啶，TMP）合用，可产生协同作用。

磺胺甲噁唑^{[典][基][医保(甲\乙)]}

Sulfamethoxazole

【商品名】新诺明，SMZ

【适应证】可用于治疗尿路感染、呼吸道感染、皮肤化脓性感染、扁桃体炎等。与TMP联合应用时，其抗菌作用明显增强，临床应用范围也扩大。可用于慢性支气管炎急性发作、伤寒、布氏杆菌病、菌痢及流脑等。

【代表制剂及用法】复方磺胺甲噁唑（SMZ－TMP）片：白色片。每片含磺胺甲噁唑（SMZ）0.4g，甲氧苄啶（TMP）0.08g。口服，成人及12岁以上儿童一次2片，一日2次，首剂加倍；2～6岁儿童早晚各服儿童片（每片含SMZ 0.1g，TMP 0.02g）1～2片。

【典型不良反应】①过敏反应较为常见，可表现为药疹，严重者可发生渗出性多形红斑、剥脱性皮炎和大疱表皮松解萎缩性皮炎等；也有表现为光敏反应、药物热、关节及肌肉疼痛、发热等血清病样反应。②中性粒细胞减少或缺乏症、血小板减少症及再生障碍性贫血。患者可表现为咽痛、发热、苍白和出血倾向。③溶血性贫血及血红蛋白尿。④高胆红素血症和新生儿核黄疸。⑤恶心、呕吐、胃纳减退、腹泻、头痛、乏力等，一般症状轻微，不影响继续用药。

【用药指导】（1）用药注意　①新生儿、对磺胺过敏者禁用，肾功能损害者慎用。孕妇禁用。②老年患者因肾排泄功能渐趋减退，应用磺胺药易引起肾脏损害，故应慎用或不用。③交叉过敏。对一种磺胺药过敏的患者对其他磺胺药可能过敏。④易出现结晶尿，服药期间多喝水。

（2）药物评价　①具有全身抗菌作用的中效磺胺，抗菌作用较强，以口服为主。②目前仍是常用的抗感染药品。③疗效与头孢氨苄、氨苄西林、阿莫西林、氯霉素、四环素等相仿。

【商品信息】目前，医院使用的磺胺药品种较少，主要品种为复方新诺明。主要剂型有干糖浆、混悬剂等便于口服的制剂。生产企业有广州白云山制药、山东新华制药、浙江巨化集团公司制药厂等。

【贮藏】遮光，密封保存。

三、硝基呋喃类

呋喃妥因^{[典][基][医保(甲)]}

Furadantin

【商品名】呋喃坦啶

【适应证】临床上用于治疗敏感菌所致的泌尿系统感染，如肾盂肾炎、尿路感染、膀胱炎及前列腺炎等。

【代表制剂及用法】 呋喃妥因片每片 50mg，口服。成人一次 50～100mg，一日 3～4 次。单纯性下尿路感染用低剂量；1 月以上小儿每日按体重 5～7mg/kg，分 4 次服。疗程至少 1 周，或用至尿培养转阴后至少 3 日。对尿路感染反复发作予该品预防者，成人一日 50～100mg，睡前服，儿童一日 1mg/kg。

呋喃妥因肠溶片：每片 50mg，本品为肠溶片，除去包衣后显黄色片芯，口服。成人一次 50～100mg，一日 3～4 次。单纯性下尿路感染用低剂量；1 月以上小儿每日按体重 5～7mg/kg，分 4 次服。疗程至少 1 周，或用至尿培养转阴后至少 3 日。对尿路感染反复发作予本品预防者，成人一日 50～100mg，睡前服，儿童一日 1mg/kg。

【典型不良反应】 ①恶心、呕吐、食欲缺乏和腹泻等胃肠道反应较常见。②皮疹、药物热、粒细胞减少、肝炎等变态反应亦可发生，有葡萄糖 - 6 - 磷酸脱氢酶缺乏者尚可发生溶血性贫血。③头痛、头晕、嗜睡、肌痛、眼球震颤等神经系统不良反应偶可发生，多属可逆。严重者可发生周围神经炎，原有肾功能减退或长期服用本品的病人易于发生。④呋喃妥因偶可引起发热、咳嗽、胸痛、肺部浸润和嗜酸性粒细胞增多等急性肺炎表现，停药后可迅速消失；长期服用 6 月以上的患者，偶可引起间质性肺炎或肺纤维化。

【用药指导】（1）用药注意　①呋喃妥因宜与食物同服，以减少胃肠道刺激。②疗程应至少为 7 日，或继续用药至尿中细菌清除 3 日以上。③长期应用本品 6 月以上者，有发生弥漫性间质性肺炎或肺纤维化的可能，应严密观察、及早发现、及时停药。④葡萄糖 - 6 - 磷酸脱氢酶缺乏症、周围神经病变、肺部疾病患者慎用。⑤本品可干扰尿糖测定，这是因为其尿中代谢产物可使硫酸铜试剂发生假阳性反应。

（2）药物评价　①呋喃妥因抗菌谱广，抗菌作用强，对大多数革兰阳性和阴性菌引起的感染性疾病，尤其是尿路感染具有明显治疗作用。②其在消化道吸收迅速，服用方便，但可引起胃部刺激造成不适，因此呋喃妥因肠溶片更适合用于消化道疾病。

> **请你想一想**
> 抗生素滥用有哪些危害？

【商品信息】 目前国内主要生产厂家有山西云鹏制药有限公司、赤峰蒙欣药业有限公司等。

【贮藏】 遮光、密封保存。

四、其他合成抗菌药

盐酸小檗碱[典][基][医保(甲)]
Berberine

【别名】 黄连素

【适应证】 用于治疗肠道感染，如胃肠炎。

【代表制剂及用法】 盐酸小檗碱片每片 0.1g。一次 1～3 片，一日 3 次。

【典型不良反应】口服不良反应较少，偶有恶心、呕吐、皮疹和药物热，停药后消失。

【用药指导】（1）用药注意　①妊娠期前3个月慎用。②如服用过量或出现严重不良反应，应立即就医。③对本品过敏者禁用，过敏体质者慎用。④性状发生改变时禁止使用。⑤儿童必须在成人监护下使用。⑥如正在使用其他药品，使用前请咨询医师或药师。

（2）药物评价　①一种重要的生物碱，是我国应用时间较长的中药。可从黄连、黄柏、三颗针等植物中提取。②对细菌只有微弱的抑菌作用，但对痢疾杆菌、大肠埃希菌引起的肠道感染有效。

【商品信息】目前主要生产厂家有东北制药集团沈阳第一制药有限公司、湖南迪诺制药有限公司、福建太平洋制药有限公司等。

【贮藏】遮光，密封保存。

任务三　抗结核药

岗位情景模拟

情景描述　患者，女，60岁，患有肺结核，高尿酸血症，患者既往用药史：已用吡嗪酰胺片、利福平胶囊、异烟肼片治疗，现因胃病前来药店购药。

讨论　1. 患者可否使用碳酸氢钠片？

　　　　2. 治疗胃炎的兰索拉唑和铝碳酸镁对抗结核药有影响吗？

结核病是由结核杆菌引起的一种慢性传染病，按其发病部位可分为肺结核和肺外结核。以肺结核（俗称肺痨）最为常见，肺外结核包括肾结核、骨结核、肠结核、结核性脑膜炎和结核性胸膜炎等。抗结核病药按其来源不同可分为抗生素和合成药物两类。

异烟肼[典][基][医保(甲)]
Isoniazid

【别名】雷米封，INH

【适应证】治疗各类型结核病的首选药，尤其对治疗结核性脑膜炎及肺外结核有特殊疗效。

【代表制剂及用法】异烟肼片：白色片。每片50mg；100mg；300mg；500mg。口服，一次0.2～0.3g，一日3次。

注射用异烟肼：无色结晶，白色或类白色结晶性粉末。每瓶0.1g。静脉注射或滴注，一日0.3～0.6g。加5%葡萄糖注射液或等渗氯化钠注射液20～40ml稀释，缓慢推注，或加入输液250～500ml中静脉滴注。

【典型不良反应】①发生率较多者有步态不稳或麻木针刺感、烧灼感或手指疼痛（周围神经炎）。②深色尿、眼或皮肤黄染（肝毒性，35 岁以上患者肝毒性发生率增高）。③食欲不佳、异常乏力或软弱、恶心或呕吐（肝毒性的前驱症状）。④发生率极少者出现视力模糊或视力减退，合并或不合并眼痛（视神经炎）。⑤发热、皮疹、血细胞减少及男性乳房发育等。

【用药指导】（1）用药注意　①用药期间应定期检查肝功能。肝功能不全者及患精神疾病者、癫痫病人慎用。②抗酸药尤其是氢氧化铝可抑制本品的吸收，不宜同服。③可加强香豆素类抗血凝药、某些抗癫痫药、降压药、抗胆碱药、三环抗抑郁药，合用时须注意。

（2）药物评价　①为合成抗结核病药，是治疗各类型结核病的首选药，临床作为一线抗结核药。②易产生抗药性，故常与其他药品合并使用。③肌内注射疗效不如口服显著。④大剂量（一日 0.5g 以上）或长期用药，可引起维生素 B_6 缺乏，出现多发性精神炎等神经中毒症状。

【商品信息】1952 年由瑞士罗氏公司生产，我国于 1953 年投产，主要生产企业有上药集团信谊制药、广东华南药业、天津力生制药厂等。

【贮藏】遮光，密封，在干燥处保存。

利福平 [典][基][医保(甲)]

Rifampicin

【别名】甲哌利福霉素，力复平，RFP

【适应证】主要用于治疗各类型的结核病，疗效与异烟肼相同；也用于麻风病的治疗；对耐甲氧西林金葡菌所致的感染也有效。

【代表制剂及用法】利福平片胶囊：内容物为鲜红色或暗红色的结晶性粉末。每粒 0.15g；0.3g。口服，成人一次 0.45～0.6g，一日 1 次，饭前 1 小时服用；儿童每次按体重 10mg/kg，一日 2 次。

滴眼用利福平：暗红色至橙红色的片剂、滴丸或颗粒，缓冲液为无色澄明的液体，临用时配制成滴眼液。①片剂：每片含利福平 10mg，缓冲液 10ml；每片含利福平 5mg，缓冲液 10ml。②滴丸：每丸含利福平 10mg，缓冲液 10ml。③颗粒：每瓶含利福平 10mg，缓冲液 10ml；每瓶含利福平 10mg，缓冲液 10ml。滴眼，每日 4～6 次。

【典型不良反应】①消化系统：可出现胃灼热、上腹不适、厌食、呕吐、恶心、腹泻、胃肠胀气、黄疸。②血液系统：高剂量间歇治疗时可引起血小板减少症。③中枢神经系统：有出现头痛、发热、嗜睡、疲劳、头晕、共济失调、注意力不集中、四肢疼痛、全身麻木等的报道。偶有肌病和精神错乱的报道。④内分泌系统：可引起月经紊乱。偶有引起肾上腺功能不全的报道。

【用药指导】（1）用药注意　①用药期间应定期检查肝功能，肝功能不全者、一般肝病患者和 3 个月以上孕妇慎用。②食物可影响本品吸收，易空腹服用。③用药期间尿、痰、汗、粪便可显橙红色，应告知患者。

（2）药物评价 ①本品为半合成利福霉素，为高效、广谱抗生素。作为一线抗结核病药用于临床。②单独使用极易产生抗药性，故常与异烟肼、乙胺丁醇等合用。③与乙胺丁醇合用使视力受损的可能增加。④与异烟肼、对氨基水杨酸钠联合使用可加强肝毒性。

【商品信息】 利福平不但是临床应用量最大的抗结核药之一，也是抗麻风联合疗法的主要用药，故市场需求量较大。目前国内生产企业有广州白云山制药、上海延安制药、沈阳红旗制药等。

【贮藏】 密封，在阴暗干燥处保存。

盐酸乙胺丁醇[典][基][医保(甲)]
Ethambutol Hydrochloride

【适应证】 与其他抗结核病药联合用于治疗肺结核及肺外结核、结核性脑膜炎。

【代表制剂及用法】 盐酸乙胺丁醇片：白色片或薄膜衣片，薄膜衣片除去包衣后显白色。每片0.25g。口服，一次0.25g，一日3次。

【典型不良反应】 ①常见视神经损害，如球后视神经炎、视神经中心纤维损害。②少见畏寒、关节肿痛（尤其大趾、踝、膝关节）和病变关节表面皮肤发热拉紧感（急性痛风、高尿酸血症）。③偶见胃肠道不适、恶心、呕吐、腹泻、肝功能损害、周围神经炎（常表现为麻木、针刺感、烧灼痛或手足软弱无力）和过敏反应（常表现为皮疹、瘙痒、头痛、发热、关节痛）等。

【用药指导】 （1）用药注意 ①用药期间应检查视觉。②乙醇中毒者、婴幼儿禁用。③肾功能不全者、糖尿病患者及老年人慎用。

（2）药物评价 ①为合成抗结核药，治疗结核病安全有效。②现已取代对氨基水杨酸钠，部分取代链霉素成为治疗结核病的一线药品。

【商品信息】 目前国内生产企业有杭州民生药业、桂林制药厂、西南药业等。

【贮藏】 遮光，密封，在干燥处保存。

吡嗪酰胺[典][基][医保(甲)]
Pyrazinamide

【适应证】 与其他抗结核药联合用于经一线抗结核药（如链霉素、异烟肼、利福平及乙胺丁醇）治疗无效的结核病。本品仅对分枝杆菌有效。

【代表制剂及用法】 吡嗪酰胺片：白色片，每片0.25g；0.5g，口服，每日按体重35mg/kg，分3~4次给药。

【典型不良反应】 ①发生率较高者：关节痛（由高尿酸血症引起，常为轻度，有自限性）。②发生率较少者：食欲减退、发热、乏力或软弱、眼或皮肤黄染（肝毒性），畏寒。

【用药指导】（1）用药注意　①注意交叉过敏，对乙硫异烟胺、异烟肼、烟酸或其他化学结构相似的药物过敏的患者可能对该品也呈过敏。②糖尿病、痛风或严重肝功能减退者慎用。③该品具较大毒性，儿童不宜应用，孕妇禁用，3岁以下小儿不用。④肝功能减退者除非必要，通常不宜采用吡嗪酰胺。

（2）药物评价　①该品已被公认为短程化疗中三联或四联方案的组成之一。②在pH较低的条件下，抗菌活性较强，该品为二线抗结核药，与其他抗结核药无交叉耐药性，主要用于经一线药物治疗无效的病例。

【商品信息】主要剂型有片剂、胶囊剂，主要生产厂家有上海信谊药厂有限公司、华北制药股份有限公司、沈阳红旗制药有限公司等。

【贮藏】遮光，密封保存。

任务四　抗真菌药

岗位情景模拟

情景描述　患者，女，20岁，近日足部皮肤出现丘疹、丘疱疹样水泡，医生诊断为足癣。

讨论　1. 请说出足癣的致病原因是什么？

2. 患者可以应用哪种药物进行治疗？

真菌感染可分为感染皮肤、毛发、指（趾）甲等部位的浅表真菌感染和感染内脏器官、深部组织的深部真菌感染。抗真菌药按来源主要分为抗真菌抗生素、唑类抗真菌药和其他抗真菌药。

两性霉素 B [典][医保（乙）]
Amphotericin B

【商品名】莱帕

【适应证】外用于着色真菌病，灼烧后皮肤真菌感染，呼吸道念珠菌、曲菌或隐球菌感染，真菌性角膜溃疡。

【代表制剂及用法】两性霉素 B 注射液：溶液 3% 静脉滴注，开始一日 0.1 ~ 0.25mg/kg，逐渐增至一日 1mg/kg，每日 1 次。口服，一日 0.5 ~ 2g，分 2 ~ 4 次服。对隐球菌脑膜炎，除静脉滴注外，尚需鞘内注射给药，一次 0.5mg，共约 30 次，雾化吸入，适用于肺及支气管感染，一日 5 ~ 10mg，分 4 次用。局部病灶注射，浓度 1 ~ 3mg/ml，3 ~ 7 天一次。

两性霉素 B 阴道泡腾片：阴道深处使用，使用前先用洁尔阴冲洗外阴，拭干后用戴上塑料指套的手指将两性霉素 B 阴道泡腾片塞入，每次 1 片，每天 1 ~ 2 次。用药后24 ~ 72 小时症状即可缓解，2 周为 1 疗程，必要时可重复。

【典型不良反应】①静脉滴注过程中或静脉滴注后发生寒战、高热、严重头痛、食欲不振、恶心、呕吐，有时可出现血压下降、眩晕等。②几乎所有患者在疗程中均可出现不同程度的肾功能损害，尿中可出现红细胞、白细胞、蛋白和管型，血尿素氮和肌酐增高，肌酐清除率降低，也可引起肾小管性酸中毒。③低钾血症，由于尿中排出大量钾离子所致。④血液系统毒性反应有正常红细胞性贫血，偶可有白细胞或血小板减少。⑤肝毒性，较少见，可致肝细胞坏死，急性肝功能衰竭亦有发生。

【用药指导】（1）用药注意 ①内服毒性小，静脉注射毒性大。最严重的毒性反应是损害肾脏。呈剂量依赖性，血尿素氮和非蛋白氮升高，出现柱形尿、蛋白尿，同时可引起发热、恶心、呕吐，厌食等。②静脉注射时配合解热镇痛药、抗组胺药和生理量的肾上腺皮质激素可减轻毒性反应。③不可与氨基糖苷类、磺胺类药物合用，以免增加肾毒性。

（2）药物评价 由于两性霉素 B 的明显毒性，故该品主要用于已确诊的深部真菌感染（如获培养或组织学检查阳性则更佳），且病情危重呈进行性发展者。

【商品信息】目前国内生产的主要厂家有华北制药有限公司。

【贮藏】15℃以下严格避光，密封保存。

氟康唑[典][基][医保(甲＼乙)]

Fluconazole

【商品名】大扶康，Diflucan，麦尼芬

【适应证】主要用于全身性念珠菌病、黏膜念珠菌病、急性或复发性阴道念珠菌病及隐球菌病。恶性肿瘤患者因化疗或放疗引发感染，可用本品加以预防。也可用于预防器官移植引发的真菌感染。

【代表制剂及用法】氟康唑片：白色或类白色或薄膜衣片，薄膜衣片除去包衣后显白色或类白色。每片 50mg；100mg；150mg。用于皮肤黏膜念珠菌病：一日 1 次，一次 50～100mg。用于严重深部真菌感染：首日给予 400mg，以后每日为 200～400mg，分 2 次给药。儿童（大于 3 岁），表面念珠菌感染：每日按体重 1～2mg/kg；全身念珠菌及隐球菌感染：每日按体重 3～4mg/kg，一日 1 次。

氟康唑氯化钠注射液：无色的澄明液体。每瓶 50ml：氟康唑 0.1g 与氯化钠 0.45g。100ml：氟康唑 0.1g 与氯化钠 0.9g。100ml：氟康唑 0.2g 与氯化钠 0.9g。静脉滴注用量与口服相同。

【典型不良反应】头痛、腹痛、腹泻、恶心、呕吐、丙氨酸氨基转移酶升高、天门冬氨酸氨基转移酶升高、血碱性磷酸酶升高和皮疹。

【用药指导】（1）用药注意 ①哺乳期妇女及儿童禁用。②肾功能不全者应调整剂量，用药期间定期检查肝肾功能。③妊娠期妇女仅用于真菌感染严重或危及生命时，慎用。

（2）药物评价 ①为三唑类抗真菌药，抗菌谱广，活性强。其作用机制是抑制真

菌细胞膜必要成分麦角甾醇合成酶，使麦角甾醇合成受阻，破坏真菌细胞壁的完整性，抑制其生长繁殖。②可渗入脑脊液，可用于中枢真菌感染。③与利福平、西咪替丁等合用可降低作用。

【商品信息】由美国辉瑞公司研制，并很快成为畅销新药之一。主要制剂有片剂、胶囊、注射剂、口服糖浆等。主要生产企业有上海三维制药、大连辉瑞制药、杭州民生、海南曼克星等。

【贮藏】遮光，密封保存。

盐酸特比萘芬[典][医保(乙)]
Terbinafine Hydrochloride

【商品名】兰美抒，Lamisil，丁克

【适应证】适用于治疗浅表真菌感染引起的皮肤感染、指甲感染及白色念珠菌感染。

【代表制剂及用法】盐酸特比萘芬片：白色片。每片125mg；250mg。口服，一日250mg，足癣、体癣、股癣服用1周；皮肤念珠菌病1~2周，指甲癣4~6周，趾甲癣12周。

盐酸特比萘芬乳膏：白色乳膏。每支10g∶1g；5g∶0.5g。外用，一日2次，涂患处，并轻揉片刻。疗程1~2周。含特比萘芬1%。外用，一日涂抹1~2次。

【典型不良反应】①最常见的有胃肠道症状（胀满感、食欲不振、恶心、轻度腹痛及腹泻）或轻型的皮肤反应（皮疹、荨麻疹等）。②个别严重的皮肤反应病例（如 Stevens Johnson 综合征，中毒性表皮坏死松解症）曾见报道，若发生进行性皮疹，则应停药。③罕见味觉改变，包括味觉缺失，后者于停药后几周内可恢复。④极个别病例发生肝胆功能不全，究竟是否是由本品引起的，尚未得到肯定，不过若发生上述情况，则应停用本品。

【用药指导】（1）用药注意　①利福平可加速本品代谢，西咪替丁抑制本品代谢。②肝、肾功能不全者应减量。③孕妇和哺乳期妇女不宜使用。

（2）药物评价　①盐酸特比萘芬乳膏、凝胶、溶液、喷雾剂、搽剂、散剂可作为皮肤科用药类非处方药。②该药抑制真菌细胞麦角甾醇合成过程中的鲨烯环氧化酶，并使鲨烯在细胞中积蓄而起杀菌作用。③对细胞色素 P450 酶抑制较轻，但仍有一定的肝毒性。④因具有高度亲脂性和亲表皮性，既可外用，亦可口服，还可进行全身给药，为杀灭真菌药物中优良品种之一。⑤近年来，特比萘芬和伊曲康唑被发现可能会引起肝损害，美国 FDA 对伊曲康唑和特比萘芬的安全性提出了警告。

【商品信息】最早由瑞士诺华公司于 20 世纪 90 年代开发，1992 年底获美国 FDA 批准上市。目前国内生产企业有齐鲁制药、北京诺华、天津史克等。

【贮藏】原料药及片剂应遮光，密封保存。乳膏剂应密闭，在阴凉处保存。

任务五 抗病毒药

临床感染性疾病大部分是由病毒引起的，常见的有流行性感冒、普通感冒、病毒性肝炎、麻疹、腮腺炎、脊髓灰质炎、疱疹性脑炎、病毒性肺炎、狂犬病等。

迄今为止，大多数的病毒感染还没有特别有效的治疗药物。而由病毒感染引发的流感、艾滋病、病毒性肝炎等疾病却在不断出现和广泛传播。研制和开发有效的抗病毒药，已成为全球医药领域的研究热点和迫切需要解决的问题。抗病毒药的市场销售额还将保持稳定的增长。

阿昔洛韦 [典] [基] [医保(甲/乙)]

Aciclovir

【商品名】可包，苏维乐

【适应证】主要用于治疗单纯疱疹病毒和带状疱疹病毒引起的皮肤和黏膜感染，是治疗疱疹病毒感染的首选药。还可用于治疗慢性乙型肝炎。

【代表制剂及用法】阿昔洛韦片：白色片至类白色片。每片 0.1g；0.2g；0.4g。口服，一次 0.2g，每 4 小时 1 次。

注射用阿昔洛韦：白色疏松块状物或粉末。每瓶 0.25g；0.5g。静脉滴注，每次按体重 5mg/kg，一日 3 次，7 日为一疗程。

阿昔洛韦滴眼液：无色澄明液体。每支 0.5ml：0.5mg；5ml：5mg；8ml：8mg。滴入眼睑内，每 2 小时一次。

阿昔洛韦眼膏：白色眼用软膏，每支 2.5g：75mg（3%）。用于单纯性疱疹性角膜炎及疱疹性角膜溃疡。涂入眼内，每 4 小时 1 次，一日 4～6 次，完全治愈后至少再用 3 日。

阿昔洛韦乳膏：白色乳膏，每支 0.2g。局部外用，涂患处，成人与小儿均为白天每 2 小时 1 次，一日 6 次，共 7 日。

【典型不良反应】①消化系统反应：包括恶心、呕吐、腹泻等。②过敏性反应：包括发热、头痛、外周红肿等。③神经性反应：包括头痛、过度兴奋、共济失调症、昏迷、意识混乱、意识减退、神经错乱、头晕眼花、脑痛、幻觉、局部麻痹、嗜睡等。④血液及淋巴系统：包括贫血、白细胞及血小板减少症等。⑤肝胆、胰腺：包括肝炎、高胆红素血症、黄疸等。⑥肌肉、骨骼系统：肌肉疼痛反应。⑦皮肤：秃头症、感光性皮疹、瘙痒、表皮坏死、风疹等。⑧局部反应：眼部不适感等。

【用药指导】（1）用药注意　①阿昔洛韦乳膏为皮肤科用药类非处方药，用于单纯疱疹或带状疱疹感染。②对本品过敏者禁用。③孕妇、肾功能不全者、小儿及哺乳期妇女慎用。④服药期间宜多饮水，以免阿昔洛韦的结晶在肾小管内积存，影响肾功能。

⑤稀释后的药液应立即使用。稀释药液时若出现白色浑浊或结晶则不能使用。

（2）药物评价　①治疗疱疹病毒感染的首选药。②具有强效及速效的特点。临床发现其对降低艾滋病患者的死亡率、延长存活期有一定效果。③与丙磺舒合用可使排泄减慢，半衰期延长，体内药物量积蓄。

【商品信息】1981年由英国葛兰素公司首创。上市以来，在世界药品市场的销售额迅速增长，是第一个销售额超过十亿美元的抗病毒药。代表制剂有片剂、胶囊、乳膏、咀嚼片、滴眼液、颗粒、粉针等。我国生产该药的企业有丽珠集团丽珠制药厂、珠海联邦制药厂、浙江尖峰药业、山东博士伦福瑞达制药等。

【贮藏】遮光，密封保存。

利巴韦林[典][基][医保（甲）]

Ribavirin

【商品名】奥佳

【适应证】用于治疗病毒性呼吸道感染和疱疹性病毒感染，如流感、眼角膜炎、结膜炎、疱疹性口炎、带状疱疹、小儿腺病毒肺炎等。也可用于治疗甲型或乙型肝炎及出血热。

【代表制剂及用法】利巴韦林片：白色片。每片20mg；50mg；100mg；200mg。口服，一日0.8~1g，分3~4次服用。

利巴韦林注射液：无色的澄明液体。每支1ml：100mg；2ml：100mg；2ml：200mg；2ml：250mg；5ml：250mg；5ml：500mg。肌内注射或静脉滴注，每日按体重10~15mg/kg，分2次注射。静脉滴注使用0.9%氯化钠注射液或5%葡萄糖液稀释。

利巴韦林滴眼液：无色的澄明液体。每支0.5ml：0.5mg；8ml：8mg；10ml：10mg；10ml：50mg。用于治疗疱疹病毒感染。一日数次。

【典型不良反应】①个别患者可有恶心、呕吐、食欲缺乏等消化道反应。②一般全身不良反应有疲倦、虚弱、乏力、胸痛、发热、寒战、流感症状、口渴等，长期大量使用，可致可逆性免疫抑制。

【用药指导】（1）用药注意　①有较强的致畸作用，孕妇禁用。②注射液色泽变深或玻璃被腐蚀而出现微小片状物，不可供药用。

（2）药物评价　①本品为合成广谱抗病毒药品，由于疗效较好且价格低廉而在临床被广泛应用，已成为我国市场抗病毒药物的普药。②国外正式试用于HIV感染者以延缓艾滋病症状的出现，1998年7月批准扩大适应证，用于与重组α-2b干扰素合用治疗丙型肝炎。

【商品信息】目前国内生产企业有华北制药集团、四川百利制药、上海华氏制药等。主要制剂有片剂、胶囊、含片、口服液、颗粒、注射剂、滴眼液、滴鼻液等。

【贮藏】遮光，密封保存。

奥司他韦[典] [基] [医保(乙)]

Oseltamivir

【商品名】达菲

【适应证】①用于成人和1岁及1岁以上儿童的甲型和乙型流感治疗。②用于成人和13岁及13岁以上青少年的甲型和乙型流感的预防。

【代表制剂及用法】磷酸奥司他韦胶囊：规格是75mg，从症状出现的两天起，成人和青少年（13岁以上）每日服用2次，每次75mg，连续使用5天；对于流感预防，成人和青少年（13岁以上）每日服用75mg，连续服用7天，可以得到6周的保护。

磷酸奥司他韦颗粒：规格为15mg和25mg（以奥司他韦计），温开水完全溶解后口服，磷酸奥司他韦在成人和13岁以上青少年的推荐口服剂量是每次75mg，每日2次，共5天。

【典型不良反应】不良反应包括恶心、呕吐、支气管炎、失眠和头晕。

【用药指导】（1）用药注意 ①在无磷酸奥司他韦颗粒剂可用的情况下，可用达菲胶囊配制急用口服混悬剂。不能吞咽胶囊的成人、青少年或儿童可通过打开胶囊将其内容物与少量（最多1茶匙）适宜甜味食品混合掩盖苦味的方法获取合适剂量的磷酸奥司他韦，甜味食品有如巧克力糖浆、低糖巧克力糖浆、玉米糖浆、焦糖酱以及红糖水。②应在充分混合后将全部混合物给病人服用。

（2）药物评价 ①非常有效的流感治疗用药，并且可以大大减少并发症（主要是气管与支气管炎、肺炎、咽炎等）的发生和抗生素的使用，是目前治疗流感的最常用药物之一，也是公认的抗禽流感、猪流感（A/H1N1病毒）最有效的药物之一。②磷酸奥司他韦不能取代流感疫苗。

请你想一想

用于抗流感病毒的药物有哪些？ 抗病毒药物可以取代流感疫苗吗？

【商品信息】于1999年被美国FDA批准上市。目前生产的奥司他韦主要有磷酸盐胶囊剂和颗粒剂。

【贮藏】密封保存。

任务六 抗寄生虫病药

岗位情景模拟

情景描述 小明今年9岁，每年暑假他都会去农村奶奶家里玩，奶奶家里养了许多小动物。今年，小明妈妈发现小明经常说肚子痛，疼痛处位于肚脐周围或上腹部，偶尔有轻微腹泻或者便秘，大便里常带有不消化的食物，晚上睡觉容易惊醒，睡觉会磨牙。小明妈妈来药店购药。

　　讨论　1. 请你根据小明的症状评估小明是得了什么疾病?

　　　　　　2. 你建议小明应该去做哪些检查或治疗?

　　抗寄生虫病药是指能杀灭或抑制寄生虫，并使之排出体外的药物。根据其作用对象不同，将抗寄生虫药分为抗疟药、抗阿米巴病药、抗滴虫药、驱肠虫药、抗血吸虫药、抗丝虫药等。

磷酸氯喹[典][基][医保(甲)]
Chloroquine Phosphate

　　【适应证】 主要用于治疗疟疾急性发作，控制疟疾症状。可用于治疗肝阿米巴病、华支睾吸虫病、肺吸虫病、结缔组织病等。也可用于治疗光敏性疾患，如日晒红斑症。

　　【代表制剂及用法】 磷酸氯喹片：白色片或糖衣片，除去糖衣后显白色。每片0.075g；0.1g；0.25g。控制疟疾发作：首剂1g，第2天、3天各服0.5g。疟疾症状抑制性预防：1周服1次，一次0.5g。

　　磷酸氯喹注射液：无色或几乎无色的澄明液体，每支2ml：129mg；5ml：322mg。肌内注射，一日1次，每次按体重2~3mg/kg。静脉滴注：临用前用5%葡萄糖注射液或0.9%氯化钠注射液稀释后缓慢滴注，每次按体重2~3mg/kg。

　　【典型不良反应】 ①用于治疗疟疾时，出现的反应有头晕、头痛、眼花、食欲减退、恶心、呕吐、腹痛、腹泻、皮肤瘙痒、皮疹、甚至剥脱性皮炎、耳鸣、烦躁等。反应大多较轻，停药后可自行消失。②在治疗肺吸虫病、华支睾吸虫病及结缔组织疾病时，常见者为对眼的毒性，角膜上出现弥漫性白色颗粒，停药后可消失。③还可损害听力，妊娠期妇女大量服用可造成小儿先天性耳聋、智力迟钝、脑积水、四肢缺陷等。

　　【用药指导】（1）用药注意　①本品可引起胎儿脑积水、四肢畸形、耳聋等，孕妇禁用。②肝肾功能不全、心脏病、多型红斑、牛皮癣及精神病患者慎用。③不宜肌内注射，尤其儿童，易致心肌抑制，禁止静脉推注。④与伯氨喹合用时，部分患者可产生严重心血管系统不良反应。

　　（2）药物评价　①控制疟疾症状的首选药，具有高效、作用持久的特点。②目前临床发现有相当一部分恶性疟原虫对本品产生了耐药性，使本品疗效降低，因此在很多情况下需改用其他抗疟药或联合用药。

　　【商品信息】 临床常用剂型为片剂、注射液。目前国内生产企业有昆明制药集团、昆明贝克诺顿制药、南通精华制药、四川升和制药等。

　　【贮藏】 遮光，密封保存。

青蒿素[典][基][医保(乙)]
Artemisinin

　　【适应证】 用于治疗间日疟、恶性疟，特别是抢救脑型疟有较好效果，也可用于对氯喹有抗药性的疟原虫。对间日疟原虫的近期复发率比氯喹高。与伯氨喹合并应用，可使复发率降低。本品对血吸虫亦有杀灭作用。

【代表制剂及用法】青蒿素注射液：每支2ml：50mg；2ml：100mg；2ml：200mg；2ml：300mg。深部肌内注射：第1次200mg，6~8小时后再给10mg，第2~3日各肌内注射100mg，总剂量500mg。或连用3日，每日肌内注射300mg，总量900mg。小儿按体重15mg/kg，按上述方法3日内注完。

青蒿素片：每片50mg；100mg。口服，先服1g，6~8小时再服0.5g，第2天、3天各服0.5g，疗程3日，总量为2.5g。小儿按体重15mg/kg，按上述方法3日内服完。

【典型不良反应】尚不明确。

【用药指导】（1）用药注意 ①注射部位较浅时，易引起局部疼痛和硬块。②妊娠早期妇女慎用。③个别病人可出现一过性氨基转移酶升高及轻度皮疹。

（2）药物评价 ①对各型疟原虫红细胞内期均有高效、速效的杀灭作用，抗疟作用大于氯喹，且与氯喹无交叉抗药性。②口服吸收快；吸收后多分布于肠、肝、肾等组织，也可通过血－脑屏障进入脑；主要经肾和肠道排泄。

【商品信息】我国于1971年从黄花蒿中提取的一种带过氧化基团的倍半萜内酯，是一种新的抗疟有效成分，是我国首创的一类新药。目前国内生产企业有昆明制药集团、云南植物药业等。

【贮藏】遮光，密封保存。

你知道吗

青蒿素和屠呦呦

2015年10月，屠呦呦获得诺贝尔生理学或医学奖，理由是她发现了青蒿素，这种药品可以有效降低疟疾患者的死亡率。她成为首获科学类诺贝尔奖的中国人。被称为"东方神药"的青蒿素每年都在挽救全世界无数人的生命，拉斯克基金会将临床医学研究奖颁给屠呦呦，以表彰其对治疗疟疾药物——青蒿素的研究贡献。站在奖台上的屠呦呦说："青蒿素的发现是中国传统医学给人类的一份礼物。"

阿苯达唑[典][基][医保(甲)]

Albendazole

【商品名】肠虫清

【适应证】适用于驱除蛔虫、蛲虫、鞭虫、钩虫等。也用于治疗囊虫病、包虫病、华支睾吸虫病及肺吸虫病等。也可用于家畜的驱虫。

【代表制剂及用法】阿苯达唑片：类白色片、糖衣片或薄膜衣片，除去包衣显白色或类白色。每片0.1g；0.2g；0.4g。口服。驱蛔虫、蛲虫、鞭虫：一次顿服0.4g。驱钩虫：一次0.4g，10日后重复给药1次。治疗囊虫病：每日体重15~20mg/kg，分2次服，10日为一疗程，间隔15~20日再服一疗程。

【典型不良反应】①少数病例有口干、乏力、思睡、头晕、头痛以及恶心，上腹不适等消化道症状。②治疗囊虫病特别是脑囊虫病时，出现头痛、发热、皮疹、肌肉酸痛、视力障碍、癫痫发作等。③治疗囊虫病和包虫病，因用药剂量较大，疗程较长，可出现谷丙转氨酶升高，多于停药后逐渐恢复正常。

【用药指导】（1）用药注意　①2 岁以下儿童及孕妇禁用。②急性感染性疾病、蛋白尿、化脓性或弥湿性皮炎、癫痫等患者以及哺乳期妇女不宜应用。有严重肝、肾、心脏功能不全及活动性溃疡病患者慎用。③少数病人服药后可能在 3 ~ 10 日始出现驱虫效果。

（2）药物评价　①阿苯达唑片剂、胶囊、颗粒、咀嚼片可作为驱肠虫药类非处方药，用于治疗蛔虫病、蛲虫病。②为高效广谱驱虫新药，系苯并咪唑类药物中驱虫谱较广、杀虫作用最强的一种。③抑制寄生虫对葡萄糖的吸收，导致虫体糖原耗竭，或抑制延胡索酸还原酶系统，阻碍 ATP 的产生，使寄生虫无法存活和繁殖，粪便中一般不会有成虫。

【商品信息】由美国史克公司开发。代表制剂有片剂、胶囊、颗粒等。目前国内生产企业有中美天津史克制药、北京紫竹药业、吉林一迪药业、四川大冢制药、重庆科瑞制药等。

【贮藏】密封保存。

甲硝唑^{[典] [基] [医保(甲/乙)]}

Metronidazole

【适应证】临床用于治疗急慢性阿米巴病和阴道滴虫病，还用于治疗敏感厌氧菌引起的腹腔、消化道、女性生殖器、下呼吸道、皮肤软组织、骨和关节等部位感染，还可用于治疗口腔厌氧菌感染。

【代表制剂及用法】甲硝唑片：白色或类白色片。每片 0.1g；0.2g；0.25g。治疗滴虫病：一次 0.2g，一日 3 次，7 日为 1 疗程。治疗阿米巴病：一次 0.4 ~ 0.8g，一日 3 次，5 ~ 7 日为 1 疗程。治疗厌氧菌感染：一次 0.2 ~ 0.4g，一日 3 次。治疗胃及十二指肠溃疡：一次 0.25g，一日三餐饭间及夜间睡前服用，持续用药 1 个月。

甲硝唑注射液：无色或几乎无色的澄明液体，每瓶 10ml：50mg；20ml：100mg。成人常用量：厌氧菌感染，静脉给药首次按药重 15mg/kg，维持量按体重 7.5mg/kg，每 6 ~ 8 小时静脉滴注一次。

甲硝唑栓：乳白色至淡黄色脂溶性。每枚 0.5g；1g。植入阴道：每晚 0.2 ~ 0.5g，7 日为一疗程。甲硝唑阴道泡腾片：每片 0.2g。植入阴道：每晚 0.2 ~ 0.4g，7 日为一疗程。

【典型不良反应】①以消化道反应最为常见，包括恶心、呕吐、食欲不振、腹部绞痛，一般不影响治疗；神经系统症状有头痛、眩晕，偶有感觉异常、肢体麻木、共济失调、多发性神经炎等，大剂量可致抽搐。②少数病例发生荨麻疹、潮红、瘙痒、膀胱炎、排尿困难、口中有金属味及白细胞减少等，停药后自行恢复。

【用药指导】（1）用药注意　①甲硝唑凝胶、霜剂作为皮肤科用药类非处方药；甲硝唑口腔粘贴片、口颊片、口含片为口腔科用药类非处方药；甲硝唑洗液为皮肤科用药类非处方药药品；甲硝唑阴道泡腾片为妇科外用药类非处方药。②哺乳期妇女及妊娠 3 个月以内的妇女、中枢神经疾病和血液病患者禁用。③出现运动失调及其他中枢神经症状时应停药。④代谢产物可使尿液呈深红色。

（2）药物评价　①治疗阴道滴虫病的首选药，优点为毒性低、疗效高、口服方便、适用范围广。已被 WTO 和我国选定为治疗厌氧菌感染的基本药物。②甲硝唑作用机制可能是抑制 DNA 合成，促进 DNA 降解，从而干扰病原体的生长、繁殖，导致病原体死亡。

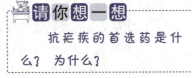

请你想一想

抗疟疾的首选药是什么？为什么？

【商品信息】主要剂型有片剂、注射液、栓剂等。目前国内生产企业有哈药集团、天津力生制药、浙江济民制药等。

【贮藏】遮光，密闭保存，在阴凉干燥处保存；栓剂，在 30℃ 以下保存。

目标检测

一、单选题

1. 对青霉素过敏的患者禁用的药是（　　）。
　　A. 头孢氨苄　　　B. 头孢呋辛　　　　C. 阿莫西林　　　　D. 红霉素

2. 四环素类的抗菌谱不包括（　　）。
　　A. 支原体　　　　B. 衣原体　　　　　C. 放线菌　　　　　D. 真菌

3. 最常用于敏感菌所致肺部感染的喹诺酮类药物是（　　）。
　　A. 诺氟沙星　　　B. 依诺沙星　　　　C. 萘啶酸　　　　　D. 氧氟沙星

4. 下列不属于磺胺嘧啶不良反应的是（　　）。
　　A. 血小板增多症　B. 溶血反应　　　　C. 结晶尿　　　　　D. 过敏反应

5. 人工合成的单环 β - 内酰胺类药物有（　　）。
　　A. 哌拉西林　　　B. 氨曲南　　　　　C. 亚胺培南　　　　D. 头孢氨苄

6. 治疗支原体肺炎宜首选（　　）。
　　A. 青霉素类　　　B. 大环内酯类　　　C. 四环素类　　　　D. 氨基糖苷类

7. 红霉素的最常见不良反应是（　　）。
　　A. 肾损害　　　　B. 心脏毒性　　　　C. 胃肠道反应　　　D. 二重感染

8. 下列药物中与呋塞米合用可增加耳毒性的是（　　）。
　　A. 四环素　　　　B. 氯霉素　　　　　C. 氨基糖苷类　　　D. 氨苄西林

9. 下列不属于大环内酯类抗生素的是（　　）。
　　A. 螺旋霉素　　　B. 克拉霉素　　　　C. 阿奇霉素　　　　D. 克林霉素

10. 异烟肼的作用特点是（　　）。（多选题）

A. 结核杆菌不易产生耐药性 　　　　　B. 只对细胞外的结核杆菌有效

C. 对大多数 G⁻ 性菌有效 　　　　　　D. 对细胞内外的结核杆菌有效

11. 抢救青霉素过敏性休克的首选药是（　　　）。

A. 泼尼松　　　　B. 肾上腺素　　　　C. 去甲肾上腺素　　　　D. 强心苷

12. 青霉素的主要不良反应有（　　　）。

A. 胃肠道刺激　　B. 赫氏反应　　　　C. 青霉素脑病　　　　D. 过敏反应

13. 下列为流行脑脊髓膜炎首选药的是（　　　）。

A. 罗红霉素　　　B. 多西环素　　　　C. 头孢克洛　　　　D. 青霉素

14. 可引起幼儿牙釉质发育不良和黄染的药物是（　　　）。

A. 红霉素　　　　B. 青霉素　　　　　C. 林可霉素　　　　D. 四环素

15. 可能引起灰婴综合征的药物是（　　　）。

A. 头孢菌素　　　B. 四环素　　　　　C. 万古霉素　　　　D. 氯霉素

16. 属于广谱抗病毒药物的是（　　　）。

A. 阿昔洛韦　　　B. 阿糖胞苷　　　　C. α 干扰素　　　　D. 金刚烷胺

二、思考题

1. 请列举出目前市场上常用抗生素类别并且每个类别至少列出 4～5 个药品。

2. 请列举出四代头孢菌素类抗生素的代表药物及抗菌特点。

3. 请列举出合成抗菌药的类别并列出每个类别的常用药物。

4. 感冒是否一定要加用抗生素？

（高丽丽）

书网融合……

　🅔 微课　　　　📝 划重点　　　　🕒 自测题

 **项目八** 解热镇痛抗炎药及抗痛风药

PPT

学习目标

知识要求

1. **掌握** 常用解热镇痛抗炎药及抗痛风药的名称、适应证、用药指导。

2. **熟悉** 常见解热镇痛抗炎药及抗痛风药的代表制剂及用法、典型不良反应。

3. **了解** 常见解热镇痛抗炎药及抗痛风药的商品信息。

能力要求

1. 能按用途、剂型及分类管理要求陈列药品并对其进行正常养护。

2. 对此类药品进行全面评价，能根据顾客需求推荐药品，指导解热镇痛抗炎药及抗痛风药的合理使用。

3. 能介绍新上市品种的特点，进行同类药品的比较。

任务一 解热镇痛抗炎药

岗位情景模拟

情景描述 患者，男，65岁，有慢性肝炎病史20余年。3天前出现乏力、鼻塞、流涕等感冒症状，自测体温37.4℃，遂自行服用氨酚伪麻美芬片（日夜百服咛），每次2片，每日3次。服用后感觉症状明显改善，而且晚上睡得比较好，就一直服了2个星期都没停。药吃完了就去医院配药，可医生一听他这个情况，赶紧给他抽血化验肝功能，结果肝酶明显升高。

讨论 什么原因导致患者肝酶升高？

解热镇痛抗炎药亦称非甾体抗炎药（non – steroidal anti – inflammatory drugs, NSAIDs），是一类具有解热、镇痛作用，绝大多数还兼有抗炎和抗风湿作用的药品。

前列腺素（PG）是不饱和脂肪酸，广泛存在于人和哺乳动物的各种重要组织和体液中，参与多种体内功能的调节。其作用有：①可提高体温调定点，使体温升高；②具有致痛作用并提高痛觉神经末梢对其他致痛物质的敏感性；③参与炎症反应，使血管扩张，通透性增加，引起局部充血、水肿和疼痛。

　　解热镇痛抗炎药物的化学结构各异,但作用相似,都可抑制体内前列腺素合成酶(环氧酶,COX),使前列腺素(PG)合成减少,发挥解热、镇痛、抗炎和抗风湿等作用。

你知道吗

　　目前已知,COX 至少有两种亚型——COX - 1 和 COX - 2。COX - 1 表达于血管、胃、肾和血小板等绝大多数组织,负责细胞间信号传递和维持细胞功能的平衡。而COX - 2 主要与炎症反应中炎症介质 PG 的生成有关。解热镇痛抗炎药对 COX - 2 的抑制为其治疗作用的基础;而对 COX - 1 的抑制则是其产生胃肠道等不良反应的原因。药物对两型 COX 的选择性成为对药物评价的重要因素。

　　1. 解热作用　发热是由于病原体及其毒素或组织损伤、炎症、抗原抗体反应、恶性肿瘤等刺激机体,产生并释放内热原,从而刺激下丘脑体温调节中枢,PGE_2 合成与释放增多,下丘脑的温热感受神经元的阈值升高,体温调定点提高,使产热增加,散热减少,体温升高。

　　解热镇痛药可抑制 PG 合成酶(环氧酶),减少 PG 合成,使异常升高的体温调定点恢复至正常水平,通过增加散热过程产生达到解热作用。本类药能使发热者的体温降低,而对正常体温几乎无影响。

　　2. 镇痛作用　解热镇痛药有中等程度的镇痛作用,对慢性钝痛如牙痛、头痛、神经痛、肌肉痛、关节痛及月经痛等均有较好的镇痛效果,而对创伤性剧痛和内脏平滑肌绞痛无效或效果较差。长期应用一般不产生耐受性和依赖性。

　　解热镇痛抗炎药的镇痛作用部位主要在外周。抑制炎症部位的 PG 合成,对慢性钝痛有较好的止痛效果。

> **请你想一想**
> 本项目的药品和吗啡的镇痛作用有什么不同?

　　3. 抗炎和抗风湿作用　绝大多数解热镇痛抗炎药(除苯胺类外)能缓解炎症反应,使炎症的红、肿、热、痛减轻,明显地控制风湿及类风湿的症状。但不能根除病因,阻止病程的发展或并发症的出现,仅有对症治疗作用。

　　常用解热镇痛抗炎药介绍如下。

阿司匹林^{[典][基][医保(甲/乙)]}

Aspirin

　　【商品名】巴米尔,益欣雪,拜阿司匹林

　　【适应证】用于发热、头痛、神经痛、肌肉痛、风湿热、风湿性关节炎及类风湿关节炎等,为风湿热、风湿性关节炎及类风湿关节炎首选药。可用于痛风。小剂量阿司匹林还可以用于预防心肌梗死、动脉血栓、动脉粥样硬化等。还可用于治疗胆道蛔虫。

　　【代表制剂及用法】阿司匹林片:白色片,每片 50mg;0.1g;0.3g;0.5g。口服。用于解热镇痛,一次 0.3~0.6g,一日 3 次。抗风湿,一次 0.6~1g,一日 3~4 次。

阿司匹林肠溶片：除去包衣后显白色。每片 25mg；50mg；100mg；300mg。整片吞服，成人一次 0.3g，若发热或疼痛持续不缓解，间隔 4~6 小时重复用药一次。24 小时内不超过 1.2g。

阿司匹林咀嚼片：每片含阿司匹林 0.5g。口服，用于解热镇痛，成人每次 1~2 片，每 6 小时 1 次，餐后咀嚼，每日最多 6 片。

阿司匹林栓：乳白色或微黄色的栓剂。每枚 0.1g；0.15g；0.3g；0.45g；0.5g。直肠给药，一次 1 粒，（塞入肛门内），如发热或疼痛持续不缓解，可 4~6 小时重复一次，24 小时不超过 4 枚。

阿司匹林肠溶胶囊：内容物为白色颗粒。每粒 0.075g；0.1g；0.15g。用于抗血栓形成，每日 75~300mg，每日 1 次。

【典型不良反应】短期使用不良反应较轻，大剂量长期使用时不良反应较多。①较常见胃肠道反应，包括恶心、呕吐、上腹部不适或疼痛等，停药后多可消失。长期或大剂量服用可有胃肠道溃疡、出血或穿孔。②少数患者可有过敏反应，表现为哮喘、荨麻疹、血管神经性水肿或休克，严重者可致死亡。③血药浓度达 200~300μg/ml 后可出现可逆性耳鸣、听力下降。

【用药指导】（1）用药注意　①为对症治疗药，用于解热，连续应用不得超过 3 天；用于止痛，不得超过 5 天，症状不缓解，应咨询医师或药师。②胃与十二指肠溃疡患者慎用。③抗酸药如碳酸氢钠等可增加阿司匹林自尿中的排泄，使血药浓度下降，不宜同服。④服用期间禁止饮酒或饮用含有乙醇的饮料。⑤儿童服用时可能会发生阿司匹林相关的瑞氏综合征。

（2）药物评价　①到目前为止，阿司匹林已应用百年，成为医药史上经典药品之一，至今它仍是世界上应用最广泛的解热镇痛和抗炎药，也是作为比较和评价其他药物的标准制剂。②在防治血栓栓塞性血管疾病方面有着广泛的应用。

> **请你想一想**
> 阿司匹林用于预防血栓、解热镇痛、抗炎抗风湿时剂量大小有何不同？

【商品信息】1899 年阿司匹林由德国拜尔（Bayer）公司首次生产。我国于 1958 年开始生产，目前国内生产企业有山东新华制药、哈尔滨格拉雷药业、上海九福药业、天津力生制药等。

【贮藏】片剂、胶囊应密封，在干燥处保存。栓剂应密封，在阴凉干燥处保存。

对乙酰氨基酚 [典][基][医保(甲/乙)]

Paracetamol

【商品名】必理通，泰诺林

【适应证】用于中、重度发热；缓解轻、中度疼痛，如头痛、肌痛、痛经、关节痛、癌性疼痛等。

【代表制剂及用法】对乙酰氨基酚片：白色片，每片 0.1g；0.3g；0.5g。口服，一次 0.3~0.6g，一日 3~4 次，一日用量不宜超过 2g。退热治疗一般不超过 3 天，镇痛给药不宜超过 10 天。

对乙酰氨基酚缓释片：为白色薄膜衣异形片，每片 0.65g。口服，成人一次 1~2 片，若持续发热或疼痛，每 8 小时一次，24 小时不超过 3 次。

对乙酰氨基酚滴剂：为橙红色的澄清液体，具有水果香味，味甜。每瓶 15ml：1.5g。适用于儿童，每次用量为儿童 1~3 岁：1~1.5ml；4~6 岁：1.5~2ml；7~9 岁：2~3ml；10~12 岁：3~3.5ml。若持续高热或疼痛，可间隔 4~6 小时重复用药 1 次，24 小时内不超过 4 次。

对乙酰氨基酚栓：乳白色或微黄色栓剂，每枚含对乙酰氨基酚 0.15g。直肠给药。6 岁以上儿童及成人一次 1 粒，若持续发热或疼痛，可间隔 4~6 小时重复 1 次，24 小时内不超过 4 粒。

复方对乙酰氨基酚片（散利痛）：每片含对乙酰氨基酚 250mg，异丙安替比林 150mg，咖啡因 50mg。口服，成人一次 1~2 片，6 岁以上儿童一次 1/2~1 片，24 小时内可服 3 次。

酚氨咖敏片：白色或类白色片，每片含对乙酰氨基酚 0.15g，氨基比林 0.1g，咖啡因 30mg，马来酸氯苯那敏 2mg。口服，一次 1 片，每日 3 次。

【典型不良反应】 ①不良反应较少，不引起胃肠出血。②偶见皮疹、荨麻疹、药热及粒细胞减少。长期大量用药会导致肝肾功能异常。

【用药指导】（1）用药注意　①肝病者尽量避免长期使用；肾功能不全者长期大量使用有增加肾毒性的危险，故建议减量使用。②常为复方感冒制剂主要成分，用药时应避免重复。③3 岁以下儿童因其肝肾功能发育不全慎用；妊娠及哺乳期妇女慎用。

（2）药物评价　①对胃肠道刺激小，对凝血机制无影响，正常剂量下对肝脏无损害，可作为退热的首选药，尤其适用于老年人和儿童服用。②解热作用确实、可靠，作用强度与乙酰水杨酸相似，对阿司匹林过敏或不能适应阿司匹林的患者尤其适宜，几乎无抗炎、抗风湿作用。③对乙酰氨基酚是目前国内应用最多的解热镇痛药，并常用其作为抗感冒药的主要成分。

【商品信息】 1878 年由莫尔斯（Morse）首次合成，1893 年由 Von Mering 首先用于临床。我国于 1960 年开始生产，常用制剂有片剂、胶囊剂、咀嚼片、泡腾剂、滴剂、注射液、栓剂、凝胶剂等。目前国内生产企业有山东新华制药、中美天津史克制药、上海强生制药、拜耳医药保健、广州白云山制药、中美上海施贵宝制药、上海汉殷药业等。

【贮藏】 遮光，密封保存。

布洛芬 [典][基][医保(甲/乙)]

Ibuprofen

【商品名】 芬必得，美林，安瑞克

【适应证】用于缓解各种慢性关节炎的关节肿痛症状；治疗各种软组织风湿疼痛，如肩痛、腱鞘炎、滑膜炎、肌痛及运动后损伤性疼痛等；急性疼痛，如手术后、创伤后、劳损后、原发性疼痛、牙痛、头痛等；有解热作用。

【代表制剂及用法】布洛芬片：糖衣片或薄膜衣片，除去包衣后显白色，每片0.1g；0.2g；0.4g。口服。抗风湿，一次0.4~0.6g，每日3~4次。轻或中等疼痛及痛经，一次0.2~0.4g，每4~6小时1次，一日最大剂量为2.4g。

布洛芬缓释胶囊：内容物为白色球形小丸，每粒0.3g。口服，每日早、晚各1次，一次1粒。

布洛芬缓释片：薄膜衣片，除去薄膜衣后显白色或类白色，每片0.2g。口服，每日早、晚各1次，一次1片。

布洛芬滴剂：粉红色黏稠液体，味香甜，每瓶15ml：0.6g。口服，需要时每6~8小时可重复使用，每24小时不超过4次，每次5~10mg/kg。

布洛芬乳膏：每盒20g：1g。外用。按照疼痛部位大小，使用本品适量轻轻揉搓，一日3~4次。

【典型不良反应】①长期用药者，可出现消化道不良反应，包括消化不良、胃灼热、胃痛、恶心和呕吐等，继续服用可耐受。出现胃溃疡和消化道出血者不足1%。②1%~3%的患者可出现头痛、嗜睡、眩晕和耳鸣等神经系统不良反应。

【用药指导】（1）用药注意　①可增加胃肠道出血的风险并导致水钠潴留，轻度肾功能不全者可使用最小有效剂量，密切监测肾功能及水钠潴留情况。②对阿司匹林或其他非甾体抗炎药过敏者，孕妇及哺乳期妇女禁用布洛芬。③支气管哮喘、心肾功能不全、高血压、血友病和有消化道溃疡史者慎用布洛芬。

（2）药物评价　①镇痛作用较强，比阿司匹林强16~32倍；抗炎作用弱，退热作用与阿司匹林相似但较持久。②对胃肠道的不良反应较轻，易于耐受，为此类药物中对胃肠道刺激性最低的。

【商品信息】布洛芬为首先使用的苯丙酸类非甾体抗炎药，它是在研究某些植物生长激素如吲哚乙酸、萘乙酸、苯氧乙酸的抗炎特性的基础上发展起来的。20世纪60年代由英国布茨（Boots）制药公司研究生产，于1969年用于临床。常用制剂有片剂、胶囊、口服溶液、滴剂、糖浆、栓剂、干混悬剂等。目前国内生产企业有山东新华制药、江西赣江制药、西南药业、中美天津史克制药、东北第六制药厂、石药集团恩必普药业等。

【贮藏】原料药、片剂、胶囊应密封保存。滴剂、口服溶剂应密封，在阴凉处保存。

吲哚美辛[典][基][医保(甲/乙)]

Indometacin

【商品名】美达新，消炎痛

【适应证】主要用于缓解轻、中或重度风湿病的炎症疼痛，急性骨骼肌损伤、急性痛风性关节炎、痛经等疼痛。可用于高热的对症解热。

【代表制剂及用法】吲哚美辛肠溶片：肠溶包衣片，除去包衣后显白色。每片25mg。口服，成人常用量：抗风湿，初始剂量一次25~50mg，一日2~3次，一日最大量不超过150mg。镇痛，首剂一次25~50mg，维持量一次25mg，一日3次，直到疼痛缓解；退热，一次6.25~12.5mg，一日不超过3次。

吲哚美辛缓释片：每片25mg。口服，一次1片，一日1~2次或遵医嘱。

吲哚美辛搽剂：黄色微有黏性的澄明液体。每支20ml∶200mg；50ml∶500mg。涂敷患处。

吲哚美辛栓：为白色至淡黄色栓。每枚25mg；50mg；100mg。外用，一次1~2枚，直肠塞入。

【典型不良反应】①常见的不良反应为胃肠道反应，如恶心、呕吐、腹痛、腹泻等，2%~5%患者出现溃疡、胃出血及穿孔。②中枢神经系统症状（头痛、眩晕等）的发生率不低，若头痛持续不退，应停药。③肝功能损害，血尿、水肿、肾功能不全。④造血系统受抑制而出现白细胞减少或血小板减少，偶有再生障碍性贫血。

【用药指导】（1）用药注意　①消化性溃疡、溃疡性结肠炎及其他上消化道疾病史者慎用。②可导致水钠潴留，心功能不全及高血压患者慎用。③可使出血时间延长，加重出血倾向，故血友病及其他出血性疾病患者应慎用。④老年人易发生毒性反应，应慎用。

（2）药物评价　①吲哚美辛是最强的前列腺素合成抑制剂之一，以其较强抗炎、止痛和解热作用及价格低廉的特点，至今仍用于临床。②由于它有严重的副作用，如胃肠道反应、神经系统反应、肾损伤、皮疹等，故不做一般的解热镇痛长期用药，也不用作抗风湿和类风湿关节炎的首选药，作为非处方药仅限外用。

【商品信息】吲哚美辛是由美国默克（Merck）公司最先研制的，1963年开始用于临床治疗类风湿关节炎。我国于1968年研制成功，1970年投产。常用制剂有肠溶片、胶囊、栓剂、乳膏、贴片、搽剂等。目前国内生产企业有沈阳红旗制药厂、丽珠医药集团、上海信谊万象药业等。

【贮藏】原料药、片剂、胶囊应遮光，密封保存；栓剂应遮光，密封，在25℃下保存；搽剂应遮光，密塞，在阴凉处保存。

双氯芬酸钠[典][基][医保(甲/乙)]

Diclofenac Sodium

【商品名】扶他林，英太青，迪根

【适应证】主要用于治疗各种急、慢性关节炎和软组织风湿所致的疼痛，以及创伤后、术后的疼痛、头痛、牙痛等。对成年人及儿童的发热有解热作用。

【代表制剂及用法】双氯芬酸钠肠溶胶囊：每粒50mg。口服，成人一日1粒，一日 2 次。

双氯芬酸钠肠溶片：除去包衣后显白色或类白色。每片 25mg；50mg。口服，成人 100 ~ 150mg，分 2 ~ 3 次服用，整片吞服。

双氯芬酸钠二乙胺乳胶剂：每支 20g：0.2g。外用，按照痛处面积大小，药品适量，轻轻揉搓，使渗透皮肤，一日 3 ~ 4 次。

【典型不良反应】①胃肠反应为最常见的不良反应，主要为胃不适、烧灼感、反酸、纳差、恶心等，停药或对症处理即可消失。其中少数患者可出现溃疡、出血、穿孔。②少数患者可引起浮肿、少尿、电解质紊乱等不良反应，轻者停药并相应治疗后可消失。③偶有神经系统反应，如头痛、眩晕、嗜睡、兴奋等。

【用药指导】（1）用药注意　①可增加胃肠道出血的风险并导致水钠潴留，血压升高。②轻度肾功能不全者可使用最小有效剂量，应密切监测肾功能及水钠潴留情况。③胃肠道溃疡史者避免使用，肝肾功能不全者慎用。④长期用药应定期监测血常规、血压及肝肾功能。

（2）药物评价　①为苯乙酸类中具有代表性的消炎镇痛药，具有显著的抗风湿、消炎、止痛和解热作用，口服后在胃肠道吸收良好，吸收快而完全，若与食物同服则吸收率降低。②双氯芬酸是非甾体抗炎药中作用较强的一种，它对前列腺素合成的抑制作用强于阿司匹林和吲哚美辛等。

【商品信息】双氯芬酸钠是由瑞士汽巴 – 嘉基（Ciba – Geigy）公司首先创制的。目前国内生产企业有北京诺华制药、永信药品工业、天津赫素制药、马应龙药业股份等。

【贮藏】遮光，密封保存。

尼美舒利[典][医保（甲）]

Nimesulide

【商品名】怡美力，欣克洛，瑞芝清

【适应证】主要用于治疗慢性关节炎症（如类风湿关节炎和骨性关节炎等）、手术和急性创伤后的疼痛和炎症、上呼吸道感染引起的发热、耳鼻咽部炎症引起的疼痛、痛经等症状。

【代表制剂及用法】尼美舒利片：微黄色片。每片 50mg；100mg。口服，成人，一次 1/2 片 ~ 1 片，一日 2 次，餐后服用。

尼美舒利分散片：淡黄色片，每片 0.1g。口服，成人，一次 1/2 片 ~ 1 片，一日 2 次，餐后服用。

尼美舒利颗粒：淡黄色颗粒，每袋 1g：50mg。口服，成人，一次 1 ~ 2 袋，一日 2 次，餐后服用。

尼美舒利干混悬剂：淡黄色颗粒状细粉，味甜。每袋 1g：0.1g。口服，成人，一次 1 ~ 2 袋，一日 2 次，餐后服用。

【典型不良反应】①主要有胃灼热、恶心、胃痛等，但症状轻微、短暂。②极少情况下，患者出现过敏性皮疹。

【用药指导】（1）用药注意　①对本品过敏者禁用。②有胃肠道溃疡或出血史者慎用。③老年人和轻中度肾功能不全者使用时，耐受性较好，应注意观察。④慎用于对阿司匹林或其他非甾体抗炎药过敏的患者和哺乳期妇女。

（2）药物评价　①尼美舒利是一种选择性环氧化酶-2抑制剂，以磺基为功能基团，这一活性基团使其具有很强的抗炎、镇痛与解热作用。②尼美舒利口服吸收迅速且完全，生物利用度高。

【商品信息】尼美舒利是由美国 Riler 公司开发的，1985 年 9 月在南非、英国首次上市。目前主要生产厂家有瑞士赫尔森制药、天津药物研究院药业、广东健力宝药业、重庆华邦制药、海南康芝药业、海南新中正制药等。

【贮藏】遮光，密闭，在干燥处贮存。

美洛昔康[典][医保(乙)]

Meloxicam

【商品名】奈邦，宏强，莫比可

【适应证】主要用于治疗慢性关节病，包括缓解急慢性脊柱关节病、类风湿关节炎、骨关节炎等的疼痛、肿胀及软组织炎症、创伤性疼痛、手术后疼痛。

【代表制剂及用法】美洛昔康片：淡黄色片。每片 7.5mg；15mg。口服。骨性关节炎：一日 7.5mg，一次性服用，一日最大剂量为 15mg。强直性脊柱炎和类风湿关节炎：一日 15mg，分 2 次服用，也可减量至一日 7.5mg。成人一日最大剂量为 15mg，老年人为 7.5mg。

美洛昔康栓：黄绿色栓剂，每枚 15mg。直肠给药：骨性关节炎 7.5～15mg，睡前肛内塞入；强直性脊柱炎和类风湿关节炎 15mg 或 7.5mg，睡前塞入肛门。老年人7.5mg，睡前塞入肛门。

【典型不良反应】①胃肠道反应：常见消化不良、恶心、腹痛或腹泻；罕见溃疡、出血或穿孔。②血液系统反应：贫血、白细胞减少和血小板减少。③其他：瘙痒、皮疹；口炎；轻微头晕、头痛；水肿、血压升高等。

【用药指导】（1）用药注意　①服用时宜从最小有效剂量开始。②有消化性溃疡史者、正在使用抗凝药治疗的患者、幽门螺杆菌感染者慎用。③服用者定期监测肝肾功能，尤其是 65 岁以上老年患者。④15 岁以下儿童不推荐使用。

（2）药物评价　①出现胃肠道溃疡及出血风险略低于其他传统的非甾体抗炎药。②与目前使用的传统非甾体抗炎药物相比，其有抗炎作用强、抗炎症性疼痛作用时间长、解热效果好、口服吸收好且完全、生物利用度较高等优点。

【商品信息】由德国勃林格殷格翰公司研制，在 1996 年以商品名 "Mobic" 首次在南非上市。其在 1996 年上市前 6 个月，就获得了 13.1% 的市场份额，市场前景十分广阔。目前，生产厂家有德国勃林格殷格翰公司、苏州唐氏药业有限公司、江苏扬子江药业集团公司和上海复星朝晖药业有限公司等。

【贮藏】遮光，密闭保存。

塞来昔布^{[典][医保(乙)]}

Celecoxib

【商品名】西乐葆，泽乐妥，苏立葆

【适应证】用于缓解骨性关节炎、类风湿关节炎、强直性脊柱炎的肿痛症状；也用于缓解手术前后、软组织创伤等的急性疼痛。

【代表制剂及用法】塞来昔布胶囊：每粒0.1g；0.2g。口服。①骨性关节炎：一日200mg，一次性服用，如有必要，可增加剂量。最大剂量为一次200mg，一日2次，儿童不推荐使用。②强直性脊柱炎和类风湿关节炎：可增至一次200mg，一日1~2次，儿童不推荐使用。③急性疼痛，首次剂量400mg，必要时可再服用200mg。随后根据需要，一次200mg，一日2次。

【典型不良反应】常见的不良反应为上腹疼痛、腹泻与消化不良。

【用药指导】（1）用药注意　①可引起心血管栓塞事件的风险，且与剂量及疗程相关。有心血管风险者慎用。②长期服用可引起血压升高、水钠潴留、水肿等。长期服用宜监测血压。③与磺胺类有交叉过敏反应，使用前需询问患者是否对磺胺类药物过敏。④服用本品时不能停服因防治心血管病所需服用的小剂量阿司匹林，但合用会增加胃肠道不良反应。

（2）药物评价　①属选择性COX-2抑制剂，它导致胃肠道溃疡及出血风险较其他传统非甾体抗炎药低。②适用于有消化性溃疡、肠道溃疡、胃肠道出血病史者。

【商品信息】塞来昔布胶囊原研药由辉瑞和G. D. Searle LLC开发，于2012年在中国获批上市。目前国内生产厂家有江苏恒瑞医药、江苏正大清江、石药集团。

【贮藏】密闭，25℃以下保存。

你知道吗

选择性COX-2抑制剂的应用现状

近年来，选择性COX-2抑制剂的使用，减少了对COX-1抑制，降低了引起胃肠道等不良反应的风险。但临床应用和多项大规模循证医学试验证实，此类药明显增加心脏病、脑卒中等心血管不良反应的发生率，使用受到限制，应高度重视对此类药物在心血管等方面的不良反应监测。

任务二　抗痛风药　微课

痛风是因血尿酸增高及尿酸盐结晶在关节和组织沉积而引起的一组综合征，临床表现为急性或慢性痛风性关节炎、痛风性肾病、尿酸性肾结石、痛风石和高尿酸血症等。引起痛风的原因为体内嘌呤代谢紊乱而最终产物尿酸过剩，高于正常值。

治疗痛风的药主要有以下几类。①抑制炎细胞浸润的药，如秋水仙碱。②抑制尿酸合成药，如别嘌醇等。③促进尿酸排泄的药，如丙磺舒、苯溴马隆。④非甾体抗炎药，如吲哚美辛、布洛芬。⑤肾上腺皮质激素类，如泼尼松、泼尼松龙等。

秋水仙碱[典][基][医保(甲)]

Colchicine

【商品名】舒风灵

【适应证】主要用于治疗急性期痛风性关节炎、短期预防痛风性关节炎急性发作。

【代表制剂及用法】秋水仙碱片：白色片。每片0.5mg；1mg。口服，用于急性期，初剂量1mg，之后一次0.5mg，一日3次，最多每隔4小时给予1次，直至疼痛缓解，或出现呕吐或腹泻，24小时最大剂量6mg。另一方案为一次1mg，一日3次，一周后剂量减半，疗程为2～3周。

【典型不良反应】①早期不良反应常见腹痛、腹泻、呕吐及食欲缺乏。②长期服用可见严重的出血性胃肠炎或吸收不良综合征。③肌肉、周围神经病变：麻木、刺痛和无力。④休克：表现为少尿、血尿、抽搐及意识障碍。死亡率高，多见于老年人。⑤骨髓抑制、出现血小板减少，中性粒细胞下降，甚至再生障碍性贫血，有时可危及生命。

【用药指导】（1）用药注意　①女性患者在服药期间及停药以后数周内不得妊娠。②老年人、胃肠道疾病、心功能不全及肝肾功能有潜在损害者应减少剂量或慎用。③用药期间应定期检查血常规及肝、肾功能。④如发生呕吐、腹泻等反应，应减小用量，严重者应立即停药。

（2）药物评价　①秋水仙碱的治疗剂量和中毒剂量十分接近。因此一定要谨慎选用秋水仙碱。②秋水仙碱过量口服会出现严重的毒性反应甚至死亡，不主张将秋水仙碱作为长期预防痛风性关节炎发作的药。

【商品信息】是由法国Roussel Uclaf公司开发的，1957年11月在德国首次上市，国内首次注册时间为1988年。目前主要生产厂家有法国罗素公司、赫美罗－赫司特集团医药公司、吉林平安行药业、昆明制药集团、云南植物药业等。

【贮藏】遮光，密封保存。

别嘌醇[典][基][医保(甲/乙)]

Allopurinol

【适应证】用于具有痛风史的高尿酸血症，预防痛风关节炎的发作。

【代表制剂及用法】别嘌醇片：白色片。每片0.1g。口服，初始剂量一次50mg，一日1～2次，每周可递增50～100mg，至一日200～300mg，分2～3次服。每2周测血尿酸和尿尿酸水平，如已达正常水平，则不再增量，如仍高可再递增用量。

【典型不良反应】①个别患者可出现皮疹、腹泻、腹痛、低热、暂时性氨基转移酶升高或粒细胞减少。停药及给予相应治疗一般可恢复。②服用初期可诱发痛风，于开始4~8周内可与小剂量秋水仙碱合用。

【用药指导】（1）用药注意　①必须由小剂量开始，逐渐递增至有效量维持正常血尿酸和尿尿酸水平，以后逐渐减量，用最小有效量维持较长时间。②用药前及用药期间要定期检查血尿酸及24小时尿尿酸水平，以此作为调整药物剂量的依据。③有肾、肝功能损害者及老年人应谨慎用药，并应减少一日用量。④口服用药期间，应大量饮水，并维持尿液呈中性或微碱性，以减少尿酸石及肾内尿酸沉积的危险。⑤不能控制痛风性关节炎的急性炎症症状，不能作为抗炎药使用。

（2）药物评价　由于别嘌醇的作用是抑制尿酸合成，与促进尿酸排泄的丙磺舒比较，其优点是，可以用于痛风性肾病患者，用药后不仅症状减轻，而且可以防止肾脏尿酸盐结石的形成。

【商品信息】别嘌醇是由匈牙利Egis公司开发的，1958年在美国首次上市。国内生产企业有杭州民生药业、黑龙江澳利达奈德制药、重庆科瑞制药、广州白云山制药等。

【贮藏】遮光、密闭贮存。

丙磺舒^{[典][医保(乙)]}

Probenecid

【适应证】主要用于高尿酸血症伴慢性痛风性关节炎及痛风石。用于辅助抗生素的治疗，与青霉素、氨苄西林、苯唑西林、邻氯西林、萘夫西林等抗生素同用时，可抑制这些抗生素的排出，提高血药浓度并能维持较长时间。

【代表制剂及用法】丙磺舒片：白色片，每片0.25g。慢性痛风的高尿酸血症：口服，成人一次0.25g，一日2次，一周后可增至一次0.5g，一日2次。增强青霉素类的作用：口服，成人一次0.5g，一日4次。

【典型不良反应】①少数患者可见胃肠道反应，皮疹、发热、肾绞痛及激起急性痛风发作等。②治疗初期可使痛风发作加重。

【用药指导】（1）用药注意　①对本品及磺胺类药物过敏者禁用；肾功能不全者禁用本品；痛风性关节炎急性发作症状尚未控制时不用本品。②服用时应保持摄入足量水分，防止形成肾结石，必要时同时服用碱化尿液的药物。③用药期间不宜服水杨酸类制剂。④定期检测血和尿pH、肝肾功能及血尿酸和尿尿酸等。⑤根据临床表现及血尿酸和尿尿酸水平调整用量，原则上以最小有效量维持较长时间。

（2）药物评价　①可以抑制肾小管对尿酸的再吸收，增加尿酸盐的排泄。②口服吸收迅速而完全。③在肝内代谢为具有排尿酸活性的羧基化代谢物及羟基化合物，均具有排尿酸活性。④因脂溶性大，易被再吸收，故排泄较慢。

【商品信息】国内主要生产企业有上海信谊、金陵药业、葵花药业集团、华北制药、成都力思特制药等。

【贮藏】遮光，密封保存。

目标检测

一、单选题

1. 某儿童患者出现头痛、发热等普通感冒症状，宜服用（　　）。

　　A. 扶他林　　　　B. 芬必得　　　　C. 怡美力　　　　D. 泰诺林

2. 下列药物中，儿童感冒发热，首选的解热镇痛药是（　　）。

　　A. 阿司匹林　　　B. 吲哚美辛　　　C. 保泰松　　　　D. 对乙酰氨基酚

3. 大剂量阿司匹林可用于治疗（　　）。

　　A. 预防心肌梗死　　　　　　　　B. 预防脑血栓形成

　　C. 手术后的血栓形成　　　　　　D. 风湿性关节炎

4. 下列不是对乙酰氨基酚的复方制剂的是（　　）。

　　A. 泰诺片　　　　B. 白加黑片　　　C. 银得菲片　　　D. 西乐葆胶囊

5. 扑热息痛是指（　　）。

　　A. 阿司匹林　　　B. 安乃近　　　　C. 氨基比林　　　D. 对乙酰氨基酚

6. 痛风急性发作期应选用（　　）。

　　A. 秋水仙碱　　　B. 别嘌醇　　　　C. 丙磺舒　　　　D. 阿司匹林

二、思考题

1. 感冒是否一定采用解热镇痛药和抗病毒药合用，为什么？

2. 感冒患者是否一定要用药？如何从日常生活中进行自我调节？

（邵　璟）

书网融合……

　　微课　　　　　　划重点　　　　　　自测题

项目九 抗变态反应药

学习目标 e 微课

知识要求

1. **掌握** 抗变态反应药常用的名称、适应证、用药指导。
2. **熟悉** 常见抗变态反应药的代表制剂及用法、典型不良反应。
3. **了解** 常见抗变态反应药的商品信息。

能力要求

1. 能按用途、剂型及分类管理要求陈列药品并对其进行正常养护。
2. 对本类药品进行全面评价，能根据顾客需求推荐药品，指导本类药品的合理使用。
3. 能介绍新上市品种的特点，并进行同类药品的比较。

岗位情景模拟

情景描述 患者，男，40岁，长途货车司机。因中午进食"海鲜"，出现四肢皮肤瘙痒症状，手臂可见多个红色皮疹及抓痕。到药店寻求帮助。

讨论 1. 如果你是店员，你认为患者出现该症状的原因是什么？

2. 如果你是店员，能为该患者推荐合适的药品吗？

变态反应（过敏反应）是一种变态反应性疾病，是过敏体质的机体受抗原物质刺激后产生的免疫病理反应。全球约有40%的人出现过过敏现象。

过敏反应可由多种物质引起，如图9-1所示。临床表现为皮肤瘙痒、红肿、斑块和喉部、胃肠痉挛及过敏性鼻炎等。

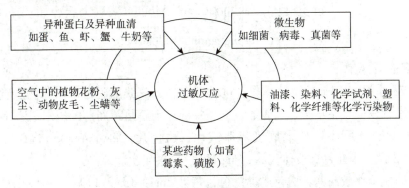

图9-1 人体主要过敏原

　　用于防治变态反应性疾病的药物称为抗变态反应药，常称为抗过敏药。临床常用的抗变态反应药分为抗组胺药、过敏介质阻释剂、糖皮质激素、脱敏制剂、钙盐等。本项目主要讲述抗组胺药。

　　组胺是过敏反应物质之一，广泛存在于全身的组织细胞中。抗原抗体反应或接触某些物质和物理化学刺激时，组胺从细胞中释放出来，与各种靶细胞中的组胺受体（H_1、H_2）结合，产生一系列生理反应。抗组胺药通过选择性地阻断组胺 H_1 受体，产生抗组胺作用，主要用于治疗过敏性鼻炎、过敏性结膜炎及过敏性皮肤病等。

　　临床常用抗组胺药可分为以下三类。

　　1. 第一代抗组胺药　常用药有盐酸苯海拉明、马来酸氯苯那敏、盐酸异丙嗪、盐酸赛庚啶等。

　　2. 第二代抗组胺药　常用药有氯雷他定、依巴斯汀、盐酸西替利嗪、特非那定等。

　　3. 第三代抗组胺药　常用药有地氯雷他定、盐酸非索非那定、盐酸左西替利嗪等。

　　随着社会压力、环境、气候等变化，过敏性疾病的患病率有上升的趋势。抗变态反应药的零售市场还将保持稳定的增长。

你知道吗

抗组胺药的不良反应——中枢抑制

　　在服用抗组胺药后最常见的不良反应是嗜睡、倦怠和注意力不集中等。临睡前服用此类药物，还有助于睡眠，但白天服用会影响工作、学习和生活。特别是驾驶员等会由于困倦和精神不集中而发生交通事故。第一代抗组胺药副作用较大，如氯苯那敏、苯海拉明等。第二代抗组胺药，如氯雷他定、西替利嗪等因不易透过血－脑屏障，很少发生嗜睡等中枢抑制作用。

　　我国市场上的部分抗感冒药复方制剂中，均含氯苯那敏或苯海拉明等第一代抗组胺药，如白加黑中黑片、感冒通、速效伤风胶囊、感冒清胶囊等。此类药最好在晚间服用，驾驶员等慎用。

马来酸氯苯那敏[典][基][医保(甲/乙)]

Chlorphenamine Maleate

　　【别名】扑尔敏

　　【适应证】主要用于过敏性鼻炎、过敏性湿疹、皮肤黏膜过敏、药物及食物过敏。可用于神经性皮炎、枯草炎、虫咬、皮肤瘙痒症。与解热镇痛药配伍用于治疗感冒。

　　【代表制剂及用法】马来酸氯苯那敏片：白色片，每片 4mg。口服，成人一次 4mg，1 日 3 次。小儿每日按体重 0.35mg/kg，分 3~4 次。

　　马来酸氯苯那敏滴丸：白色或类白色，每丸 2mg；4mg。口服，成人一次 4mg，一日 3 次。

　　【典型不良反应】①精神症状：嗜睡、困倦、虚弱感、心悸。②泌尿系统：多尿。

③咽喉痛、口渴、皮肤瘀斑、出血倾向。

【用药指导】（1）用药注意 ①马来酸氯苯那敏片剂、糖浆剂、控释胶囊剂、滴丸为抗过敏甲类非处方药，用于皮肤过敏症；也可用于过敏性鼻炎，药物及食物过敏。②哺乳期妇女、青光眼、高血压、甲状腺功能亢进、前列腺肥大患者慎用。③服药期间，不得驾驶车、船或操作机械及从事高空作业。

（2）药物评价 ①抗组胺作用较强，用量小，副作用少。②与解热镇痛药组成复方制剂，用于控制感冒时的流涕、喷嚏、咳嗽等过敏症状。③抗组胺作用超过异丙嗪和苯海拉明，中枢抑制作用较弱。

【商品信息】由司帕伯（Sperber）于 1947 年合成，美国先灵（Schering）公司生产，1949 年首次上市。国内生产企业有西南药业、华北制药秦皇岛制药、盐城制药、河南天方药业、湖北百科亨迪药业、北京双桥制药等。

【贮藏】原料药、片剂、注射液应遮光，密闭贮存；滴丸应遮光，密封，在凉处保存。

氯雷他定[典][基][医保(甲/乙)]

Loratadine

【商品名】开瑞坦，百为坦，息斯敏

【适应证】用于缓解过敏性鼻炎有关的症状，如喷嚏、流涕及鼻痒、鼻塞以及眼部痒及烧灼感。亦适用于缓解慢性荨麻疹、瘙痒性皮肤病及其他过敏性皮肤病的症状及体征。

【代表制剂及用法】氯雷他定片：白色片，每片 10mg。口服。成人及 12 岁以上儿童：一日 1 次，一次 1 片（10mg）。2～12 岁儿童：体重 >30kg，一日 1 次，一次 10mg；体重≤30kg：一日 1 次，一次 5mg。

氯雷他定糖浆：无色至淡黄色澄清黏稠液体。每瓶 50ml∶50mg；60ml∶60mg（1%）。成人及 12 岁以上儿童：一日 1 次，一次两茶匙（10ml）。2～12 岁儿童：体重 >30kg，每天一次，每次两茶匙（10ml）；体重≤30kg：每天一次，每次一茶匙（5ml）。

【典型不良反应】①精神症状：乏力、头痛、嗜睡。②消化系统症状：恶心、胃炎。③过敏反应、肝功能异常、心动过速、心悸、头晕及惊厥等。

【用药指导】（1）用药注意 ①氯雷他定片为耳鼻喉科及皮肤科用药类非处方药。②同时服用酮康唑、大环内酯类抗生素、西咪替丁、茶碱等药物，提高氯雷他定在血浆中的浓度，应慎用。③妊娠期及哺乳期女性应慎用，儿童必须在成人监护下使用。

（2）药物评价 ①氯雷他定为高效、作用持久的抗组胺药，为选择性外周 H$_1$ 受体拮抗剂。可缓解过敏反应引起的各种症状，中枢抑制作用弱。②常见不良反应有乏力、头痛、嗜睡、口干、胃肠道不适（恶心、胃炎）以及皮疹等，成人过量服用本品（40～180mg）后，会出现嗜睡、心动过速和头痛等症状。

【商品信息】氯雷他定1988年由先灵葆雅公司在比利时上市，2000年后成为世界上最畅销的抗组胺药。国内生产企业有上海先灵葆雅制药、北京双鹭药业、南京亿化药业、三门峡赛诺维制药、深圳海王药业、西安杨森等。主要制剂有片剂、胶囊、糖浆、颗粒、口腔崩解片、咀嚼片、泡腾片等。类似品地氯雷他定制剂逐渐进入市场。

【贮藏】遮光，密闭保存。

盐酸西替利嗪[典][医保（乙）]
Cetirizine Hydrochloride

【商品名】斯特林，仙特明，安迪西司

【适应证】治疗季节性鼻炎、常年性过敏性鼻炎以及非鼻部症状眼结膜炎、过敏引起的瘙痒和荨麻疹症状。

【代表制剂及用法】盐酸西替利嗪片：白色或类白色片，口服，成人或12岁以上儿童，一次10mg，一日1次。如出现不良反应，可改为早晚各5mg。6~11岁儿童，根据症状的严重程度不同，推荐起始剂量为5mg或10mg，一日1次。2~5岁儿童，推荐起始剂量为2.5mg，一日1次；最大剂量可增至5mg，一日1次或2.5mg每12小时1次。

盐酸西替利嗪滴剂：无色至微黄色的澄清液体，味甜略苦。每瓶10ml：0.1g。口服，成人或6岁以上儿童，每次1ml，一日1次。

【典型不良反应】①精神症状：头痛、头晕、嗜睡、激动不安、口干；②腹部不适、恶心。

【用药指导】（1）用药注意 ①肾功能损害者用量应减半，妊娠期及哺乳期妇女禁用。②酒后避免使用，司机、操作机械或高空作业人员慎用。

（2）药物评价 ①为羟嗪的衍生物，选择性组胺 H_1 受体拮抗剂，有一定抗胆碱作用。②不易通过血-脑屏障，中枢抑制作用较小。③吸收不受进食的影响。

> **请你想一想**
> 第二代抗组胺药为什么成为市场销售主流品种？公交司机皮肤过敏，上班前服用马来酸氯苯那敏片是否正确？

【商品信息】国内生产企业有深圳致君制药、江苏联环药业、鲁南贝特制药。主要制剂有片剂、分散片、胶囊、糖浆、口服溶液、滴剂、口腔崩解片等。

【贮藏】遮光、密封保存。其他抗变态反应药见表9-1。

表9-1 其他常用抗变态反应药

药品名称	药品特点
盐酸苯海拉明	第一代抗组胺药，对中枢神经有较强的抑制作用，还有阿托品样作用
盐酸异丙嗪	第一代抗组胺药，有明显镇静作用，具有抗胆碱作用
盐酸赛庚啶	第一代抗组胺药，有中枢抑制作用，有中度抗5-羟色胺作用和抗胆碱作用
特非那定	第二代抗组胺药，中枢抑制作用小

续表

药品名称	药品特点
咪唑斯汀	第二代长效抗组胺药，无抗5-羟色胺、抗胆碱作用
盐酸非索非那定	第三代抗组胺药，无抗5-羟色胺、抗胆碱和抗肾上腺素作用
盐酸左西替利嗪	第三代抗组胺药，中枢抑制作用小，无明显抗5-羟色胺作用和抗胆碱作用
地氯雷他定	第三代抗组胺药，非镇静性长效抗组胺作用，为氯雷他定活性代谢物

目标检测

一、单选题

1. 扑尔敏是（ ）的常见别名。
   A. 盐酸苯海拉明 B. 马来酸氯苯那敏 C. 地西泮 D. 阿司匹林

2. 开瑞坦是（ ）的常见商品名。
   A. 氯雷他定 B. 特非那定 C. 马来酸氯苯那敏 D. 盐酸左西替利嗪

3. 中枢抑制作用较小的第二代抗组胺药有（ ）。
   A. 氯雷他定片 B. 盐酸苯海拉明片
   C. 马来酸氯苯那敏片 D. 盐酸左西替利嗪胶囊

4. 我国市场上抗组胺药的主流品种是（ ）。
   A. 氯雷他定片 B. 盐酸苯海拉明片
   C. 盐酸西替利嗪片 D. 盐酸左西替利嗪胶囊

二、思考题

1. 简述抗组胺药的分类及特点。
2. 氯雷他定的用药指导有哪些？

（刘 杰）

书网融合……

微课

划重点

自测题

▷▷ 项目十 呼吸系统药

学习目标

知识要求

1. **掌握** 呼吸系统常用药品的名称、适应证、用药指导。

2. **熟悉** 常见呼吸系统药品的代表制剂及用法、典型不良反应。

3. **了解** 常见呼吸系统药品的商品信息。

能力要求

1. 能按用途、剂型及分类管理要求陈列药品并对其进行正常养护。

2. 对本类药品进行全面评价，能根据顾客需求推荐药品，指导感冒药、支气管哮喘药的合理使用。

3. 能介绍新上市品种的特点，并进行同类药品的比较。

　　近年来，由于日益严重的大气污染、吸烟人群的增加、人口老龄化等因素，使得呼吸系统发病率有增无减。感冒、支气管炎、支气管哮喘等是呼吸系统的常见病、多发病。呼吸系统疾病的发病率占各种疾病之首，死亡率在我国也一直处于高位。

　　痰、咳和喘是呼吸系统病症常见症状，往往同时存在，具有一定的相互因果关系，故临床上为了取得协同作用，常采用几种药品配伍应用或制成复方制剂。呼吸系统的主要药物有镇咳药、祛痰药、平喘药、抗感冒复方制剂等，如图10-1所示。

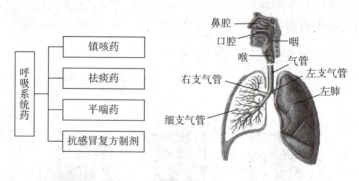

图10-1　呼吸系统及主要药物

　　据 IMS Health 统计，近年呼吸系统疾病用药的全球销售额已达300多亿美元，约占世界药品总销售额的6%，并保持着持续的增长势头。近年来，我国呼吸系统疾病的年发病率约在7%左右，全国每年有9200多万人患有各种呼吸系统疾病。在疾病构成上，季节性咳嗽、哮喘、慢性阻塞性肺疾病、流行性感冒和急性鼻咽炎等五大类常见病占整个呼吸系统疾病的80%以上。我国呼吸系统疾病发病率呈现出居高不下的态势，从而构成了庞大的呼吸系统类药品市场。

任务一　镇咳药

当呼吸系统受到刺激时，咳嗽是一种保护性反射活动。轻度咳嗽有利于排痰，一般不需用镇咳药；若痰液较多，需加用祛痰药，单用镇咳药将使得痰液滞留在呼吸道，导致病情加重。当出现频繁、剧烈的无痰咳嗽时，不仅影响休息，而且还会引起多种并发症，此时需要使用镇咳药使之缓解。

目前常用的镇咳药，根据其作用机制可分为两类。

（1）中枢性镇咳药　直接抑制延髓咳嗽中枢而发挥镇咳作用。常用药有磷酸可待因、枸橼酸喷托维林、右美沙芬、福尔可定、苯丙哌林、复方甘草片等，多用于无痰的干咳。其中右美沙芬常用作抗感冒的复方制剂成分。

（2）外周性镇咳药　通过抑制咳嗽反射弧中的感受器、传入神经、传出神经或效应器中任一环节而发挥镇咳作用。常用药有盐酸那可丁、左羟丙哌嗪等。

磷酸可待因[典][基][医保(甲/乙)]
Codeine Phosphate

【商品名】联邦止咳露，奥亭，尼柯康

【适应证】用于无痰干咳以及剧烈、频繁的咳嗽，如痰液较多宜合用祛痰药；中度以上的疼痛；局麻或全麻时的镇静。

【代表制剂及用法】磷酸可待因片：白色片或包衣片，每片15mg；30mg。口服，成人常用量：一次15~30mg，一日2~3次；极量：一次100mg，一日250mg。

磷酸可待因糖浆：无色至淡黄色的浓厚液体，味先甜而后苦，每瓶10ml；100ml，含磷酸可待因[0.47%~0.54%（g/ml）]。口服，成人常用量：一次2~5ml，一日10~15ml。极量：一次20ml，一日50ml，一日3次。

复方磷酸可待因口服溶液：绿褐色的澄清液体，味甜带咸，每瓶60ml；100ml；120ml；150ml及每小袋10ml。每1ml含：磷酸可待因1mg；盐酸麻黄碱0.8mg；氯化铵22mg；马来酸氯苯那敏0.2mg。口服，成人一次10~15ml，一日3次。

【典型不良反应】①可见幻想、口干、便秘、头晕、心悸等。②久用有成瘾性。

【用药指导】（1）用药注意　①18岁以下青少年儿童禁用含可待因的感冒药。哺乳期妇女禁用。②本药不能静脉给药；口服给药宜与食物或牛奶同服，以避免胃肠道反应。③痰多黏稠不易咳出者不宜使用。④用药期间不宜驾驶车辆、操作机械及高空作业等。

（2）药物评价　①久用或滥用可致成瘾性，但镇咳作用较好。②零售药店必须严格凭处方销售含可待因复方口服溶液。

【商品信息】磷酸可待因是1832年从阿片中提取分离得到的，现主要由吗啡半合成制取。制剂产品主要有口服溶液、糖浆、片剂、注射液。其中，复方可待因口服溶液为主要品种。生产企业有香港澳美制药厂、深圳致君制药、青海制药厂、宜昌人福药业、东北制药、国药集团等。

【贮藏】原料药、片剂、注射液遮光，密封保存；糖浆应遮光，密封，置阴凉处保存。

枸橼酸喷托维林^{[典][基][医保(甲)]}

Pentoxyverine Citrate

【商品名】咳必清

【适应证】适用于各种原因引起的干咳，如急性支气管炎、慢性支气管炎等引起的咳嗽。

【代表制剂及用法】枸橼酸喷托维林片：白色糖衣片，除去包衣后显白色。每片25mg，口服，成人一次1片，一日3～4次；儿童口服给药，5岁以上一次半片，一日2～3次。

喷托维林氯化铵糖浆：红色或深棕色澄清的黏稠液体，气芳香，味甜带咸苦。每10ml含枸橼酸喷托维林25mg，氯化铵300mg。口服。成人一次10ml，一日3～4次。小儿：5岁以上一次2.5～5ml，一日2～3次。

枸橼酸喷托维林滴丸：白色滴丸，每丸25mg，口服。成人一次1丸，一日3～4次。

【典型不良反应】偶见便秘、轻度头痛、头晕。

【用药指导】（1）用药注意　①有轻度阿托品样作用，青光眼及心力衰弱患者慎用；本药无祛痰作用，痰多的病人慎用。②用药后可出现嗜睡，驾车及操作机械者工作时禁用。

（2）药物评价　①枸橼酸喷托维林片剂、糖浆、颗粒、滴丸为镇咳类非处方药药品，可用于各种原因引起的干咳。②口服易吸收，在20～30分钟内起效，一次给药镇咳作用可维持4～6小时。

【商品信息】枸橼酸喷托维林是市场占有量较大的镇咳药之一。国内生产企业有北京紫竹药业、成都迪康制药、西南药业等。

【贮藏】密封，在干燥处保存。

氢溴酸右美沙芬^{[典][医保(乙)]}

Dextromethorphan Hydrobromide

【商品名】联邦克立停

【适应证】用于干咳，包括上呼吸道感染（如感冒和咽炎）、支气管炎等引起的咳嗽。

【代表制剂及用法】氢溴酸右美沙芬口服溶液：微黄色至黄色的澄清液体，10ml；

100ml；120ml。口服。12 岁以上儿童及成人：一次 10~20ml，一日 3~4 次；12 岁以下儿童按体重给药，一次 3~6ml，一日 3~4 次。

氢溴酸右美沙芬片：白色片或糖衣片，除去糖衣后显白色，每片 15mg。口服。成人每次 1~2 片，一日 3~4 次。

氢溴酸右美沙芬糖浆：澄清的黏稠液体，0.15g：100ml 或 0.2g：100ml。口服。12 岁以上儿童及成人：一次15~20ml，一日 3 次；12 岁以下儿童按体重给药，一次 1.5~5ml，一日 3~4 次。

【典型不良反应】可见头晕、头痛、嗜睡等。

【用药指导】（1）用药注意 ①妊娠 3 个月内的妇女及哺乳期妇女禁用；孕妇慎用。②服药期间不得驾驶机、车、船，禁止从事高空作业、机械作业及操作精密仪器。

（2）药物评价 ①其镇咳作用与可待因相等或稍强。②治疗剂量不抑制呼吸，长期服用无成瘾性和耐受性。

【商品信息】氢溴酸右美沙芬的制剂包括口服溶液、片剂、糖浆剂、胶囊、颗粒剂等。目前国内生产企业有拜耳医药保健有限公司、珠海联邦制药、上海美优制药等。

【贮藏】遮光，密封保存。

你知道吗

咳嗽是肺脏疾病的主要病症，中医学认为，咳嗽分为外感和内伤两类。外感咳嗽多由六淫犯肺引起，内伤咳嗽多为脏腑功能失调引起。外感咳嗽多属邪实，应当以驱邪宣肺为主，外邪又可分为风寒、风热、风燥，分别给予疏风散寒、疏风清热、疏风润燥论治。如风寒咳嗽可用通宣理肺丸、杏苏止咳糖浆等治疗；风热咳嗽可选用急支糖浆、川贝枇杷糖浆等治疗；风燥咳嗽可选用枇杷叶膏、二母宁嗽丸等治疗。内伤咳嗽的患者除表现为咳嗽外，还多有咯痰症状，针对不同病因，采用不同治法，如痰湿蕴肺咳嗽，则应燥湿化痰、理气止咳，常用二陈丸、半夏天麻丸、消咳喘糖浆、苏子降气丸等药物治疗；痰热郁肺咳嗽，则应清热肃肺、化痰止咳，常用清气化痰丸、礞石滚痰丸、橘红丸、清肺抑火丸、止咳化痰丸、川贝枇杷糖浆、蛇胆川贝液等治疗；肺阴亏虚咳嗽，则应滋阴润肺、化痰止咳，常用养阴清肺膏、二冬膏、百合固金丸、洋参保肺丸、川贝雪梨膏等治疗。

任务二 祛痰药

岗位情景模拟

情景描述 患者，女，30 岁，自述咳嗽数日，痰液黏稠，咳痰困难。患者前来药店购药。

讨论 1. 店员可以为顾客推荐什么药品？

2. 店员应提醒顾客哪些用药注意事项？

痰是呼吸道黏膜的分泌产物，可因炎症增加分泌并刺激呼吸道黏膜而引起咳嗽，黏痰如不能顺利排出将加重感染。祛痰药是一类能使痰液变稀，黏稠度降低，易于咳出的药物。祛痰药排除呼吸道内积痰，减少对呼吸道黏膜的刺激，间接起到镇咳、平喘作用，也有利于控制继发感染。

> **请你想一想**
>
> 说出下列药品别名或商品名的通用名：沐舒坦、痰易净、咳必清。

临床常用的祛痰药按其作用机制可分为三类。

（1）黏痰溶解药　常用药有盐酸氨溴索、乙酰半胱氨酸、溴己新、桉柠蒎等。

（2）痰液稀释药　常用药有羧甲司坦等。

（3）恶心性祛痰药　常用药有氯化铵、愈创木酚甘油醚等。

盐酸氨溴索 [典][基][医保(甲)]

Ambroxol Hydrochloride

【商品名】沐舒坦，恩久平，安普索

【适应证】适用于各种原因引起痰液黏稠不易咳出者，如急慢性支气管炎、支气管扩张、支气管哮喘、肺结核、术后咳痰困难等。

【代表制剂及用法】盐酸氨溴索口服溶液：每瓶100ml含盐酸氨溴索0.6g。最好在进餐时间服用。成人及12岁以上的儿童：每次10ml，一日2次。用量随年龄递减而减少，12岁以下的儿童用量如下。6～12岁儿童：每次5ml，一日2～3次；2～6岁儿童：每次2.5ml，一日3次；1～2岁儿童：每次2.5ml，一日2次。

盐酸氨溴索分散片：每片30mg。餐后以液体送服。成人及12岁以上儿童：一次30mg，一日3次，长期服用者可减为一日2次。12岁以下儿童：建议剂量为每日按体重1.2～1.6mg/kg。

【典型不良反应】偶见皮疹、恶心等。

【用药指导】（1）用药注意　①对本品过敏者禁用。妊娠前3个月的妇女禁用，妊娠中晚期妇女、哺乳期妇女慎用，儿童用量请咨询医师或药师。②应避免与中枢性镇咳药（如右美沙芬等）同时使用，以免稀化的痰液堵塞气道。

（2）药物评价　①氨溴索是世界公认的祛痰首选药，能促使呼吸道表面活性物质的形成，调节浆液性与黏液性物质的分泌，增加中性黏多糖分泌，减少酸性黏多糖合成，并促进代谢，使呼吸道黏液理化趋于正常，利于排出。②口服后1小时起效，作用持续3～6小时。

【商品信息】氨溴索为溴己新的代谢产物。生产厂家包括上海勃林格殷格瀚药业、国药集团、山德士（中国）制药、珠海同源药业等。盐酸氨溴索分散片为最新上市剂型，普通剂型生产厂家达到一百多家，市场竞争非常激烈。

【贮藏】密封、避光，在干燥处保存。

乙酰半胱氨酸[典][基][医保(乙)]

Acetylcysteine

【商品名】富露施，消坦立

【别名】痰易净，易咳净

【适应证】适用于慢性支气管炎等咳嗽，有黏痰而不易咳出者。

【代表制剂及用法】乙酰半胱氨酸片：每片 0.2g，口服。成人常用量：每次 0.2g，每日 3 次。儿童常用量：每次 0.1g，每日 2~4 次，依年龄酌情增减。急性病症的疗程为 5~10天。慢性病症的患者遵医嘱可延长服用期。每片 0.6g，口服，成人一次 0.6g，一日 1~2 次。

乙酰半胱氨酸颗粒：为橙色可溶性细颗粒，气芳香，味甜。每包 0.2g。临用前加少量温水溶解，混匀服用或直接口服。成人一次 2 包，一日 3 次；儿童一次 1 包，一日 2~4 次。

吸入用乙酰半胱氨酸溶液：每支 3ml：0.3g，雾化吸入。每次 1 安瓿（3ml），每天 1~2 次，持续 5~10 天。

【典型不良反应】偶见恶心、呕吐、上腹部不适等。

【用药指导】（1）用药注意 ①可引起呛咳、支气管痉挛、恶心、呕吐等反应，减量即可缓解或停药。哮喘患者禁用。支气管痉挛可用异丙肾上腺素缓解。②颗粒剂用温开水溶解后直接服用，禁止使用 80℃ 以上的热水溶解。③本品能减弱青霉素、头孢菌素、四环素类药物的抗菌活性，故不宜与这些抗菌药物合用。必需合用时，应间隔 4 小时以上或交替用药。

（2）药物评价 ①乙酰半胱氨酸用于黏稠痰液引起的咳痰困难和呼吸困难。是现在临床较为常用的祛痰药。②口服安全，但生物利用度极低。③也可用于对乙酰氨基酚中毒的解救，治疗环丙酰胺引起的出血性膀胱炎。

【商品信息】国内生产企业有海南赞邦制药、广东人人康药业有限公司、上海第一生化药业有限公司、浙江金华康恩贝生物制药有限公司、杭州民生药业有限公司等。

【贮藏】遮光，密封，在干燥处保存。

羧甲司坦[典][基][医保(甲)(乙)]

Carbocysteine

【商品名】化痰片，霸灵

【适应证】主要用于治疗慢性支气管炎、支气管哮喘等引起的痰液黏稠、咳出困难等。

【代表制剂及用法】羧甲司坦片：白色片，每片 0.1g；0.25g。口服，成人一次 0.25~0.75g，一日 3 次。小儿用量酌减。

羧甲司坦颗粒：淡黄色颗粒，气香，味甜，微酸。每袋 0.2g；0.5g。口服，成人一次 0.2~0.5g，一日 3 次。

羧甲司坦口服溶液：棕黄色或浅棕色溶液；味甜，气香。每瓶 10ml：0.2g，10ml：

0.5g。口服，成人每日3次，每次0.5g。

　　羧甲司坦泡腾片：每片0.5g，用温开水溶解后缓慢服用。成人一次1片，一日1~2次。儿童一日30mg/kg，分3~4次口服。

　　【典型不良反应】可见恶心、胃部不适、腹泻、轻度头痛以及皮疹等。

　　【用药指导】（1）用药注意　①羧甲司坦片剂、颗粒剂、口服液可作为祛痰药类非处方药，用于治疗慢性支气管炎、支气管哮喘等引起的痰液黏稠、咳出困难等。②消化性溃疡活动期患者禁用，孕妇慎用。③避免与中枢性镇咳药同时使用，以免稀化的痰液堵塞气道。

　　（2）药物评价　①羧甲司坦为痰液稀释药。国家基本医疗保险药物"羧甲司坦治疗慢性阻塞性肺疾病"成为国际首选临床预防、治疗方案。②安全性良好，长期治疗基本无毒副作用，质量优异于同类产品。③作用与乙酰半胱氨酸相似，但不良反应少见。

　　【商品信息】最早由荷兰塞多纳（Cedona）公司生产。目前国内生产企业有汕头金石制药总厂、广州白云山制药、丽珠集团等。

　　【贮藏】遮光，密封，在阴凉干燥处贮存。

你知道吗

　　咯痰是肺病的常见症状，多伴随咳嗽同时出现。中医认为，痰多是由外感六淫、内伤七情等致病因素作用于人体，导致肺、脾、肾及三焦等脏腑气化功能失常，水液代谢障碍停滞于局部形成。其中，痰白清稀者多属寒痰，可用小青龙颗粒、通宣理肺丸等治疗；痰黄稠有块，多属热痰，可用复方鲜竹沥液、蛇胆川贝液、橘红丸等治疗；痰少而黏，难以咯出，多属燥痰，可用二母宁嗽丸、蜜炼川贝枇杷膏等治疗；痰白滑，量多，易于咯出，多属湿痰，可用二陈丸、橘贝半夏颗粒等治疗；痰中带血，血色鲜红多为肺阴亏虚或肝火犯肺，可用养阴清肺膏（口服液、糖浆）、川贝雪梨膏等治疗；咯吐浓痰，气腥臭，多为肺痈，在初期可用银翘解毒片、清开灵注射液等进行治疗。

任务三　平喘药

岗位情景模拟

　　情景描述　患者，男，经检查，医生诊断为轻度支气管哮喘（发作期）。患者来药店购买药品，带来医生的处方如下：硫酸沙丁胺醇控释片：每片4mg（以沙丁胺醇计）。口服，成人每次4mg（以沙丁胺醇计），一日2次；布地奈德气雾剂：每瓶含布地奈德20mg，每瓶200揿，每揿含布地奈德0.1mg。吸入，成人一日400~1600μg，分2~4次使用。

讨论　1. 该处方用药是否合理？
　　　2. 你作为店员，你对此用药有什么建议？

支气管哮喘是一种以气道炎症和气道高反应性为特征的疾病，为呼吸系统常见疾病之一。诱发哮喘的原因很多，大多由于吸入特异性抗原导致的速发型变态反应所引起。其主要病理变化为支气管平滑肌痉挛和支气管黏膜炎症引起分泌物增加和黏膜水肿，造成气道变窄或阻塞，从而引起呼吸困难、胸闷、喘息、气促和咳嗽等临床表现。支气管哮喘的临床症状及发病机制如图 10 - 2 所示。

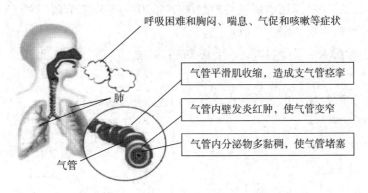

图 10 - 2　支气管哮喘临床症状及发病机制

平喘药是指能够缓解喘息症状的药物。常用的平喘药可分为以下几类。

（1）β 肾上腺素受体激动药　常用药有麻黄碱、异丙肾上腺素、沙丁胺醇、特布他林、克仑特罗等。

（2）黄嘌呤类药物　常用药有茶碱、氨茶碱、二羟丙茶碱等。

（3）M 胆碱受体拮抗剂　常用药有异丙托溴铵等。

（4）过敏介质阻释剂　常用药有色甘酸钠、酮替芬、曲尼司特等。

（5）肾上腺皮质激素药　常用药有倍氯米松、布地奈德等。

（6）白三烯调节剂　常用药有孟鲁司特、扎鲁司特、普鲁司特等。

一、β 肾上腺素受体激动药

沙丁胺醇[典][基][医保(甲)]

Salbutamol

【商品名】万托林，康尔贝宁，赛比舒

【别名】舒喘灵

【适应证】主要用于支气管哮喘、喘息型支气管炎等伴有支气管痉挛的呼吸道疾病。

【代表制剂及用法】沙丁胺醇气雾剂：溶液型，含有乙醇的无色至微黄色的澄清液体，每瓶 200 揿，每揿含沙丁胺醇 0.14mg；混悬型，白色或类白色混悬液，每瓶 200

揿，每揿含沙丁胺醇 0.10mg；混悬型，白色或类白色混悬液，每瓶 240 揿，每揿含沙丁胺醇 0.10mg。为采用定量压缩装置给药的气雾剂。气雾吸入：每次 0.1 ~ 0.2mg（即 1 ~ 2 喷），必要时可每 4 小时重复 1 次，但 24 小时内不宜超过 6 ~ 8 次。

硫酸沙丁胺醇吸入气雾剂：在耐压容器中的药液为白色或类白色混悬液；揿压阀门，药液即呈雾粒喷出。每瓶 200 揿，每揿含沙丁胺醇 0.1mg。本品只能经口腔吸入使用，对吸气与吸药同步进行有困难的患者可借助储雾器。用于缓解哮喘急性发作，包括支气管痉挛：以 1 揿 100μg 作为最小起始剂量，如有必要可增至 2 揿。用于预防过敏原或运动引发的症状：运动前或接触过敏原前 10 ~ 15 分钟给药。对于长期治疗，最大剂量为每日给药 4 次，每次 2 揿。

硫酸沙丁胺醇片：白色片。每片 0.5mg；2mg。口服，成人每次 2 ~ 4mg，一日 3 次。

硫酸沙丁胺醇胶囊：内容物为白色或类白色球形小丸。每粒 2mg。口服，成人每次 1 ~ 2 粒，一日 3 次。

硫酸沙丁胺醇缓释胶囊：为白色或类白色球形小丸。每粒 4mg；8mg。口服。成人一次 8mg，一日 2 次。

【典型不良反应】可见震颤、恶心、心悸、头痛、失眠等，尤其可能引起严重的血钾过低。

【用药指导】（1）用药注意　①久用易产生耐药性。②心功能不全、高血压、糖尿病、甲状腺功能亢进患者慎用。③不宜与三环类抗抑郁药、单胺氧化酶抑制剂、β_2 受体阻断剂合用。

（2）药物评价　①作为常用的短效 β_2 受体激动剂，平喘作用维持 4 ~ 6 小时，是缓解轻、中度急性哮喘症状的治疗药。吸入给药可快速起效（3 ~ 5 分钟），具有速效、短效、高选择性的特点。②片剂、缓释片、缓释胶囊属平喘类 OTC 药；口腔崩解片为处方类国家医保新药，注射剂为医保处方药。③口腔崩解片可作为治疗哮喘急性发作的首选药，用药 30 秒迅速崩解无需喝水，尤其适用于老人、儿童。

【商品信息】国内主要生产企业有哈药集团、北京双鹤药业、北京紫竹药业、齐鲁制药厂、葛兰素史克制药、雅柏药业（中国）等。主要剂型为片剂、胶囊、气雾剂、缓释片（胶囊）、口腔崩解片等。

【贮藏】气雾剂 30℃ 下遮光保存，避免受冻和阳光直射；胶囊、片剂、口腔崩解片、粉雾剂遮光，密封，在干燥处保存；缓释片遮光，密封，在阴凉处保存。

二、黄嘌呤类药

茶碱 [典][基][医保(甲)]

Theophylline

【商品名】舒弗美

【适应证】用于支气管哮喘、喘息型支气管炎、阻塞性肺气肿等，缓解喘息症状；也可用于心源性哮喘。

【代表制剂及用法】茶碱缓释片：白色片，每片 0.1g。口服，不可压碎或咀嚼。成人或 12 岁以上儿童，起始剂量为 0.1~0.2g（1~2 片），一日 2 次，早、晚用 100ml 温开水送服。剂量视病情和疗效调整，每日量不超过 0.9g（9 片），分 2 次服用。

茶碱缓释胶囊：为类白色的球形小丸，每粒 0.1g。口服。每日给药 1 次，服药时间最好选在晚上 8~9 点。成人：一般每日 1 次（200mg），病情较重者或慢性患者加服 1 次（200mg，早上 8~9 点），但须根据个体差异，从小剂量开始，逐渐增加用药量，最大用量不宜超过每日 600mg。剂量较大时，可每日早晚 2 次分服，并尽量进行血药浓度测定调节剂量。3 岁以上的儿童患者可以按 100mg 开始治疗，每日最大剂量不应超过 10mg/kg。

【典型不良反应】易发生毒性反应（血药浓度为 15~20μg/ml）。早期多见的有恶心呕吐、易激动、失眠等，当血药浓度超过 20μg/ml，可出现心动过速、心律失常，超过 40μg/ml 可出现发热、失水、惊厥等症状，严重的甚至呼吸、心跳停止致死。

【用药指导】（1）用药注意 ①治疗窗窄，应当进行茶碱血药浓度监测，既保证疗效又防治毒性反应的发生。②对本品过敏的患者，活动性消化溃疡和未经控制的惊厥性疾病患者禁用。③本品不适用于哮喘持续状态或急性支气管炎痉挛发作患者。④低氧血症、高血压、消化道溃疡病史、妊娠期妇女、哺乳期妇女、55 岁以上患者慎用。

（2）药物评价 ①茶碱缓释制剂口服血药浓度波动小，一日给药 2 次就可以维持有效血药浓度，降低中毒的风险，适用于慢性哮喘，尤其是哮喘的夜间发作。②对呼吸道平滑肌有直接松弛作用。口服易被吸收，血药浓度达峰时间为 4~7 小时，每日口服一次，体内茶碱血药浓度可维持在治疗范围内达 12 小时。

【商品信息】国内的生产企业有广州迈特兴华制药、上海爱的发制药、海南普利制药、杭州民生药业等。

【贮藏】遮光，密封保存。

三、过敏介质阻释剂

色甘酸钠^{[典] [医保(乙)]}

Sodium Cromoglicate

【别名】咽泰

【适应证】用于预防季节性哮喘发作和过敏性鼻炎。

【代表制剂及用法】色甘酸钠气雾剂：在耐压容器中的药液为无色或微黄色的混悬液，揿压阀门，药液即呈雾粒喷出。每瓶总量 14g，内含色甘酸钠 0.7g，每揿含色甘酸钠 3.5mg；每瓶总量 19.97g，内含色甘酸钠 0.7g，每揿含色甘酸钠 5mg。使用前，先摇匀液体，气雾吸入，每次 3.5~7mg，一日 3~4 次，用于预防支气管哮喘。

色甘酸钠滴眼液：为无色或几乎无色的澄清液体。每支 8ml：0.16g。眼科用药每次 1~2 滴，每天 4 次，重症患者可增加至 6 次。

色甘酸钠滴鼻液：2%，用于防治过敏性鼻炎。滴鼻。成人一次 5~6 滴，一日 5~6 次；儿童一次 2~3 滴，一日 3~4 次。对于季节性患者，在易发季节应提前 2~3 周使用。

【典型不良反应】偶有排尿困难；喷雾吸入可致刺激性咳嗽。

【用药指导】（1）用药注意　①干粉喷雾易发生故障，应采用厂家提供的专用喷吸器械。本品仅起预防性作用，故应在哮喘易发季节前 2~3 周用药且中途不能突然停药，以免引起哮喘复发。②对本品及赋形剂过敏者禁用；孕妇、哺乳期妇女及肝肾功能不全者慎用；儿童必须在成人监护下使用。③极少数人在开始用药时出现哮喘加重，此时可先吸入少许扩张支气管的气雾剂，如沙丁胺醇；个别人滴眼初期有暂时轻微刺痛感，继续用药后消失。

（2）药物评价　①本品起效较慢，需连用数日甚至数周后才起作用，对正在发作的哮喘无效。②本品气雾剂是一种新型支气管哮喘预防药。

【商品信息】1969 年由英国费森斯公司研制合成，是目前预防哮喘发作的常用药物之一。国内生产企业有湖北潜江制药、广州康乔汉普药业、山东博士伦福瑞达制药等。主要剂型有气雾剂、滴眼液、吸入胶囊等，复方制剂有复方麻黄碱色甘酸钠膜。

【贮藏】原料药、胶囊遮光，密封保存。滴眼液遮光，密闭保存。气雾剂密闭，在阴凉处保存。

四、肾上腺皮质激素药

丙酸倍氯米松[典][基]

Beclometasone Dipropionate

【商品名】必可酮，贝可乐，伯克纳

【适应证】用于持续性哮喘的长期治疗。用于预防和治疗常年性及季节性过敏性鼻炎。外用膏剂用于过敏性与炎症性皮肤病和相关疾病，如湿疹、过敏性皮炎、接触性皮炎等。

【代表制剂及用法】丙酸倍氯米松气雾剂：在耐压容器中的药液为白色混悬液，揿压阀门，药液即呈雾粒喷出。每瓶 200 揿，每揿含丙酸倍氯米松 50μg；80μg；100μg；200μg；250μg。每瓶 80 揿，每揿含丙酸倍氯米松 250μg。支气管哮喘患者气雾吸入：成人及 12 岁以上儿童，轻症患者一日喷药 200~400μg，分 2 次喷药；中度患者一日喷药 200~1000μg，分 2 次喷药；重度患者一日总量大于 1000μg，分 2~4 次喷药。5 岁以下儿童一日 100~500μg，每日 2 次。

丙酸倍氯米松粉雾剂：吸入胶囊剂，每粒 0.1mg；0.2mg。微粉化丙酮倍氯米松和适宜的辅料装入空心胶囊内制成的吸入用粉雾剂，置于专用装置中使用。喷雾吸入：

成人，一次 0.2mg，一日 3~4 次；儿童，一次 0.1mg，一日 3~4 次。

丙酸倍氯米松乳膏：白色乳膏，每支 10g：2.5mg。外用涂患处，一日 2~3 次。

【典型不良反应】少数长期吸入给药患者可能引起口腔、咽喉部的白假丝酵母菌感染，表现为声音嘶哑、咽部不适等。

【用药指导】（1）用药注意 ①气雾剂和干粉吸入剂通常需连续、规律吸入 1 周后方能有效。②适用于轻症哮喘，急性发作时应加用其他平喘药。③用药前需将气雾剂摇匀，喷药后用清水漱口可减轻局部反应。④妊娠期前 3 个月的妇女一般不用本品。⑤哮喘合并感染者，需合并抗生素治疗。

（2）药物评价 吸入剂是控制哮喘长期稳定的最基本的治疗，是哮喘的第一线药物治疗，主要用来长期治疗持续性哮喘。

【商品信息】生产企业较多，国内生产厂家有葛兰素史克（天津）、山东京卫制药、上海信谊药业等。

【贮藏】密闭，在凉暗处保存。

布地奈德[基][医保(乙)]

Budesonide

【商品名】吉舒，普米克（令舒、都保），沐而畅

【适应证】用于持续性哮喘的长期治疗。具有轻度持续哮喘以上程度即可使用。

【代表制剂及用法】布地奈德气雾剂：淡黄色至灰白色的混悬液体，药液灌装在耐压铝瓶中，揿压阀门的推动钮，药液即成雾状喷出。5ml：20mg，每瓶 100 喷，每喷含布地奈德 200μg。10ml：10mg，每瓶 200 喷，每喷含布地奈德 50μg，每瓶 120 喷。成人：一日 200~1600μg，分成 2~4 次使用（较轻微的病例一日 200~800μg，较严重的则一日 800~1600μg）。一般一次 200μg，早晚各一次，一日共 400μg；病情严重时，一次 200μg，一日 4 次，一日共 800μg。2~7 岁儿童：一日 200~400μg，分成 2~4 次使用。7 岁以上的儿童：一日 200~800μg，分成 2~4 次使用。

布地奈德吸入粉雾剂：内容物为白色或类白色均匀粉末，无不分散团块。规格为每吸 200μg，每瓶 200 吸。口腔吸入，当开始以本品治疗时，对哮喘和口服糖皮质激素减量或停药的患者，本品的用法用量分别为：成人（包括老年人和 12~17 岁的青少年），一日 200~1600μg。对于轻度哮喘的患者，一次 200~400μg，一日 1~2 次；对于中度和重度哮喘的患者，日剂量可增加至 1600μg。每天早晚使用或每晚同一时间使用，若哮喘症状恶化，则每日剂量应增加。6 至 11 岁的儿童，一次 200~400μg，一日 1~2 次。

【典型不良反应】主要表现为口咽不适、口咽炎、声音嘶哑或口咽念珠菌感染，喷药后用清水漱口可减轻症状。

【用药指导】（1）用药注意 ①需连续、规律吸入 1 周后方能有效。②中度及重度支气管扩张症患者禁用。③用药前需将气雾剂摇匀。④哮喘合并感染者，需合并抗生

素治疗。

（2）药物评价　①布地奈德气雾剂抗炎作用强，是倍氯米松的2倍，不良反应少，吸入给药后在人体器官内形成有效浓度，具有速效性、安全性、方便性。②本品是抗哮喘吸入用药市场上重要品种之一。

【商品信息】20世纪90年代由阿斯利康公司开发。目前主要剂型有粉雾剂、气雾剂。国内生产厂家有山东鲁南贝特制药、上海信谊药厂、阿斯利康制药等。

【贮藏】气雾剂，阀门朝下，室温保存。粉吸入剂，30℃以下存放。

五、白三烯调节剂

孟鲁司特[医保(乙)]

Montelukast

【商品名】顺尔宁

【适应证】适用哮喘的预防和长期治疗，减轻过敏性鼻炎引起的症状。

【代表制剂及用法】孟鲁司特钠片：浅黄色异形薄膜衣片。规格为每片10mg。每日1次，每次1片（10mg）。哮喘患者应在睡前服用。过敏性鼻炎患者可根据自身情况在需要时服用。

孟鲁司特钠咀嚼片：粉红色椭圆形片。规格为每片4mg。每日1次，每次1片。哮喘患者应在睡前服用。过敏性鼻炎患者可根据自身的情况在需要时间服药。同时患有哮喘和季节性过敏性鼻炎的患者应每晚用药一次。

孟鲁司特钠颗粒：白色、粗糙的颗粒。规格为每袋0.5g：4mg（以孟鲁司特计）。每日1次。哮喘患者应在睡前服用。季节性过敏性鼻炎患者可根据自身的情况在需要时间服药。同时患有哮喘和季节性过敏性鼻炎的患者应每晚用药一次。1岁至2岁儿童哮喘患者每天1次，每次1袋；2~5岁儿童哮喘患者或2~5岁过敏性鼻炎患者应每天服用4mg口服颗粒一袋。

【典型不良反应】偶见腹痛和头痛。

【用药指导】（1）用药注意　①颗粒剂可直接服用，与一勺室温或冷的软性食物（如苹果酱）混合服用，或溶解于一茶匙室温或冷的婴儿配方奶粉或母乳服用。在服用时才能打开包装袋。打开包装袋后应立即服用全部的剂量（15分钟内）。与食物、婴儿配方奶粉或母乳混合后的本品不能再贮存至下次继续服用，不应溶解于除婴儿配方奶粉或母乳外的其他液体中服用，但是服药后可以饮水。②哺乳期妇女慎用。③规格为10mg的片剂不适宜儿童使用。片剂（规格为10mg）适用于15岁及15岁以上成人；咀嚼片（规格为4mg）适用于2~14岁儿童。

（2）药物评价　①以哮喘控制指标来评价治疗效果，疗效在用药一天内即出现。②治疗哮喘时，白三烯调节剂不宜单独应用，而且不宜用于治疗急性哮喘的发作。

【商品信息】国内生产厂家有杭州默沙东制药、鲁南贝特制药等。

【贮藏】室温保存，防潮，遮光，密封。

你知道吗

　　哮喘属于中医学中"哮证""喘证"的范畴。中医学认为，外邪侵袭、痰浊内蕴、饮食不当、久病体虚、情志失调等因素会造成痰气相搏，结于喉间，气机升降失调引起哮喘。哮喘发作期常以祛痰、止咳、平喘为主；缓解期常以补肺、健脾、益肾为主。临床可选用的中成药有止嗽定喘口服液、降气定喘丸、蠲哮片、人身保肺丸、苏子降气丸、七味都气丸、固本咳喘片、蛤蚧定喘胶囊（丸）、玉屏风散、六君子丸、金匮肾气丸、参蛤平喘胶囊等。

任务四　抗感冒复方制剂

岗位情景模拟

　　情景描述　患者，男，经检查，医生诊断为上呼吸道感染。患者来药店购买药品，店员为其推荐氨酚伪麻美芬片Ⅱ（白加黑片）、抗病毒颗粒、酚麻美敏片（泰诺片）；同时服用。

　　讨论　1. 店员推荐的各药品的作用分别是什么？

　　　　　　2. 店员推荐的用药是否合理？

一、认识感冒 微课

感冒是常见病和多发病，感冒包括普通感冒和流行性感冒。

1. 普通感冒　是鼻病毒、副流感病毒、冠状病毒、呼吸道合胞病毒、腺病毒等感染所引起的呼吸道传染病，俗称"伤风"。主要经飞沫传播，全年均可发生，但以冬春气候突变时易发。

临床表现：潜伏期短，起病较急。初期以咽干、咽痒、咽痛为主，继之并有鼻塞、喷嚏、清水样鼻涕，如病变继续则有嘶哑和咳嗽，皆以上呼吸道卡他症状为主。全身症状轻，可有低热、乏力、头痛、食欲不振、全身不适等表现。若无并发症，病程为7～10天。

2. 流行性感冒　是流感病毒所引起的一种急性呼吸道传染病，主要通过飞沫传播，具有高度传染性。流感病毒分甲、乙、丙、丁四型。甲型病毒经常发生抗原变异，传染性大，传播迅速，易发生大范围流行；乙型病毒可引起局部小流行，丙型病毒

请你想一想

请同学们说说平时感冒时都吃哪些感冒药，效果如何？

常以散发病例为主。我国是流感高发区，冬春季节多发。

临床表现：起病急骤，以畏寒高热、头痛、全身酸痛、乏力、食欲减退等全身症状为主，并伴有轻度咽痛、咳嗽、鼻塞、流涕等上呼吸道卡他症状。

二、代表药

治疗感冒的药物包括单方制剂和复方制剂，复方制剂因为疗效好，所以用药机会较多。常用的抗感冒复方制剂有复方氨酚烷胺、复方氨酚葡锌、复方盐酸伪麻黄碱、酚麻美敏、氨酚伪麻美芬片Ⅱ、小儿氨酚黄那敏、氨咖黄敏等。

复方氨酚烷胺

Compound Paracetamol and Amantadine Hydrochloride

【商品名】感康，快克，仁和可立克

【适应证】适用于缓解普通感冒及流行性感冒引起的发热、头痛、四肢酸痛、打喷嚏、流鼻涕、鼻塞、咽痛等症状。

【代表制剂及用法】复方氨酚烷胺胶囊：内容物为淡黄色小丸。每粒含对乙酰氨基酚 $0.25g$，盐酸金刚烷胺 $0.1g$，人工牛黄 $10mg$，咖啡因 $15mg$。口服，一次 1 粒，一日 2 次（早晚各 1 次）。最大剂量一日不宜超过 2 粒。

复方氨酚烷胺片：淡黄色片，味苦。每片含对乙酰氨基酚 $250mg$，盐酸金刚烷胺 $100mg$，人工牛黄 $10mg$，咖啡因 $15mg$，马来酸氯苯那敏 $2mg$。口服。成人，一次 1 片，一日 2 次。

复方氨酚烷胺颗粒：着色颗粒剂，味甜，每袋含对乙酰氨基酚 $250mg$，盐酸金刚烷胺 $100mg$，人工牛黄 $10mg$，咖啡因 $15mg$，马来酸氯苯那敏 $2mg$。口服。成人，一次 1 袋，一日 2 次。

小儿复方氨酚烷胺颗粒：着色颗粒剂，味甜，每袋含对乙酰氨基酚 $0.1g$，盐酸金刚烷胺 $0.04g$，咖啡因 $6mg$，马来酸氯苯那敏 $0.8mg$，人工牛黄 $4mg$。口服。2 岁以下儿童：一次半袋酌减；2~5 岁：一次 1 袋；5~12 岁：一次 1~2 袋。一日 2 次。

【典型不良反应】偶见轻度头晕、乏力、恶心。

【用药指导】（1）用药注意　①与其他解热镇痛药同用，可增加肾毒性的危险。②服药期间不宜驾驶机、车、船，不可从事高空作业、机械作业及操作精密仪器。

（2）药物评价　①该药为 OTC 类感冒用药。抗病毒、治感冒、防传染、标本兼治。②本品颗粒剂呈水果味、口感好、起效快。比同类产品价格低，疗效快，疗程短，是流行性感冒的预防和治疗的首选药。

【商品信息】国内生产企业较多，生产企业有修正药业、吉林省吴太感康药业、浙江金华康恩贝生物制药、华北制药、哈药集团等。

【贮藏】密闭，在阴凉干燥处保存。

复方氨酚葡锌^[医保(乙)]

Compound Paracetamol and Zinc Gluconate

【商品名】康必得

【适应证】适用于由普通感冒或流行性感冒引起的鼻塞、流涕、发热、头痛、咳嗽、多痰等的对症治疗。

【代表制剂及用法】复方氨酚葡锌片：薄膜衣片，除去包衣后显棕褐色。每片含对乙酰氨基酚 100mg，葡萄糖酸锌 70mg，盐酸二氧丙嗪 1mg，板蓝根浸膏粉 250mg。口服。成人一次 2 片，一日 3 次。

【典型不良反应】偶见轻度嗜睡、恶心、呕吐、腹胀、多汗、口干及皮疹等。

【用药指导】（1）用药注意　①不能同时服用与本品成分相似的其他抗感冒药。②服用本品期间不得饮酒或含有乙醇的饮料。服药期间不得驾驶机、车、船，不可从事高空作业、机械作业及操作精密仪器。③儿童必须在成人监护下使用。④本品用于止痛不得超过 5 天，用于解热不得超过 3 天，用于咳嗽不得超过 7 天，症状未缓解，请咨询医师或药师。

（2）药物评价　①复方氨酚葡锌为感冒用药类非处方药品。②该药属中西合剂，服用方便，治感冒疗效好，价格便宜。

【商品信息】剂型少，目前国内市场仅有片剂销售。国内生产企业有河北恒利集团制药、哈尔滨泰华药业、江苏圣朗药业等。

【贮藏】遮光，密封保存。

复方盐酸伪麻黄碱^[医保(乙)]

Compound Pseudoephedrine Hydrochloride

【商品名】新康泰克

【适应证】可减轻由普通感冒、流行性感冒引起的上呼吸道症状和鼻窦炎、花粉症所致的各种症状，特别适用于缓解上述疾病的早期临床症状，如鼻塞、流涕、打喷嚏等。

【代表制剂及用法】复方盐酸伪麻黄碱缓释胶囊：内容为粉色和黄色小丸。每粒含盐酸伪麻黄碱 90mg，马来酸氯苯那敏 4mg。口服，成人每 12 小时服 1 粒，24 小时内不应超过 2 粒。

【典型不良反应】常见不良反应为头晕、困倦、口干、胃部不适、乏力、大便干燥等。

【用药指导】（1）用药注意　①服用该药期间禁止饮酒；驾驶机动车、操作机器以及高空作业者工作时间禁用。②不宜与氯霉素、巴比妥类、解痉药、与本品成分相似的其他抗感冒药、酚妥拉明、洋地黄苷类药物合用。③心脏病、高血压、甲状腺疾病、糖尿病、前列腺肥大等患者使用本品前请咨询医师或药师。

（2）药物评价　①本品为缓解感冒症状的复方制剂，是常用的 OTC 类感冒药。

②该药对鼻塞、流涕为主的普通感冒有较好的疗效,使用较为广泛。③该药所含盐酸伪麻黄碱,常与解热镇痛药、抗组胺药、止咳祛痰药配伍成不同的复方制剂,广泛用于治疗感冒。但要注意其不良反应。

【商品信息】 目前生产企业有天津中美史克制药和浙江金华康恩贝生物制药。

【贮藏】 遮光、密封,在阴凉干燥处保存。

你知道吗

含特殊药品复方制剂包括含麻黄碱类复方制剂、含可待因类复方制剂、含地芬诺酯复方制剂、复方甘草口服溶液等。此类药品若从药用渠道流失,被滥用或提取制毒,将会危害公众健康安全。药品零售企业销售含麻黄碱类复方制剂(含有伪麻黄碱或麻黄碱),应当查验购买者的身份证,并对其姓名和身份证号码予以登记。除处方药按处方剂量销售外,一次销售不得超过2个最小包装。

药店中销售的常见含特殊药品复方制剂有:酚麻美敏片、氨麻美敏片、氨酚氯雷伪麻缓释片、复方盐酸伪麻黄碱缓释胶囊、日夜百服宁、复方甘草片、复方甘草口服溶液、复方福尔可定口服溶液、呋麻滴鼻液、布洛伪麻软胶囊等。

酚麻美敏 [医保(乙)]

Paracetamol, Pseudoephedrine Hydrochloride, Dextromethorphan Hydrobromide and Chlorphenamine Maleate

【商品名】 泰诺,彤贝得,恺诺

【适应证】 适用于缓解普通感冒及流行性感冒引起的发热、头痛、四肢酸痛、打喷嚏、流鼻涕、鼻塞、咽痛等症状。

【代表制剂及用法】 酚麻美敏片:薄膜衣片,除去包衣后片芯显白色。每片含对乙酰氨基酚325mg,盐酸伪麻黄碱30mg,氢溴酸右美沙芬15mg,马来酸氯苯那敏2mg。口服,成人和12岁以上儿童:每6小时一次,每次1~2片,24小时不超过8片。6~12岁儿童:每6小时一次,每次1片,24小时不超过4片。

酚麻美敏混悬液:红色的、香橙味的混悬液体,每瓶100ml,其组分为每1ml含对乙酰氨基酚32mg,盐酸伪麻黄碱3mg,氢溴酸右美沙芬1mg,马来酸氯苯那敏0.2mg。口服,2岁以下小儿应遵医嘱。12岁以下儿童用量:年龄2~3岁(体重12~14kg),一次用量2.5~3.5ml;年龄4~6岁(体重16~20kg),一次用量4~5.5ml,若症状不缓解,可间隔4~6小时重复用药一次,24小时不超过4次。年龄7~9岁(体重22~26kg),一次用量6ml,年龄10~12岁(体重28~32kg),一次用量8ml。

酚麻美敏口服溶液:每1ml口服溶液含对乙酰氨基酚32mg,盐酸伪麻黄碱3mg,氢溴酸右美沙芬1mg,马来酸氯苯那敏0.2mg。口服:6~11岁每次10ml,2~5岁每次5ml,每4~6小时一次。

酚麻美敏胶囊:每粒含对乙酰氨基酚162.5mg,盐酸伪麻黄碱15mg,氢溴酸右美沙芬7.5mg，马来酸氯苯那敏1mg。口服，一次2~4粒，每6小时1次，24小时不超过16粒。

【典型不良反应】偶见轻度头晕、乏力、恶心、上腹不适、口干、食欲缺乏和皮疹等。

【用药指导】（1）用药注意　①不宜与氯霉素或解痉药、酚妥拉明、洋地黄苷类、降压药、抗抑郁药、镇静药、催眠药、其他含对乙酰氨基酚的药物同服。②服药期间避免同时饮用乙醇类饮料。驾驶员、高空作业及操纵机械者在工作时间禁用。③伴有高血压、心脏病、糖尿病等疾病的患者慎用。

（2）药物评价　①可能引起兴奋，特别是对儿童。②酚麻美敏混悬液属感冒用药类非处方药，是酚麻美敏口服溶液的换代产品，有效遮盖了药物的苦味。同时采用了儿童喜爱的香橙口味。

【商品信息】美国强生的泰诺感冒系列产品，一直在市场上占据着重要的位置。目前市场上销售的有片剂、胶囊剂、口服溶液、混悬液、颗粒剂、咀嚼片。国内生产企业有上海强生、上海信谊、深圳中联、扬子江药业、广州白云山、青岛正大海尔制药等。

【贮藏】颗粒剂、混悬液遮光、密闭保存。

氨酚伪麻美芬/氨麻苯美 [医保（乙）]

Paracetamol，Pseudoephedrine Hydrochloride，Dextromethorphan Hydrobromide/ Paracetamol，Pseudoephedrine Hydrochloride，Diphenhydramine Hydrochloride，Dextromethorphan Hydrobromide

【商品名】白加黑

【适应证】适用于缓解普通感冒及流行性感冒引起的发热、头痛、四肢酸痛、打喷嚏、流鼻涕、鼻塞、咳嗽、咽痛等症状。

【代表制剂及用法】氨酚伪麻美芬片Ⅱ/氨麻苯美片：分为日用片和夜用片。氨酚伪麻美芬片Ⅱ（日用片）：白色薄膜衣片，每片含对乙酰氨基酚325mg，盐酸伪麻黄碱30mg，氢溴酸右美沙芬15mg。氨麻苯美片（夜用片）：黑色薄膜衣片，每片含对乙酰氨基酚325mg，盐酸伪麻黄碱30mg，氢溴酸右美沙芬15mg，盐酸苯海拉明25mg。日用片：口服，成人和12岁以上儿童，一次1~2片，一日2次或白天每6小时服1次。夜用片：口服，成人和12岁以上儿童，睡前服1~2片。

【典型不良反应】偶见轻度头晕、乏力、恶心、上腹不适、口干、食欲缺乏和皮疹等。

【用药指导】（1）用药注意　①用药3~7天，症状未缓解，请咨询医师或药师。②服用期间不得饮酒或饮用含有乙醇的饮料，严重肝肾功能不全者禁用。③不能同时服用与本品成分相似的其他抗感冒药。④夜用片服用后，不得驾驶机、车、船，不可从事高空作业、机械作业及操作精密仪器。

（2）药物评价 ①在国内感冒药"白加黑"的知名度较高。②白片中不含盐酸苯海拉明，无镇痛作用。

【商品信息】目前国内生产企业为拜耳医药保健启东分公司。

【贮藏】遮光，密闭，在干燥处保存。

小儿氨酚黄那敏

Pediatric Paracetamol, Atificial Cow – Bezoar And Chlorphenamine Maleate

【商品名】小快克，护彤

【适应证】用于缓解感冒或流感引起的发热、头痛、鼻塞、流涕。

【代表制剂及用法】小儿氨酚黄那敏颗粒：白色、类白色、淡黄色至黄色或淡橙黄色颗粒。每袋含对乙酰氨基酚125mg，人工牛黄5mg，马来酸氯苯那敏0.5mg。温水冲服，一日3次。年龄1~3岁（体重10~15kg），一次用量0.5~1袋；年龄4~6岁（体重16~21kg），一次用量1~1.5袋；年龄7~9岁（体重22~27kg），一次用量1.5~2袋；年龄10~12岁（体重28~32kg），一次用量2~2.5袋。

【典型不良反应】偶见困倦、厌食、恶心、皮疹等。

【用药指导】（1）用药注意 ①用于解热，连续使用不得超过3天，症状未缓解，请咨询医师或药师。②不能同时服用含有本品成分相似的其他解热镇痛药。③儿童必须在成人监护下使用。

（2）药物评价 ①小儿氨酚黄那敏中对乙酰氨基酚能抑制前列腺素合成，有解热镇痛作用。马来酸氯苯那敏为抗组胺药，能减轻流涕、鼻塞、打喷嚏等症状；人工牛黄有解热镇惊作用。②能迅速缓解感冒症状。

【商品信息】目前国内生产小儿氨酚黄那敏颗粒的企业众多，主要包括浙江亚峰药厂、哈药集团制药六厂、三九药业、上海信谊万象药业、石药集团欧意药业等。

【贮藏】遮光，在阴凉处保存。

你知道吗

中医将感冒分为风热型感冒、风寒型感冒、暑湿型感冒等，这是最常见的三种类型。风热感冒的发病率最高，是风热之邪犯表、肺气失和所致，除有鼻塞、流涕、咳嗽等感冒的一般症状外，还可能伴有发热重、便秘。治法应以辛凉解表为主，清开灵颗粒、板蓝根颗粒、桑菊感冒颗粒、感冒灵颗粒都适用于风热感冒。

风寒感冒是风吹受凉引起的感冒，是风寒之邪外袭、肺气失宣所致，多发生在秋冬季节，患者除有鼻塞、喷嚏、咳嗽之外，还可能出现畏寒、低热、肌肉酸痛等不适，治法以辛温解表为主，正柴胡饮颗粒、感冒清热冲剂和风寒感冒颗粒都可用于治疗。

暑湿感冒的发病较少，多发生在夏季和湿热的南方地区，患者会出现畏寒、发热、口淡无味、头痛、腹痛、腹泻等症状，服用藿香正气颗粒可以缓解症状。

目标检测

一、选择题

1. 某患者，47 岁，患慢性支气管炎多年，现出现大量黏痰难以咯出，宜用（　　）治疗。
   - A. 可待因片
   - B. 枸橼酸喷托维林片
   - C. 盐酸氨溴索口服溶液
   - D. 右美沙芬片

2. 下列不应该用于感冒对症治疗的是（　　）。
   - A. 复方氨酚烷胺胶囊
   - B. 白加黑片
   - C. 康必得片
   - D. 厄贝沙坦胶囊

3. 下列关于复方盐酸伪麻黄碱缓释胶囊的叙述，错误的是（　　）。
   - A. 由盐酸伪麻黄碱及马来酸氯苯那敏组成
   - B. 常见不良反应有头晕、困倦等
   - C. 服用方法是早一粒，晚一粒
   - D. 可以退烧

4. 下列药品中，久用易产生成瘾性的是（　　）。
   - A. 枸橼酸喷托维林
   - B. 磷酸可待因
   - C. 氢溴酸右美沙芬
   - D. 盐酸氨溴索

5. 下列药品中，对支气管哮喘急性发作无效的是（　　）。
   - A. 倍氯米松气雾剂
   - B. 异丙托溴铵气雾剂
   - C. 盐酸克伦特罗片
   - D. 色甘酸钠气雾剂

6. 下列药品中，商品名为富露施的是（　　）。
   - A. 倍氯米松气雾剂
   - B. 布地奈德气雾剂
   - C. 乙酰半胱氨酸片
   - D. 色甘酸钠气雾剂

二、思考题

1. 简述普通感冒与流行性感冒的区别。
2. 销售沙丁胺醇气雾剂应注意哪些事项？
3. 快克可以用于防治流行性感冒吗？为什么？
4. 患者主诉感冒引起支气管炎咳嗽多日，有黄色黏稠痰液难于咯出，请问应推荐什么祛痰药？

（陈 诚）

书网融合……

微课

划重点

自测题

 **项目十一　消化系统药**

PPT

消化系统疾病包括消化道和消化腺疾病，以慢性胃炎、功能性消化不良、消化性溃疡、急性胃肠炎等消化道疾病为主。消化道疾病药是自我药疗的主要药品。

自 20 世纪 80 年代以来，本类药品发展迅速，新药不断涌现，产品更新换代快。近年来，由于抗生素的滥用等原因，造成人胃肠道菌群失调、胃肠功能发生障碍，因此调节菌群平衡的微生态制剂也发展迅速。

消化系统的药品主要有抗消化性溃疡药、胃肠解痉药、胃肠促动力药、止吐药、助消化药、微生态制剂、肝胆疾病辅助用药等，如图 11 - 1 所示。 微课

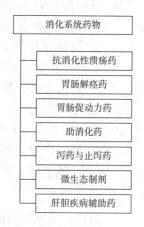

图 11 - 1　消化系统主要药

任务一　治疗消化性溃疡药

岗位情景模拟

情景描述　患者，男，45 岁，经检查，医生诊断为胃及十二指肠溃疡。患者来药店购买药品，医生的处方如下：奥美拉唑片，每片 20mg，每次 1 片，一日 2 次；枸橼酸铋钾颗粒，每袋 1.0g（含铋 110mg），一次一袋，一日 2 次；同时服用。

讨论　1. 处方中各药品的作用是什么？

2. 店员应提醒病人注意哪些事项？

消化性溃疡包括胃和十二指肠溃疡，是一种全球性的多发病。常用的抗消化性溃疡药包括胃酸分泌抑制药、抗酸药、胃黏膜保护药、抗幽门螺杆菌药等。

一、胃酸分泌抑制药

（一）质子泵抑制药（PPI）

奥美拉唑[典][基][医保(甲/乙)]

Omeprazole

【商品名】洛赛克，奥克，Losec

【适应证】主要用于治疗胃溃疡、十二指肠溃疡、卓－艾综合征、慢性浅表性胃炎等。也可用于幽门螺杆菌感染的根除治疗。

【代表制剂及用法】奥美拉唑肠溶胶囊：内含白色肠衣小颗粒，每粒10mg；20mg。消化性溃疡：一次20mg，一日1~2次。每日晨起吞服或早晚各一次，胃溃疡疗程通常为4~8周，十二指肠溃疡疗程通常为2~4周。卓－艾综合征：首次剂量为60mg，每晨一次；然后按不同病情调节每日剂量为20~120mg。

奥美拉唑镁肠溶片：每片10mg；20mg。口服，成人一次20mg，一日1次，必要时可加服20mg。

【典型不良反应】①消化系统：恶心、腹胀、腹泻、便秘、上腹痛、ALT和胆红素升高等；②神经系统：感觉异常、头晕、头痛、失眠、外周神经炎等。

【用药指导】（1）用药注意　①治疗胃溃疡时，首先排除溃疡型胃癌的可能，因用本品治疗可减轻其症状，延误治疗。②肝肾功能不全者慎用。儿童必须在成人监护下使用。③肠溶片服用时注意不要嚼碎，以免药物在胃内过早释放而影响疗效。

（2）药物评价　①对多种原因引起的胃酸分泌具有强大而持久的抑制作用。对胃及十二指肠溃疡的治愈率明显高于H_2受体阻断剂。②本品已成为胃及十二指肠溃疡、反流性食管炎、幽门螺杆菌感染、非甾体抗炎药引起的溃疡疾病的一线药。

【商品信息】洛赛克是前阿斯特拉公司开发的第一个质子泵抑制剂。近几年奥美拉唑原料药、奥美拉唑钠原料药以及胶囊、肠溶片、肠溶胶囊、微丸和注射剂等剂型相继研制成功。目前国内生产企业有无锡阿斯利康制药、鲁南制药、北京太洋药业等。

【贮藏】遮光，密封，在阴凉干燥处保存。

你知道吗

酸相关性疾病

酸相关性疾病是指一类由于胃酸分泌过多，或对胃酸特别敏感而引起的一类消化道疾病的总称，常见的有胃食管反流病、消化性溃疡、卓－艾综合征及非甾体类抗炎药引起的消化系统疾病。其中，卓－艾综合征也叫胃泌素瘤，其特点是高胃泌素血症伴发大量胃酸分泌而引起的多发性、难治性的消化性溃疡。19世纪末人们就认识到：

酸可以引起黏膜损害，胃酸是溃疡产生的主要原因，因此，"无酸无溃疡"一直被奉为是消化性溃疡发病和指导消化性溃疡治疗的金科玉律。

雷贝拉唑[典][医保(乙)]
Rabeprazole

【商品名】波利特，安斯菲，Pariet

【适应证】主要用于治疗活动性十二指肠溃疡、活动性良性胃溃疡、弥散性或溃疡性胃食管反流病。

【代表制剂及用法】雷贝拉唑钠肠溶片：除去肠溶衣后显淡黄色，规格有 10mg；20mg。活动性十二指肠溃疡和活动性良性胃溃疡患者：一次 20mg，一日 1 次，晨服。大多数活动性十二指肠溃疡患者在用药 4 周后痊愈。侵蚀性或溃疡性的胃食管反流病（GORD）患者：一次 20mg，一日 1 次，晨服，疗程为 4~8 周。

雷贝拉唑钠肠溶胶囊：内容物为类白色肠衣微丸，规格有 10mg；20mg。活动性十二指肠溃疡和活动性良性胃溃疡患者：一次 20mg，一日 1 次，晨服。大多数活动性十二指肠溃疡患者在用药 4 周后痊愈。侵蚀性或溃疡性的胃食管反流病（GORD）患者：一次 20mg，一日 1 次，晨服，疗程为 4~8 周。

【典型不良反应】①可见腹泻、恶心、鼻炎、腹痛、乏力、胀气、口干等不良反应，停药后可消失。也可有氨基转移酶升高等肝脏异常表现。②神经系统可见头痛、眩晕、困倦、四肢乏力、感觉迟钝、握力低下、口齿不清、步态蹒跚等。③其他可见皮疹、瘙痒、水肿、总胆固醇及尿素氮升高、蛋白尿等。

【用药指导】（1）用药注意　①肝功能损伤的患者慎用。②孕妇和哺乳期妇女禁用。儿童不宜应用。

（2）药物评价　①本品抑酸作用强，抗 Hp 活性高，尤其在缓解症状、治疗胃黏膜损伤方面起效迅速，表现出高效、速效、强效、安全的特点。②与其他 PPI 药相比，具有个体差异小、耐受好、与其他药物相互作用少、老年及肾功能不良者也可应用等特点。

【商品信息】本品为日本卫材株式会社研发（商品名为波利特），1997 年首次在日本推出，1998 年在英国和德国推出，1999 年在美国推出，随即成为全球性的畅销药。目前国内生产企业有上海信谊万象药业、成都迪康制药、常州康丽制药、山东新华制药、海南中化联合制药、珠海润都制药、江苏济川制药等。

【贮藏】肠溶片、胶囊宜密封，在阴凉干燥处保存。

其他常用质子泵抑制剂见表 11-1。

> **请你想一想**
>
> 质子泵抑制剂是如何产生抗溃疡作用的？为什么能成为抗消化性溃疡的首选药？

表 11 –1　其他常用质子泵抑制剂

药品名称	药品特点
兰索拉唑片	第二代 PPI 制剂，生物利用度高，抑酸作用强
泮托拉唑胶囊	第三代 PPI 制剂，作用与奥美拉唑相同，但与质子泵选择性更高，更为稳定
艾司奥美拉唑镁肠溶片	体内代谢慢，作用维持时间长，其疗效和作用时间都优于奥美拉唑
艾普拉唑肠溶片	强效胃酸分泌抑制剂，目前多用于十二指肠溃疡的治疗

你知道吗

质子泵抑制剂的发展现状

质子泵抑制药是目前治疗消化性溃疡病抑制胃酸分泌最强的药物，质子泵抑制剂市场的现状和进展是人们关注的热点。这类药物较组胺 H_2 受体拮抗剂具有明显的优越性，如选择性高、疗效好、副作用少，与抗生素配伍的复方制剂可消除幽门螺杆菌等。常用的质子泵制剂有奥美拉唑、兰索拉唑、泮托拉唑、雷贝拉唑及艾司奥美拉唑等。这类药物一上市即迅速成为抗消化性溃疡的主要药物，质子泵抑制剂已成为抗消化性溃疡的首选药。

（二）H_2 受体拮抗剂

盐酸雷尼替丁^{[典][基][医保(甲)]}

Ranitidine Hydrochloride

【商品名】善胃得，兰百幸，Zantac

【适应证】主要用于治疗胃及十二肠溃疡、吻合口溃疡、应激性溃疡、胃食管反流病及卓 – 艾综合征等。

【代表制剂及用法】盐酸雷尼替丁片：糖衣片或薄膜衣片，除去包衣后，显类白色或微黄色，规格为 150mg。口服，成人一次 150mg，一日 2 次，24 小时内不超过 300mg。

盐酸雷尼替丁胶囊：内容物为类白色或微黄色颗粒，规格为 150mg。口服，成人一次 150mg，一日 2 次，24 小时内不超过 300mg。

【典型不良反应】①常见的有恶心、皮疹、便秘、乏力、头痛、头晕等。②少数患者服药后引起轻度肝功能损伤，停药后症状即消失，肝功能也恢复正常。

【用药指导】（1）用药注意　①孕妇、哺乳期妇女、8 岁以下儿童禁用；老年人因肝肾功能降低，剂量应进行调整。②连续使用不得超过 7 天，症状未缓解，应及时就医。

（2）药物评价　①在胃溃疡愈合、减少溃疡复发方面，优于第一代 H_2 受体阻断剂。②疗效确切、物美价廉。胶囊剂在国内胃溃疡治疗用药量中独占鳌头，片剂的应用因稳定性受到限制。③国产雷尼替丁的疗效与进口药已无差别，价格上占据了绝对优势，已是国内抗消化性溃疡的基础用药之一。

【商品信息】雷尼替丁是第二代 H_2 受体拮抗剂，1981 年由英国葛兰素研发成功。国产雷尼替丁于 1987 年上市，目前国内生产企业有赛诺菲安万特（杭州）、石家庄四药有限公司、杭州民生药业、上海第六制药厂、雅来（佛山）制药等。

【贮藏】片剂、胶囊遮光、密封、在干燥处保存。

法莫替丁[典][基][医保（甲）]
Famotidine

【商品名】高舒达，信法丁，Gaster

【适应证】用于治疗胃及十二指肠溃疡、胃食管反流病、急性胃黏膜病变、卓－艾综合征等。

【代表制剂及用法】法莫替丁片：白色片，规格有 10mg；20mg。口服，成人一次20mg，一日 2 次，24 小时内不超过 40mg。

法莫替丁胶囊：内容物为白色或类白色粉末，规格为 20mg。口服，成人一次20mg，一日 2 次，24 小时内不超过 40mg。

【典型不良反应】①常见头痛、头晕，也可出现乏力、幻觉等；②少数患者可出现皮疹、荨麻疹；口干、恶心、呕吐、便秘和腹泻，偶有轻度氨基转移酶增高。

【用药指导】（1）用药注意　①肾功能不全者应酌情减量或延长间隔时间。②连续使用不得超过 7 天，症状未缓解，应咨询医师或药师。③本品使用后会掩盖胃癌症状，故应排除胃癌后才能使用。

（2）药物评价　①法莫替丁是特异性更高的 H_2 受体拮抗剂，其抑酸的效能较雷尼替丁强 7 倍，较西咪替丁强 30 倍以上，十二指肠溃疡愈合率明显提高。②本品不抑制肝药酶（CYP450 酶），故与其他药物无明显的药物相互作用。

> 请你想一想
> 雷尼替丁与法莫替丁有什么区别？

【商品信息】由日本山之内制药公司研发生产。主要剂型有片剂、胶囊剂、颗粒剂、散剂、注射剂、缓释片。目前国内生产企业有沈阳山之内制药、上海信谊药业、哈尔滨制药三厂等。

【贮藏】遮光，密封保存。

其他常用 H_2 受体拮抗剂见表 11－2。

表 11－2　其他常用 H_2 受体拮抗剂

药品名称	药品特点
西咪替丁	第一代 H_2 受体拮抗剂，作用较广泛，除了能抑酸以外，还具有抗雄激素样作用，长期使用可出现男性女性化改变
尼扎替丁	第三代 H_2 受体拮抗剂，抑酸作用较西咪替丁强，与雷尼替丁相似，不良反应少而小，耐受性好
罗沙替丁	第三代 H_2 受体拮抗剂，缓解溃疡疼痛的作用快，很少出现不良反应
拉呋替丁	第三代 H_2 受体拮抗剂，具有高效、长效特点，除能抑酸以外还具有胃黏膜保护作用

你知道吗

溃疡病治疗史上的革命——H$_2$受体拮抗剂

早在 1910 年，人们就认识到引起溃疡病的决定因素是胃酸过多，但在西咪替丁问世之前，对于溃疡病的治疗主要依靠大剂量的无机碱或者非选择性抗胆碱药或者手术治疗。病人常常引起出血、穿孔、幽门梗阻等严重并发症。

英国科学家詹姆斯·布莱克从1964开始进行研究，他发现胃黏膜上存在丰富的组胺，与胃壁细胞上的组胺受体结合导致过量胃酸的分泌。经过多次的试验，1972 年，他合成了西咪替丁（甲氰咪胍），又经过四年的临床研究，西咪替丁（泰胃美）才终于上市。由于该药有强大的抑制胃酸作用，尤其是夜间酸分泌，对消化性溃疡有明显治疗作用。从 70 年代中期开始应用，到 80 年代，数以万计的病人获得满意疗效，不仅加快了溃疡的愈合，还大大减少了并发症如穿孔、幽门梗阻的发生。大多数溃疡病人不再需要手术，该药物减少了由于溃疡及其并发症引起的死亡、病残及大量的开支，因此，H$_2$受体拮抗剂的出现被称为消化性溃疡治疗史上的第一次革命，詹姆斯·布莱克也因此获得了诺贝尔医学奖。

二、抗酸药

氢氧化铝[典][基][医保(甲)]

Aluminium Hydroxide

【**适应证**】主要用于治疗胃酸过多所致的胃及十二指肠溃疡、反流性食管炎及上消化道出血等病症。

【**代表制剂及用法**】氢氧化铝凝胶：白色黏稠的混悬型凝胶液，薄层呈半透明状，静置后能析出少量水分。每毫升含氢氧化铝（以氧化铝计）40mg。口服，成人一次5~8ml，一日3次。餐前1小时服用。

复方氢氧化铝片（胃舒平片）：白色片，每片含氢氧化铝245mg、三硅酸镁105mg、颠茄流浸膏0.0026ml。口服，成人一次2~4片，一日3次。饭前半小时或胃痛发作时嚼碎后服。

维U颠茄铝胶囊（斯达舒）：每粒内含氢氧化铝140mg，碘甲基蛋氨酸50mg，颠茄浸膏10mg等。口服，一次1粒，一日3次。

【**典型不良反应**】①常见便秘，严重时可形成粪结块，引起肠梗阻。②长期大量服用，可导致低磷血症、骨质疏松症和骨软化症。③肾功能衰竭患者长期服用，可出现肌肉疼痛抽搐、神经质或烦躁不安、味觉异常、呼吸变慢以及极度疲乏无力、贫血等症状。

【**用药指导**】（1）用药注意　①肾功能不全、长期便秘、急腹症（如阑尾炎）患者禁用。②不宜长期大剂量使用，若需长期服用，应在饮食中酌加磷酸盐。③本品含有铝离子，不宜与四环素类合用。④服用氢氧化铝后 1 ~ 2 小时内应避免摄入其他药物。

（2）药物评价　①本品除抗酸作用以外，还具有局部收敛止血、保护溃疡面作用。②本品复方制剂疗效显著，使用安全，不良反应少，为抗酸药一线药物。

> **请你想一想**
>
> 氢氧化铝与其他的抗酸药相比有什么区别？

【商品信息】临床使用时间较长，生产企业较多。复方氢氧化铝片主要生产企业有北京双鹤药业、广西南宁制药集团、四川迪康药业、三门峡赛诺维制药等。

【贮藏】密封，在干燥处保存。凝胶剂需防冻。

其他常用抗酸药见表11 –3。

表11 –3　其他常用抗酸药

药品名称	药品特点
氢氧化镁	抗酸作用强，起效快，可引起腹泻
复方碳酸钙	含碳酸钙和重质碳酸镁，抗酸作用强，但可致腹胀、嗳气、便秘等不良反应
铝碳酸镁	抗酸作用迅速、温和而持久，同时具有保护胃黏膜作用，不良反应少而轻微

三、胃黏膜保护药

枸橼酸铋钾 [典][基][医保(甲)]

Bismuth Potassium Citrate

【商品名】得乐，德诺，De – Nol

【适应证】用于治疗胃溃疡、十二指肠溃疡、复合溃疡、多发溃疡及吻合口溃疡；糜烂性胃炎、慢性浅表性胃炎；也可用于 Hp 感染的根除治疗。

【代表制剂及用法】枸橼酸铋钾片：规格为 0.3g（含铋 110mg）。口服，成人一次 0.3g，一日 3 ~ 4 次，餐前半小时服。

枸橼酸铋钾胶囊：规格为 0.3g（含铋 110mg）。口服，成人一次 0.3g，一日 3 ~ 4 次，餐前半小时服。

枸橼酸铋钾颗粒：白色或淡黄色颗粒，味微甜，每袋 1.0g（含铋 110mg）；1.2g（含铋 110mg）。口服，成人一次一袋，一日 3 ~ 4 次，餐前半小时服。

【典型不良反应】①服用期间，口中可能带有氨味，且舌、粪便可被染成黑色。②个别患者可出现便秘。③少数患者可有轻微头痛、头晕、失眠等表现。

【用药指导】（1）用药注意　①孕妇禁用，哺乳期妇女、肝功能不全者慎用。②不宜长期大量服用，服药期间不得服用其他含铋制剂。③与四环素同时服用会影响四环素的吸收。④牛奶和抗酸药可干扰本品的作用，不能同时服用。⑤不宜饮酒或饮用含乙醇、碳酸的饮料，也不宜饮用咖啡或茶水。

（2）药物评价　①本品不仅能促进溃疡愈合，而且还有抗幽门螺杆菌作用，应用枸橼酸铋钾治疗慢性浅表性胃炎，胃和十二指肠溃疡不仅疗效确切，而且复发率也显著降低。②因有利于形成保护膜，临床常用颗粒剂。③治疗难愈性溃疡时，用枸橼酸铋钾比用 H_2 受体拮抗剂更为有效、经济。

【商品信息】国内较早的产品为珠海丽珠制药的丽珠得乐颗粒剂，现已开发枸橼酸铋钾片、枸橼酸铋钾胶囊及丽珠维三联（枸橼酸铋钾、克拉霉素、替硝唑）等制剂。目前国内生产企业有珠海丽珠集团丽珠制药、河北奥星集团药业、重庆科瑞制药、山东云门药业、华北制药等。常用制剂有片剂、胶囊、颗粒剂、口服液等。

【贮藏】遮光，密封，在干燥处保存。

硫糖铝 [典][医保(乙)]

Sucralfate

【商品名】舒可捷，华迪，迪先

【适应证】主要用于胃、十二指肠溃疡及胃炎治疗。

【代表制剂及用法】硫糖铝咀嚼片：白色片，规格有 0.25g；0.5g；1.0g。口服，成人一次 2~4 片，一日 3 次，餐前 1 小时及睡前嚼碎后服用。

硫糖铝口服混悬液：白色或类白色的乳状混悬液，规格有 10ml∶1g；120ml∶24g；200ml∶20g；200ml∶40g。口服，成人一次 2~5ml，一日 3 次，餐前 1 小时及睡前服用。

硫糖铝分散片：白色片，规格为 0.25g。口服，成人一次 2 片，一日 3~4 次。餐前 1 小时及临睡前将药片置少许温水中，摇匀后饮用。疗程 4~6 周。

硫糖铝胶囊：内容物为白色颗粒，规格为 0.25g。口服，成人一次 4 粒，一日 4 次，餐前 1 小时及睡前服用。

【典型不良反应】①较常见的不良反应是便秘。②偶有恶心、口干、腹泻、腰痛、皮疹、眩晕、嗜睡等不良反应。

【用药指导】（1）用药注意　①孕妇、哺乳期妇女、习惯性便秘、肝肾功能不全者慎用。②本品连续使用不得超过 7 天，症状未缓解，应及时就医。③与多酶片合用时，两药的疗效均降低。④与四环素类、西咪替丁、各种维生素、氟喹诺酮或地高辛同时服用，可减少这些药物的吸收，故不应同服。

（2）药物评价　①本品对胃及十二指肠溃疡病愈合率与 H_2 受体拮抗剂的疗效相仿，但症状改善明显。②该药物的主要优点是无明显吸收、全身副作用小，又因价格低廉，多年来一直在国内外广泛使用。③目前我国使用的硫糖铝大多为片剂和胶囊，但硫糖铝混悬剂治疗效果更佳。

【商品信息】我国是硫糖铝的主要出口国之一，主要生产企业为南京制药厂和东北制药总厂等。硫糖铝制剂的其他生产企业有丽珠制药、上海天平制药厂、上海旭东海普药业、江苏黄河药业、北京优

请你想一想

同为胃黏膜保护药，枸橼酸铋钾与硫糖铝有什么区别？

华药业等。主要剂型有片剂、胶囊、混悬剂。

【贮藏】密封，在干燥处保存。

其他胃黏膜保护药见表11-4。

表11-4　其他胃黏膜保护药

药品名称	药品特点
胶体果胶铋	胶体特性更强，对受损黏膜选择性更高
复方铝酸铋	颗粒复方制剂，具有抗酸、收敛、保护、促溃疡愈合作用，不良反应少

四、抗幽门螺杆菌药

幽门螺杆菌是慢性胃炎、胃及十二指肠溃疡的主要病因，它能产生有害物质，分解黏液，引起组织炎症。幽门螺杆菌寄居于胃及十二指肠的黏膜层与黏膜细胞之间，对黏膜产生损伤作用，引发溃疡，消除幽门螺杆菌可明显减少胃及十二指肠溃疡的复发率。

常用的抗幽门螺杆菌药可分为两类：①抗溃疡病药，如铋制剂、H^+ - K^+ - ATP 酶抑制药、硫糖铝等，抗幽门螺杆菌作用弱，单用疗效较差。②抗菌药，如阿莫西林、甲硝唑、克拉霉素等。根治幽门螺杆菌感染常采用三联方案，一种铋剂 + 两种抗菌药或一种质子泵抑制剂 + 两种抗菌药。

请你想一想

小李是公司的业务经理，平时工作压力大，抽烟、喝酒成了他缓解压力的主要方式。业务繁忙时，食无定时是常有的事。多年下来，胃痛的老毛病总是隔三岔五地来"光顾"，这胃痛的毛病基本都是在吃饭后 1 小时内出现，1~2 小时逐渐缓解，到下次吃饭后又会再次出现，有时还伴有饱胀、嗳气、反酸等症状。这几天工作任务加重，又出现了胃痛。

1. 小李的"胃痛"是怎么回事？

2. 你能为他推荐合适的药物治疗吗？

任务二　胃肠解痉药

岗位情景模拟

情景描述　患者，男，18岁，因2小时前吃生冷食物，现出现中腹部阵发性绞痛，无发热、恶心、呕吐、腹泻等症状，自行到药店购药。

讨论　1. 你认为该患者出现了什么病症？

　　2. 你认为该患者适合用什么药物来治疗？

胃肠解痉药是一类 M 胆碱受体阻断剂，可使胃肠平滑肌松弛，解除痉挛，从而缓解或消除疼痛。临床常用胃肠解痉药主要有硫酸阿托品、氢溴酸东莨菪碱、氢溴酸山莨菪碱、溴丙胺太林、颠茄流浸膏等。

你知道吗

胃肠痉挛

胃肠痉挛，包括胃痉挛和肠痉挛，多由饮食不当（如摄入大量的生冷食品、暴饮暴食、食物中含糖量过高引起肠内积气等）、着凉、某些炎症的刺激、胃酸分泌过多、肠寄生虫毒素等因素引起肠壁暂时性缺血，或副交感神经兴奋，使肠胃的平滑肌痉挛，常表现为胃部、腹部阵发性绞痛，往往伴有恶心、呕吐等症状。

对于一般已知原因的轻微胃肠痉挛性疼痛，可选用胃肠解痉药。

硫酸阿托品 [典][基][医保(甲)]
Atropine Sulfate

【别名】颠茄碱

【适应证】主要用于治疗各种内脏绞痛，如胃肠绞痛、膀胱刺激症状；严重盗汗和流涎症；迷走神经过度兴奋所致的窦房阻滞、房室传导阻滞等缓慢型心律失常；滴眼液可用于虹膜睫状体炎、角膜炎、巩膜炎、白内障手术前后及小儿扩瞳验光等。

【代表制剂及用法】硫酸阿托品片：白色片，规格为 0.3mg。口服，0.3~0.6mg，一日 3 次；极量：一次 1mg，一日 3mg。

硫酸阿托品眼膏：淡黄色或黄色的软膏，规格为 2g：20mg。外用，涂于眼睑内，一日 3 次。

【典型不良反应】①常见口干、皮肤干燥、心悸、瞳孔散大、视力模糊、体温升高及尿潴留等。②剂量过大（超过 5mg/d），可引起烦躁不安、谵妄，甚至惊厥；过度兴奋后转入抑制，引起呼吸困难，可致死亡。

【用药指导】（1）用药注意 ①因本品可分泌至乳汁，并有抑制泌乳作用，故哺乳期妇女慎用。②老年患者容易发生抗 M 胆碱样副作用，如排尿困难、便秘、口干，应慎用本品。③青光眼、前列腺肥大、高热患者禁用。④不宜同胃肠促动力药合用。

（2）药物评价 ①作用广泛，但因选择性差，故不良反应较多。②为临床常用的缓解内脏绞痛药，对胃肠绞痛疗效好，但对胆绞痛、肾绞痛的疗效较差，对心绞痛无效。

【商品信息】于 1831 年在颠茄中分离获得，我国于 1958 年由杭州民生药厂从植物中分离成功。主要剂型以片剂、注射剂为主。原料药按医疗用毒性药品管理。国内生产企业有西南药业、河南天方药业、杭州民生药业等。

【贮藏】密闭保存。

> **请你想一想**
> 同为胃肠解痉药，阿托品、山莨菪碱、东莨菪碱有什么区别？

其他胃肠解痉药见表11-5。

表11-5　其他胃肠解痉药

药品名称	药品特点
山莨菪碱	对胃肠平滑肌选择性较高，不良反应较阿托品低；不易透过血-脑屏障，故很少出现中枢作用
东莨菪碱	作用与阿托品相似，尤其对眼及腺体作用比阿托品强，有较强的中枢抑制及抗晕止吐作用，多用于麻醉前给药、震颤麻痹、晕动病等，不良反应与阿托品相似
溴丙胺太林	对胃肠道平滑肌有较高选择性，解痉作用强而持久，并能抑制胃酸分泌，主要用于消化性溃疡及胃肠绞痛

任务三　促胃肠动力药

岗位情景模拟

情景描述　患者，女，52岁，近段时间因"胃胀、食欲减退"到药店购药。

讨论　1. 你认为该患者最大可能出现什么病症？

2. 你认为该患者最适合用什么药物？

促胃肠动力药主要通过阻断多巴胺受体和5-羟色胺受体，刺激乙酰胆碱的释放，从而增强胃及十二指肠的推进性蠕动，协调幽门的收缩，广泛用于胃肠胀满、食管反流以及放化疗病人恶心呕吐的治疗。现在临床上应用的胃动力药主要有甲氧氯普胺、多潘立酮、西沙必利、莫沙必利等。

你知道吗

胃动力障碍

胃动力障碍是常见的消化道疾病之一，占消化系统疾病的20%~40%。其中以胃食管反流病、功能性消化不良、胃轻瘫最为常见，临床主要表现为胃肠道运动功能低下而导致胃部不适、胃胀、食欲不振等。多由饮食不节包括进食过多、过度摄入高脂肪、高蛋白及饮酒过量等引起。

多潘立酮[典][基][医保(甲/乙)]

Domperidone

【商品名】吗丁啉，胃得灵，motilium

【适应证】用于治疗胃排空缓慢、慢性胃炎、胃食管反流等引起的消化不良，如腹胀、嗳气、恶心、呕吐等；对偏头痛、放射治疗、非甾体抗炎药等引起的恶心、呕吐均有效；也可用于治疗老年因各种器质性或功能性胃肠道障碍引起的恶心、呕吐。

【代表制剂及用法】多潘立酮片：白色片，规格为10mg。一次10~20mg，一日3次，饭前服用。

多潘立酮混悬剂：白色混悬液，味甜。规格为 1ml：1mg。成人一日 3~4 次，一次 10ml（相当于 10mg）；儿童一日 3~4 次，每次每千克体重 0.3ml（相当于 0.3mg）。饭前服用。

多潘立酮滴剂：乳白色悬浮剂，规格为 1ml：10mg。成人一次 0.5~1ml。

【典型不良反应】①可引起轻度腹部痉挛、腹泻、皮疹、神经过敏、头痛、头晕等。②长期使用可导致血清泌乳素水平升高、溢乳、男子乳房女性化等，但停药后即可恢复正常。

【用药指导】（1）用药注意 ①机械性肠梗阻、肠道出血者禁用；孕妇及 1 岁以下儿童慎用；哺乳期妇女使用本品期间应停止哺乳。②儿童给药时，建议使用多潘立酮混悬剂。③用药期间可出现血清泌乳素水平升高，可引起妇女非哺乳期泌乳、更年期后妇女月经失调及男性乳房胀痛，但停药后可恢复正常。④抗胆碱药会减弱本品的作用，不宜同服；多潘立酮能缩短胃黏膜保护药在胃内的作用时间，降低这些药物的疗效，不宜同服。

（2）药物评价 ①本品能促进胃肠蠕动，加速胃排空，防止胆汁反流，但对下段小肠和结肠无明显作用。②本品不易通过血-脑屏障，对脑内多巴胺受体无抑制作用，因此无明显的锥体外系不良反应。③本品现已成为国内临床最主要的胃动力药。

【商品信息】由比利时杨森（Janssen）制药公司开发。我国于 1991 年投产，目前国内生产企业有西安杨森制药、丽珠集团丽珠制药厂、江苏豪森药业、江西汇仁药业等。以片剂、混悬剂、栓剂和滴剂为主。

> **请你想一想**
> 1. 甲氧氯普胺和多潘立酮二者有何区别？
> 2. 与西沙比利相比，莫沙必利有哪些优点？

【贮藏】遮光，密闭保存。

其他常用胃肠动力药见表 11-6。

表 11-6 其他常用胃肠促动力药

药品名称	药品特点
甲氧氯普胺	有较强的中枢性镇吐和胃肠兴奋作用，也可刺激泌乳素释放，但易引起锥体外系反应
西沙必利	全胃肠促动力药，可引起心脏 Q-T 间期延长和室性心律失常
莫沙必利	选择性作用于上消化道，对结肠运动无影响，不会引起锥体外系反应，也不会引起 Q-T 间期延长、室性心律失常和泌乳素分泌增多的副作用

任务四 助消化药

岗位情景模拟

情景描述 患者，男，中学生，因午餐时饭菜可口，于是多吃了 2 碗饭，现出现胃胀、反酸、想吐症状到药店购药。

讨论 　1. 你认为该患者最大可能出现什么病症？

　　　　2. 你认为该患者最适合用什么药物？

助消化药是促进胃肠道消化过程、增强消化功能的药物，大多数助消化药本身就是消化液的主要成分。在消化液分泌不足时，用它们能起到替代消化液的作用。另外，有些药物能促进消化液的分泌，或制止肠道过度发酵，也用作消化不良的辅助治疗。常用助消化药有胃蛋白酶、胰酶、多酶片、乳酶生、干酵母等。

多酶片
Multienzyme Tablets

【**适应证**】用于治疗胰腺疾病引起的消化障碍和胃蛋白酶缺乏或消化机能减退引起的消化不良症。

【**代表制剂及用法**】多酶片：每片含胰酶300mg，胃蛋白酶13mg。口服，一次2～3片，一日3次。

【**典型不良反应**】口服不良反应少。

【**用药指导**】（1）用药注意　①本品为复方制剂，因主要成分胰酶在酸性条件下易被破坏，故服用时切勿嚼碎。②含金属铝的制剂可能影响本品疗效，不主张合用，也不宜与抗酸药合用。③不宜用热水、茶水送服。

（2）药物评价　①本品价格便宜、助消化作用突出，为临床常用药。②本品为双层包衣片，内层为胰酶，包肠溶衣；外层为胃蛋白酶包糖衣。具有复合消化酶的功能。

请你想一想

多潘立酮和多酶片多可以治疗消化不良，二者有何区别？

【**商品信息**】目前国内生产企业有四川蜀中制药、浙江嘉兴生物化学制药厂、沈阳济世制药、山东菏泽希力药业等。

【**贮藏**】遮光，密闭，在阴凉干燥处保存。

其他常用助消化药见表11-7。

表11-7　其他常用助消化药

药品名称	主要特点
胃蛋白酶	本品能在胃酸参与下使凝固的蛋白质分解成蛋白胨和少量多肽
胰酶	本品可促进蛋白质、淀粉及脂肪的消化，从而增强食欲
乳酶生	本品为活肠球菌的干燥制剂，在肠内分解糖类生成乳酸，使肠内酸度增高，从而抑制腐败菌的生长繁殖，并防止肠内发酵，减少产气，因而有促进消化和止泻作用
干酵母	本品为酵母菌的干燥菌体，富含B族维生素，对消化不良有辅助治疗作用

任务五 泻药与止泻药

岗位情景模拟

情景描述 患者，女，52岁，便秘多年，表现为便干，排出费力，大便2~3日一次，排便时间延长，每次20分钟左右，甚者半小时，本次3日未排便到药店寻求帮助。

讨论 1. 您认为该患者适合使用什么药？

2. 针对患者情况，您应该从哪些方面进行指导？

一、泻药

泻药是能增加肠内水分，促进蠕动，软化粪便或润滑肠道，促进排便的药物，主要用于功能性便秘。

你知道吗

便 秘

便秘是指各种原因引起的排便困难、排便次数减少、排便不尽感，分为功能性便秘和继发性便秘两类。各年龄人群均可出现，其中又以老年人及女性居多。多与不良生活习惯（如食物过于精细、高糖饮食、饮水量少、活动量少、久坐、人为抑制便意等）、社会压力、疾病影响（如痔疮、肿瘤压迫造成梗阻、直肠前突等）等因素有关。

缓解便秘应首先从日常生活调理入手，如增加膳食纤维的摄入、保证充分的水分摄入、避免不良的生活习惯等，其次再是使用药物。

治疗便秘常用缓泻药。临床常用的泻药按其作用机制可分以下几类。

1. 容积性泻药 本类药物多为不易被肠壁吸收而又易溶于水的盐类，口服后在肠内形成高渗盐溶液，使肠腔水分增加，容积加大，刺激肠黏膜，使肠管蠕动增强而排便。药物有硫酸镁、硫酸钠等。

2. 刺激性泻药 这类药本身或其在体内的代谢产物刺激肠壁，使肠蠕动加强而促进排便。药物有比沙可啶、乳果糖、酚酞等。

3. 润滑性泻药 这类药物能润滑肠壁，软化大便，使粪便易于排出。药物有甘油、山梨醇等。

比沙可啶[典]

Bisacodyl

【商品名】便塞停，变爽，乐可舒

【适应证】用于治疗急慢性便秘和习惯性便秘。

【代表制剂及用法】比沙可啶肠溶片：肠溶衣片，除去肠衣后显白色，规格为

5mg。口服，成人 1 次 1~2 片，每日 1 次，整片吞服。

比沙可啶栓：规格为 10mg。塞入肛门，1 次 1 枚（10mg），每日 1 次。

【典型不良反应】①过量使用可引起腹泻、水电解质异常，直肠给药可有一定的刺激性、引起直肠炎。②长期使用可产生对本品的依赖，突然停药可引起严重的便秘。

【用药指导】（1）用药注意　①孕妇、6 岁以下儿童禁用；急腹症（阑尾炎、胃肠炎、直肠出血、肠梗阻）、严重水电解质紊乱、肛门破裂或痔疮溃疡者禁用。②口服时不得咀嚼或压碎，服药前 2 小时不宜服牛奶或抗酸药。③不宜长期应用，若连续使用 3 天均无效，应立即就医。④长期用药可能引起结肠功能紊乱、电解质紊乱以及对泻药的依赖性。

（2）药物评价　①本品对急、慢性便秘均有较好疗效，对消化道检查前及手术前后肠道内容物的清除也有较好疗效。②不良反应较少，一般停药后消失，耐受好。

【商品信息】目前国内生产企业有中国药科大学制药有限公司、厦门迈克制药、河北康泰药业等。

【贮藏】遮光，密封保存。

开塞露[典][基][医保（甲）]

Kaisailu

【适应证】用于小儿及老年体弱者便秘的治疗。

【代表制剂及用法】开塞露（含山梨醇）：无色黏稠液体。每支 20 ml，含山梨醇、硫酸镁、尼泊金乙酯、苯甲酸钠。将容器顶端刺破或剪开，涂以油脂少许，缓慢插入肛门，然后将药液挤入直肠内，成人一次一支，儿童一次半支。

开塞露（含甘油）：无色黏稠液体。每支 10ml；20ml，含甘油、硫酸镁、尼泊金乙酯、苯甲酸钠。将容器顶端刺破或剪开，涂以油脂少许，缓慢插入肛门，然后将药液挤入直肠内，成人一次 20ml，儿童一次 10ml。

【典型不良反应】外用无不良反应。

【用药指导】（1）用药注意　①注药导管的开口应光滑，以免擦伤肛门或直肠。②儿童必须在成人监护下使用。③将此药放在儿童接触不到的地方。

（2）药物评价　①本品通过润滑并刺激肠壁，软化大便而排便。②本品为润滑剂，用于较轻的便秘，对于严重便秘、大便干结成硬块者效果不明显。

请你想一想
应如何指导患者正确使用开塞露？

【商品信息】目前国内生产企业有南通海尔斯药业、锦州天龙药业、江西德成制药等。

【贮藏】遮光，密封保存。

其他常用泻药见表 11-8。

表 11-8　其他常用泻药

药品名称	主要特点
硫酸镁	口服泻下作用剧烈，兼有利胆作用；泻下作用一般在服药后 2 小时出现，宜在清晨空腹服用，同时大量饮水以防止脱水
酚酞	泻下作用缓和，宜在临睡前服用
乳果糖	可用于慢性功能性便秘及高血氨、血氨升高引起的疾病
聚乙二醇 4000	用于成人及 8 岁以上儿童便秘者

二、止泻药

止泻药可通过减少肠道蠕动或保护肠道免受刺激而达到止泻之效。属于本类的药物包括阿片制剂（如复方樟脑酊）、收敛保护药（如鞣酸蛋白、次碳酸铋）、吸附剂（如蒙脱石、药用炭），具有收敛及减少肠道蠕动药（如地芬诺酯、洛哌丁胺）等。

蒙脱石[典][基][医保(甲/乙)]
Dioctahedral Smectite

【商品名】思密达，必奇，肯特令

【别名】双八面体蒙脱石

【适应证】主要用于治疗急、慢性腹泻，尤以对儿童急性腹泻疗效为佳，但在必要时应同时治疗脱水。也用于食管炎及与胃、十二指肠、结肠疾病有关疼痛的对症治疗。

【代表制剂及用法】蒙脱石散：规格为每袋 3g。成人一日 3 次，一次 3g；两岁以上幼儿一日 2~3 次，一次 3g；1~2 岁幼儿一日 1~2 次，一次 3g；1 岁以下幼儿一日 3g，分两次服用。治疗急性腹泻首剂量应加倍。将本品溶于半杯温水中送服。

蒙脱石分散片：灰白色或类白色片，味香甜，规格为每片 1.0g。成人每次 3g，每日 3 次；1 岁以下儿童每次 1g，每日 3 次；1~2 岁儿童每次 1~2g，每日 3 次；2 岁儿童以上每次 2~3g，每日 3 次。治疗急性腹泻时，首次剂量加倍。将本品放入 50ml 温水中，搅拌，待充分分散后服用；或吞服。

【典型不良反应】少数人可能产生轻度便秘。

【用药指导】（1）用药注意　①治疗急性腹泻时，应注意纠正脱水。②少数患者如出现轻微便秘，可减少剂量继续服用。③本品可能影响其他药物的吸收，必须合用时应在服用本品之前 1 小时服用其他药物。

（2）药物评价　①本品主要在肠腔发挥作用，不进入血液循环，副作用小。②口感好，易于接受，尤其适合婴幼儿患者。

请你想一想

蒙脱石散服用时需要注意什么？

【商品信息】目前国内生产企业有博福-益普生（天津）制药、先声药业、扬子江药业、浙江海力生制药、南京白敬宇制药、太阳石（唐山）药业等。主要制剂有散剂、分散片、颗粒剂、混悬液等。

【贮藏】密封，在干燥处保存。

其他常用止泻药见表 11 – 9。

表 11 – 9　其他常用止泻药

药品名称	主要特点
洛哌丁胺	可用于各种急慢性腹泻，尤其适用于临床应用其他止泻药效果不显著的慢性功能性腹泻
地芬诺酯	适用于各种急慢性功能性腹泻，具有中枢抑制作用，长期使用可产生依赖性
药用炭	本品能有效吸附胃肠道有毒物质达到止泻作用，适用于食物及生物碱等引起的中毒及腹泻、腹胀气等
鞣酸蛋白	能在小肠分解出鞣酸，使肠黏膜表层蛋白凝固，形成一层保护膜，减轻刺激及肠蠕动，有收敛、止泻作用

任务六　微生态制剂

岗位情景模拟

情景描述　年轻妈妈到药店给 2 岁半儿子买药，她说儿子平时饮食一直正常，也没有吃不卫生饮食，但最近两天就是拉肚子，饮食也不好，听人说给小孩吃"益生菌"可以缓解症状，于是到药店来购买"益生菌"。

讨论　1. 你认为该患儿可以使用什么药？

　　　　2. 针对你推荐的药物，你觉得服用时应注意什么？

微生态制剂又称微生态调节剂，能调整微生态失调，保持微生态平衡，提高宿主健康水平或增进健康状态的益生菌及其代谢产物和促进物质制成的制剂。

临床常用的微生态药物有丽珠肠乐（双歧杆菌）、整肠生（地衣芽孢杆菌）、促菌生（蜡样芽孢杆菌）、米雅（酪酸梭菌）、培菲康（三联菌制剂，主要含双歧杆菌、嗜酸乳杆菌及肠球菌）、金双歧（含双歧杆菌、保加利亚乳杆菌和嗜热链球菌）等。

你知道吗

人体微生态系统

人体微生态系统包括口腔、皮肤、泌尿、胃肠道四个微生态系统。以肠道微生态系统最为主要、最为复杂。人肠道中的细菌细胞数达 10^{14} 个，除细菌外，人体还存在正常病毒群、正常真菌群、正常螺旋体群等，各有其生理作用。生理状态下，人肠道内的各种细菌相互制约，处于一种相对平衡的状态，这种平衡有利于正常菌群为人体合成维生素、促进人体生长发育和物质代谢以及免疫防御等功能。如果由于某种原因肠道内某种细菌过度生长，或在长期应用抗生素时，一些正常的肠道菌群可能受到抑制，造成肠道菌群比例失调，则会引起腹泻等相关疾病。

双歧杆菌活菌胶囊[医保(乙)]

Live Bifidobacterium Capsules

【商品名】丽珠肠乐

【适应证】用于治疗肠菌群失调引起的肠功能紊乱，如急、慢性腹泻，便秘等。

【代表制剂及用法】丽珠肠乐胶囊：内容物为灰白或灰黄色粉末，规格为每粒0.35g（含双歧杆菌活菌0.5亿），成人一次0.35~0.70g，餐后口服，早晚各1次。

【典型不良反应】少数病例可出现过敏反应，如皮疹；偶可见大便干燥、腹胀。

【用药指导】（1）用药注意　①本品为活菌制剂，服用时不宜用热水送服用。②抗酸药、抗菌药与本品合用时可减弱其疗效，应分开服用。③铋剂、鞣酸、药用炭、酊剂等能抑制、吸附或杀灭活菌，故不能合用。④勿将本品置于高温处。

> **请你想一想**
> 双歧杆菌活菌胶囊服用时需要注意什么？

（2）药物评价　①本品治疗腹泻、便秘，以菌制菌，维护肠道菌群平衡，具有治肠、养肠的双向调节功效，副作用小。②能够合成各种维生素和微量元素，促进营养吸收。

【商品信息】目前国内生产企业有丽珠集团丽珠制药厂等。

【贮藏】冷处，密封保存。

其他常用微生态制剂见表11-10。

表11-10　其他常用微生态制剂

药品名称	主要特点
双歧杆菌三联活菌制剂	可直接补充正常生理性细菌，调节肠道菌群，能抑制肠道中对人体具有潜在危害的菌类甚至病原菌
地衣芽孢杆菌活菌颗粒	本品所含益生菌不属于肠道固有菌种，不能在肠道中定植，仅起治疗作用而无远期不良反应

任务七　肝胆疾病辅助药

一、治疗肝炎辅助药

治疗肝病的药物有许多，按其药理作用可分为抗肝炎病毒药、免疫调节药、抗肝细胞坏死药、促肝细胞修复药等。

联苯双酯[典][基][医保(甲)]

Bifendate

【商品名】扶健

【适应证】临床用于治疗慢性迁延性肝炎伴ALT升高者，也可用于治疗化学毒物、药物引起的ALT升高。

【代表制剂及用法】联苯双酯滴丸：糖衣滴丸，每丸 1.5mg。口服，1 次 7.5mg，一日 3 次，必要时 1 次 9 ~ 15mg，一日 3 次。

【典型不良反应】少数患者可出现口干、轻度恶心，偶有皮疹。

【用药指导】（1）用药注意 ①孕妇、哺乳期妇女禁用；老年患者慎用；儿童用药酌减。②肝硬化者禁用，慢性活动性肝炎者慎用。③少数患者用药过程中 ALT 可回升，加大剂量可使之降低。④个别患者于服药过程中可出现黄疸及病情恶化，应停药。

（2）药物评价 ①本品对多种化学毒性物质引起的 ALT 升高均有明显的降低作用，并具有降酶速度快、降幅大的特点。②联苯双酯近期降 ALT 的作用显著，降酶作用随疗程的延长而逐渐提高；对单项 ALT 增高者效果较好，对乙型病毒性肝炎表面抗原阴性者较阳性者明显，一般服药 2 周 ALT 即可下降，4 ~ 6 周可达正常。③本品远期疗效较差，停药后可能有反跳症状，反跳病例可再重新服药，服药后 ALT 仍可下降，甚至恢复正常。

> **请你想一想**
> 联苯双酯滴丸在服用时需要注意什么？

【商品信息】国内生产企业有广州星群股份有限公司、浙江温岭制药厂、苏州医药集团有限公司、北京双桥制药公司、北京协和药厂等。

【贮藏】避光，密闭保存。

肌苷 [典]

Inosine

【适应证】临床用于治疗急性肝炎和慢性肝炎、肝硬化、肝性脑病；也可用于白细胞减少症、血小板减少症；可作为冠心病、心肌梗死、风湿性心脏病、肺源性心脏病的辅助药物；还可作为中心性视网膜炎、视神经萎缩等疾病的辅助药。

【代表制剂及用法】肌苷胶囊：内容物为白色粉末，规格为每粒 0.2g。口服，成人一次 0.2 ~ 0.6g，一日 3 次；小儿一次 0.1 ~ 0.2g，一日 3 次。

肌苷片：白色片或糖衣片或薄膜衣片，除去包衣后显白色，规格为每片 0.2g。口服，成人一次 0.2 ~ 0.6g，儿童一次 0.2g，一日 3 次。

肌苷口服溶液：无色至微黄色液体，规格有 10ml：0.1g；10ml：0.2g；20ml：0.2g；20ml：0.4g。口服，成人一次 0.2 ~ 0.6g，一日 3 次。

【典型不良反应】偶见胃部不适。

【用药指导】（1）用药注意 ①对本品过敏者禁用。②本品应在医师确诊患者为慢性肝炎后作为肝病的辅助治疗药物。③应定期进行肝功能检查。

（2）药物评价 ①属于酶类保肝药。②在体内转变为肌苷酸及三磷腺苷，参与细胞的能量代谢和蛋白质合成。提高辅酶 A 与丙酮酸氧化酶的活性，使细胞在缺氧状态下继续进行代谢，活化肝脏功能，促进受损肝脏的恢复。

> **请你想一想**
> 肌苷片在服用时需要注意什么？

【商品信息】国内生产企业有上海信谊药业、广州市香雪制药、江西制药、天津药业焦作。主要制剂有片剂、胶囊剂、口服液、颗粒剂、注射液、粉针等。

【贮藏】遮光，密封保存。

其他常用肝炎辅助药见表 11 - 11。

表 11 - 11　其他肝炎辅助药

药品名称	主要特点
甘草酸二铵	用于伴有 ALT 升高的急慢性病毒性肝炎的辅助治疗，本品短期内效果显著，但停药后可能有反跳
多烯磷脂酰胆碱	用于辅助改善中毒性肝损伤及脂肪肝和肝炎患者的食欲减退，右上腹压迫感
还原型谷胱甘肽	本品可用于肝损伤（病毒性肝病、中毒性肝损伤、脂肪肝、肝硬化等）、肾损伤、放化疗保护、糖尿病并发症及缺血缺氧性脑病等
复方甘草酸苷	用于治疗慢性肝病，改善肝功能异常，也可用于治疗湿疹、皮肤炎、斑秃等
葡醛内酯	用于急、慢性肝炎的辅助治疗

二、利胆药

利胆药主要通过促进胆汁分泌或排泄，利于解痉、消炎、缓解症状、解除痛苦。临床常用利胆药按作用方式可分为以下几类：①促进胆汁分泌药，如去氢胆酸、熊去氧胆酸、鹅去氧胆酸、苯丙醇等。②促进胆汁排空药，如硫酸镁等。

苯丙醇[典]

Phenylpropanol

【别名】利胆醇

【适应证】主要用于胆囊炎、胆道感染、胆石症、胆道手术后综合征和高胆固醇血症等。

【代表制剂及用法】苯丙醇软胶囊：内容物为无色或微黄色油状液体，有芳香气，味甜、辛。规格有 0.1g；0.2g。口服，成人一次 0.1 ~ 0.2g，一日 3 次。餐后服用。

【典型不良反应】不良反应轻微，偶有胃部不适，减量或停药后即消失。

【用药指导】（1）用药注意　①肝性脑病、胆道阻塞性黄疸、胆囊积脓、严重肝功能减退、高胆红素血症、急性肝炎患者禁用。②孕妇（尤其是妊娠期前 3 个月）应慎用。③如应用本品超过三周，每日剂量不宜超过 0.2g。

（2）药物评价　①本品为强效利胆药，具有促进胆汁分泌、排除结石及降低胆固醇作用。口服能帮助消化，增加食欲，排除小胆石，临床对胆囊炎、胆石症等治疗都有较好疗效。②本品能有效防止胆固醇代谢失调、酸性黏糖蛋白阻滞、胆汁淤积、胆道阻塞、胆道感染、胆红素沉淀、黄疸等内源性侵袭因子的有害作用。

【商品信息】目前国内生产企业有神威药业、上海信谊延安药业、北京双鹤药业等。

【贮藏】密封保存。

熊去氧胆酸^{[典][基][医保(甲)]}

Ursodeoxycholic Acid

【商品名】 优思弗，Ursofalk

【适应证】 主要用于治疗固醇型胆囊结石，且必须是 X 射线能穿透的结石，同时胆囊收缩功能正常者。也可用于预防药物性结石形成及治疗脂肪痢（回肠切除术后）。

【代表制剂及用法】 熊去氧胆酸片：白色片，规格有 50mg；150mg。口服，利胆，一次 50mg，一日 150mg，早、晚进餐时分次给予。疗程最短为 6 个月，6 个月后超声波检查及胆囊造影无改善者可停药；如结石已有部分溶解则继续服药直至结石完全溶解。

熊去氧胆酸胶囊：内容物为白色的粉末或颗粒，每粒 250mg。溶石治疗，按体重一次 10mg/kg 给药，一日 1 次，睡前顿服，一般疗程 6~24 个月。

【典型不良反应】 ①常见腹泻，偶见便秘、胃痛、胰腺炎等。②偶可见头痛、头晕、皮肤可出现瘙痒、关节痛、关节炎、背痛和肌痛、脱发、心动过速等。

【用药指导】（1）用药注意　①孕妇及哺乳期妇女、老年患者慎用；胆道完全梗阻和严重肝功能减退者禁用。②本品不能溶解胆色素结石、混合结石及不透 X 射线的结石；如治疗胆固醇结石中出现反复胆绞痛发作，症状无改善甚至加重，或出现明显结石钙化时，则宜中止治疗，并进行外科手术。③长期使用本品可增加外周血小板的数量。④本品不宜与考来烯胺或含氢氧化铝的制酸剂同时合用。⑤治疗期间宜进食含低胆固醇的食物以增强本药的溶石作用。

（2）药物评价　①毒性和副作用比鹅去氧胆酸小。②为肠肝循环药物，血药浓度很低。

【商品信息】 我国进口的熊去氧胆酸胶囊（优思佛胶囊）由德国福克制药有限公司生产。目前国内生产企业有辅仁药业、上海信谊、上海雷允上药业、江西昂泰药业等。

> **请你想一想**
> 苯丙醇和熊去氧胆酸都能治疗胆石症，其临床适应证有什么区别？

【贮藏】 遮光，密封保存。

其他常用利胆药见表 11 - 12。

表 11 - 12　其他常用利胆药

药品名称	主要特点
去氢胆酸	本品有利胆作用，可促进胆汁分泌，增加胆汁容量，使胆道畅通，对消化脂肪也有一定的促进作用，用于慢性胆囊炎的辅助治疗
羟甲香豆素	本品具有明显的利胆作用，有利于结石排出，用于治疗胆囊炎、胆石症、胆道感染、胆囊术后综合征
腺苷蛋氨酸	肝硬化前和肝硬化所致肝内胆汁淤积，妊娠期肝内胆汁淤积

目标检测

一、选择题

1. 某患者长期工作紧张，不能按时就餐，并且时常饮酒应酬，导致胃溃疡，可服用（　　）进行治疗。

　　A. 蒙脱石散　　　B. 西沙比利片　　　C. 维 U 颠茄铝胶囊 D. 多酶片

2. 某患者患有胃溃疡，幽门螺杆菌（Hp）检查呈阳性。可选用（　　）与克拉霉素、替硝唑同服进行根治。

　　A. 维 U 颠茄铝胶囊　　　　　　　B. 奥美拉唑胶囊

　　C. 西咪替丁片　　　　　　　　　　D. 阿托品片

3. 下列药物中不宜与抗生素同时服用的是（　　）。

　　A. 奥美拉唑胶囊　　　　　　　　　B. 枸橼酸铋钾颗粒

　　C. 地衣芽孢杆菌活菌颗粒　　　　　D. 胶体果胶铋胶囊

4. 下列药物中不宜咀嚼后吞服的是（　　）。

　　A. 复方氢氧化铝片　　　　　　　　B. 硫糖铝片

　　C. 枸橼酸铋钾片　　　　　　　　　D. 多酶片

二、思考题

1. 枸橼酸铋钾在用药期间出现舌、大便呈黑色是否正常？
2. 消化性溃疡为何要加服抗幽门螺杆菌药？

（秦付林）

书网融合……

　　　e 微课　　　　　划重点　　　　　自测题

PPT

▶▶ 项目十二 心血管系统药

学习目标

知识要求

1. **掌握** 心血管系统常用药品的名称、适应证、用药指导。

2. **熟悉** 常见心血管系统药品的代表制剂及用法、典型不良反应。

3. **了解** 常见心血管系统药品的商品信息。

能力要求

1. 能按用途、剂型及分类管理要求陈列药品并对其进行正常养护。

2. 对本类药品进行全面评价，能根据顾客的病情辅助指导心血管药品的合理使用。

3. 能介绍新上市品种的特点，进行同类药品的比较。

心血管疾病是危害人类健康的严重疾病，是造成人类死亡的主要原因之一。心血管疾病的高发生率与死亡率，引导了药物研发与生产的方向。到 2019 年，心血管系统药物市场规模为 965.85 亿美元，同比增长 2.8%。

本类药物按临床用途将其分为调血脂药、抗高血压药、抗心绞痛药、抗心力衰竭药、抗心律失常药以及抗血栓药等，如图 12 - 1 所示。由于本类药物基本上都是处方药，结合药品经营特点及药物使用的专业性特点，本项目仅介绍各类别中的常用品种及口服制剂。

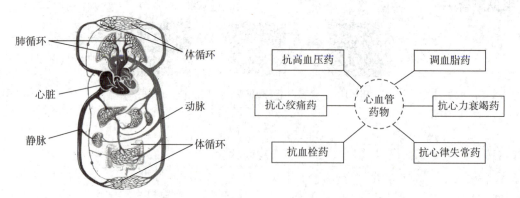

图 12 - 1 循环系统及循环系统主要药物

任务一　调血脂药

血脂是血浆中的胆固醇、三酰甘油及类脂（如磷脂）等的总称，与临床密切相关的是胆固醇（TC）和三酰甘油（TG）。血脂不溶于水，在血液中必须与特殊的蛋白质（即载脂蛋白）结合形成易溶于水的复合物才能溶于血液，被运输至组织进行代谢，这种复合物就是脂蛋白。应用超速离心的方法，脂蛋白将分为：乳糜微粒（CM）、极低密度脂蛋白（VLDL）、中间密度脂蛋白（IDL）、低密度脂蛋白（LDL）、高密度脂蛋白（HDL）。其中 IDL、LDL 和 HDL 为富含胆固醇的脂蛋白，CM 和 VLDL 为富含三酰甘油的脂蛋白。LDL 增高是动脉粥样硬化发生、发展的主要危险因素，而 HDL 通过逆运转胆固醇机制，有抗动脉粥样硬化作用。

血脂异常，尤其是以低密度脂蛋白胆固醇（LDL - C）或血清总胆固醇（TC）升高为特点的血脂异常是动脉粥样硬化性心血管疾病（ASCVD）重要的危险因素（图12 - 2）。因此，有效控制血脂异常，尤其是降低 LCL - C 治疗已成为防治动脉粥样硬化的关键。

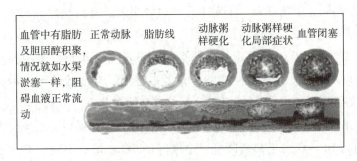

血管中有脂肪及胆固醇积聚，情况就如水渠淤塞一样，阻碍血液正常流动　正常动脉　脂肪线　动脉粥样硬化　动脉粥样硬化局部症状　血管闭塞

图 12 - 2　动脉粥样硬化形成示意图

目前常用的调血脂药主要包括以下几类。

1. HMG - CoA 还原酶抑制药　简称他汀类，常用药有辛伐他汀、洛伐他汀、普伐他汀、阿托伐他汀钙等。

2. 苯氧酸类，或称贝特类　常用药有氯贝丁酯、非诺贝特、吉非罗齐等。

3. 烟酸及其衍生物　常用药有烟酸、阿昔莫司等。

4. 胆酸螯合药　常用药有考来烯胺、考来替泊等。

5. 胆固醇吸收抑制剂　常用药有依折麦布。

6. 其他类　常用药有普罗布考、泛硫乙胺等。

一、他汀类

他汀类药物通过竞争性抑制 HMG - CoA 还原酶从而减少内源性胆固醇合成，降低血浆胆固醇水平。因 HMG - CoA 还原酶活性高峰时间是在半夜，故晚间服用降脂效果更好。除了调脂作用外，他汀类还具有稳定斑块、保护血管内皮细胞及肾脏保护等作用。用他汀类药物治疗 4～6 周后应复查血脂。

辛伐他汀^{[典][基][医保(甲)]}

Simvastatin

【商品名】舒降之，新达苏

【适应证】①高胆固醇血症和混合型高脂血症。②冠心病和缺血性脑卒中的防治。

【代表制剂及用法】辛伐他汀片：5mg；10mg；20mg。辛伐他汀咀嚼片：20mg；40mg。辛伐他汀分散片：20mg。辛伐他汀胶囊：5mg；10mg；20mg。口服，成人常用量：一次 10～20mg，一日 1 次，晚餐时服用。对于因存在冠心病、糖尿病、周围血管疾病、脑卒中或其他脑血管疾病史的高危患者，推荐的起始剂量为每天 20～40mg。剂量可按需要调整，每日最大剂量 40mg。

【典型不良反应】主要表现有胃肠道不适、头痛、眩晕、皮疹等。少见的反应有阳痿、失眠。罕见的有：①肌痛、肌炎、横纹肌溶解。横纹肌溶解可导致肾功能衰竭，与免疫抑制药、吉非罗齐、红霉素、酮康唑、烟酸等合用可增加发生率。②急性胰腺炎，见于治疗三个月内。

【用药指导】（1）用药注意　①对本品有过敏史者、有活动性肝病或丙氨酸氨基转移酶持续升高者禁用。②孕妇和哺乳期妇女、乙醇饮用量过大或既往有肝脏病史的患者慎用本品。③肌毒性是他汀类药品最严重的不良反应。④与口服抗凝药合用可使凝血酶原时间延长，使出血的危险性增加。⑤考来替泊、考来烯胺可使本品的生物利用度降低，故应在服用前者 4 小时后服本品。⑥宜与饮食共进，以利于吸收。

（2）药物评价　①辛伐他汀竞争性抑制 HMG－CoA 还原酶从而减少内源性胆固醇合成，使 TC 和 LDL－C 水平显著降低，中度降低 TG 和增高 HDL－C 水平。②口服吸收良好，约 2 周起效，4～6 周作用达高峰，长期治疗停药后效果可持续 4～6 周。

【商品信息】由英国 Merck Sharp & Dohn 公司开发，1988 年 9 月在英国首次上市，国内首次注册时间为 1992 年。目前国内生产企业有杭州默沙东制药、扬子江药业、浙江瑞邦大药厂等。

【贮藏】遮光，密封保存。

瑞舒伐他汀^{[典][基][医保(乙)]}

Lovastatin

【商品名】可定，瑞旨

【适应证】高胆固醇血症和混合型高脂血症。

【代表制剂及用法】瑞舒伐他汀钙片：圆形，每片 5mg；10mg；20mg，分别为黄色、粉红色和粉红色薄膜衣片。口服，常用起始剂量为 5mg，一日 1 次。对需要更有效降低 LDL－C 的患者，起始剂量可增加到 10mg，一日 1 次，最大剂量不超过一日 20mg。

【典型不良反应】一般耐受性良好，大部分不良反应轻微且为一过性。主要表现有胃肠道不适、头痛、眩晕、皮疹等。极少发生横纹肌溶解和肝炎/黄疸，极罕见有肝衰竭的发生。

【用药指导】（1）用药注意　①轻中度肾功能损害无需调整剂量，重度肾功能损害禁用。②其他与辛伐他汀相似。

（2）药物评价　①是目前降低 LDL – C 效力最强的他汀类药物。由于他汀类药品剂量增加 1 倍，而疗效仅增加 6% 左右，因此对需要使用大剂量治疗的患者，应首先选用强效他汀类。②可在一天内的任何时间一次服用，且不受进餐的影响。③药物口服 2 周内起效，与其他药物相互作用少。

【商品信息】国内的生产厂家有南京正大天晴、浙江京新药业和鲁南贝特制药。主要制剂有片剂、胶囊等。

【贮藏】遮光，在干燥处保存。

二、苯氧酸类

贝特类被认为是降低高甘油三酯血症最有效的药品，也能有效升高 HDL – D，尽管贝特类与他汀

> **请你想一想**
>
> 他汀类药物的最佳服药时间是什么？为什么？

类联用，肌病和横纹肌溶解的危险增加，但一般贝特类耐受性良好且不良反应轻微。

非诺贝特 [典] [基] [医保(乙)]

Fenofibrate

【商品名】力平之，利必非

【适应证】高脂血症，尤其是高甘油三酯血症、混合型高脂血症。

【代表制剂及用法】非诺贝特片：白色或类白色片，每片 0.1g。口服，一次 0.1g，一日 3 次，维持量一次 0.1g，一日 1 ~ 2 次。

非诺贝特缓释胶囊：每粒 0.25g。口服，每次 0.25g，一日 1 次。

【典型不良反应】①腹部不适、腹泻、便秘等胃肠道反应最常见，其他可有乏力、头痛、性欲丧失、阳痿、眩晕、失眠等。②也有可能引起肌炎、肌病和横纹肌溶解综合征，应慎与他汀类药物合用。③有胆石增加趋向。

【用药指导】（1）用药注意　①对非诺贝特过敏者、有胆囊疾病史或胆石症患者、严重肾功能不全或肝功能不全患者、原发性胆汁性肝硬化或不明原因的肝功能持续异常的患者、孕妇及哺乳期妇女禁用。②与抗凝药合用，增加出血危险，应酌减抗凝药剂量。③用药期间定期检查：血常规及血小板计数；肝功能试验；血胆固醇、三酰甘油或低密度与极低密度脂蛋白。④为减少胃部不适，可与饮食同服。另外，与食物同服可使非诺贝特的吸收增加。⑤治疗 2 个月后无效应停药。

（2）药物评价　①本品能降低胆固醇和三酰甘油，且降低胆固醇的效果由于其他贝特类，还能提高 HDL – C 和降低尿酸。②本品为氯贝丁酯的同类物，与氯贝丁酯相

比具有效果好、毒性较低的特点。

【商品信息】1975 年由法国利博福尼公司开发，1981 年首次在法国上市。本品的生产企业有法国利博福尼制药、上海爱的发制药、北京双鹤、修正药业等。

【贮藏】遮光，密封保存。

吉非罗齐[典][医保(乙)]
Gemfibrozil

【商品名】乐衡，常衡林

【适应证】高脂血症，尤其是高甘油三酯血症、混合型高脂血症。

【代表制剂及用法】吉非罗齐胶囊：每粒 0.15g；0.3g；0.6g。口服，1 次 0.3 ~ 0.6g，一日 2 次，早餐及晚餐前 30 分钟服用。

【典型不良反应】与非诺贝特相似。

【用药指导】（1）用药注意　①治疗 3 个月后无效应停药。②因显著增加横纹肌溶解的风险，不推荐与他汀类药物合用。③其他与非诺贝特相似。

（2）药物评价　降低三酰甘油为主，兼降低胆固醇。

【商品信息】由美国 Parke Davis（Wamer - Lambert）公司开发，1982 年 2 月在美国首次上市。目前国内生产企业有上海三维药业、哈药集团、浙江瑞新药业等。

> **请你想一想**
> 为什么一般不推荐他汀类药物与贝特类药物联合使用？

【贮藏】遮光，密封，在凉暗处保存。

其他常用的调血脂药如表 12 - 1。

表 12 - 1　其他常用的调血脂药

药品名称	药品特点
阿昔莫司	烟酸类衍生物，是目前已知唯一能升高 HDL 幅度最大的调脂药物
依折麦布	选择性抑制小肠中胆固醇的吸收，与他汀类药物联用有协同作用
普罗布考	人工合成的抗氧化剂，有抗动脉粥样硬化、调脂和延缓糖尿病肾病的作用

你知道吗

各型高脂血症的药物选择

从临床角度上可将高脂血症分为：①高胆固醇血症；②高甘油三酯血症；③低高密度脂蛋白血症；④混合型高脂血症。不同类型高脂血症的药物选择顺序，见表12 - 2。

表 12 - 2　治疗不同类型高脂血症的药物选择顺序

类别	首选药	次选药	其他药
高胆固醇血症	他汀类	胆酸螯合药	贝特类或烟酸类
高甘油三酯血症	贝特类	烟酸类	海鱼油制剂
混合型高脂血症			
TG 升高为主	贝特类	烟酸类	阿伐他汀
TC 和 LDL - C 升高	他汀类	烟酸类	贝特类
TC、TG 和 LDL - C 都升高	胆酸螯合药 + 贝特或烟酸类	他汀类 + 贝特或烟酸类	

任务二　抗高血压药 微课 1

 岗位情景模拟

　　情景描述　患者，男，30 岁，经检查，医生诊断为高血压（1 级、中危）。患者来药店购买药品，带来医生的处方如下：卡托普利片，每片 12.5mg，每次 12.5mg，一日 3 次。

　　讨论　1. 处方中药品的作用是什么？

　　　　　2. 店员应提醒病人哪些注意事项？

　　高血压为最常见的心血管疾病，被称为影响人类健康的"无形杀手"。据有关统计，目前全球高血压患者已经超过 10 亿人，其不只是表现为血压的升高，还会伤害肾、眼、心、脑，使得肾功能减退、视力下降，诱发冠心病、脑血栓等，严重的甚至会导致猝死。我国高血压患病率逐年升高，现有高血压患者超过 2.7 亿，估计每年新增高血压患者超 1000 万人，从南方到北方，高血压患病率递增。世界卫生组织（WHO）把每年的 5 月 17 日定为"世界高血压日"，我国把每年的 10 月 8 日定为"全国高血压日"，以更好地在全球范围内唤起人们对高血压防治的重视。

　　按照世界卫生组织（WHO）建议的血压标准是（＞ 18 岁）：收缩压应 ≤ 18.6kPa（140mmHg），舒张压应 ≤ 12kPa（90mmHg）。我国高血压水平的定义和分类见表 12 - 3。

表 12 - 3　我国高血压水平的定义和分类

类别	缩压（mmHg）	舒张压（mmHg）
正常血压	＜120	＜80
正常高值	120 ~ 139	80 ~ 89
高血压	≥140	≥90
1 级高血压（轻度）	140 ~ 159	90 ~ 99
2 级高血压（中度）	160 ~ 179	100 ~ 109
3 级高血压（重度）	≥180	≥110
单纯收缩期高血压	≥140	＜90

当收缩压和舒张压分属于不同级别时，以较高的分级为准。

有效降低或逆转因高血压导致的靶器官损害是高血压治疗的目的。24 小时稳定降压，有助于防止靶器官损害、猝死、脑卒中和心脏病发作。高血压的综合治疗分为药物治疗和非药物治疗。高血压一旦确诊后应坚持长期治疗、终身坚持治疗。联合治疗能提高疗效、降低不良反应。抗高血压药应用的基本原则如下。

（1）小剂量起始　初始治疗时应采用较小的有效治疗剂量，根据需要逐步增加剂量。

（2）优先选择长效制剂　尽可能使用每天给药 1 次而有持续 24 小时降压作用的长效药物，从而有效控制夜间血压与晨峰血压，更有效预防心脑血管并发症。如使用中短效制剂，则需每天给药 2 ~ 3 次，以达到平稳血压、控制血压的目的。

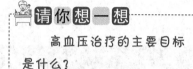

请你想一想

高血压治疗的主要目标是什么？

（3）联合用药　可增加降压效果又不增加不良反应；在低剂量单药治疗效果不满意时，可以采用两种或两种以上抗高血压药物联合治疗。事实上，2 级以上高血压为达到目标血压常需联合用药。

（4）个体化用药　根据患者具体情况、药物有效性和耐受性，兼顾患者经济条件及个人意愿，选择适合患者的抗高血压药物。

你知道吗

血压控制目标

2020 年 5 月 6 日国际高血压学会（ISH）发布了全球范围内适用的《ISH 2020 国际高血压实践指南》。血压控制目标如下。

· 基本目标（最低标准）：血压至少下降 20/10mmHg，最好是 <140/90 mmHg。

· 65 岁以下患者的血压最佳控制标准在 130/80mmHg 以下，不宜低于 120/70mmHg。

· 65 岁以上患者的血压最佳控制标准在 140/90mmHg 以下。但应根据具体情况灵活掌握。

· 伴糖尿病、慢性肾病、心力衰竭、COPD、血脂异常等并发症患者的血压控制更宜个体化，一般可以降至 130/80mmHg 以下。

· 脑卒中后高血压患者一般血压目标为 <130/80mmHg。

目前常用的口服抗高血压药如下。

1. 血管紧张素 I 转换酶抑制药（ACEI）　常用药有卡托普利、依那普利等。

2. 血管紧张素 II 受体拮抗药（ARB）　常用药有氯沙坦、缬沙坦。

3. β 受体阻断剂　常用药有普萘洛尔、美托洛尔等。

4. 钙拮抗剂（CCB）　常用药有尼群地平、氨氯地平等。

5. **利尿降压药**　常用药有氢氯噻嗪、吲达帕胺。

6. **α受体阻断剂**　常用药有哌唑嗪、多沙唑嗪等。

7. **中枢性降压药**　常用药有利血平、可乐定等。

8. **直接扩张血管药**　常用药有米诺地尔、肼屈嗪等。

9. **肾素抑制剂**　常用药有阿利吉仑。

一、血管紧张素Ⅰ转换酶抑制药

血管紧张素Ⅰ转换酶抑制剂（ACEI）可根据其与血管紧张素Ⅰ转换酶（ACE）分子表面锌原子相结合的活性基团而分成巯基类、羧基类和膦酸基类等三类。

（1）**巯基类**　常用药有卡托普利。

（2）**羧基类**　常用药有依那普利、贝那普利、赖诺普利、喹那普利、西拉普利、雷米普利等。

（3）**膦酸基类**　常用药有福辛普利。

ACEI对于高血压患者具有良好的靶器官保护和心血管重点事件预防作用。单用降压作用明确，对血糖、血脂代谢无不良影响。限盐或加用利尿剂可增加其降压效果。尤其适用于伴有冠心病、心力衰竭、左心室肥厚、慢性肾病、蛋白尿的患者，可降低心脑血管疾病的死亡风险，能显著降低患者的病残率和病死率。

卡托普利[典][基][医保（甲）]

Captopril

【**商品名**】开博通，开富特

【**适应证**】①用于治疗高血压，可单独应用或与其他降压药（如利尿药）合用；②用于治疗心力衰竭，可单独应用或与强心药利尿药合用。

【**代表制剂及用法**】卡托普利片：白色片或类白色片，或糖衣片或薄膜衣片，除去包衣后显白色或类白色。每片12.5mg；25mg；50mg。成人常用量：治疗高血压，初始剂量口服一次12.5mg，每日2~3次，如果在1周或2周后仍未获得满意的血压降低，可以将剂量增加为一次50mg，每日2~3次。如果按照此剂量治疗1~2周后，血压没有得到满意的控制，应添加中等剂量的噻嗪类利尿剂。

复方卡托普利片：白色或类白色片，每片含卡托普利10mg及氢氯噻嗪6mg。①治疗高血压，口服一次1片，每日2~3次，按需要1~2周内增至2片，疗效仍不满意时可加用其他降压药。②治疗心力衰竭，开始一次口服1片，每日2~3次，必要时逐渐增至2片，若需进一步加量，宜观察疗效2周后再考虑。

【**典型不良反应**】①咳嗽：为最常见的不良反应，为无痰干咳，夜间为重，常影响患者睡眠，停药后消失。部分患者可能不能耐受，需要停药。②血管神经性水肿：可发生在肢端、面部、口唇等部位，罕见引发喉头水肿窒息等。③低血压：老年人、血容量不足和心力衰竭患者容易发生。④肾功能恶化。⑤血钾升高，尤其是肾功能障碍者。⑥皮疹、味觉障碍、男性乳腺发育、低血糖等。

【用药指导】（1）用药注意　①孕妇及双侧肾动脉狭窄患者禁用。②食物可减少本品的吸收（30%~40%），最好在餐前1小时服药。③使用本品时蛋白尿若逐渐增多，暂停使用或减少用量。④个别群体，特别是老年人第一次服用这类药时，剂量过大可能会出现低血压，宜从小剂量开始服用。⑤应用时需要定期复查血钾、肌酐、白细胞计数及尿蛋白。

（2）药物评价　①维持时间短，常用于血压波动时临时短效降压使用。②可预防、逆转心肌、血管肥厚，对心脏、肾脏等靶器官具有保护作用。

【商品信息】由美国施贵宝（squibb）公司开发，于1981年7月在美国、英国首次上市。目前国内生产企业有中美上海施贵宝、常州制药厂、上海旭东海普、汕头金石、上海三维、山东新华药厂等。

【贮藏】遮光，密封保存。

依那普利^{[典][基][医保（甲）]}

Enalapril

【商品名】悦宁定，依苏

【适应证】①用于治疗高血压，可单独应用或与其他降压药（如利尿药）合用。②用于治疗心力衰竭，可单独应用或与强心药、利尿药合用。

【代表制剂及用法】马来酸依那普利片：白色或类白色片，每片2.5mg；5mg；10mg。成人常用量：①降压，口服一次5mg，一日1次，以后随血压反应调整剂量至一日10~40mg，分1~2次服，如疗效仍不满意，可加用利尿药。②治疗心力衰竭，开始剂量为一次2.5mg，一日1~2次，给药后2~3小时内注意血压，尤其合并用利尿药者，以防低血压。一般一日用量5~20mg，分2次口服。

【典型不良反应】马来酸依那普利耐受性良好。①晕眩和头痛是较常见的副作用。②血管神经性水肿：可发生在肢端、面部、口唇等部位。③其他低血压、直立性低血压、晕厥、恶心、腹泻、肌肉痉挛、皮疹和咳嗽、肾功能障碍，肾脏衰竭和少尿罕见。

【用药指导】（1）用药注意　①孕妇及双侧肾动脉狭窄患者禁用。②近期使用利尿药治疗的高血压患者，建议开始服用此药前2~3天停用利尿药，以减少症状性低血压的可能性。如不能停药，需从低剂量开始。③用本品时蛋白尿若逐渐增多，暂停用本品或减少用量。④应用时需要定期复查血钾、肌酐、白细胞计数和肾功能测定。⑤每天一次用药时，建议每天同一时间服药。

（2）药物评价　①本品的吸收受食物的影响小。因此餐前、餐中或餐后服用均可。②本品作用较卡托普利强，维持时间久，不良反应较轻。

【商品信息】由美国默克公司开发，于1984年在德国首次上市。我国于1989年研制并投产。国内生产企业有杭州默沙东、江苏扬子江、广州南新、常州制药等。

【贮藏】遮光，密封保存。

贝那普利[医保(乙)]

Benazepril

【商品名】洛丁新，普力多

【适应证】①高血压，可单独应用或与其他降压药（如利尿药）合用；②心力衰竭，可单独应用或与强心药利尿药同用。

【代表制剂及用法】盐酸贝那普利片：薄膜衣片，除去膜衣后显白色。每片5mg；10mg。口服。成人：①降压，未用利尿剂者开始治疗时每日推荐剂量为10mg，每天1次，若疗效不佳，可加至每日20mg。每日最大推荐剂量为40mg，一次或均分为两次服用；肾功能不全或有水、钠缺失者开始用5mg，一日1次。②心力衰竭，始剂量为2.5mg，一天1次。如果心衰的症状未能有效缓解可在2~4周后将剂量调整为5mg，一天1次。

【典型不良反应】①常见的有头痛、眩晕、心悸、咳嗽、颜面潮红、胃肠功能紊乱、皮疹等。最常见的为头痛和咳嗽。②其他罕见的有小肠血管性水肿、过敏样反应、高钾血症、粒细胞缺乏症、中性粒细胞减少等。

【用药指导】（1）用药注意 ①与利尿药、其他扩血管药合用降压作用增强，可能引起严重低血压。②与保钾利尿药合用可引起血钾过高，应避免合用。③与非甾体类抗炎药合用可通过抑制前列腺素合成及水钠潴留，使降压作用减弱。④有ACEI引起的血管性水肿病史者、孕妇禁用。⑤每天一次用药时，建议每天同一时间服药。

（2）药物评价 ①非疏基型的前体药物，口服后吸收迅速，与食物同服使吸收率稍有下降。本品在肝内水解为贝那普利拉，血浆药物浓度达峰时间为1~1.5小时，可以迅速分布于全身组织和器官，但不易透过血–脑屏障和胎盘屏障。②贝那普利主要经尿液和胆汁排泄、重复给药无蓄积作用，肾衰或肾功不全患者需调整剂量。

【商品信息】由瑞士Ciba–Geigy公司开发，于1990年3月首次在丹麦上市。目前国内生产企业有北京诺华制药、上海新亚药业、成都地奥制药、先声药业等。

【贮藏】遮光，密闭贮存。

二、血管紧张素Ⅱ受体拮抗药

被誉为20世纪90年代心血管药的一个里程碑。其适应证和禁忌证基本同ACEI，但ACEI明显优于ARB。ARB一般作为不能耐受ACEI的替代选择，与ACEI相比，ARB出现咳嗽和血管神经性水肿的可能性小。

氯沙坦[医保(乙)]

Losartan Potassium

【商品名】科素亚，Cozaar

【适应证】用于治疗高血压，可单独应用或与其他降压药（如利尿药）合用。

【代表制剂及用法】氯沙坦钾片：薄膜衣片，除去膜后显白色或类白色，每片50mg。成人常用量：通常起始和维持剂量为每天一次50mg。治疗3~6周可达到最大降压效果。

【典型不良反应】主要表现有头晕、乏力、血管性水肿、肝功能异常等。

【用药指导】（1）用药注意　①老年患者或肾损害患者包括透析的患者，不必调整起始剂量。②肝功能损害病史的患者应考虑使用较低剂量。③血管容量不足的患者（例如应用大剂量利尿药治疗的患者），可发生症状性低血压。④在肾功能不全，伴或不伴有糖尿病的患者中常见血钾升高，但通常不用中断治疗。

（2）药物评价　①第一个新型的沙坦类抗高血压药，通过选择性抑制血管紧张素AT受体，阻断肾素－血管紧张素－醛固酮系统（RAS）而起控制血压作用。②降压作用缓和，服药3~6周可达最大降压效果。③耐受性良好，不良反应轻微短暂，无干咳，常作为不能耐受ACEI患者的替代药物。④可与氢氯噻嗪组成复方制剂应用，比单独使用降压作用更强，且可减轻氢氯噻嗪所致的高尿酸血症。

【商品信息】由美国杜邦和默克联合公司开发，1994年11月首先在瑞典获准上市。国内生产企业有杭州默沙东制药、浙江华海药业、扬子江药业等。主要制剂为片剂和胶囊。

【贮藏】置30℃以下，干燥处保存。

缬沙坦 [典][基][医保（甲）]

Valsartan

【商品名】代文，缬克

【适应证】治疗轻、中度原发性高血压。可单独应用或与其他降压药（如利尿药）合用。

【代表制剂及用法】缬沙坦胶囊：每粒80mg；160mg。治疗高血压80mg，一日1次。2~4周后日剂量可增至160mg，一日1次。或加用利尿药。

【典型不良反应】主要表现有血管性水肿、肝功能异常、头晕、乏力等。

【用药指导】（1）用药注意　①胆道梗阻、胆汁淤积患者应慎用本品；重度肾功能损害（肌酐清除率＜30ml/min）禁用；孕妇禁用。②肝肾功能损害患者使用本品要坚持监测。③血管容量不足的患者（例如应用大剂量利尿药治疗的患者），可发生症状性低血压。④与保钾利尿药合用时，可导致血钾升高。

请你想一想

血管紧张素Ⅱ受体拮抗药（"沙坦"类）与ACEI（"普利"类）相比较，能使患者获益的最大优点是什么？

（2）药物评价　①缬沙坦降压不影响心率，不影响胆固醇、三酰甘油、腹血糖和尿酸。②降压作用较强，服药2~4周可达最大降压效果。③耐受性良好，不良反应轻微短暂。④可与氢氯噻嗪组成复方制剂应用，比单独使用降压作用更强，且可减轻氢氯噻嗪所致的高尿酸血症。⑤可与氨氯地平组成复方制剂应用，起协同效应，且可减轻氨氯地平引起的外周水肿，提高患者的依从性。

【商品信息】继氯沙坦钾之后上市的第二个 AT 拮抗药，由诺华公司开发，1996 年 7 月在德国首先上市。国内生产企业有北京诺华、常州四药、海南澳美华制药等。

【贮藏】遮光，密封保存。

三、钙拮抗剂

又称钙通道阻滞剂，是应用广泛的一种降压药。其降压效果和幅度较强，在扩张血管的同时，也能改善心肌供血，所以非常适合高血压伴心绞痛人群服用；不影响糖、脂代谢，故也适合高血压伴糖尿病患者使用；由于扩张血管，还可改善肾脏血流量，有利于保护肾脏，适用于尿蛋白阳性的高血压患者；对孕妇和胎儿无影响，是妊娠期为数不多可选择的降压药之一。

钙拮抗剂是一个大家族，二氢吡啶类有短效的硝苯地平；中效的尼群地平、硝苯地平缓释片（Ⅰ、Ⅱ）；长效的硝苯地平缓释片Ⅲ、硝苯地平控释片、氨氯地平、非洛地平、拉西地平、乐卡地平、贝尼地平等。非二氢吡啶类有维拉帕米和地尔硫䓬。

硝苯地平[典][基][医保(甲)]

Nitrendipine

【商品名】心痛定，欣乐平

【适应证】主要用于变异型心绞痛的治疗。也适用于各型高血压的治疗，可单用也可与其他降压药合用。

【代表制剂及用法】硝苯地平片：为薄膜衣片，除去包衣后显黄色，规格为 10mg。变异型心绞痛：口服，开始一次 10mg，一日 3 次，以后可调整为一次 20～30mg，一日 3～4 次；心绞痛发作时舌下含服，单次最大剂量 30mg，每日总量不超过 120mg。

【典型不良反应】①常见外周水肿、头晕、头痛和面部潮红。②可见一过性低血压，多不需要停药。③其他：如恶心、便秘、腹痛等消化道症状；失眠、震颤、感觉异常、嗜睡、眩晕等精神神经症状。

【用药指导】（1）用药注意 ①低血压：当剂量增加或合用其他降压药时，需注意可能出现严重的低血压症状。②严重冠状动脉和主动脉狭窄者，可能因反射性心率加快而使得心绞痛或心肌梗死和心力衰竭的发生率增加。③肝肾功能不全、正在服用 β 受体阻断剂者应从小剂量开始。④少数患者会出现牙龈增生等口腔问题。⑤长期给药不宜骤停，以避免发生停药综合征而出现反跳现象。⑥西柚汁会引发不良反应，需避免同服。

（2）药物评价 快速降压，血压波动大，并可导致反射性心动过速，已经不推荐常规降压使用。

【商品信息】1969 年由德国的拜耳公司研制生产，是第一个二氢吡啶类钙拮抗剂。目前国内生产企业有山西太原药业、上海现代制药、华中药业等。

【贮藏】遮光，密封保存。

你知道吗

硝苯地平控、缓释片

硝苯地平片因药效时间短，血压波动大，尚有负性肌力和负性传导作用，增加冠心病患者的死亡率。后继研发出了硝苯地平缓释片和硝苯地平控释片（拜新同、欣然）。两种剂型药物在使用时，须吞服，不能嚼碎。硝苯地平控释片降压效果强而平稳，具有抗动脉粥样硬化和改善动脉内皮功能。每天仅需服药一次，不受食物影响，患者依从性好，应用更为广泛。其活性成分被吸收后，空药片完整地经肠道排出。

尼群地平 [典][基][医保(甲)]

Nitrendipine

【适应证】用于各型高血压的治疗。

【代表制剂及用法】尼群地平片：淡黄色片，每片 10mg；20mg。尼群地平胶囊：每粒 10mg。口服。成人，开始一次 10mg，一日 1 次，以后可随反应调整为一次 10 ~ 20mg，一日 2 次或 10mg，一日 3 次。

【典型不良反应】①主要的不良反应有头痛、面部潮红。②少见的有头晕、恶心、低血压、足踝部水肿、心绞痛发作，一过性低血压。③过敏者可出现过敏性肝炎、皮疹，甚至剥脱性皮炎等。

【用药指导】（1）用药注意　①对本品过敏、孕妇及哺乳期妇女禁用。②严重主动脉瓣狭窄的患者禁用。③肝、肾功能不全者慎用。④合用 β 受体阻断剂时须定期测量血压。⑤严重冠状动脉狭窄的患者需定期检查心电图。

（2）药物评价　①降压作用在服药后 1 ~ 2 小时最大，持续 6 ~ 8 小时。②对冠状动脉和外周血管均有较强的选择性。

【商品信息】由德国 Bayer 公司开发，于 1985 年 4 月在德国首次上市，国内于 1992 年批准生产。国内主要生产企业有湖南株洲制药三厂、浙江万马药业、烟台中策药业等。

【贮藏】遮光，密封保存。

氨氯地平 [典][基][医保(乙)]

Amlodipine

【商品名】络活喜，压氏达

【适应证】①高血压，单独或与其他药物合并使用；②心绞痛，适用于慢性稳定型心绞痛和变异型心绞痛，单独或与其他药物合并使用。

【代表制剂及用法】苯磺酸氨氯地平片：白色片或类白色片，每片2.5mg；5mg；10mg。成人常用量：①治疗高血压：5～10mg口服，一日1次；身材小、虚弱、老年或伴肝功能不全患者，起始剂量为2.5mg，每日一次；此剂量也可为本品联合其他抗高血压药物治疗的剂量。②治疗心绞痛：5～10mg，口服，一日1次。老年及肝功能不全的患者建议使用较低剂量治疗，大多数患者的有效剂量为10mg，每日1次。

【典型不良反应】类似硝苯地平。

【用药指导】（1）用药注意　①对本品过敏者禁用。②由于本品逐渐产生扩血管作用，口服一般很少出现急性低血压。与其他外周扩血管药物合用时仍需谨慎，特别是对于有严重主动脉瓣狭窄的患者。③易出现下肢水肿，继续用药可自行消失。④肝功能严重受损者应慎用。

（2）药物评价　①血管选择性强，是目前所有的降压药中维持时间最长的降压药。②吸收和疗效不受患者胃肠道功能和食物的影响，也可以和绝大多数药物一起服用，还可以掰成两半服用。③控制心肌缺血，改善心绞痛发生时，对心肌无负性肌力作用。故心力衰竭患者合并患有高血压和心绞痛时，可为首选药。④与缬沙坦组成复方制剂，用于单药治疗不能充分控制的原发性高血压。⑤本品可与贝那普利组成复方制剂，适用于单独服用氨氯地平或者贝那普利不能满意控制血压的患者；或同时用于氨氯地平和贝那普利的替代治疗。

【商品信息】由辉瑞公司开发，于1992年获FDA批准上市。国内生产企业有辉瑞制药、扬子江药业、北京赛科药业、先声药业等。

【贮藏】遮光，密封保存。

非洛地平[典][基][医保(乙)]

Felodipine

【商品名】波依定，康宝得维

【适应证】治疗高血压和稳定型心绞痛。

【代表制剂及用法】非洛地平缓释片：为薄膜衣片，除去薄膜衣后白色或类白色片，每片2.5mg；5mg。口服，服药应在早晨，用水吞服，药片不能掰、压或嚼碎。①高血压：最初剂量1次5mg，一日1次，可根据患者反应将剂量减少至每日2.5mg或增加至每日10mg。剂量调整间隔一般不少于2周。老年或有肝功能受损患者须调整剂量。②心绞痛：建议1次5mg，一日1次，作为开始治疗剂量，常用维持剂量为5mg或10mg，一日1次。

【典型不良反应】类似硝苯地平，最常见的不良反应是轻微至中度的踝部水肿。

【用药指导】（1）用药注意　①失代偿性心脏衰竭、急性心肌梗死、妊娠期妇女、不稳定型心绞痛患者，对非洛地平及本品中任一成分过敏者禁用。②主动脉瓣狭窄、肝脏损害、严重肾功能损害（GFR<30ml/min）、急性心肌梗死后心脏衰竭慎用。③本品经肝脏代谢，肝功能受损者在调整剂量时，应注意监测血压。④西柚汁会引发不良反应，需避免

同服。

（2）药物评价　①对血管平滑肌的抑制作用强于心肌，并对心肌无负性肌力作用。故心力衰竭患者合并患有高血压和心绞痛时，可为首选药。②日服一次可控制24小时血压，适用于糖尿病、肾功能不全和哮喘的高血压患者。

【商品信息】由阿斯利康公司研发，于1991年获FDA批准，该药于1995年进入中国市场。国内生产企业有阿斯利康制药、江苏联环药业、山西康宝制药等。

【贮藏】遮光，密封保存。

四、利尿降压药

利尿剂短期可通过促进体内钠和水分的排出，降低血容量从而降低血压；长期使用使血管平滑肌对缩血管物质不敏感，使得血管扩张从而降低血压。利尿剂是降压治疗的基础用药，能和其他任何降压药联合使用。用于降压的利尿剂主要有氢氯噻嗪、吲哒帕胺和螺内酯。

吲达帕胺[典][基][医保（甲/乙）]

Indapamide

【商品名】纳催离，寿比山

【适应证】①用于治疗高血压，单用或与其他降压药合用。②用于治疗充血性心力衰竭时的水钠潴留性浮肿。

【代表制剂及用法】吲达帕胺片：糖衣片或薄膜衣片，除去包衣后显白色，每片2.5mg。①治疗水肿：口服，普通片2.5mg，可在1周后增至5mg，一日1次。②治疗高血压：口服，普通片1.25mg，一日1次。以后可渐增至2.5mg，一日1次。缓释片1.5mg，一日1次。老年人用量酌减。

【典型不良反应】轻而短暂，呈剂量相关。主要表现有腹泻、头痛、食欲减低、失眠、反胃、直立性低血压。少见皮疹、瘙痒等过敏反应；低血钠、低血钾、低氯性碱中毒。

【用药指导】（1）用药注意　①严重肝肾功能不全、肝性脑病或严重肝功能不全、低钾血症、对本药及磺胺类药过敏者禁用。②为减少电解质平衡失调出现的可能，宜用较小的有效剂量，并应定期监测血钾、血钠及尿酸等，注意维持水与电解质平衡，注意及时补钾。③作利尿剂时，最好每晨给药一次，以免夜间起床排尿。④老年人对降压作用与电解质改变较敏感，且常有肾功能变化，应用本品须加注意。⑤运动员慎用。

（2）药物评价　①在利尿降压同时兼有钙拮抗作用，降压作用出现的剂量远小于利尿作用的剂量。②降压温和，疗效确切，为治疗轻、中度原发性高血压的理想药物。③降压时对心排血量、心率及心律影响极小，对心脏有保护作用。④不影响糖、脂代谢。⑤口服吸收不受食物影响。

【商品信息】由法国施维雅制药公司开发，1975 年首先在瑞士等国上市。国内生产企业有天津力生制药、施维雅（天津）制药、浙江普洛康裕制药等。主要制剂有片剂、缓释片、胶囊、滴丸等。

【贮藏】遮光，密封保存。

五、β 受体阻断剂

β 受体阻断剂是一种已经使用了半个多世纪的明星药物，至今仍在心血管领域占有重要地位。它的历史可以追溯到 20 世纪 50 年代末，目前是临床常用的治疗心律失常、高血压、冠心病等的基础药物。如果高血压患者同时存在快速心律失常，那么首选此类药物不仅可以降压，而且还能降低心率从而保护心脏。常用药物有美托洛尔、比索洛尔、阿替洛尔、艾司洛尔、普萘洛尔、拉贝洛尔、卡维地洛和阿罗洛尔。

普萘洛尔[典][医保(甲/乙)]
Propranolol

【商品名】百尔洛，普乐欣

【适应证】①高血压，单独或与其他药物合并应用。②心绞痛：稳定型心绞痛。③心律失常，控制室上性快速心律失常、室性心律失常，特别适合与儿茶酚胺有关及强心苷类引起者。④也可用于肥厚性心肌病、嗜铬细胞瘤、甲状腺功能亢进症等。

【代表制剂及用法】盐酸普萘洛尔片：白色片，每片 10mg。口服。①高血压：所需剂量的个体差异很大，一般开始剂量为 10mg，一日 3~4 次，逐步增量，以达到满意疗效为止，一日剂量以不超过 200mg 为宜。②心绞痛：每次 10~20mg，一日 3~4 次，最大剂量每日 200mg。③心律失常：每次 10~30mg，一日 3~4 次。应根据需要及耐受程度调整用量。

【典型不良反应】最典型的不良事件是阻断支气管平滑肌上的 β_2 受体，诱发哮喘发作，造成支气管收缩、痉挛，严重者发生呼吸衰竭，甚至危及生命。应用本品可出现：①眩晕、神志模糊（尤见于老年人）、精神抑郁、反应迟钝等中枢神经系统不良反应；②头晕（低血压所致）；③心率过慢（50 次/分）；④较少见的有支气管痉挛及呼吸困难、充血性心力衰竭；⑤更少见的有发热和咽痛、皮疹、出血倾向。

【用药指导】（1）用药注意 ①支气管哮喘、心源性休克、Ⅱ~Ⅲ度房室传导阻滞、急重度心力衰竭和窦性心动过速禁用。②肝肾功能不全、充血性心力衰竭、糖尿病、肺气肿或非过敏性支气管哮喘、甲状腺功能低下、雷诺综合征或其他周围血管疾病慎用。③普萘洛尔可空腹或与食物共进，后者可使本品在肝内代谢减慢，生物利用度增值。④长期用本品者撤药须逐渐递减剂量，每 2~4 天减量 1 次，2 周内减完。⑤可引起糖尿病患者血糖降低，故应定期检查血糖。⑥服用期间应定期检查血常规、血压、心功能、肝肾功能等。

（2）药物评价 ①普萘洛尔是临床广泛应用的非选择性第一代 β 肾上腺素受体阻

断剂。②因为选择性 β_1 受体阻断剂出现，该药偏向原发性震颤、偏头痛预防和肝硬化上消化道出血的预防与治疗。

【商品信息】普萘洛尔是我国目前生产历史较久，产量与用量比较大的心血管用药之一。国内生产企业有上海信谊、烟台鲁银药业、西安利君制药、亚宝药业等。国内外有许多家公司上市了本品的缓释片和缓释胶囊。

【贮藏】遮光，密封保存。

实例分析

实例　患者有中度高血压合并有支气管哮喘。医生处方：普萘洛尔　10mg　p. o
q. i. h；卡托普利　12.5mg　p. o　b. i. d.

问题　1. 普萘洛尔能否治疗支气管哮喘？

　　　2. 该处方用药如何调整？

美托洛尔[典][医保(甲/乙)]

Metoprolol

【商品名】倍他乐克，托西尔康

【适应证】用于治疗高血压、心绞痛、心肌梗死、肥厚型心肌病、心律失常、甲状腺功能亢进症、心脏神经官能症等。可用于心力衰竭的治疗，应在有经验的医师指导下使用。

【代表制剂及用法】酒石酸美托洛尔片：白色片，每片25mg；50mg；100mg。口服。①高血压：每日100~200mg，分1~2次服用。②心绞痛、心律失常、肥厚型心肌病、甲状腺功能亢进症等：一般一次25~50mg，一日2~3次，或一次100mg，一日2次。③心力衰竭：应在使用洋地黄和（或）利尿剂等抗心力衰竭的治疗基础上使用本药。起初一次6.25mg，一日2~3次，以后视临床情况每数日至一周一次增加6.25~12.5mg，一日2~3次，最大剂量可用至一次50~100mg，一日2次。

琥珀酸美托洛尔缓释片：白色片或薄膜衣片，薄膜衣片除去包衣后显白色或类白色，每片100mg；150mg。①高血压：47.5~95mg，一日1次。②心绞痛：95~190mg，一日1次。

【典型不良反应】不良反应较轻，常见的有疲劳、头痛、头晕、肢端发冷、心动过缓、心悸、腹痛、恶心、呕吐、腹泻和便秘等。

【用药指导】（1）用药注意　①严重心动过缓、房室传导阻滞、不稳定的失代偿心衰患者禁用。②因个体差异较大，剂量宜个体化，以免心动过缓的发生（一般用药后晨起静息心率55~60次/分为最大耐受剂量）。③酒石酸美托洛尔片应空腹服药，进餐时服药可使美托洛尔的生物利用度增加40%；琥珀酸美托洛尔缓释片可掰开服用，但不能咀嚼或压碎，服用时应该用至少半杯液体送服。同时摄入食物不影响其生物利用，最好在早晨服用。④长期用本品者撤药须逐渐递减剂量，每2~4天减量1次，2周内减完。⑤驾驶和操作机械时应慎用；运动员慎用。⑥肝硬化、肾功能损害者无需调整剂量。

（2）药物评价 ①高选择性 β_1 受体阻断剂，对血脂、血糖和支气管的影响小，是广泛应用的一种 β 受体阻断剂。②临床证实是可有效降低慢性心脏衰竭死亡率的 3 种 β 受体阻断剂之一。

【商品信息】由瑞典 Astra 公司开发，于 1975 年首先在瑞典上市。生产企业有阿斯利康制药、西南药业、上海信谊、海口奇力制药等，其中阿斯利康制药的倍他乐克具有较高的市场占有率。主要制剂有片剂、胶囊、缓释片、控释片、注射液、注射用粉针等。

【贮藏】遮光，密封保存。

📋实例分析

实例 患者，男，65 岁。有高血压、心绞痛既往史。因患胃溃疡就诊。血压 25/20kPa（190/150mmHg）。医生处方：西咪替丁每次 0.2g，一日 3 次；普萘洛尔每次 30mg，口服，一日 3 次。5 天后，血压降至 15/8kPa（110/60mmHg），心率减慢、乏力、嗜睡。

问题 1. 普萘洛尔能否与西咪替丁合用？

2. 两药合用时，剂量是否需要调整？为什么？

六、影响交感神经递质的药物

利血平[典][医保(甲)]

Reserpine

【适应证】高血压和高血压危象。当前不推荐作为抗高血压一线用药。

【代表制剂及用法】利血平片：每片 0.1mg；0.25mg。口服：一次 0.125~0.25mg。极量：一次 0.5mg。

复方利血平片：每片含利血平 0.032mg，氢氯噻嗪 3.1mg，维生素 B$_6$ 1.0mg，混旋泛酸钙 1.0mg，三硅酸镁 30mg，氯化钾 30mg，维生素 B$_1$ 1.0mg，硫酸双肼屈嗪 4.2mg，盐酸异丙嗪 2.1mg。口服，一次 1~2 片，一日 3 次。

复方利血平氨苯蝶啶片（北京降压 0 号）：每片含利血平 0.1mg，硫酸双肼屈嗪 12.5mg，氢氯噻嗪 12.5mg，氨苯蝶啶 12.5mg，氯氮草 3mg。口服，常用量一次 1 片，一日 1 次，维持量一次 1 片，2~3 日 1 次，依病情增减，应在医生指导下服用。

【典型不良反应】一般剂量能引起鼻塞、乏力；较大剂量可引起嗜睡、体重增加、阳痿及震颤性麻痹等；长期大量服用约有 26% 的患者出现抑郁症，最严重者甚至企图自杀。

【用药指导】（1）用药注意 ①因增加剂量并不能增加疗效，故久服无效时，不宜增加剂量。用药者若出现明显的精神抑郁症状应立即停药。②对严重及晚期病例疗效较差，常与双肼屈嗪、氢氯噻嗪等合用，以增加疗效。③活动性消耗性溃疡、溃疡性结肠炎及抑郁症，尤其是有自杀倾向的抑郁症禁用；老年患者、孕妇、肾功能不全、帕金森病、癫痫、心律失常和心肌梗死者慎用。④注射液在贮存过程中可变为黄绿色或深橙色致使含量下降，不可再用。

（2）药物评价　①北京降压 0 号，是我国 20 世纪 70 年代自主研发的第一代国产固定复方制剂，经多年广泛的临床验证，降压效果较好，至今仍是我国基层最常用的降压药物之一。②与噻嗪类合用治疗轻、中度高血压有一定的疗效，但由于不良反应较多，国外已趋于淘汰。因国内消费者习惯使用的复方降压药品中大都含有利血平，故尚保持一定的产量。

【商品信息】是一种生物碱，1952 年印度科学家从印度产萝芙木中分离出纯品，我国于 1970 年从国产萝芙木中分离成功。主要生产厂家有北京双鹤药业等。

【贮藏】遮光，密封保存。

七、中枢性降压药

可乐定 [典][医保（乙）]

Clonidine

【适应证】①高血压，但不作一线药，常与其他降压药配合作二、三线治疗用药。亦用于高血压急症；对高血压伴有溃疡病、青光眼的患者有较好的疗效。②也可用于治疗及预防偏头痛或血管性头痛的复发。

【代表制剂及用法】盐酸可乐定片：每片 0.075mg；0.15mg。口服：一次 0.075～0.15mg；一日 0.225～0.45mg。极量：一次 0.6mg，一日 2.4mg。

盐酸可乐定注射液：1ml ：0.15mg。缓慢静脉注射：一次 0.15～0.3mg。

盐酸可乐定滴眼液：5ml ：12.5mg。滴入眼睑内，一次 1 滴，一日 2～3 次。

可乐定控释贴片：每贴含可乐定 2.5mg，释放量：每日每贴 0.1mg。外用，揭去本品保护层，贴于上胸部无毛完好皮肤上，夏季也可贴于耳后乳突处或上臂外侧，每 7 天在新的皮肤处更换新贴片。首次剂量贴一片，每周进行一次调整，疗效不佳时可增加一片，最大剂量为同时贴用三片。

【典型不良反应】主要不良反应为口干、乏力、头晕、精神抑郁、便秘等，偶尔可出现低血压和阳痿；长期应用可产生钠潴留；长期大量服药时，不可突然停药，以免引起交感神经亢进的停药症状。

【用药指导】（1）用药注意　①长期用药由于液体潴留及血容量扩充，可出现耐药性，降压作用减弱，加利尿药同用可以减少耐药性并增强疗效。②为保证控制夜间血压，每天末次给药宜在睡前服。③治疗时突然停药或连续漏服数剂，可发生血压反跳性增高。因此，停药必须在 1～2 周内逐渐减量，同时加以其他降压治疗。④脑血管病、冠状动脉供血不足、精神抑郁史、近期心肌梗死、雷诺病、慢性肾功能障碍、窦房结或房室结功能低下、血栓闭塞性脉管炎者及孕妇、哺乳期妇女、老年人慎用。

（2）药物评价　①与利尿剂或其他降压药合用，疗效比单独使用好，不良反应也较轻。因本品能降低眼压，故适用于开角型青光眼患者。②除常释制剂外，还有透皮控释贴剂，每7天只需用一次，可以改善患者的治疗依从性。

【商品信息】可乐定1965年合成，我国于1974年生产。

【贮藏】遮光，密闭保存。

其他主要抗血压药，见表12-5。

表12-5　其他主要抗高血压药

药品名称	药品特点
赖诺普利	第三代唯一具有水溶性，无须代谢转换即有活性的ACEI，半衰期为12小时
阿利吉仑	第一个直接肾素抑制剂，从源头阻断肾素-血管紧张素-醛固酮系统而降压
比索洛尔	目前选择性最高的β_1受体阻断剂，对支气管影响极小，不影响糖、脂代谢
哌唑嗪	高选择性α_1受体阻断剂，扩张外周血管，降低动脉阻力，为高血压二线用药。首次给药剂量需减半，临睡前给药
硝普钠	需静脉滴注给药，用于高血压急症、急性心力衰竭和麻醉控制性降压。血管扩张作用具有广泛、强效、短效、速效的特点

任务三　抗心绞痛药　微课2

心绞痛是冠状动脉供血不足，心肌急剧、暂时的缺血与缺氧所引起的临床综合征，是冠心病的主要临床表现。其临床典型特征为阵发性前胸压榨样疼痛感，可伴有其他症状。疼痛主要位于胸骨后部，可放射至心前区、左上肢、颈部、左肩部和后背部，常由运动或劳累、情绪激动、寒冷、进食诱发。持续时间为2~5分钟，通常不超过15分钟，休息或用硝酸酯类制剂后上述症状迅速消失。如果疼痛时间较长（达到20~30分钟）经休息或服用硝酸甘油不缓解，需警惕心肌梗死。

> **请你想一想**
> 心绞痛发生的主要机制是什么？？

临床上按发病的特征分为稳定型心绞痛、不稳定型心绞痛和变异型心绞痛。

心绞痛的治疗分为两个方面：药物治疗和手术治疗。目前用于治疗心绞痛的药物主要有硝酸酯类、β受体阻断剂及钙拮抗剂。通过增加氧的供应量（舒张冠脉血管）或减少耗氧量（减少心脏的工作量）来缓解心绞痛，其中又以减少心肌耗氧量更为重要。手术治疗则是通过心脏支架和搭桥来增加心脏供血。

你知道吗

冠心病的主要危险因素

高血压：在>60岁人群中，收缩压与不良心血管事件及心血管死亡率有更密切的联系。

血脂异常：胆固醇是动脉粥样硬化的重要组成物质，HDL－C与心血管疾病发生呈负相关。

糖尿病：是冠心病发生的高危因素。

肥胖和超重：向心性肥胖更是冠心病的高危因素。

吸烟：冠心病发生风险与每天吸烟量以及烟龄有关。吸烟者心肌梗死发生风险较不吸烟者高出1.5～2.0倍。

不良饮食习惯：摄入过多的热量、胆固醇、盐等。

性别：男性发病率多于女性，绝经女性多于非绝经女性。

心理社会因素：包括抑郁等心理因素及不健康的生活方式，全面改善这些有助于提高治疗效果。

一、硝酸酯类药

硝酸酯类药物主要有硝酸甘油（短效制剂）、硝酸异山梨酯（中效制剂）和单硝酸异山梨酯（长效制剂）。

硝酸甘油[典][基][医保(甲/乙)]

Nitroglycerin

【商品名】保欣宁，耐较咛

【适应证】①治疗心绞痛急性发作。②急性充血性心力衰竭。③静脉给药可用于高血压急症。

【代表制剂及用法】硝酸甘油片：白色片，每片0.5mg。成人一次用0.25～0.5mg，舌下含服。每5分钟可重复1片，直至疼痛缓解。

硝酸甘油舌下片：白色片，舌下含服，0.6mg。舌下或在口腔颊黏膜处含化1片，可每5分钟重复一次直至症状缓解。

硝酸甘油气雾剂：在耐压容器中的药液为无色至淡黄绿色的澄清液体。撤压阀门即呈雾状喷出。每瓶含硝酸甘油0.1g，每瓶200撤，每撤0.5mg。向口腔舌下黏膜喷射0.5～1.0mg（1～2撤）。

硝酸甘油注射液：无色澄明液体，每瓶1ml：1mg；1ml：2mg；1ml：5mg；1ml：10mg。①用于缓解心绞痛和心肌梗死，静脉滴注，一次5～10mg，溶于5%葡萄糖注射液250～500ml中，以后根据病人反应逐渐增加剂量。②用于预防手术中心力衰竭，静脉滴注，20～25μg/min。

硝酸甘油贴膜：每贴16mg；25mg；32mg。每日使用1片，贴于胸前皮肤。预防心绞痛发作。

硝酸甘油控释口颊片：每片1.0mg；2.5mg。一次1mg放置于口颊犬齿龈上，一日

3～4 次。效果不明显，可增加每次 2.5mg，一日 3～4 次。勿将药片置于舌下或咀嚼吞服。用药期间不宜过多地进食与饮水。适用于心绞痛的预防和治疗。

【典型不良反应】用药初期可能会出现硝酸酯引起的血管扩张性头痛，还可能出现面部潮红、口干、眩晕、直立性低血压和反射性心动过速。偶见血压明显降低、心动过缓、心绞痛加重和晕厥。

【用药指导】（1）用药注意　①缓解心绞痛急性发作需舌下给药，如 15 分钟内用过 3 片尚未能缓解，应立即就诊。②作为预防性治疗，应在进行有可能导致心绞痛发作的活动之前 5～10 分钟用药。③尽量使用最小剂量的药物达到有效缓解心绞痛发作的治疗目的。过量用药可致耐药性。④小剂量可能发生严重低血压，尤其在直立位时。舌下含服用药时患者应尽可能取坐位，以免因头晕而摔倒。⑤舌下含化时，可能有烧灼或刺痛感。⑥梗阻性肥厚型心肌病、闭角型青光眼、急性循环衰竭患者禁用。⑦使用西地那非者 24 小时内不能合用，以免引起低血压，甚至危及生命。

（2）药物评价　①硝酸甘油为速效、短效硝酸酯类抗心绞痛药。②舌下含服后，易自口腔黏膜吸收，给药后 1～2 分钟起效，作用持续 30 分钟。

【商品信息】自 1879 年首次用于缓解心绞痛发作以来，是心绞痛治疗史上最有效的药品。国内生产企业有上海信谊制药、北京益民药业、修正药业等。

【贮藏】遮光，密封，在阴凉处保存。

硝酸异山梨酯[典][基][医保(甲/乙)]

Isosorbide Dinitrate

【商品名】异舒吉，消心痛

【适应证】冠心病的长期治疗；心绞痛的预防；心肌梗死后持续心绞痛的治疗；与洋地黄和（或）利尿剂联合应用，治疗慢性充血性心力衰竭；肺动脉高压的治疗。

【代表制剂及用法】硝酸异山梨酯片：白色片，每片 5mg；10mg。口服。预防心绞痛，一次 5～10mg，一日 2～3 次，一日总量 10～30mg。由于个体反应不同，需依个体化调整剂量。舌下给药：治疗心绞痛发作，一次 5mg。

硝酸异山梨酯乳膏：白色或乳白色乳膏，每支 10g：1.5g。宜自小剂量开始，逐渐增量。将乳膏按刻度挤出所需长度，均匀涂布于所给印有刻度的纸上，每格相当硝酸异山梨酯 0.2g，将纸面涂药区全部涂满，即 5cm×5cm 面积，贴在左胸前区（可用胶布固定），一日 1 次（必要时 8 小时一次），可睡前贴用。

硝酸异山梨酯喷雾剂（异舒吉）：本品内容物为无色或几乎无色的澄明液体，每瓶 70 喷，每喷含硝酸异山梨酯 1.25mg；每瓶 180 喷，每喷含硝酸异山梨酯 1.4mg。根据发作的严重程度，每次喷雾 1～3 次，向口腔喷雾。每次喷雾时需屏气数秒，使药物吸收。

硝酸异山梨酯缓释胶囊：内容物为白色至淡黄色小丸，每粒 20mg；40mg。口服，

20～40mg，每日 1～2 次，剂量及用药次数应个体化。

【典型不良反应】与硝酸甘油相似。

【用药指导】（1）用药注意　①不应突然停止用药，以避免反跳现象。②患有急性循环衰竭、梗阻性肥厚型心肌病、缩窄性心包炎或心包填塞、严重贫血、青光眼、颅内压增高、原发性肺动脉高压、对硝基化合物过敏者禁用。

（2）药物评价　①口服吸收迅速且较完全，舌下含化或咀嚼成碎末含于口腔（经黏膜吸收），2～3 分钟起效。②主要代谢产物单硝酸异山梨酯，活性虽较原形药物为弱，但作用时间明显长于硝酸异山梨醇酯，适用于心绞痛长期治疗及预防，不宜用于心绞痛发作的治疗。现在临床应用更为广泛。

【商品信息】生产企业较多，国内生产企业有上海爱的发制药、珠海许瓦兹制药、山东齐鲁制药等。

【贮藏】遮光，密封保存。

二、钙拮抗剂

钙拮抗剂通过改善冠状动脉血流和减少心肌耗氧量发挥缓解心绞痛的作用，对变异型心绞痛或以冠状动脉痉挛为主的心绞痛，是一线治疗药物。此类药物有硝苯地平、地尔硫䓬。

地尔硫䓬[典][基][医保（甲/乙）]

Diltiazem

【商品名】合贝爽，奥的镇

【适应证】①心纹痛。②高血压。③肥厚型心肌病。

【代表制剂及用法】盐酸地尔硫䓬片：每片 30mg；60mg；90mg。盐酸地尔硫䓬缓释片：每片 30mg；60mg；90mg。盐酸地尔硫䓬缓释胶囊：每粒 90mg。口服，起始剂量为普通片一次 60mg，一日 3 次或一次 30mg，一日 4 次，必要时可增至一日 360mg，一日 1 次。缓释片（胶囊）一次 90mg，一日 1～2 次。

【典型不良反应】常见不良反应有浮肿、头痛、恶心、眩晕、皮疹、无力。

【用药指导】（1）用药注意　①对本品过敏者、急性心肌梗死或肺充血患者禁用本品。②明显心功能减退患者、哺乳期妇女慎用。③麻醉药对心肌收缩、传导、自律性都有抑制，并有血管扩张作用，可与本品产生协同作用。

（2）药物评价　①口服后通过胃肠道吸收迅速且较完全，肝脏首过效应显著，血浆药物浓度达峰时间为 30 分钟。②主要分布于心脏、肝脏、肾脏等多种器官。

【商品信息】由日本 Tanabe（田边）制药株式会社开发，于 1974 年 9 月在日本首次上市。目前国内

> **请你想一想**
>
> 当一名患者心绞痛急性发作时，应首先选择何种药物进行缓解？药物在使用时需要注意什么？

生产企业有天津田边制药、武汉乐欣药业等。

【贮藏】遮光，密封保存。

任务四　抗心律失常药

正常心律是指人体心脏进行协调而有规律地收缩或舒张，使心脏顺利地完成泵血功能。在心脏跳动时，若起搏点或冲动传导发生紊乱或两者同时发生紊乱，则会出现心率过快、过慢或心律失常，从而引起泵血功能障碍。心律失常是心动频率和节律的异常，它可分为缓慢型和快速型两类。缓慢型心律失常有窦性心动过缓、传导阻滞等，可用阿托品或拟肾上腺素药物治疗。快速型心律失常则比较复杂，它包括心房纤颤、心房扑动、室上性心动过速、室性期前收缩、心室颤动等。

抗心律失常药通常指用于快速型心律失常的药物。大多数药物本身有致心律失常作用，需严格在医生的指导下使用，包括以下四类。

Ⅰ类为钠通道阻滞剂，根据作用机制的差异又可分为三个亚类：Ⅰa 适度阻滞钠通道，常用药品有奎尼丁、普鲁卡因胺等。Ⅰb 中度阻滞钠通道，常用药品有利多卡因、苯妥英钠等。Ⅰc 重度阻滞钠通道，常用药品有普罗帕酮、氟卡尼等。

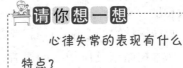

请你想一想

心律失常的表现有什么特点？

Ⅱ类为 β 受体阻断剂，常用药品有普萘洛尔、阿替洛尔、美托洛尔等。

Ⅲ类为选择性延长复极过程药物，常用药品有胺碘酮、溴苄胺等。

Ⅳ类为钙通道阻滞剂，常用药品有维拉帕米、地尔硫䓬等。

阿替洛尔[典][基][医保(甲)]

Atenolol

【商品名】鲁平

【适应证】适用于快速型心律失常，并可用于治疗高血压、心绞痛、心肌梗死、甲状腺功能亢进症、嗜铬细胞瘤。

【代表制剂及用法】阿替洛尔片：每片 12.5mg；25mg；50mg；100mg。口服，开始一日 12.5～25mg，一天 3 次，根据治疗反应和心率调整剂量。

【典型不良反应】不良反应较轻，在心肌梗死患者中，最常见的不良反应为低血压和心动过缓；其他反应可有头晕、乏力、精神抑郁、皮疹等。

【用药指导】（1）用药注意　①房室传导阻滞及未经治疗的心力衰竭患者禁用；②肝功能不全者慎用；③服药后心率低于每分钟 60 次的患者停药。

（2）药物评价　①优点是作用持续时间长，安全度高，不易引起体位性低血压。②缺点是生物利用度较低，口服吸收率仅 50%。

【商品信息】是 1976 年由英国 ICI 公司首创，美国 FDA 于 1982 年批准用于治疗高血压、心绞痛、早期急性心肌梗死及心律失常。主要生产企业有天津市中央药业、北京益民药业、江苏黄河药业等。

【贮藏】密封保存。

维拉帕米[典][基][医保(甲/乙)]

Verapamil

【商品名】异搏定，盖衡

【适应证】①心绞痛：变异型心绞痛；不稳定型心绞痛；慢性稳定型心绞痛。②心律失常：与地高辛合用控制慢性心房颤动和（或）心房扑动时的心室率；预防阵发性室上性心动过速的反复发作。③原发性高血压。

【代表制剂及用法】盐酸维拉帕米片：每片40mg。通过调整剂量达到个体化治疗，安全有效的剂量不超过每日480mg。口服。慢性心房颤动服用洋地黄治疗的患者，每日总量为240～320mg，分3～4次服用；预防阵发性室上性心动过速（未服用洋地黄）成人总量为240～480mg，分3～4次服用。

盐酸维拉帕米缓释片：每片120mg；240mg。口服，起始剂量180mg，清晨口服一次。对维拉帕米反应增强的患者（即老年人或体型瘦小者）每次120mg，一日1次口服，

【典型不良反应】严重不良反应少见，常见不良反应有便秘、眩晕、恶心、低血压、头痛、外周水肿、充血性心力衰竭、窦性心动过缓、心悸等。

【用药指导】（1）用药注意　①严重左心室功能不全、低血压或心源性休克、病窦综合征、Ⅱ或Ⅲ度房室阻滞、心房扑动或心房颤动患者合并房室旁路通道、已知对盐酸维拉帕米过敏的患者禁用本品。②本品中毒时可用异丙肾上腺素、钙剂和阿托品等解救，同时注意人工呼吸及心脏复苏。③不宜与β受体阻断剂合用。

（2）药物评价　①缓释制剂还用于高血压、变异型心绞痛、肥厚型心肌病等的治疗。②主要用于室上性心律失常。

【商品信息】由德国基诺公司和美国 Elan 公司开发，1962 年作为抗心绞痛药投入市场，20 世纪 70 年代作为最有效的抗阵发性室上性心动过速的药品用于临床。主要生产企业有基诺药厂（中国）有限公司、江苏恒瑞医药等。

【贮藏】密封保存。

其他抗心律失常药，见表 12－6。

表 12－6　其他抗心律失常药

药品名称	药品特点
美西律	有效药物浓度与毒性血药浓度相近，使用需谨慎
胺碘酮	致心律失常作用较少，不增加器质性心脏病患者的死亡率，可用于心力衰竭患者；起效较慢

任务五 抗心力衰竭药

心力衰竭是由多种原因导致心脏结构和（或）功能的异常改变，使心室收缩和（或）舒张功能发生障碍，从而引起的一系列复杂临床综合征，主要表现为呼吸困难、疲乏和体液潴留（肺淤血、体循环淤血及外周水肿等）。随着我国人口老龄化加剧，冠心病、高血压、糖尿病、肥胖等慢性病的发病呈上升趋势，医疗水平的提高使心脏疾病患者生存期延长，使得我国心力衰竭患病率持续升高。

心力衰竭是慢性、自发进展性疾病，心肌重构是引起心力衰竭发生和发展的关键因素。心力衰竭需要长期用药来控制，即使经过治疗已经达到很好的效果（如没有任何心力衰竭症状），也需要联合用药治疗。

药物治疗的目的是改善心力衰竭患者的生活质量，急性期的时候可以应用利尿剂、强心剂改善心力衰竭症状，长期应用治疗心力衰竭的药物有β受体阻断剂、血管紧张素转换酶抑制剂或血管紧张素Ⅱ受体拮抗剂等，这些药物可以很好地控制心力衰

请你想一想

心力衰竭的发生和发展与哪些因素有密切关系？心力衰竭的表现有哪些？

竭的症状，而且能够改善心力衰竭的预后，降低心力衰竭患者的病死率及住院率，但应在医生指导下应用。

本任务主要介绍强心药，其他类别见本书相关项目。强心药，亦称正性肌力药，能选择性增强心肌收缩力，缓解症状。分为强心苷类和非苷类强心药两类。强心苷类药物的作用基本相似，以洋地黄类为代表，可以分为长效（如洋地黄毒苷）、中效（如地高辛）、短效（如去乙酰毛花苷丙）三类，应根据病情选择药物品种和给药方法。非苷类强心药包括儿茶酚胺类（如多巴酚丁胺）和磷酸二酯酶抑制药（如氨力农、米力农）。

地高辛 [典][基][医保(甲/乙)]

Digoxin

【**商品名**】可力

【**适应证**】①用于急性和慢性心功能不全。②用于控制伴有快速心室率的心房颤动、心房扑动的心功能不全。

【**代表制剂及用法**】地高辛片：每片 0.25mg。口服，快速洋地黄化，每 6～8 小时给予 0.25mg，总量 0.75～1.25mg；缓慢洋地黄化，0.125～0.5mg，一日 1 次，共 7 日。以后维持量，一日 1 次，0.125～0.5mg。

【**典型不良反应**】①常见的不良反应有心律失常、恶心、呕吐、下腹痛、异常的无力、软弱。②少见的反应包括视力模糊或"色视"（如黄视、绿视）、腹泻、中枢神经系统反应如精神抑郁或错乱。③心律失常是洋地黄类药品最严重的不良反应。

【用药指导】（1）用药注意　①地高辛治疗指数较窄，当开始使用、调整剂量或停用可与地高辛发生相互作用的药物时，应严密监测地高辛血药浓度、临床毒性的潜在症状和体征。②厌食是地高辛中毒最早期症状，黄视症和绿视症等视色障碍为严重中毒的信号。③建议每天固定在同一时间服药，以维持稳定的血药浓度；食物（尤其是富含纤维的食物）可能干扰其胃肠吸收，因此推荐餐前 30 ~ 60 分钟服用。④不同患者使用地高辛的剂量不同，不能擅自调整药物剂量。

> **请你想一想**
>
> 现有两名心力衰竭的患者，使用的药物都有地高辛片。甲患者发觉医生给自己使用的剂量明显比乙患者要大，现在甲想擅自改变用量，按照乙的剂量来使用，可以吗？为什么？

（2）药物评价　①本品因作用较迅速，代谢与排泄较快而蓄积性较小，使用较洋地黄毒苷安全而被广泛使用于临床。一般多将其用于病情较轻者；对于病情较重者，可用速效制剂控制病情后，再日服本品以维持治疗。②服用本品中毒后应立即停药，并采取适当措施。

【商品信息】为毛花洋地黄叶粉的提纯制剂，1785 年就发现其对心脏有很强的作用，在 20 世纪才牢固地确立了该药在治疗充血性心力衰竭方面的地位。主要生产厂家有赛诺菲（杭州）制药、上海信谊制药等。

【贮藏】密封保存。

任务六　抗血栓药

血栓栓塞性疾病是由于血栓引起的血管腔狭窄与闭塞，使相应组织器官发生缺血和梗死而引发机能障碍的各种疾病。它涉及全身各系统器官，主要是心、脑和外周血管疾病，是严重威胁人类身体健康的重要疾病之一，具有高发和高致残、致死性特点。血栓性疾病的发生与血管损伤、局部血流改变以及血流成分的变化有关，其中血液凝固和血小板黏附聚集起到至关重要的作用。

若没有血栓就不会发生血栓栓塞性疾病，所有血栓性疾病重在预防。抗血栓药可以用于血栓栓塞性疾病的预防与治疗，且以预防为主。它在心、脑和外周血管疾病治疗中的地位越来越重要。抗血栓药主要分成以下三大类。

1. 抗凝血药　常用药有肝素、华法林、阿加曲班、比伐卢定、力伐沙班、达比加群等。

2. 抗血小板药　常用药有阿司匹林、氯吡格雷、双嘧达莫等。

3. 溶栓药　常用药有链激酶、尿激酶等。

一、抗凝血药

抗凝血药通过对凝血途径不同环节的干扰，阻止血液凝固，在预防及治疗动、静脉血栓方面起重要作用。这里仅介绍口服药品。

华法林[典][基][医保(甲)]

Warfarin

【适应证】适用于需长期持续抗凝的患者：①能防止血栓的形成及发展，用于治疗血栓栓塞性疾病；②治疗手术后或创伤后的静脉血栓形成，并可用作心肌梗死的辅助用药；③对曾有血栓栓塞性疾病患者及有术后血栓并发症危险者，可予以预防性用药。

【代表制剂及用法】华法林片：每片2.5mg；口服。成人常用量：第1~3天3~4mg（年老体弱及糖尿病患者半量即可），3天后可给维持量一日2.5~5mg。

【典型不良反应】①过量易致各种出血。早期表现有瘀斑、紫癜、牙龈出血、鼻衄、伤口出血经久不愈、月经量过多等。出血可发生在任何部位，特别是泌尿和消化道。肠壁血肿可致亚急性肠梗阻，也可见硬膜下颅内血肿和穿刺部位血肿。②偶见不良反应有恶心、呕吐、腹泻、瘙痒性皮疹、过敏反应及皮肤坏死。大量口服会出现双侧乳房坏死、微血管病或溶血性贫血以及大范围皮肤坏疽；一次量过大尤其危险。

【用药指导】（1）用药注意 ①老年人或月经期应慎用。②严格掌握适应证，在无凝血酶原测定的条件时，切不可滥用。③个体差异较大，治疗期间应严密观察是否出现口腔黏膜、鼻腔、皮下出血及大便隐血、血尿等。④维持量足够与否应观察5~7天后方能定论。⑤肝肾功能损害、严重高血压、凝血功能障碍伴有出血倾向、活动性溃疡、外伤、先兆流产、近期手术者禁用；妊娠期妇女禁用。

（2）药物评价 ①是第一个上市的口服凝血酶直接抑制剂。②需要长期接受抗凝治疗的患者，口服华法林比需静脉注射给药的抗凝药物更加方便，大大减少了注射的痛苦，患者用药依从性更高。

【商品信息】国内生产企业有上海信谊药业、齐鲁制药、北京嘉林药业等。

【贮藏】遮光、密封保存。

利伐沙班

Rivaroxaban

【商品名】拜瑞妥

【适应证】①用于择期髋关节或膝关节置换手术成年患者，以预防静脉血栓形成；②用于治疗成人深静脉血栓形成和肺栓塞；③非瓣膜性房颤成年患者，以降低脑卒中和全身性栓塞的风险。

【代表制剂及用法】利伐沙班片：每片10mg；15mg；20mg，口服，利伐沙班10mg可与食物同服，也可以单独服用。利伐沙班15mg或20mg片剂应与食物同服。

预防择期髋关节或膝关节置换手术成年患者的静脉血栓形成：推荐剂量为口服利伐沙班10mg，每日1次。

治疗成人深静脉血栓形成和肺栓塞，推荐剂量是前三周15mg，每日2次，之后维持治疗及降低复发风险的剂量是 20mg，每日 1 次。

非瓣膜性房颤成年患者，以降低脑卒中和全身性栓塞的风险，推荐剂量是 20mg，每日 1 次，该剂量同时也是最大推荐剂量，对于低体重和高龄（ > 75 岁）的患者，医师可根据患者的情况，酌情使用 15mg，每日 1 次。

【典型不良反应】最常见的不良反应为出血。表现有腹膜后出血、黄疸、胆汁淤积、肝炎（含肝细胞损伤）、脑出血、硬膜下血肿、硬膜外血肿、轻偏瘫。

【用药指导】（1）用药注意　①有临床明显活动性出血的患者、具有大出血显著风险的病灶或病情者、有凝血异常和临床相关出血风险的肝病患者、孕妇及哺乳期妇女禁用。②推荐在整个抗凝治疗过程中密切观察患者状态。③提前停用利伐沙班将使血栓栓塞风险升高。

（2）药物评价　①为新型口服抗凝药。②相比华法林，药物相互作用少，固定剂量，无需检测 INR，使用方便。

> **请你想一想**
> 抗凝血药使用不当可能引发哪些不良反应？

【商品信息】由拜耳公司于 2017 年 10 月宣布以一种肺栓塞单药治疗方案在中国上市，目前国内企业只有正大天晴药业。

【贮藏】常温（10 ~ 30℃）密封保存。

二、抗血小板药

抗血小板药物通过抑制血小板黏附、聚集以及释放，抑制动脉粥样硬化血栓的形成，在心血管系统疾病，尤其在冠状动脉粥样硬化性心脏病的治疗方面有重要的作用。

双嘧达莫 [典][基][医保（乙）]

Dipyridamole

【商品名】潘生丁

【适应证】用于冠心病和血栓栓塞性疾病预防血栓形成。注射剂可用于心肌缺血的诊断性用药。

【代表制剂及用法】双嘧达莫片：每片 25mg。为薄膜衣片，除去薄膜衣后显黄色。口服。一次 25 ~ 50mg，一日 3 次，饭前服用。或遵医嘱。

【典型不良反应】治疗剂量时不良反应轻而短暂，长期服用最初的副作用多消失。常见的不良反应有头晕、头痛、呕吐、腹泻、脸红、皮疹和瘙痒，罕见心绞痛和肝功能不全。不良反应持续或不能耐受者少见，停药后不良反应可消除。

【用药指导】（1）用药注意　①对本品过敏者、活动性出血或有出血倾向者、心肌梗死的低血压患者禁用。②低血压患者慎用。③长期大量应用可致出血倾向。

（2）药物评价　①有冠状动脉窃血现象，目前已较少用于心血管疾病的治疗。②静脉注射剂可用作心肌缺血的诊断试剂（双嘧达莫试验），作为冠心病的一种辅助检查手段，并确定心肌缺血范围。

【商品信息】最早于 1959 年作为一种抗心绞痛药物引入临床使用。目前国内生产企业有石药集团欣意药业、亚宝药业、广东华南药业等。

【贮藏】遮光，密封保存（常温 10～30℃）。

目标检测

一、选择题

1. HMG – CoA 还原酶抑制药是（　　）。
   A. 非诺贝特　　　B. 亚油酸　　　　　C. 辛伐他汀　　　　D. 吉非罗齐
2. 降 LDL – C 作用最明显的药物是（　　）。
   A. 考来烯胺　　　B. 瑞舒伐他汀　　　C. 非诺贝特　　　　D. 吉非罗齐
3. 降低高甘油三酯血症最有效的药物是（　　）。
   A. 考来烯胺　　　B. 辛伐他汀　　　　C. 非诺贝特　　　　D. 吉非罗齐
4. 请选出 ACEI 类药物（　　）。
   A. 硝苯地平　　　B. 普萘洛尔　　　　C. 卡托普利　　　　D. 胺碘酮
5. 请选出血管紧张素Ⅱ受体拮抗剂（　　）。
   A. 氯沙坦　　　　B. 卡托普利　　　　C. 普萘洛尔　　　　D. 硝苯地平
6. 不引起干咳的药物是（　　）。
   A. 福辛普利　　　B. 氯沙坦　　　　　C. 卡托普利　　　　D. 依那普利
7. 科素亚是（　　）的常见商品名。
   A. 卡托普利　　　B. 依那普利　　　　C. 氯沙坦　　　　　D. 非洛地平
8. 倍他乐克是（　　）的常见商品名。
   A. 卡托普利　　　B. 美托洛尔　　　　C. 氯沙坦钾　　　　D. 非洛地平
9. 伴有哮喘的高血压患者不宜选用的药品是（　　）。
   A. 普萘洛尔　　　B. 硝苯地平　　　　C. 地尔硫䓬　　　　D. 硝酸甘油
10. 临床最常用的强心苷类药是（　　）。
    A. 卡维地洛　　　B. 去乙酰毛花苷　　C. 米力农　　　　　D. 地高辛
11. 地高辛中毒的早期症状有（　　）。
    A. 心律失常　　　B. 厌食　　　　　　C. 绿视症　　　　　D. 精神抑郁
12. 口服凝血酶直接抑制剂是（　　）。
    A. 华法林　　　　B. 阿司匹林　　　　C. 氯吡格雷　　　　D. 链激酶
13. 拜瑞妥是（　　）的常见商品名。
    A. 华法林　　　　B. 阿司匹林　　　　C. 利伐沙班　　　　D. 双嘧达莫
14. 适用于心绞痛长期治疗及预防的药物是（　　）。
    A. 普萘洛尔　　　B. 硝苯地平　　　　C. 单硝酸异山梨酯　D. 硝酸甘油

15. 适用于缓解心绞痛急性发作的药物是（　　），给药方式为（　　）。

　　A. 单硝酸异山梨酯　　　　　　　B. 硝酸甘油

　　C. 口服　　　　　　　　　　　　D. 舌下给药

二、思考题

1. 简述治疗不同类型高脂血症的首选药物。

2. 简述口服一线降压药的类别与代表药物。

3. 试述启动降压药物治疗的时机。

（吴　玲）

书网融合……

 微课 1　　　微课 2　　　划重点　　　自测题

▶▶ 项目十三　泌尿系统药

学习目标

知识要求

1. **掌握**　泌尿系统常用药品的名称、适应证、用药指导。
2. **熟悉**　泌尿系统药品的代表制剂及用法、典型不良反应。
3. **了解**　泌尿系统药品的商品信息。

能力要求

1. 能按用途、剂型及分类管理要求陈列药品并对其进行正常养护。
2. 对本类药品进行全面评价，能根据顾客需求推荐药品，指导泌尿系统药品的合理使用。
3. 能介绍新上市品种的特点，并进行同类药品的比较。

　　泌尿系统是由肾、输尿管、膀胱、尿道及与其有关的血管、神经组成，主要功能是生成和排出尿液，将人体内代谢产生的废物和毒素排泄出去，以调节机体的水盐和酸碱平衡，维持机体内环境稳定。泌尿系统各器官（如肾脏、输尿管、膀胱、尿道等）都可发生疾病，如水肿、高血压、贫血、肾小球肾炎、尿石症、肾功能衰竭、前列腺疾病等。泌尿系统药主要有利尿药、脱水药、前列腺疾病药等，如图 13 – 1 所示。

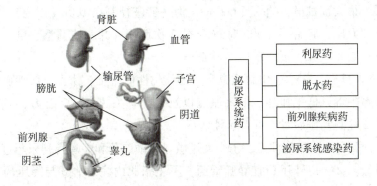

图 13 – 1　泌尿系统及主要药

📋 任务一　利尿药　 🖵 微课

📋 岗位情景模拟

　　情景描述　患者，男，70 岁，近期因高血压伴有肾病综合征，出现水钠潴留、排尿困难等症状。医生给予依那普利联合氢氯噻嗪使用，效果较好，血压控制稳定，排尿困难缓解，继续同样用药。两个月之后，复查发现蛋白尿，且血钾低。

　　讨论　1. 出现该症状的原因是什么？
　　　　　2. 如何合理调整用药？

　　利尿药能减少肾小管对水、钠的重吸收，从而增加尿量，临床主要用于各种水肿性疾病。有些利尿药与降压药合用可治疗高血压。利尿药按其作用强度分为以下几类。①强效利尿药：呋塞米、布美他尼。②中效利尿药：氢氯噻嗪。③弱效利尿药：螺内酯、氨苯蝶啶。

一、强效利尿药

呋塞米[典][基][医保(甲)]

Furosemide

　　【商品名】光辉

　　【适应证】①水肿性疾病：包括充血性心力衰竭、肝硬化、肾脏疾病。②高血压：不作为原发性高血压的首选药，当噻嗪类药物疗效不佳时，尤其是当伴有肾功能不全或出现高血压危象时，尤为适用。③预防急性肾功能衰竭：用于各种原因导致肾脏血流灌注不足。④高钾血症及高钙血症。⑤稀释性低钠血症。⑥抗利尿激素分泌过多症。⑦急性药物或毒物中毒，如巴比妥类药物中毒等。

　　【代表制剂及用法】呋塞米片：白色片，每片20mg。口服。①治疗水肿性疾病：起始剂量为20~40mg，一日1~2次，必要时6~8小时后追加20~40mg，直至出现满意利尿效果。最大剂量虽可达一日600mg，但一般应控制在100mg以内，分2~3次服用。②治疗高血压：起始一日40~80mg，分2次服用，并酌情调整剂量。③治疗高钙血症：一日口服80~120mg，分1~3次服。

　　【典型不良反应】①水、电解质紊乱，如体位性低血压、休克、低钾血症、低氯血症、低氯性碱中毒、低钠血症、低钙血症以及与此有关的口渴、乏力、肌肉酸痛、心律失常等。②在高钙血症时，可引起肾结石。

　　【用药指导】（1）用药注意　①交叉过敏。对磺胺药和噻嗪类利尿药过敏者，对本药可能亦过敏。②肠道外用药宜静脉给药，不主张肌内注射。③与降压药合用时，后者剂量应酌情调整。④不宜与链霉素等氨基糖苷类抗生素合用。

　　（2）药物评价　①呋塞米作用强、疗效好、价格低廉，是国内临床最常用的利尿药之一。②长期使用应适当补充钾盐。

　　【商品信息】目前国内生产企业有上海朝晖药业、东北制药集团、哈药集团、西南药业、徐州莱恩药业等。

　　【贮藏】遮光，密封保存。

布美他尼[典][医保（乙）]

Bumetanide

【商品名】利了

【适应证】同呋塞米，对某些呋塞米无效的病例仍可能有效。①水肿性疾病；②高血压；③预防急性肾功能衰竭；④高钾血症及高钙血症；⑤稀释性低钠血症；⑥抗利尿激素分泌过多症；⑦急性药物或毒物中毒。

【代表制剂及用法】布美他尼片：白色片，每片 1mg。口服，治疗水肿性疾病或高血压，口服起始一日 0.5～2mg，必要时每 4～5 小时重复，最大剂量一日可达 10～20mg。可间隔用药，即每隔 1～2 日用药 1 日。

【典型不良反应】与呋塞米基本相同，偶见恶心、头痛、头晕、低血压、高尿酸血症、低钾血症、未婚男性遗精和阴茎勃起困难。大剂量时可发生肌肉酸痛、胸痛。

【用药指导】（1）用药注意　可增加尿磷的排泄量，干扰尿磷的测定。

（2）药物评价　①为强利尿药，过量使用可导致水、电解质耗竭。②宜根据患者个体情况调整剂量，加强医学监测。

【商品信息】目前国内生产企业有华润双鹤、梧州制药、海王福药、桂林南药等，以片剂和注射剂为主。

【贮藏】遮光，密封保存。

二、中效利尿药

氢氯噻嗪[典][基][医保（甲）]

Hydrochlorothiazide

【别名】双氢克尿噻

【适应证】水肿性疾病、高血压、中枢性或肾性尿崩症、肾石症。

【代表制剂及用法】氢氯噻嗪片：白色片，每片 10mg；25mg；50mg。治疗水肿性疾病，每次 25～50mg，每日 1～2 次，或隔日治疗，或一周连服 3～5 日；治疗高血压，每日 25～100mg，顿服或分次服用，并按降压效果调整剂量。

【典型不良反应】①常见水、电解质紊乱。较易发生低钾血症，低氯性碱中毒或低氯、低钾性碱中毒、低钠血症等，血糖、血尿酸、血胆固醇、血氨、血钙升高，血磷、血镁及尿钙降低。②少见过敏反应、血白细胞减少或缺乏症等。

【用药指导】（1）用药注意　①肾功能减退者、糖尿病患者、高尿酸血症或有痛风病史者、肝功能损害者、高钙血症者、低钠血症者、系统性红斑狼疮、低血压、交感神经切除者、有黄疸的婴儿等慎用。②老年人应用时易发生低血压、电解质紊乱和肾功能损害。③长期使用，注意补充钾盐或与保钾利尿药合用。④对本品或磺胺类药过敏及无尿者禁用。⑤每日一次给药时，应早晨给药。

（2）药物评价　氢氯噻嗪为基础降压药物，价格便宜，疗效确切，临床广泛应用，常与其他药物组成复方制剂用于高血压的治疗。

【商品信息】本品是在研究磺胺药利尿作用的过程中发现的利尿药，我国于 1958 年投产。国内生产企业有哈药集团、上海医药、常州制药厂等。

【贮藏】遮光，密封保存。

> **请你想一想**
>
> 利尿药如何在抗血压中发挥作用？有哪些利尿药常与抗血压药制成复方制剂？

三、弱效利尿药

螺内酯[典][基][医保(甲)]

Spironolactone

【商品名】舍欣

【适应证】用于水肿性疾病、高血压、原发性醛固酮增多症、低钾血症的预防。

【代表制剂及用法】螺内酯片：白色片，每片 12mg；20mg。口服，治疗水肿性疾病：每日 40～120mg，分 2～4 次服用，至少连服 5 日。以后酌情调整剂量；治疗高血压：开始每日 40～80mg，分次服用，至少 2 周，以后酌情调整剂量，不宜与血管紧张素转换酶抑制剂合用，以免增加发生高钾血症的机会。

【典型不良反应】①高钾血症，最为常见。尤其是单独用药、进食高钾饮食、与钾剂或含钾药物如青霉素钾等，以及存在肾功能损害、少尿、无尿时，易出现高钾血症。②胃肠道反应，如恶心、呕吐、胃痉挛和腹泻。

【用药指导】（1）用药注意　①有留钾作用，高钾血症患者禁用。用药期间如出现高钾血症，应立即停药。②应于进食时或餐后服药，以减少胃肠道反应，并可能提高本药的生物利用度。

（2）药物评价　利尿作用较弱，起效缓慢，但效力持久，常与氢氯噻嗪合用，两者取长补短。

【商品信息】我国于 1973 年开始生产本品，主要生产企业有杭州民生药业、上海衡山药业、浙江亚太药业等。

【贮藏】密封保存。

氨苯蝶啶[典][基][医保(甲)]

Triamterene

【适应证】主要治疗水肿性疾病，包括充血性心力衰竭、肝硬化腹水、肾病综合征等；也可用于治疗特发性水肿。

【代表制剂及用法】氨苯蝶啶片：黄色片，每片 50mg。口服。开始每日 25～100mg，分 2 次服用，与其他利尿药合用时，剂量可减少。维持阶段可改为隔日疗法。最大剂量不超过每日 300mg。

【典型不良反应】高钾血症。

【用药指导】（1）用药注意　①高钾血症时禁用。②无尿、肾功能不全、糖尿病、肝功能不全、低钠血症、酸中毒、高尿酸血症或有痛风病史者、肾结石或有此病史者慎用。③应于进食时或餐后服药，以减少胃肠道反应，并可提高本药的生物利用度。④非甾体类消炎镇痛药，尤其是吲哚美辛，能降低本药的利尿作用，且合用时肾毒性增加。

（2）药物评价　利尿作用较弱，但作用较迅速，与其他利尿剂如噻嗪类合用能显著增强各自的利尿作用和减轻不良反应。

【商品信息】国内生产企业有北京双鹤药业、上海信谊药厂、苏州麦迪森药业、集成药厂等。

【贮藏】密封保存。

你知道吗

脱水药

脱水药是一类体内不被代谢或代谢较慢，静脉给药后能迅速升高血浆渗透压及肾小管腔液的渗透压，引起组织脱水的药物，又称渗透性利尿药。相同浓度时，分子量越小，产生的渗透压越高，脱水能力越强。主要用于脑水肿、青光眼及急性肾衰竭。脱水药见表 13－1。

表 13－1　脱水药

药品名称	特　点
甘露醇	组织脱水药
山梨醇	为甘露醇的异构体，作用相似但效力较弱

任务二　前列腺疾病药

前列腺增生和前列腺炎等前列腺疾病是中老年男性的常见病和多发病。其主要症状是尿频、尿急、尿不尽、尿痛、排尿困难、尿黄等；同时常伴有腰酸腰痛、四肢无力、遗精等症状。

目前临床常用的治疗药物有三类：α受体阻断剂，如特拉唑嗪、多沙唑嗪；5α还原酶抑制药，如非那雄胺；天然植物药。

特拉唑嗪[典][基][医保(甲)]
Terazosin

【商品名】高特灵，泰乐

【适应证】用于治疗高血压和改善良性前列腺增生症患者的排尿症状。

【代表制剂及用法】盐酸特拉唑嗪片：白色片，每片 1mg；2mg。口服。高血压患者：一日 1 次，首次睡前服用。开始剂量 1mg，剂量逐渐增加直到出现满意疗效。常用剂量为一日 1~10mg，最大剂量为一日 20mg，停药后需重新开始治疗者，亦必须从 1mg 开始渐增剂量。良性前列腺增生患者：一日 1 次，每次 2mg，每晚睡前服用。

【典型不良反应】出现头痛、头晕、无力、心悸、恶心、体位性低血压等。这些反应通常较轻微，继续治疗可自行消失，必要时可减量。

【用药指导】（1）用药注意　①孕妇及哺乳期妇女慎用。②病人在开始治疗及增加剂量时应避免可导致头晕或乏力的突然性姿势变化或行动。

（2）药物评价　①为选择性 α_1 受体阻断剂，能降低外周血管阻力，对收缩压和舒张压都有降低作用。②具有松弛膀胱和前列腺平滑肌的作用，可缓解良性前列腺肥大而引起的排尿困难症状。

【商品信息】该药由美国雅培公司开发，1987 年首次上市。国内生产企业有上海雅培、扬子江药业、北京赛科药业等。

【贮藏】遮光，密封保存。

坦洛新 [基][医保(乙)]

Tamsulosin

【商品名】积大本特，必坦

【适应证】主要用于治疗前列腺增生而致的异常排尿症状，适用于轻、中度患者及未导致严重排尿障碍者，如已发生严重尿潴留时不应单独服用此药。

【代表制剂及用法】缓释胶囊剂：每粒 0.2mg。口服，每次 0.2mg，每日 1 次，饭后服用，根据年龄及症状不同可适当增减。

【典型不良反应】①偶有精神神经症状，如头晕、头痛、失眠等。②消化系统症状，如恶心、呕吐、胃部不适、食欲减退等。

【用药指导】（1）用药注意　①患者应排除前列腺癌后，才可使用；②应用抗高血压药物患者，在开始服用时，应注意对血压的影响，不要咀嚼胶囊内颗粒，过量会引起血压降低；③与降压药合用时会增强降压效果；④直立性低血压者，肝肾功能不全者、对磺胺过敏者、哺乳期妇女、孕妇慎用。

（2）药物评价　通过改善尿道、膀胱颈及前列腺部位平滑肌功能而改善排尿障碍作用，降低前列腺内尿道内压，对膀胱内压无影响，还可用于排石，效果明显。

【商品信息】本品是第一个针对前列腺增生疾病的长效 α_1 肾上腺能受体阻断剂，由日本山之内制药公司开发。国内生产企业有昆明积大制药、杭州康恩贝制药、浙江海力生制药、江苏恒瑞医药、鲁南贝特制药等。

【贮藏】密闭保存。

非那雄胺[典][医保（乙）]

Finasteride

【商品名】保列治，先立晓

【适应证】治疗和控制良性前列腺增生症。

【代表制剂及用法】非那雄胺片：白色或类白色片，每片5mg。口服，一次5mg，一日1次，空腹服用或与食物同时服用均可。

【典型不良反应】耐受性良好，不良反应通常轻微，一般不必中止治疗。

【用药指导】（1）用药注意 ①不适用于妇女和儿童，禁用于妊娠和可能怀孕的妇女。②肝功能不全者慎用，肾功能不全患者无需调整给药剂量。

（2）药物评价 ①非那雄胺在抗前列腺增生药物市场中一直处在领先位置，此药能缩小前列腺体积，增加尿流率，改善梗阻症状并保留睾酮的生理功能，还可有效防止前列腺继发性出血。②该药一般起效较慢，且停药后容易复发，个别患者会出现阳痿、性欲减退和精液量减少等不良反应。

【商品信息】非那雄胺由美国默沙东公司开发，1991年在意大利首先上市。国内生产企业有浙江仙琚制药、河南天方药业、武汉人福药业等。

【贮藏】遮光，密封保存。

其他常用的前列腺疾病用药见表13-2。

表13-2　其他常用的前列腺疾病用药

药品名称	特点
普适泰	为植物花粉提取物组成的复方制剂。用于良性前列腺增生症，慢性、非细菌性前列腺炎及前列腺疼痛等。不良反应少见，长期服用对性功能无影响
普乐安	有抗前列腺增生、抗炎、抑菌、抗氧化、改善微循环和利尿的作用。用于肾气不固所致的癃闭，慢性前列腺炎及前列腺增生。宜饭前服用。过敏体质者慎用。感冒发热患者不宜用

目标检测

一、选择题

1. 易引起低钾血症的利尿药是（　　）。
   A. 氢氯噻嗪　　　B. 阿米洛利　　　C. 氨苯蝶啶　　　D. 螺内酯

2. 双氢克尿噻是指（　　）。
   A. 依他尼酸　　　B. 布美他尼　　　C. 呋塞米　　　D. 氢氯噻嗪

3. 下列可能引起高钾血症的药物是（　　）。
   A. 盐酸阿米洛利　B. 盐酸坦洛新　　C. 呋塞米　　　D. 氢氯噻嗪

4. 属于中效的利尿药是（　　）。
   A. 氢氯噻嗪　　　B. 阿米洛利　　　C. 氨苯蝶啶　　　D. 螺内酯

5. （　　）既具有利尿作用，又具有抗利尿作用。

　　A. 呋塞米　　　　B. 托拉塞米　　　　C. 氢氯噻嗪　　　　D. 阿米洛利

6. 不用于治疗良性前列腺增生的药物是（　　）。

　　A. 坦洛新　　　　B. 非那雄胺　　　　C. 垂体后叶粉　　　　D. 度他雄胺

7. 以下不是非那雄胺商品名的是（　　）。

　　A. 保法止　　　　B. 蓝乐　　　　C. 高特灵　　　　D. 保列治

8. 坦洛新不具有的不良反应是（　　）。

　　A. 头痛、头晕、失眠　　　　　　　B. 高血压

　　C. 恶心、呕吐、胃部不适　　　　　D. 过敏反应

9. 以下关于氢氯噻嗪说法错误的是（　　）

　　A. 可以抗高血压　　　　　　　　　B. 不可以和其他抗高血压药同时使用

　　C. 利尿　　　　　　　　　　　　　D. 抗利尿

10. 下列不属于泌尿系统药物的是（　　）。

　　A. 呋塞米　　　　B. 黄体酮　　　　C. 坦索罗辛　　　　D. 哈乐

二、思考题

1. 螺内酯常与氢氯噻嗪合用，其原因有哪些？

2. 治疗前列腺疾病的主要药物有哪些？请举例说明。

（邓　媚）

书网融合……

📱微课　　　📄划重点　　　⏱自测题

项目十四　血液及造血系统药

PPT

学习目标

知识要求

1. **掌握**　血液及造血系统常用药的名称、适应证、用药指导。

2. **熟悉**　常见血液及造血系统药品的代表制剂及用法、典型不良反应。

3. **了解**　常见血液及造血系统药品的商品信息。

能力要求

1. 能按用途、剂型及分类管理要求陈列药品并对其进行正常养护。

2. 对本类药品进行全面评价，能根据顾客需求推荐药品，指导药品的合理使用。

3. 能介绍新上市品种的特点，并进行同类药品的比较。

血液系统由血液和造血器官组成，如图 14 - 1 所示。血液由血浆及悬浮其中的血细胞（红细胞、白细胞和血小板）组成。造血器官主要包括骨髓、脾、胸腺和淋巴结。血液及造血系统疾病包含血液病变和造血器官病变，常见有贫血、出血倾向、发热、淋巴结与肝脾肿大、骨痛、黄疸等。

在我国血液及造血系统疾病用药市场巨大，近几年销售额不断增长。血液及造血系统疾病药主要有促凝血药、抗血栓药、抗贫血药、升高白细胞药、血容量扩充药，如图 14 - 2 所示。 微课

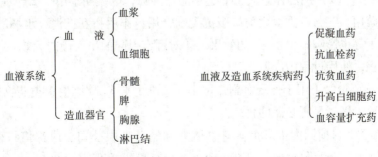

图 14 - 1　血液系统　　　　　图 14 - 2　血液系统类药

任务一　促凝血药

促凝血药系指能加速血液凝固或降低毛细血管通透性，促使出血停止的药物，又

称止血药。常用的促凝血药按其作用机制可分为促凝血因子合成药、抗纤维蛋白溶解药、凝血因子制剂、作用于血管的止血药等。

你知道吗

止血过程中包括血管收缩、血小板聚集和血液凝固三个重要因素。如外伤出血，则见局部血管收缩，血小板在血管破裂处凝集，破裂并释放出血管收缩物质及"凝血因子"，而组织液及血浆中的一些凝血因子（因子 V、Ⅶ、Ⅷ、Ⅸ、Ⅺ、Ⅻ等）也受到激活而参与血凝过程，于是形成血块，出血停止。止血药可通过收缩小动脉及毛细血管，或增强血小板功能，或加速、加强血液凝固过程，或抑制血块溶解过程而产生止血作用。随着止血理念的不断更新，新的止血药物层出不穷。

一、促凝血因子合成药

维生素 K$_1$ [典][基][医保(甲/乙)]

Vitamin K$_1$

【适应证】主要用于维生素 K 缺乏引起的出血，如梗阻性黄疸、胆瘘、慢性腹泻等所致出血；新生儿出血以及长期应用广谱抗生素所致的体内维生素 K 缺乏；抗凝药物香豆素类、水杨酸钠过量等所致的低凝血酶原血症。

【代表制剂及用法】维生素 K$_1$ 片：糖衣片。除去糖衣后，显黄色，每片 10mg。口服：一次 10mg，一日 3 次或遵医嘱。

【典型不良反应】①静脉注射偶见过敏反应。静脉注射过快，可引起面部潮红、出汗、支气管痉挛、心动过速、低血压等。②肌内注射可引起局部红肿和疼痛。③新生儿可能出现高胆红素血症，黄疸和溶血性贫血。

【用药指导】（1）用药注意　①能透过胎盘屏障，妊娠期禁用。②严重肝脏疾患或肝功不良者禁用。③与双香豆素类口服抗凝剂合用，作用相互抵消。水杨酸类、磺胺、奎宁、奎尼丁等也影响维生素 K$_1$ 的效果。④对肝素引起的出血倾向无效。⑤维生素 K$_1$ 遇光快速分解，使用过程中应避光。

（2）药物评价　①用于促凝血副作用小。②维生素 K$_1$ 属维生素类药物，是肝脏合成因子 Ⅱ、Ⅶ、Ⅸ、Ⅹ所必需的物质。

【商品信息】目前国内生产企业有安徽万和制药有限公司、成都倍特药业有限公司、山东广通宝医药有限公司、成都天台山制药有限公司等。

【贮藏】原料、片剂遮光，密封保存；注射液遮光，密闭，防冻保存。

二、抗纤维蛋白溶解药

氨甲环酸[典][基][医保(甲/乙)]

Tranexamic Acid

【商品名】妥赛敏，荷莫塞

【适应证】主要用于急性或慢性、局限性或全身性原发性纤维蛋白溶解亢进症所致的各种出血，如前列腺、尿道、肺、脑、子宫、肾上腺、甲状腺、肝等富有纤溶酶原激活物脏器的外伤或手术出血及鼻、喉、口腔局部止血。

【代表制剂及用法】氨甲环酸片：白色，每片0.125g或0.25g。口服：一次1~1.5g，一日2~6g。为防止手术前后出血，可参考上述剂量，为治疗原发性纤维蛋白溶解所致出血，剂量可酌情加大。

氨甲环酸胶囊：每粒0.25g；口服：一次1~1.5g，一日2~6g。为防止手术前后出血，可参考上述剂量，为治疗原发性纤维蛋白溶解所致出血，剂量可酌情加大。

【典型不良反应】偶有药物过量所致颅内血栓形成和出血；可有腹泻、恶心及呕吐；少见的有经期不适。

【用药指导】（1）用药注意 ①与青霉素或尿激酶等溶栓剂有配伍禁忌；口服避孕药、雌激素或凝血酶原复合物浓缩剂与本品合用，有增加血栓形成的危险。②一般不单独用于弥散性血管内凝血所致的继发性纤溶性出血，影响脏器功能。③血友病或肾盂实质病变发生大量血尿时要慎用。④长期使用者，应进行眼科检查。

（2）药物评价 ①副作用较氨基己酸为少。②抗慢性渗血效果较好，抗纤溶活性为氨甲苯酸的7~10倍，是临床最常用的制剂。③通过竞争性阻抑纤溶酶原在纤维蛋白上的吸附作用，从而防止其激活，保护纤维蛋白不被纤溶酶所降解和溶解，最终达到止血效果。

【商品信息】目前国内生产企业有武汉爱民制药有限公司、葵花药业集团（佳木斯）有限公司、北京双鹤药业股份有限公司、成都倍特药业有限公司等。

【贮藏】遮光，密封保存。

三、凝血因子制剂

凝血酶[典][基][医保(甲)]

Thrombin

【适应证】局部止血药，用于手术中不易结扎的小血管止血、消化道出血及外伤出血等。

【代表制剂及用法】凝血酶冻干粉：为牛血或猪血中提取的凝血酶原，经激活而得凝血酶的无菌冻干品。白色或类白色的冻干块状物或粉末。每1ml中含500单位的0.9%氯化钠溶液可微显浑浊。低硼硅玻璃管制注射剂瓶装，规格有200单位；500单位；1000单位；2000单位；5000单位；10000单位。①局部止血：用灭菌氯化钠注射液溶解成 50～200 单位/毫升的溶液喷雾或用本品干粉喷洒于创面。②消化道止血：用 0.9% 氯化钠注射液或温开水（不超 37℃）溶解成 10～100 单位/毫升的溶液，口服或局部灌注，也可根据出血部位及程度增减浓度、次数。

【典型不良反应】偶可致过敏反应，应及时停药。

【用药指导】（1）用药注意　①严禁注射。②应用时必须直接与创面接触，才能起止血作用。③应新鲜配制使用。④对本品过敏者禁用。⑤应避免与酸、碱及重金属药物配伍。

（2）药物评价　①凝血酶直接作用于血液凝固过程的最后一步，能使纤维蛋白原转化成纤维蛋白。局部应用后作用于病灶表面的血液很快形成稳定的凝血块，用于控制毛细血管、静脉出血，或作为皮肤、组织移植物的黏合、固定剂，是一种速效的局部止血药。②pH＜5 时失效。凝血酶对血液凝固系统的其他作用尚包括诱发血小板聚集及继发释放反应等。

【商品信息】目前国内生产企业有河南欣泰药业有限公司、上海生物制品研究所有限责任公司、苏州新宝制药有限公司、上海第一生化药业有限公司、珠海经济特区生物化学制药厂、武汉海特生物制药股份有限公司、上海莱士血制品有限公司、华兰生物工程股份有限公司、长春海王生物制药有限责任公司、无锡凯夫制药有限公司、三九集团昆明白马制药有限公司等。

【贮藏】密封，10℃ 以下贮存。

四、作用于血管的止血药

卡络磺钠 [医保(乙)]

Carbazochrome Sodium Sulfonate

【商品名】阿洛那 Adona

【适应证】适用于泌尿系统、上消化道、呼吸道和妇产科疾病出血，亦可用于外伤和手术出血。

【代表制剂及用法】卡络磺钠片：每片 10mg；30mg。成人每次 10～30mg，3～4次/日，口服。

【典型不良反应】用量大者可引起精神紊乱、异常脑电活动。

【用药指导】（1）用药注意　①有过敏史的患者慎用。②有癫痫史及精神病史的患者慎用。③用药过程中如观察到异常反应，应停止用药并进行适当处理。

（2）药物评价　①不良反应较轻。②能增加毛细血管对损伤的抵抗力，降低毛细血管的通透性，促进毛细血管断裂端的回缩而止血。

【商品信息】卡络磺钠由田边三菱医药株式会社（MITSUBISHI TANABE 公司）原研。目前国内生产企业有杭州澳亚生物技术有限公司、海南通用康力制药有限公司、北京四环制药有限公司、海南中化联合制药工业股份有限公司、哈尔滨三联药业有限公司。

【贮藏】遮光，在阴凉处（不超过20℃）密闭保存。

五、其他

血凝酶^{[典][医保(乙)]}

Haemocoagulase Atrox

【商品名】立芷雪，巴曲亭

【适应证】用于需减少流血或止血的各种医疗情况。

【代表制剂及用法】注射剂：无色澄明液体。静脉注射、肌内注射或皮下注射，也可局部用药。一般出血：成人1~2单位；儿童0.3~0.5单位。紧急出血：立即静脉注射0.25~0.5单位，同时肌内注射1单位。各类外科手术：术前一天晚肌内注射1单位，术前1小时肌内注射1单位，术前15分钟静脉注射1单位，术后3天，每天肌内注射1单位。咯血：每12小时皮下注射1单位，必要时，开始时再加静脉注射1单位，最好是加入10ml的0.9%氯化钠注射液中，混合注射。异常出血：剂量加倍，间隔6小时肌内注射1单位，至出血完全停止。

【典型不良反应】偶见过敏反应。

【用药指导】（1）用药注意　①大、中动脉，大静脉受损的出血，必须首先用外科手术处理。②血液中缺乏血小板或某些凝血因子时，宜在补充血小板、凝血因子或输注新鲜血液的基础上应用。③用药前后及用药时应当注意检查或监测病人的出血、凝血时间。④除非紧急情况，孕期妇女不宜使用。⑤治疗新生儿出血时，宜在补充维生素K后合用本药。

（2）药物评价　①速效、长效、安全的止血药，不良反应发生率极低，偶见过敏样反应，且不受血浆凝血酶抑制剂的影响，因而广泛用于治疗和预防各种出血性疾病。②含有类凝血酶和类凝血激酶两种成分。

【商品信息】血凝酶是从矛头蝮蛇毒液中分离、精制而得的一种促凝血药。最早是由奥地利教授klobusitzky发现，后由瑞士素高公司开发研制。目前国内生产企业有兆科药业（合肥）有限公司、北京康辰药业有限公司、蓬莱诺康药业有限公司等。

> **请你想一想**
>
> 凝血酶和血凝酶有什么区别？

【贮藏】凉暗处保存。

其他常用促凝血药见表14-1。

表14-1　其他常用促凝血药

药品名称	药品特点
酚磺乙胺	通过促进血小板释放凝血物质，使血管收缩、出血和凝血时间缩短，达到止血效果
鱼精蛋白	可用于治疗肝素过量引起的出血和心脏术后出血
甲萘氢醌	为人工合成维生素K，作为辅酶参与肝内凝血酶原及凝血因子Ⅶ、Ⅸ、Ⅹ的合成

任务二 抗血栓药

岗位情景模拟

情景描述 老王患有急性冠状动脉综合征，医生给他开了波立维，老王近期一直在服用该药。这两天由于天气变化，老王又感冒了，出现了发热的现象。于是老王到附近药店要求购买解热镇痛药阿司匹林。

分析 请问能否将阿司匹林销售给老王？如果不能的话指出问题并说明原因。

血栓是血流在心血管系统血管内面剥落处或修补处的表面所形成的小块。在可变的流体依赖型中，血栓由不溶性纤维蛋白、沉积的血小板、积聚的白细胞和陷入的红细胞组成。血栓分为混合血栓、白色血栓、红色血栓、透明血栓。

抗血栓药可分为抗凝血药、抗血小板药和溶血栓药三大类。

一、抗凝血药

抗凝血药是通过影响凝血过程中的某些凝血因子而阻止凝血过程的药物。临床使用较多的抗凝血药包括：非肠道用药抗凝血剂（如肝素）、香豆素抗凝血剂类（如华法林）等。

常用抗凝血药见表 14-2。

表 14-2 常用抗凝血药

药品名称	药品特点
肝素	在体内、体外都有抗凝血作用，能预防血栓生成，但不能溶解血栓
华法林	拮抗维生素 K，抑制凝血因子的合成，起效慢，作用时间长，仅能体内抗凝血
达比加群酯	直接口服抗凝血药，口服吸收迅速，抑制凝血酶
利伐沙班	凝血因子 Xa 抑制剂，用于预防膝关节置换术后静脉血栓

二、抗血小板药

氯吡格雷[典][基][医保(乙)]

Clopidogrel

【商品名】波立维 plavix，泰嘉

【适应证】用于防治心肌梗死、缺血性脑卒中、闭塞性脉管炎和动脉粥样硬化及血栓栓塞引起的并发症。减少既往有过脑卒中、心肌梗死或确诊外周动脉疾病史患者近期发生动脉粥样硬化事件的概率。

【代表制剂及用法】硫酸氢氯吡格雷片：白色或类白色圆形薄膜衣片，除去包衣后显白色或类白色。每片 25mg。推荐剂量为每天 75mg，不与食物同服。急性冠状动脉综合征患者：非 ST 段抬高型急性冠状动脉综合征（不稳定型心绞痛或非 0 波心肌梗死）患者，应以单次负荷量氯吡格雷 300mg 开始，然后以 75mg 每日 1 次连续服药（合用阿司匹林 75～325mg/d）。急性 ST 段抬高型心肌梗死：应以负荷量氯吡格雷开始，然后以 75mg 每日 1 次，合用阿司匹林，可合用或不合用溶栓剂。

【典型不良反应】出血、腹泻、腹部疼痛、消化不良、胃黏膜溃疡。

【用药指导】（1）用药注意 ①患有急性心肌梗死的病人，在急性心肌梗死发病最初几天不推荐进行氯吡格雷治疗。②由创伤、手术或其他病理原因而可能引起出血增多的病人，应慎用；患有肝肾损伤的病人，应慎用。③与阿司匹林、非甾体抗炎药（NSAIDs）、华法林等药物合用有出血倾向。④需进行择期手术，且无需抗血小板治疗的患者，术前一周停止使用氯吡格雷。

（2）药物评价 ①新型安全高效的抗血小板药物，通过阻断二磷酸腺苷（ADP）P2Y12 受体而起作用，抗血小板聚集作用强。②不良反应较小，对骨髓无明显毒性，少见白细胞减少，但价格较贵。

【商品信息】目前生产企业有赛诺菲（杭州）制药有限公司、深圳信立泰药业股份有限公司、乐普药业股份有限公司等。

【贮藏】遮光，密封保存。

西洛他唑[典][医保(乙)]

Cilostazol

【商品名】培达，邦平

【适应证】①适用于治疗由动脉粥样硬化、大动脉炎、血栓闭塞性脉管炎、糖尿病所致的慢性动脉闭塞症。②能改善肢体缺血所引起的慢性溃疡、疼痛、发冷及间歇跛行，并可用作上述疾病外科治疗（如血管成形术、血管移植术、交感神经切除术）后的补充治疗以缓解症状。

【代表制剂及用法】西洛他唑片：白色或类白色片，每片 50mg；100mg，铝塑包装。成人，一次 50～100mg，一日 2 次，口服，必要时可根据症状适当增加剂量。

西洛他唑胶囊：内容物为白色颗粒性粉末和颗粒。口服，一次 2 粒，一日 2 次。可根据病情适当增减。

【典型不良反应】①头痛、头晕及心悸等，个别患者可出现血压偏高。②腹胀、恶心、呕吐、胃不适、腹痛等消化道症状。

【用药指导】（1）用药注意 ①口服抗凝药或已服用抗血小板药物（如阿司匹林、噻氯匹定）者；严重肝肾功能不全者；有严重并发症，如恶性肿瘤患者；白细胞减少者；过敏体质，对多种药物过敏或近期有过敏性疾病者慎用。②本品有升高血压的作用，服药期间应加强原有抗高血压的治疗。③出血性疾病患者禁用。④前列腺素 E_1 能与本品起协同作用。

（2）药物评价　通过抑制磷酸二酯酶抗血小板聚集而发挥抗栓作用。

【商品信息】最先由日本大冢制药于 1988 年研发上市。目前国内生产企业有万特制药（海南）有限公司、浙江为康制药有限公司、北京四环制药有限公司等。

【贮藏】密封保存。

其他常用抗血小板药见表 14 - 3。

表 14 - 3　其他常用抗血小板药

药品名称	药品特点
阿司匹林	小剂量抑制 TXA_2 合成，大剂量抑制前列腺素 I_2 和 TXA_2 合成
双嘧达莫	抑制磷酸二酯酶，用于肾病综合征的抗凝治疗
替格瑞洛	阻断二磷酸腺苷 P2Y12 受体，用于急性冠状动脉综合征患者，降低血栓性心血管事件的发生率
依替巴肽	通过阻断血小板膜糖蛋白（GP）Ⅱb/Ⅲa 受体而起作用

三、溶栓药

血栓症［如急性心肌梗死（AMI）、静脉血栓栓塞等］是一类严重危及人类健康及生命的心血管疾病。在西方国家，因血栓引起的死亡已占人口总死亡率的首位。在我国，随着人们物质生活水平的提高、饮食结构的改变及老年病临床研究的逐步开展，对血栓溶解药的需求也越来越大。

尿激酶[典][基][医保（甲）]

Urokinase

【适应证】主要用于血栓栓塞性疾病的溶栓治疗。包括急性广泛性肺栓塞、胸痛 6 ~ 12 小时内的冠状动脉栓塞和心肌梗死、症状短于 3 ~ 6 小时的急性期脑血管栓塞、视网膜动脉栓塞和其他外周动脉栓塞症状严重的髂 - 股静脉血栓形成者。也用于人工心脏瓣膜手术后预防血栓形成，保持血管插管和胸腔及心包腔引流管的通畅等。溶栓的疗效均需后继的肝素抗凝加以维持。

【代表制剂及用法】注射用尿激酶：白色或类白色的冻干块状物或粉末，每支 1 万单位；5 万单位；10 万单位；50 万单位；100 万单位；150 万单位。临用前应以氯化钠注射液或 5% 葡萄糖溶液配制。

【典型不良反应】①出血：可为表浅部位的出血，也可为内脏出血。②消化道反应：恶心、呕吐、食欲不振。③个别患者可发生轻度过敏反应，如皮疹、支气管痉挛、发热等。

【用药指导】（1）用药注意　①必须在临用前新鲜配制，随配随用。不得用酸性溶液稀释，以免药效下降。②用药期间应密切观察病人反应。③只供静脉注射和心内注射，不可作肌内注射或局部注射。静脉给药时，要求穿刺一次成功。④动脉穿刺给药时，给药毕，应在穿刺局部加压至少 30 分钟，并用无菌绷带和敷料加压包扎，以免出血。

（2）药物评价 本品通过直接激活纤维蛋白溶酶原转变为纤溶酶而起到溶栓作用。

【商品信息】尿激酶是从尿中提取的第一代天然溶栓药，无抗原性。目前国内生产本品的企业有山西普德药业股份有限公司、北京托毕西药业有限公司、大连贝尔药业有限公司、南京南大药业有限责任公司等。

【贮藏】遮光、密闭，在10℃以下保存。

阿替普酶^[医保(乙)]

Actilyse

【商品名】爱通立

【适应证】主要用于急性心肌梗死，血流不稳定的急性大面积肺栓塞，急性缺血性脑卒中。

【代表制剂及用法】注射用阿替普酶：白色或类白色冻干粉末，无嗅，每支20mg；50mg，无色玻璃瓶装，包装盒内含活性成分的小瓶和注射用小瓶。应在症状发生后尽快给药。无菌条件下将一小瓶干粉（10mg、20mg或50mg）用注射用水溶解为1mg/ml或2mg/ml的浓度。使用包装中的移液套管完成上述溶解操作；如果是10mg，则使用注射器。

【典型不良反应】①血液系统、泌尿生殖系统和骨骼肌系统易出血。②心血管系统：可出现再灌注心律失常和血管再闭塞。③中枢神经系统：可出现颅内出血、癫痫发作。

【用药指导】（1）用药注意 ①使用本品必须有足够的监测手段才能进行溶栓/纤维蛋白溶解治疗，且只有经过适当培训且有溶栓治疗经验的医生才能使用。②对本品的活性成分和任何其他组成成分过敏者或有高危出血倾向者禁用。③一般不能与其他药物配伍静脉滴注，也不能与其他药物共用一条静脉血管来滴注。④患者的凝血酶原时间超过15秒时，禁止本药和口服抗凝药同时使用。⑤每天最大剂量不能超过150mg，否则会增加颅内出血的危险性。

（2）药物评价 ①可通过其赖氨酸残基与纤维蛋白结合，并激活与纤维蛋白结合的纤溶酶原转变为纤溶酶，这一作用比本品激活循环中的纤溶酶原更为显著。②本品选择性地激活纤溶酶原，因而不产生应用链激酶时常见的出血并发症，快速、高效、安全。

【商品信息】获得过国际治疗指南的推荐用于急性期静脉溶栓治疗。

【贮藏】保存于原始包装中。避光，低于25℃贮存。

任务三 抗贫血药

贫血是指循环血液中的红细胞数或血红蛋白长期低于正常值的病理现象。常见的贫血有缺铁性贫血、巨幼细胞贫血、再生障碍性贫血，抗贫血药主要用于贫血的对因补充治疗。代表药有硫酸亚、叶酸等。

硫酸亚铁[典][基][医保(甲)]

Ferrous Sulfate

【商品名】益源生

【适应证】用于各种原因（如慢性失血、营养不良、妊娠、儿童发育期等）引起的缺铁性贫血。

【代表制剂及用法】硫酸亚铁片：包衣片，除去包衣后显淡蓝绿色，每片 0.3g。成人：预防用，一次 1 片，一日 1 次；治疗用，一次 1 片，一日 3 次。饭后服用。口服。

硫酸亚铁含片：糖包衣片，除去包衣后显淡蓝绿色。含服。12 岁以上儿童及成人，一次 4 片，预防用一日 1 次，治疗用一日 3 次。

硫酸亚铁缓释片：薄膜包衣片，除去包衣后显淡蓝绿色。每片 0.45g（相当于铁90mg）。成人一次 1 片，一日 2 次，口服。

复方硫酸亚铁叶酸片：成分含硫酸亚铁、叶酸、干酵母、当归、黄芪、白术等，糖衣片，除去糖衣显黄褐色。每片 50mg。饭后口服，连用 5 ~ 6 周。成人：一次 4 片，一日 3 次；儿童：1 ~ 4 岁，一次 1 片，一日 3 次；5 ~ 15 岁，一次 2 片，一日 3 次。

复方硫酸亚铁颗粒：复方制剂，每粒胶囊含硫酸亚铁 50mg（相当于铁 10mg），维生素 C 30mg，并附 1 袋颗粒矫味剂。一次 1 粒胶囊加 1 袋颗粒矫味剂。先将颗粒矫味剂用 50 ~ 100ml 热水溶解，然后将胶囊的内容物倒入水中，溶解后饭后服用。一日 1 次。口服。

硫酸亚铁糖浆：淡黄绿色的浓厚液体；味甜而微带酸涩。100ml：4g。成人一次 4 ~ 8ml，一日 3 次。口服。

【典型不良反应】可见胃肠道不良反应，如恶心、呕吐、上腹疼痛、便秘，并排黑便。

【用药指导】（1）用药注意　①用于日常补铁时，应采用预防量。②应确诊为缺铁性贫血后使用，治疗剂量不得长期使用且治疗期间应定期检查血常规和血清铁水平。③乙醇中毒、肝炎、急性感染、肠道炎症、胰腺炎等患者慎用；胃与十二指肠溃疡、溃疡性肠炎患者慎用。④不应与浓茶同服。宜在饭后或饭时服用。⑤维生素 C 与本品同服，有利于吸收。磷酸盐类、四环素类及鞣酸等与本品同服，可妨碍铁的吸收。⑥贫血纠正后，不宜长期服用，否则可引起铁负荷过度。

（2）药物评价　①本品治疗缺铁性贫血的非处方药。②口服制剂亚铁的吸收较高。

【商品信息】国内主要生产企业有地奥集团成都药业股份有限公司、上海黄海制药有限责任公司、福建省力菲克药业有限公司、江苏正大天晴药业股份有限公司、广州白云山光华制药股份有限公司、吉林省西点药业科技发展股份有限公司等。

【贮藏】原料、片剂密封，在干燥处保存；糖浆剂密封，遮光，在 30℃ 以下保存。

叶酸 [典][基][医保(甲/乙)]

Folic Acid

【适应证】适用于各种原因引起的叶酸缺乏及叶酸缺乏所致的巨幼细胞贫血；也用于预防胎儿先天性神经管畸形；还可用于慢性溶血性贫血所致的叶酸缺乏。

【代表制剂及用法】叶酸片：白色，每片5mg。每次5～10mg，每日3次。预防胎儿先天性神经管畸形：口服，育龄妇女从计划怀孕时起至怀孕后三个月末，一次0.4mg，一日1次。

【典型不良反应】罕见过敏反应，长期用药可出现畏食、恶心、腹胀等胃肠道症状。大量服用叶酸时，可使尿液呈黄色。

【用药指导】（1）用药注意　①营养性巨幼细胞贫血常合并缺铁，应同时补充铁，并补充蛋白质及其他B族维生素。②恶性贫血及疑有维生素B_{12}缺乏的病人，不单独用叶酸。③维生素C与叶酸同服，可抑制叶酸在胃肠中吸收，大量的维生素C会加速叶酸的排出。④一般不用维持治疗，除非是吸收不良的病人。

（2）药物评价　①本品也称维生素B_9，为维生素类非处方药药品。②大剂量叶酸能拮抗苯巴比妥、苯妥英钠和扑米酮的抗癫痫作用。③口服大剂量叶酸，可以影响微量元素锌的吸收。

【商品信息】叶酸是米切尔（H. K. Mitchell，1941）从菠菜叶中提取纯化的，故而命名为叶酸。目前国内生产企业有江苏联环药业股份有限公司、福建明华制药有限公司、福州海王福药制药有限公司、天津力生制药股份有限公司、江西制药有限责任公司、北京双鹤药业股份有限公司等。

【贮藏】遮光，密封保存。

维生素 B_{12} [典][基][医保(甲)]

Vitamin B_{12}

【适应证】主要用于因内因子缺乏所致的巨幼细胞贫血和恶性贫血，也可用于亚急性联合变性神经系统病变，如神经炎的辅助治疗。

【代表制剂及用法】维生素B_{12}片：糖衣片，除去糖衣后显粉红色，每片0.25mg；0.5mg。每次0.25mg，一日3次，口服。

【典型不良反应】少见有低钾血症及高尿酸血症，偶见皮疹、瘙痒、腹泻及过敏性哮喘。

【用药指导】（1）用药注意　①本品的严重不良反应可致过敏性休克，不可滥用。②治疗巨幼细胞贫血，在起始48小时宜查血钾。③痛风患者使用本品可能发生高尿酸血症。④维生素B_{12}缺乏可同时伴有叶酸缺乏，如以维生素B_{12}治疗，血常规虽能改善，但可掩盖叶酸缺乏的临床表现；对该类患者宜同时补充叶酸，才能取得较好疗效。⑤神经系统损害者，在诊断未明确前，不宜应用维生素B_{12}，以免掩盖亚急性联合变性的临床表现。

（2）药物评价 ①氯霉素、维生素 C、氨基糖苷类抗生素、对氨基水杨酸类、苯巴比妥、苯妥英钠、扑米酮等抗惊厥药及秋水仙碱等可减弱本品的作用。②本品口服 8～12 小时血药浓度达峰值，肝脏为主要贮存部位，除机体需求量外，几乎皆以原形经肾脏随尿液排泄。

【商品信息】目前国内生产企业有河南辅仁怀庆堂制药有限公司、海南制药厂有限公司、江苏华阳制药有限公司、四川升和药业股份有限公司、昆明市宇斯药业有限责任公司等。

【贮藏】遮光，密封保存。

人促红素[典][基][医保(乙)]

Human Erythropoietin

【商品名】利血宝，益比奥

【适应证】主要用于肾功能不全所致贫血，外科围手术期的红细胞动员。可治疗非骨髓恶性肿瘤应用化疗所致的贫血。不用于治疗肿瘤病人由于其他因素（如铁或叶酸盐缺乏、溶血或胃肠道出血）引起的贫血。

【代表制剂及用法】人促红素注射液：无色澄明液体，pH 6.9 ±0.5。有效期 2 年。每支 2000IU；2500IU；3000IU；4000IU；5000IU；6000IU；使用时采用无菌技术，打开药瓶，将消毒针连接消毒注射器，吸入适量药液，静脉或皮下注射。剂量应个体化，可根据患者的贫血症状及年龄等在剂量上做适当的增减，但是最高维持剂量不超过每周三次，每次 3000IU。

注射用重组人促红素：每支 1000IU；2000IU；3000IU；4000IU；应在临床医师指导下使用，每瓶制品用灭菌用水 1ml 溶解，可皮下注射或静脉注射。每周分 2～3 次给药，给药剂量需依据病人贫血程度、年龄及其相关因素调整。

【典型不良反应】①少数病人用药初期可出现头疼、低热、乏力等，个别病人可出现肌痛、关节痛等。绝大多数不良反应经对症处理后可以好转，不影响继续用药，极个别病例上述症状持续存在，应考虑停药。②血压升高、原有的高血压恶化和因高血压脑病而有头痛、意识障碍、痉挛发生，甚至可引起脑出血。③血栓形成。④有时会有恶心、呕吐、食欲不振、腹泻等情况发生。

【用药指导】（1）用药注意 ①用药期间应定期检查红细胞压积。②叶酸或维生素 B_{12} 不足会降低本品疗效。严重铝过多也会影响本品疗效。③用药期间应监测转铁蛋白、血钾水平。若铁缺乏时，应给予铁制剂进行治疗。若发生血钾升高，应适当调整饮食或遵医嘱调整剂量。

（2）药物评价 ①运动员慎用；未控制的重度高血压患者，对本品及其他哺乳动物细胞衍生物过敏者，对人血白蛋白过敏者禁用本品。②本品是由 165 个氨基酸组成的糖蛋白。③与天然产品相比，本品生物学作用在体内、体外基本一致。④不能立即纠正严重贫血，不能代替急救输血。

【商品信息】1988 年在瑞士首次上市之后以不同商品名分别在美国、法国等上市。目前国内生产企业有华北制药金坦生物技术股份有限公司、北京四环生物制药有限公司、山东科兴生物制品有限公司、上海凯茂生物医药有限公司、深圳赛保尔生物药业有限公司等。2020 年版《中国药典》本品通用名从重组人促红素变更为人促红素。

【贮藏】2 ~ 8℃，避光保存和运输（不可中断冷链），勿冻，勿热，勿振摇。

你知道吗

我国患有不同程度贫血症状的人群患病率很高。女性及未成年人口中，缺铁性贫血或缺铁性状态的发病率已达到了 1/3，农村地区甚至可达 1/2。贫血中最常见的类型是失血引起的贫血和缺乏铁元素、维生素 B_{12}、叶酸所致的营养缺乏性贫血和再生障碍性贫血。在市场需求下，抗贫血药物市场呈现出平稳增长的态势，抗贫血药所占市场份额稳步提升。因此随着医药科技的不断发展和进步，越来越多的企业正在加大研发投入。

其他常用抗贫血药见表 14 - 4。

表 14 - 4　其他常用抗贫血药

药品名称	药品特点
腺苷钴胺	是氰钴型维生素 B_{12} 的同类物，用于维生素 B_{12} 缺乏所致的疾病，也可用于营养性疾病以及放射线和药物引起的白细胞减少症的辅助治疗
富马酸亚铁	用于缺铁性贫血的治疗
多糖铁复合物	铁和多糖合成的复合物，在消化道中能以分子形式被吸收，用于治疗单纯性缺铁性贫血
右旋糖酐铁	右旋糖酐和铁的络合物，为可溶性铁，用于治疗慢性失血、营养不良、妊娠、儿童发育期等引起的缺铁性贫血

任务四　升高白细胞药

因疾病或药物的使用，特别是放疗、化疗均可引起白细胞计数下降，产生白细胞减少症。治疗时应根据发病机制选择不同的药物。

人粒细胞刺激因子[典][医保(乙)]
Human Granulocyte Clony Stimulating Factor

【商品名】非格司亭（filgrastim）

【适应证】用于血液系统多种疾病所导致的中性粒细胞减少症，可促进骨髓移植后的中性粒细胞计数升高。

【代表制剂及用法】人粒细胞刺激因子注射液：50μg/支；75μg/支；100μg/支；

150μg/支；300μg/支；450μg/支，使用时用 50% 葡萄糖注射液稀释后为无色透明液体。皮下注射或静脉滴注：开始每日 2～5μg/kg，以后可酌情调整。

【典型不良反应】①肌肉骨骼系统：偶见肌肉酸痛、骨痛、腰痛、胸痛。②消化系统：偶见食欲不振的现象。③偶见发热、头疼、乏力及皮疹。④少见休克、间质性肺炎、成人呼吸窘迫综合征、幼稚细胞增加。

【用药指导】（1）用药注意 ①对本品药物过敏者禁用，严重肝、肾、心、肺功能障碍者禁用。②对癌症化疗患者必须在停止化疗后 1～3 日才能开始使用本品。③使用本品过程中应定期每周监测血常规 2 次，特别是中性粒细胞数目变化的情况。

（2）药物评价 本品能刺激粒细胞造血，促进粒系造血祖细胞的增殖、分化和成熟，调节中性粒细胞的增殖、分化和成熟，并促使中性粒细胞释放至血流，增加其在外周的数量，并且能提高其功能。

【商品信息】国内生产企业有齐鲁制药有限公司、深圳未名新鹏生物医药有限公司等。2020 年版《中国药典》将重组人粒细胞刺激因子注射液通用名变更为人粒细胞刺激因子注射液。

【贮藏】2～8℃避光保存。

人粒细胞巨噬细胞刺激因子[典][医保（乙）]

Human Granulocyte/Macrophage Colony – Stimulating Factor

【商品名】沙格司亭（sargramostim），赛源

【适应证】主要用于骨髓移植患者，促进白细胞增长，缩短中性粒细胞贫血的时间，也用于化疗患者、再生障碍性贫血、艾滋病患者中性粒细胞减少症的辅助治疗。

【代表制剂及用法】注射用人粒细胞巨噬细胞刺激因子：静脉滴注或皮下注射，根据病情和白细胞计数水平选择给药剂量。肿瘤放、化疗后，用 1ml 注射用水溶解本品[3～10μg/（kg·d）]，持续 5～7 天，根据白细胞回升速度和水平，确定维持量。骨髓移植：5～10μg/kg，静脉滴注 4～6 小时每日 1 次，持续应用至连续 3 天中性粒细胞每毫升绝对数≥1000 个。骨髓增生异常综合征/再生障碍性贫血：3μg/（kg·d），皮下注射，需 2～4 天才观察到白细胞增高的最初效应。

【典型不良反应】发热、寒战、恶心、呼吸困难、腹泻。

【用药指导】（1）用药注意 ①本品应在专科医生指导下使用。②本品属蛋白质类药物，用前应检查是否发生浑浊，如有异常，不得使用。③不应与抗肿瘤放、化疗药同时使用，如要进行下一疗程的抗肿瘤放、化疗，应停药至少 48 小时后，方可继续治疗。④孕妇、高血压患者及有癫痫病史者慎用。

（2）药物评价 ①安全性与剂量和给药途径有关。②通过作用于造血祖细胞，促进其增殖和分化。

【商品信息】目前国内生产企业有长春金赛药业有限责任公司、哈药集团生物工程

有限公司、北京北医联合药业有限公司等。2020 年版《中国药典》将注射用重组人粒细胞巨噬细胞刺激因子通用名变更为注射用人粒细胞巨噬细胞刺激因子。

【贮藏】2 ~ 8℃避光保存。

你知道吗

近年来，造血细胞生长因子的研究受到国内外的关注。造血细胞生长因子主要是由骨髓细胞或外周细胞产生，是具有调控造血功能的细胞因子。它们是小分子蛋白质，极低密度即可产生极强的生物活性，同时又具有多功能性，可作用于多于一个细胞系的多种靶细胞膜受体。目前发现的造血因子较多，有的正在进行临床试验，有的已运用重组 DNA 技术进行生产并相继应用于临床。

任务五　血容量扩充药

血容量扩充药又称血浆代用品、代血浆，主要用于提高血浆胶体渗透压，扩充有效循环血量。血容量扩充药的要求：①具有一定胶体渗透压，可在血管内保持血容量。②排泄较慢，但亦不持久蓄积体内。③无抗原性，不引起严重不良反应。同时，理想的血容量扩充药还应具有扩容效果好、安全性高、可长时间反复输注等诸多特点。现有血容量扩充药按结构可分为三类：一是淀粉多糖类；二是蛋白明胶类；三是其他类。

羟乙基淀粉 130/0.4 [基] [医保（乙）]
Hydroxyethyl Starch 130/0.4

【商品名】万汶

【适应证】用于治疗和预防血容量不足，急性等容血液稀释（ANH）。

【代表制剂及用法】羟乙基淀粉 130/0.4 氯化钠注射液：无色至淡黄色稍带黏性的澄明液体；显轻微的乳光；味咸。用于静脉输注，初始量 10 ~ 20ml，应缓慢输入，并密切观察病人反应，每日剂量及输注速度应根据病人失血量、血流动力学参数的维持或恢复及稀释效果确定。

【典型不良反应】极个别患者可能发生过敏样反应，长期大剂量使用会出现皮肤瘙痒。

【用药指导】（1）用药注意　①避免过量使用引起液体负荷过重，必要时给予利尿剂。②为防止重度脱水，使用本品前应先给予晶体溶液。③严重肝脏疾病或严重凝血功能紊乱的病人慎用。④应补充充足的液体，定期监测肾功能和液体平衡。

（2）药物评价　①为中分子量，低取代级的羟乙基淀粉。②对凝血功能和肾功能影响小。

【商品信息】为第 3 代羟乙基淀粉，临床上使用较为广泛。目前国内生产企业有哈尔滨三联药业股份有限公司、辽宁海神联盛制药有限公司等。

【贮藏】遮光，密闭保存。

其他血容量扩充药见表 14 - 5。

表 14 - 5　其他血容量扩充药

药品名称	药品特点
右旋糖酐 40	静注后能提高血浆胶体渗透压，吸收血管外水分而增加血容量，升高和维持血压

目标检测

一、选择题

1. 氨甲环酸的抗凝作用机制是（　　）。
   A. 抑制纤溶酶　　　　　　　　　　B. 促进血小板聚集
   C. 促进凝血酶原合成　　　　　　　D. 抑制二氢叶酸合成酶
2. 维生素 K_1 属于（　　）。
   A. 抗凝血药　　　B. 促凝血药　　　　C. 抗高血压药　　　D. 纤维蛋白溶解药
3. 下列关于尿激酶叙述不正确的是（　　）。
   A. 动脉穿刺给药时，给药毕，应在穿刺局部加压至少 30 分钟
   B. 本品应用酸性溶液稀释
   C. 用药期间应密切观察病人反应
   D. 静脉给药时，要求穿刺一次成功

二、思考题

1. 抗血栓药分为哪几种？
2. 服用羟乙基淀粉 130/0.4 应注意哪些问题？
3. 注射用阿替普酶如何使用？

（鲁燕君）

书网融合……

　微课　　　　　　划重点　　　　　　自测题

PPT

▶▶ 项目十五 激素及有关药

学习目标

知识要求

1. **掌握** 激素类常用药品的名称、适应证、用药指导。
2. **熟悉** 常见激素类药品的代表制剂及用法、典型不良反应。
3. **了解** 激素类药品的商品信息。

能力要求

1. 能按用途、剂型及分类管理要求陈列药品并对其进行正常养护。
2. 对本类药品进行全面评价，能根据顾客需求推荐药品，指导糖皮质激素类药品的合理使用。
3. 能介绍新上市品种的特点，并进行同类药品的比较。

  内分泌系统是人体重要的系统，组成系统的功能器官能分泌出各种激素，影响着人体的生长发育、生殖及衰老等许多生理活动。内分泌系统失常则会导致人体各系统的紊乱，产生各种疾病，使人体的生命活动受到严重影响。通过使用激素类药物调节人体的激素水平，可使人体内环境恢复相对稳定性。

  自从 1902 年第一种激素被发现以来，目前临床上，有 150～170 种原发性疾病在使用激素治疗。我国作为激素类原料药出口大国，在国际市场中占据重要地位。

  常用激素类药物有肾上腺皮质激素类药物、甲状腺激素及抗甲状腺药物、胰岛素及口服降血糖药物、性激素及避孕药等，如图 15-1 所示。

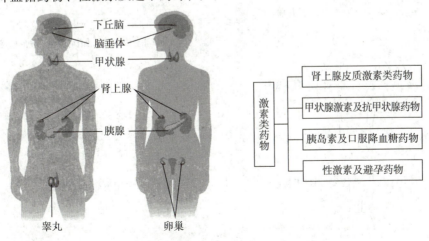

图 15-1 人体内分泌系统及激素类药物

任务一　肾上腺皮质激素类药

岗位情景模拟

情景描述　患者，男，56 岁，经检查，医生诊断为支气管哮喘。患者来药店购买药品，医生的处方如下：茶碱缓释片每片 0.1g，每次 1 片，一天 2 次，口服；泼尼松龙每片 5mg，每日 2 片，一日 1 次，必要时服用；布地奈德气雾剂每喷 200μg，一次 200μg，早晚各一次，外用。

讨论　1. 处方中各药品的作用是什么？

　　　　2. 店员应提醒病人哪些注意事项？

肾上腺皮质激素按生理功能分为糖皮质激素、盐皮质激素和性激素三大类。其中以糖皮质激素在临床最为常用。

糖皮质激素为维持生命所必需，对蛋白质、糖、脂肪、水、电解质代谢及多种组织器官的功能具有重要影响。糖皮质激素具有抗炎作用、免疫抑制作用、抗毒素作用、抗休克作用、抗过敏作用、影响代谢作用、对血液和造血系统作用以及减轻结缔组织的增生、提高中枢神经系统的兴奋性等特点。

糖皮质激素类药物临床用途较广，主要用于危重病人的抢救、类风湿关节炎等自身免疫性疾病、支气管哮喘及过敏性皮炎等，疗效确切，但用药须谨慎，用药不当易引起诸多不良反应，如图 15-2 所示。对于严重感染病，需要在积极有效的抗感染治疗和各支持治疗的前提下，为了缓解症状，确实可以使用糖皮质激素，但必须密切监测不良反应，注意及时停药；对于慢性疾病，以控制症状为主；外用药物不宜长期使用；病毒性感染慎用。

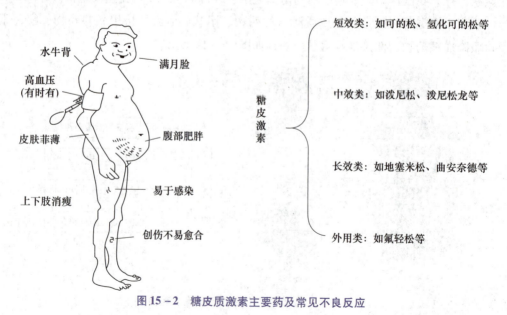

图 15-2　糖皮质激素主要药及常见不良反应

常用肾上腺皮质激素类代表药物有：氢化可的松、可的松、泼尼松、泼尼松龙、地塞米松、布地奈德、丙酸倍氯米松、氟轻松等，如图 15 – 2 所示。

一、短效类

氢化可的松[典][基][医保(甲)]

Hydrocortisone

【别名】氢可的松，皮质醇，可的索

【适应证】主要应用于肾上腺皮质功能减退症的替代治疗，亦可用于过敏性和炎症性疾病。

【代表制剂及用法】氢化可的松片：白色片，每片规格 10mg；20mg。口服，每日剂量 20 ~ 30mg，清晨服 2/3，午餐后服 1/3。有应激情况时，应适当加量，可增至每日 80mg，分次服用。小儿的治疗剂量为一日 4 ~ 8mg/kg，分 3 ~ 4 次。

氢化可的松注射液：微细颗粒的混悬液，静置后微细颗粒下沉，振摇后成均匀的乳白色混悬液。每支规格 5ml：25mg；2ml：10mg；20ml：0.1g。肌内注射，一日 20 ~ 40mg，静脉滴注一次 100mg，一日 1 次。临用前加 25 倍的氯化钠注射液或 5% 葡萄糖注射液 500ml 稀释后静脉滴注，同时加用维生素 C 0.5 ~ 1g。

氢化可的松软膏：乳剂型基质的乳白色软膏。每支规格 10g：25mg；10g：100mg。外用，一日 2 ~ 4 次，涂于患处，并轻揉片刻。

【典型不良反应】①可引起骨质疏松症，病理性骨折，伤口不易愈合。②突然停药可引起停药综合征。其他参见本类药品概述。

【用药指导】（1）用药注意　①参见本类药品概述。②注射液需稀释后方可静脉滴注。③糖皮质激素均可透过胎盘屏障，并可由乳汁排泄，因此妊娠期及哺乳期妇女慎用。

（2）药物评价　消化道迅速吸收，约 1 小时血药浓度达峰值，血浆半衰期为 8 ~ 12 小时，为短效的糖皮质激素类药物，可直接注入静脉迅速发挥作用，但药物作用维持时间较短。抗炎作用为可的松的 1.25 倍，其水钠潴留活性较强。

【商品信息】天然存在的糖皮质激素，目前大多为人工合成。目前常用的品种有醋酸氢化可的松、丁酸氢化可的松、氢化可的松琥珀酸钠等。国内主要生产企业有哈药集团制药总厂、西安利君制药、北京双鹤药业等。

【贮藏】原料与片剂遮光，密封保存；软膏密闭，在凉暗处保存；注射液遮光，密闭保存。

你知道吗

糖皮质激素滥用及危害

正确使用糖皮质激素类药物可以治疗许多临床相关的疾病，目前在 150 ~ 170 种原发性疾病治疗中使用激素，像支气管哮喘、过敏性鼻炎、慢性肾炎、类风湿关节炎、肩周炎、腰腿痛、坐骨神经痛、骨质增生等都需使用糖皮质激素进行治疗。只有选择合理的剂量和恰当的疗程才会为使此类药物取得理想的治疗效果，否则不仅不能起到好的治疗效果，而且还会带来许多不良反应，如干扰和掩盖病情、水及电解质紊乱、高血压、内分泌紊乱、消化系统并发症、骨质疏松症及骨折、精神异常、白内障和青光眼、诱发加重感染等。

二、中效类

泼尼松 [典][基][医保(甲)]
Prednisone

【别名】强的松，去氢可的松

【适应证】主要用于过敏性与炎症性疾病。由于本品水钠潴留作用较弱，故一般不用作肾上腺皮质功能减退症的替代治疗。

【代表制剂及用法】醋酸泼尼松片：白色片，每片规格 5mg。口服，一般一次 5~10mg，一日 10~60mg。治疗的疾病不同，则使用的剂量也不同，并在病情稳定或症状减轻后逐渐减量。

醋酸泼尼松乳膏：乳剂型基质的乳白色软膏。每支规格 10g∶50mg；10g∶10mg。局部外用，取适量涂于患处，一日 2~3 次。

醋酸泼尼松眼膏：淡黄色眼用软膏。每支规格 0.5%。每晚睡前一次，涂于结膜囊内。

【典型不良反应】并发感染。其他参见本类概述。

【用药指导】（1）用药注意　①参见本类药品概述。②须在肝内代谢转化为泼尼松龙才具有药理活性，因此肝功能不良者不宜使用。③糖皮质激素均可透过胎盘屏障，并可由乳汁排泄，因此妊娠期及哺乳期妇女慎用。

（2）药物评价　水钠潴留及排钾作用比可的松小，抗炎及抗过敏作用较强，副作用较少，故比较常用。

【商品信息】泼尼松以醋酸可的松经化学或生物脱氢而成。国内主要生产企业有广东顺峰药业、广西玉林制药有限责任公司、天津药业集团有限公司等。

【贮藏】原料与片剂遮光，密封保存；软膏与眼膏密闭，在阴凉干燥处保存。

甲泼尼龙 [基][医保(甲/乙)]
Meprednisone

【商品名】美卓乐，甲强龙，尤金

【别名】甲基强的松，甲泼尼松

【适应证】主要用于过敏性与炎症性疾病。由于本品水钠潴留作用较弱，故一般不用作肾上腺皮质功能减退症的替代治疗。

【代表制剂及用法】甲泼尼龙片：白色片，每片规格4mg；16mg。口服，初始剂量一日4～48mg，症状较轻者使用较低剂量即可，有些患者则可能需要较高的初始剂量。当临床症状出现好转，应在适当的时段内逐量递减初始剂量，直至最佳维持剂量。

注射用甲泼尼龙琥珀酸钠：白色或类白色粉末，每支规格125mg；250mg；500mg。作为对生命构成威胁情况的辅助药物时，推荐剂量为15～30mg/kg，应至少进行30分钟静脉注射，根据临床需要，此剂量可在医院内于48小时内每隔4～6小时重复一次。

【典型不良反应】①肌肉骨骼系统反应，类固醇性肌病、肌无力、骨质疏松症；②免疫系统反应，掩盖感染、潜在感染发作、过敏反应。

【用药指导】（1）用药注意　①参见本类药品概述。②本品半衰期$t_{1/2}$为30分钟，血药浓度达峰值后下降迅速，故治疗严重休克时，应于4小时后重复给药。③糖皮质激素均可透过胎盘屏障，并可由乳汁排泄，因此妊娠期及哺乳期妇女慎用。

（2）药物评价　①甲泼尼龙为中效合成品，4mg所具有的抗炎作用约与5mg泼尼松龙相当，水钠潴留作用微弱。②常用其琥珀酸制剂。该品醋酸酯混悬剂分解缓慢，作用持久，可供肌内、关节腔内注射。该品琥珀酸钠为水溶性，可供肌内注射，或溶于葡萄糖液中静脉滴注。

【商品信息】国内主要生产企业有国药集团荣生制药有限公司、天津天药药业股份有限公司等。进口制剂主要生产企业有辉瑞制药有限公司、南光化学制药股份有限公司等。

【贮藏】原料与注射剂遮光，密封保存；片剂密闭，15～25℃保存。

三、长效类

地塞米松[典][基][医保(甲)]

Dexamethasone

【别名】氟美松，氟甲强的松龙，德沙美松

【适应证】主要作为危重疾病的急救用药和各类炎症性疾病的治疗。

【代表制剂及用法】醋酸地塞米松片：白色片，每片规格0.75mg。口服，成人开始剂量为一次0.75～3.00mg，一日2～4次。维持量约一日0.75mg，视病情而定。

醋酸地塞米松注射液：微细颗粒的混悬液，静置后微细颗粒下沉，振摇后成均匀的乳白色混悬液。每支规格0.5ml：2.5mg；1ml：5mg；5ml：25mg。肌内注射一次1～8mg，一日1次；也可用于腱鞘内注射或关节腔，软组织的损伤部位内注射，一次0.8～6mg，间隔2周1次；局部皮内注射，每点0.05～0.25mg，共2.5mg，一周一次；鼻腔、喉头、气管、中耳腔、耳管注射，一次0.1～0.2mg，一日1～3次；静脉注射一般一次2～20mg。

地塞米松磷酸钠注射液：无色的澄明液体。每支规格1ml：1mg；1ml：2mg；1ml：5mg。静脉注射一般剂量每次2～20mg；用于鞘内注射每次5mg，间隔1～3周注射一次；关节腔内注射一般每次 0.8～4mg，按关节腔大小而定。

复方醋酸地塞米松乳膏（999 皮炎平）：白色乳膏，有樟脑的特异芳香。每支规格 20g：15mg；1g 含醋酸地塞米松 0.75mg，樟脑 10mg，薄荷脑 10mg。皮肤外用，直接涂于患处，每日 2～3 次；病情较重或慢性炎症患者，每日 5～8 次或遵医嘱。

醋酸地塞米松粘贴片（意可贴）：双层小圆形药片，黄色层为保护层，类白色为含药层，每片规格 0.3mg。将片剂的白色面贴于患部，用手指轻压 10～15 秒。常用量每次 1～2 片，每日不超过 3 片。

【典型不良反应】①骨质疏松症。②并发感染。其他参见本类概述。

【用药指导】（1）用药注意　①参见本类药品概述。②糖皮质激素均可透过胎盘屏障，并可由乳汁排泄，因此妊娠期及哺乳期妇女慎用。

（2）药物评价　①地塞米松 0.75mg 的抗炎活性相当于 5mg 泼尼松龙；抗炎、抗过敏和抗毒作用较泼尼松更强，水钠潴留副作用更小。②本品极易自消化道吸收，血浆蛋白结合率较其他皮质激素类药物低，半衰期可达 36～54 小时，为长效糖皮质激素。

【商品信息】本品于 1958 年合成，1960 年开始生产地塞米松磷酸钠，上市的地塞米松衍生物已达 12 种以上。国内主要生产企业有华润三九医药股份有限公司、吉林济邦药业有限公司、辅仁药业集团有限公司等。

【贮藏】原料与片剂遮光，密封保存；注射液遮光，密闭保存；软膏与乳膏密封，在阴凉处（不超过 20℃）保存。

曲安奈德 [典][医保（乙）]

Triamcinolone Acetonide

【别名】去炎舒松，去炎松 - A，确炎舒松 - A，曲安缩松，曲安西龙

【适应证】适用于各种皮肤病（如神经性皮炎、湿疹、牛皮癣等）、关节痛、支气管哮喘、肩关节周围炎、腱鞘炎、急性扭伤、慢性腰腿痛及眼科炎症等。

【代表制剂及用法】醋酸曲安奈德注射液：微细颗粒的混悬液，静置后微细颗粒下沉，振摇后成均匀的乳白色混悬液，每支规格 1ml：40mg；5ml：50mg。肌内注射一周一次，一次 20～100mg；关节腔或皮下注射，一般一次 2.5～5mg。

常用的外用制剂有：醋酸曲安奈德益康唑乳膏（扶严宁、吉佰芙）、曲安奈德益康唑乳膏（派瑞松）、醋酸曲安奈德软膏、复方十一烯酸锌曲安奈德软膏、醋酸曲安奈德尿素软膏、曲咪新乳膏（曾用名皮康霜；每克含硝酸咪康唑 10mg，醋酸曲安奈德 1mg，硫酸新霉素 3000U）、曲安奈德鼻喷雾剂（珍德）、曲安奈德新霉素贴膏等。

【典型不良反应】参见本类概述。

【用药指导】（1）用药注意　①参见本类药品概述。②糖皮质激素均可透过胎盘屏障，并可由乳汁排泄，因此妊娠期及哺乳期妇女慎用。

（2）药物评价　抗炎和抗过敏作用较强且较持久，肌内注射后在数小时内生效，

经 1~2 日达最大效应，作用可维持 2~3 周，为长效糖皮质激素。

【商品信息】本品的外用制剂多为非处方药，国内主要生产企业有扬子江药业、江西珍视明药业、西安杨森制药有限公司等。

【贮藏】原料与注射液遮光，密闭保存；软膏剂密封，在阴凉处保存；喷雾剂密封，在凉暗处保存。

四、外用类

氟轻松[典]

Fluocinolone Acetonide

【别名】肤轻松，氟西奈德

【适应证】为外用糖皮质激素，主要用于过敏性与炎症性疾病，如湿疹、神经性皮炎、皮肤瘙痒症、接触性皮炎等。

【代表制剂及用法】常用软膏剂及乳膏剂有：醋酸氟轻松软膏、氟轻松 – 维生素 B_6 乳膏（曾用名维肤膏）、醋酸氟轻松冰片乳膏、新霉素 – 氟轻松乳膏。外用，取适量涂患处。

复方醋酸氟轻松酊：无色或淡黄色至浅棕色澄明液体，每瓶规格 20ml；50ml。外用，涂于患处，每日 2 次。用于头部时，应将该药用 75% 乙醇按 1∶1 的比例稀释后再使用。

【典型不良反应】①长期或大面积应用，引起痤疮样皮炎和毛囊炎，口周皮炎，增加易感染性等；②偶可引起变态反应性接触性皮炎。

【用药指导】（1）用药注意　①参见本类药品概述。②不可长期、大面积使用。③皮肤破损处慎用。

（2）药物评价　醋酸氟轻松是一种人工合成的外用高效糖皮质激素，不仅具有抗炎、抗过敏和浅表血管收缩作用，而且还是目前外用皮质激素类药物中抗炎作用强而副作用较小的品种。

> **请你想一想**
>
> 　　醋酸地塞米松乳膏（皮炎平）适用于一般性皮肤炎症吗？是否可以长期使用？

【商品信息】国内主要生产企业有湖南天龙制药有限公司、上海运佳黄浦制药、芜湖三益制药有限公司等。

【贮藏】密闭，在阴凉处（不超过 20℃）保存。

其他常用的糖皮质激素，见表 15 – 1。

表 15 – 1　其他常用的糖皮质激素

药品名称	特　点
可的松	体外无效，不良反应大
泼尼松龙	无需肝脏转化即有活性
倍他米松	疗效高、副作用小
哈西奈德	局部抗炎作用强

任务二　胰岛素及其他降血糖药

ℯ 微课

岗位情景模拟

情景描述　患者，男，50 岁，经检查，医生诊断为 2 型糖尿病。患者来药店购买药品，医生的处方如下：二甲双胍片，每片 0.25g，每次 1 片，一日 3 次，餐中或餐后服用；罗格列酮片，每片 4mg，每次 1 片，一日 1 次，空腹或进餐时服用。

讨论　1. 处方中各药品的作用是什么？

　　　　2. 店员应提醒病人哪些注意事项？

糖尿病是一种常见的内分泌系统疾病，是由多种致病因素导致的机体内胰岛素绝对或相对缺乏。临床上以高血糖为主要特点，典型病例可出现多尿、多饮、多食、消瘦等表现，即"三多一少"症状。如不及时治疗，进一步发展则可引起各种严重的急、慢性并发症，如图 15 - 3 所示。

糖尿病基本分为四类，包括 1 型、2 型、其他型和妊娠期糖尿病。人们通常所说的糖尿病多为前两种。1 型糖尿病又称为胰岛素依赖型糖尿病，多发生于青少年，患者属于胰岛素绝对缺乏，体内胰腺已不能正常分泌胰岛素，依靠外源胰岛素存活，并且须终身使用。2 型糖尿病又称非胰岛素依赖型糖尿病，多发生于中老年，患者体内胰岛素的分泌量不低，甚至还偏高，但机体对胰岛素不敏感，因此患者体内的胰岛素是一种相对缺乏状态，此类患者可通过控制饮食及使用药物稳定血糖。

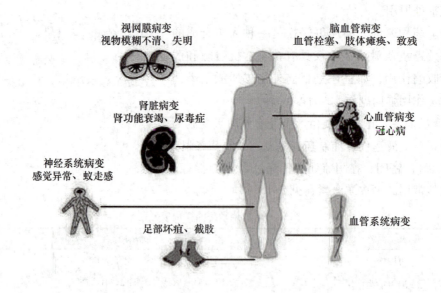

图 15 - 3　糖尿病引发的慢性并发症

常用治疗糖尿病的药物包括胰岛素类药及口服降糖药。

一、胰岛素类药

胰岛素是由胰岛 B 细胞受内源性或外源性物质刺激而分泌的一种蛋白质激素。胰岛素是机体内唯一降低血糖的激素，也是唯一同时促进糖原、脂肪、蛋白质合成的激素。迄今为止，胰岛素仍是抗糖尿病最有效的药物之一。

胰岛素[典][基][医保(甲/乙)]

Insulin

【别名】因苏林，普通胰岛素，正规胰岛素

【适应证】主要用于糖尿病，特别是胰岛素依赖型糖尿病，也可用于纠正细胞内缺钾。

【代表制剂及用法】因人体的消化液会破坏胰岛素使其失效，目前所有的胰岛素都通过注射给药。胰岛素注射剂：无色或几乎无色的澄明液体，每支规格 10ml∶400U；10ml∶800U。皮下注射，一般每日三次，餐前 15～30 分钟注射；静脉注射，主要用于糖尿病酮症酸中毒、高血糖高渗性昏迷的治疗。

【典型不良反应】①过敏反应：特殊病例可能会发生局部或全身性皮疹、水泡，一般出现时间短暂，可自行消退。②低血糖：胰岛素注射过量，或未及时进餐，或运动量增加时，可能会有低血糖发生。③脂质营养不良。

【用药指导】（1）用药注意 ①胰岛素过量可使血糖过低。②注射部位可有皮肤发红、皮下结节和皮下脂肪萎缩等局部反应，故需经常更换注射部位。③少数可发生荨麻疹等，偶有过敏性休克，极少数病人可产生胰岛素耐受性。④低血糖、肝硬化、溶血性黄疸、胰腺炎、肾炎等患者禁用。

（2）药物评价 ①传统生产的动物胰岛素，与人胰岛素相比略有不同，易产生抗体。②临床最常用的胰岛素，多为高纯度的生物合成人胰岛素，与人胰岛素完全相同，无毒，不易产生抗体。③胰岛素按药效时间长短，可分为长效胰岛素，如精蛋白锌胰岛素；中效胰岛素，如低精蛋白锌胰岛素；短效胰岛素，如重组人胰岛素、中性胰岛素；超短效胰岛素，如门冬胰岛素；以及预混胰岛素，其中以 70% 的中效与 30% 的短效混合（30/70、30R）和 50% 的中效与 50% 的短效混合（50/50、50R）两种最为常用。可根据患者的个体情况，选择适宜的胰岛素类型，提高患者的治疗依从性。

【商品信息】国外主要生产企业有法国礼来公司（优泌林、优泌乐）、丹麦诺和诺德公司（诺和灵、诺和锐）；国内主要生产企业有珠海联邦制药（优思灵）、江苏万邦医药（万邦林、万苏林）、通化东宝药业（甘舒霖）等。

【贮藏】密闭，在冷处保存，避免冰冻。

你知道吗 _____

中成药降糖药

糖尿病，中医谓之"消渴"，中医治疗糖尿病已有悠久的历史，随着现代科学的飞速发展，采用中西医结合治疗糖尿病有着不可替代的优势。中医认为，阴虚是糖尿病发生的实质，脾虚是不愈的根本，血瘀是并发症产生的关键，中药可以把养阴、健脾、益气、活血结合起来，在血糖下降的同时使体质同步增强，并对慢性并发症有预防和治疗作用。常用的中成药有消渴丸、参芪降糖胶囊、降糖甲颗粒、降糖宁胶囊、珍芪降糖胶囊、金芪降糖胶囊、糖尿乐片、糖脉康颗粒、降糖舒片、甘露消渴胶囊、消渴灵片等。

二、口服降血糖类药

对于非胰岛素依赖的 2 型患者可以选择口服降血糖药。目前常用的口服降血糖药分为以下几类，如图 15 -4 所示。

口服降血糖药
- 磺脲类：如格列本脲、甲苯磺丁脲、格列齐特等
- 双胍类：如二甲双胍、苯乙双胍等
- α-葡萄糖苷酶抑制剂：如阿卡波糖等
- 噻唑烷二酮类（又称格列酮类）：如罗格列酮、吡格列酮等
- 非磺脲类促胰岛素分泌药：如格列奈类
- 其他中成药：如消渴丸等

图 15 -4　口服降血糖药

（一）磺脲类

磺脲类药物能直接刺激胰岛 B 细胞分泌胰岛素，并加强胰岛素与受体结合，同时抑制细胞释放胰高血糖素。该类药物临床应用广泛，适用于胰岛功能尚存的非胰岛素依赖型糖尿病患者，特别是消瘦的 2 型糖尿病患者。可单独使用，也可与双胍类、α-葡萄糖苷酶抑制剂、噻唑烷二酮类联合使用。

格列本脲[典][基][医保(甲)]

Glibenclamide

【别名】优降糖，达安疗

【适应证】适用于单用饮食控制疗效不满意的轻、中度非胰岛素依赖型糖尿病，患者胰岛 B 细胞有一定的分泌胰岛素功能，并且无严重的并发症。

【代表制剂及用法】格列本脲片：白色片，每片规格 2.5mg。口服，开始 2.5mg，早餐前或早餐及午餐前各一次，轻症者 1.25mg，一日三次，三餐前服用，7 日后递增每日 2.5mg。一般用量为每日 5~10mg，最大用量每日不超过 15mg。

格列本脲与二甲双胍的复方制剂，包括二甲双胍格列本脲片/胶囊Ⅰ（每片/每粒含格列本脲 1.25mg，盐酸二甲双胍 250mg）、二甲双胍格列本脲片/胶囊Ⅱ（每片/每粒

含格列本脲 2.5mg，盐酸二甲双胍 250mg），其中胶囊 I 更为常用。二甲双胍可以增强机体组织对胰岛素的敏感性，减少胃肠道对葡萄糖的吸收，起到减轻患者体重及降糖的作用，适用于 2 型肥胖型糖尿病患者。

【典型不良反应】①可有腹泻、恶心、呕吐、头痛、胃痛等不适感；②较少见的有皮疹；③可见黄疸、肝功能损害、骨髓抑制、粒细胞减少（表现为咽痛、发热、感染）、血小板减少症（表现为出血、紫癜）等。

【用药指导】（1）用药注意　①1 型糖尿病患者禁用。②易产生低血糖，老人及肝肾功能不全者慎用。③孕妇及哺乳期妇女不宜使用。

（2）药物评价　①所有磺脲类药物中本品降血糖作用最强，为甲苯磺丁脲的 200～500 倍。②易产生低血糖反应，老年人及肝肾功能不全者不宜使用本品或从小剂量开始使用，并且有轻微利尿作用。

【商品信息】本品为第二代磺脲类口服降血糖药。国内主要生产企业有天津力生制药股份有限公司、上海信谊药厂有限公司、北京太洋药业有限公司等。

【贮藏】原料与片剂密闭保存。

（二）α-葡萄糖苷酶抑制剂

α-葡萄糖苷酶抑制剂可竞争性抑制位于小肠的各种 α-葡萄糖苷酶，使淀粉类分解为葡萄糖的速度减慢，从而减缓肠道内葡萄糖的吸收，增加胰岛素的敏感性，明显降低餐后血糖。主要的不良反应有腹胀、排气多等，一般不会引起低血糖反应。

阿卡波糖[基][医保(甲)]

Acarbose

【商品名】拜糖苹，卡博平

【别名】抑葡萄糖苷酶，拜糖平

【适应证】可用于胰岛素依赖型或非胰岛素依赖型的糖尿病，亦可与其他口服降血糖药或胰岛素联合应用。

【代表制剂及用法】阿卡波糖片：类白色或淡黄色片，每片规格 50mg；100mg。用餐前即刻整片吞服或与前几口食物一起咀嚼服用，剂量因人而异。一般推荐剂量：起始剂量为每次 50mg，每日 3 次。以后逐渐增加至每次 0.1g，每日 3 次。个别情况下，可增至每次 0.2g，每日 3 次，或遵医嘱。

阿卡波糖胶囊：内容物为白色或类白色粉末，每粒含阿卡波糖 50mg。用餐前即刻整粒吞服，用量同片剂。

【典型不良反应】①常有胃肠胀气和肠鸣音，偶有腹泻和腹胀，极少见有腹痛。②个别病例可能出现诸如红斑、皮疹和荨麻疹等皮肤过敏反应。

【用药指导】（1）用药注意　①如出现低血糖，应使用葡萄糖纠正，而不宜使用蔗糖或其他含糖量高的食物。②禁食状态或空腹服用无效，最佳服药时间为进餐前即刻或开始吃第一口饭时嚼碎吞服。③可使糖类在体内停留时间延长而发酵产气，出现肠鸣音、腹胀、腹泻等现象，需控制饮食，避免过量服用以加重胃肠道不适症状。

（2）药物评价　①与其他口服降血糖药相比，可显著降低糖耐量受损者发生 2 型糖尿病的危险。②控制餐后高血糖可显著降低患者发生大血管病变、心血管并发症和死亡的危险。③还可降低餐后胰岛素水平，可增加胰岛素的敏感性。

【商品信息】阿卡波糖为德国拜耳公司开发的第一个 α - 葡萄糖苷酶抑制剂，是一种新型口服降糖药。目前国内生产企业仅有三家，分别是四川宝光药业股份有限公司、杭州中美华东制药有限公司、拜耳医药保健有限公司。

【贮藏】原料与片剂、胶囊剂均遮光密封，在阴凉处保存。

（三）噻唑烷二酮类

噻唑烷二酮类（又称格列酮类）是治疗 2 型糖尿病的一类新药，为胰岛素增敏剂，通过增加外周组织对胰岛素的敏感性、改善胰岛素抵抗而降低血糖，并能改善与胰岛素抵抗有关的多种心血管危险因素。该类药物应用过程中须密切注意肝功能。

罗格列酮[医保（乙）]

Rosiglitazone

【商品名】文迪雅，太罗，爱能

【适应证】用于治疗 2 型糖尿病，为噻唑烷二酮类口服降血糖药，通过提高机体对胰岛素的敏感性而有效地控制血糖。

【代表制剂及用法】罗格列酮钠片：白色片，每片规格 2mg；4mg。口服，初始剂量可为一日 4mg，每日一次或分两次服用，如对初始剂量反应不佳，可逐渐加量至一日 8mg。

马来酸罗格列酮片：橙色薄膜包衣异型片，除去包衣为白色或类白色，每片规格 4mg；8mg。口服，通常起始用量为一日 4mg，每日一次，每次一片。

【典型不良反应】①轻中度水肿、贫血、血脂增高。②低血糖反应，合并使用其他降糖药物时，有发生低血糖的风险。③肝功能异常，有可逆轻中度氨基转移酶升高。

【用药指导】（1）用药注意　①不适用于 1 型糖尿病患者和糖尿病酮酸中毒患者。②本品可能会导致停经，导致停止排卵妇女再次排卵，故服药期间应注意避孕。③对此类药物过敏者，以及患有严重的肝损害和急性心力衰竭者禁止服用此类药物。

（2）药物评价　①罗格列酮由于有良好的降血糖作用，以及对高血压、高血脂的有利作用，使糖尿病患者的血管并发症减少。②单独使用罗格列酮不会导致低血糖，但与其他类降糖药合用时，低血糖发生的概率可能增加。③对血糖控制的改善作用较持久，可维持达 52 周。

【商品信息】常用其盐酸盐及马来酸盐制剂。国内主要生产企业有葛兰素史克（天津）有限公司、太极集团重庆涪陵制药厂有限公司、成都恒瑞制药有限公司等。

【贮藏】原料与片剂、胶囊剂均遮光密封保存。

（四）非磺脲类促胰岛素分泌药

非磺脲类促胰岛素分泌药为新型的口服降糖药，对胰岛素的分泌有促进作用，其作用机制与磺脲类药物类似，但该类药物与磺脲类受体结合与分离作用均起效更快，因此能改善胰岛素早时相分泌、减轻胰岛 B 细胞负担。该类药物不引起严重的低血糖，不引起肝脏损害，有中度肝脏及肾脏损害的患者对该药也有很好的耐受性，药物相互作用较少，由于短时间内作用比较快，消耗也比较快，所以更适用于餐后血糖的控制。

瑞格列奈[典][基][医保(乙)]

Repaglinide

【商品名】诺和龙，孚来迪

【适应证】适用于饮食控制、降低体重及运动锻炼不能有效控制高血糖的 2 型糖尿病（非胰岛素依赖型）患者。本品可与二甲双胍合用，对控制血糖有协同作用。

【代表制剂及用法】瑞格列奈片：白色或类白色片，每片规格为 0.5mg；1.0mg；2.0mg。口服，应在主餐前服用，通常在餐前 15 分钟内服用本品。剂量因人而异，以个人血糖而定。推荐起始剂量为 0.5mg，推荐最大单次剂量为 4mg，进餐时服用，但最大日剂量不应超过 16mg。

瑞格列奈二甲双胍片：本品为复方制剂，每片规格为含瑞格列奈 2mg 与盐酸二甲双胍 500mg；含瑞格列奈 1mg 与盐酸二甲双胍 500mg。空腹口服，餐前 30 分钟至餐前即刻服用，每日可给药 2～3 次，每日最大剂量不应超过 8mg 瑞格列奈/2000mg 盐酸二甲双胍，每次的服用剂量不应超过 4mg 瑞格列奈/1000mg 盐酸二甲双胍。

【典型不良反应】①可能发生低血糖，通常症状较轻微。②腹痛、恶心罕见，腹泻、呕吐、便秘和视觉异常、肝脏异常非常罕见。③过敏反应可发生皮肤过敏反应，如瘙痒、皮疹、荨麻疹。④氨基转移酶指标升高，多数为轻度和暂时性。

【用药指导】（1）用药注意　①瑞格列奈可致低血糖，与二甲双胍合用会增加发生低血糖的危险性。②服药者可能出现由低血糖引起的注意力不集中和意识降低，会影响其驾车和操作机械的能力。③1 型糖尿病患者、糖尿病酮症酸中毒患者、孕妇及哺乳期妇女禁用。

（2）药物评价　①瑞格列奈为短效胰岛素促泌剂，治疗 2 型糖尿病的一线口服降糖药。可有效控制餐后血糖，具有起效快、作用时间短、不增加患者体重、安全性高的特点。②瑞格列奈改善早时相胰岛素分泌，与磺脲类降糖效果相当，但严重低血糖反应的发生明显减少。③瑞格列奈可在合并肝肾功能不全的患者中酌情使用。

【商品信息】瑞格列奈是由德国诺和诺德公司开发，于 1998 年在美国上市。国内主要生产企业有江苏豪森药业股份有限公司、北京万生药业有限责任公司等，进口制剂主要生产企业有诺和诺德公司。

请你想一想
二甲双胍可否用于肥胖人群的减肥？

【贮藏】 原料与片剂均密封，阴凉干燥处保存。

其他常用的口服降血糖药，见表 15-2。

表 15-2　其他常用的口服降血糖药

药品名称	主要制剂	特　点	商品信息
格列吡嗪	片剂、胶囊	为短效类降糖药，吸收快	秦苏、美吡达
格列齐特	片剂、缓释片	为短效类降糖药，作用较强	达美康
格列喹酮	片剂	短效促泌剂，不受肾功能影响	糖适平
伏格列波糖	片剂、胶囊	α-葡萄糖苷酶抑制强度高	倍欣
吡格列酮	片剂	对心血管的风险较小	卡司平、艾汀
那格列奈	片剂	起效快、作用时间短、不良反应发生率低	唐力

任务三　甲状腺激素及抗甲状腺药

岗位情景模拟

情景描述　患者，女，25 岁，经检查，医生诊断为甲状腺功能减退症。患者来药店购买药品，医生的处方为：左甲状腺素钠片，每片 25μg，每次 2 片，一日 1 次，口服。

讨论　1. 处方中各药品的作用是什么？

2. 店员应提醒病人哪些注意事项？

甲状腺是人体最大的内分泌腺，位于颈部甲状软骨下方，气管两旁。甲状腺分泌的激素称为甲状腺激素，它有促进新陈代谢和生长发育，提高中枢神经系统兴奋性的作用。

甲状腺激素为人体所必需的物质，其分泌不足或过量都可引起疾病。甲状腺激素分泌不足时可导致甲状腺功能减退症（俗称甲减），可引起呆小症、黏液性水肿等。甲状腺分泌过量时可导致甲状腺功能亢进症（俗称甲亢），则可引起甲状腺肿大、突眼症、基础代谢增加和自主神经系统的失常，如图 15-5 所示。

用于治疗甲状腺功能减退症的药物称为甲状腺激素类药。用于治疗甲状腺功能亢进症的药物称为抗甲状腺类药。

甲状腺功能减退症
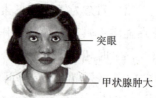
甲状腺功能亢进症

图 15-5　甲状腺功能异常的表现

一、甲状腺激素类药

甲状腺激素类药物主要用于甲状腺功能减退症的替代疗法，使用时要注意用药的个体化，使用过量可引起甲状腺功能亢进症的临床表现。该类药物常用的制剂有甲状腺片、左甲状腺素钠片（优甲乐、雷替斯）等。

二、抗甲状腺药

能暂时或长期消除甲状腺功能亢进（甲亢）症状的药物称为抗甲状腺药。目前常用的抗甲状腺药分为以下几类，如图 15－6 所示。

抗甲状腺药 {
　硫脲类：如丙硫氧嘧啶、甲巯咪唑、卡比马唑等
　碘及碘化物：如碘化钾
　放射性碘：如碘（^{131}I）化钠口服溶液
　β受体阻断剂：如普萘洛尔等
}

图 15－6　抗甲状腺药分类

（一）硫脲类

硫脲类是最常用的抗甲状腺药，它又分为硫氧嘧啶类和咪唑类。硫氧嘧啶类包括甲硫氧嘧啶和丙硫氧嘧啶，咪唑类包括甲巯咪唑（他巴唑）和卡比马唑（甲亢平）。

丙硫氧嘧啶[典][基][医保(甲)]

Propylthiouracil

【别名】丙基硫氧嘧啶

【适应证】用于各种类型的甲状腺功能亢进症。

【代表制剂及用法】丙硫氧嘧啶片：白色片，每片规格 50mg；100mg。成人开始剂量一般为每天 300mg，视病情轻重介于 150～400mg，分次口服，一日最大量 600mg，病情控制后逐渐减量，维持量每天 50～150mg，视病情调整；小儿开始剂量每日按体重 4mg/kg，分次口服，维持量酌减。

【典型不良反应】①常见有头痛、眩晕，关节痛，唾液腺和淋巴结肿大以及胃肠道反应；②过敏反应有皮疹、药热等；③个别病人可致黄疸和中毒性肝炎；④粒细胞缺乏症。

【用药指导】（1）用药注意　①最严重的不良反应为粒细胞缺乏症，故用药期间应定期检查血常规。②用药应从小剂量开始，如发生甲状腺功能减低时，应及时减量或加用甲状腺片。③本品可通过胎盘和乳汁排出，孕妇慎用，哺乳期妇女禁用。④高碘食物或药物的摄入可使甲亢病情加重，故在服用本品前应避免服用碘剂。

（2）药物评价　血浆半衰期较短（1～2 小时），但生物作用时间较长。皮疹、粒细胞减少、粒细胞缺乏症等不良反应的发生率较小于甲巯咪唑、甲硫氧嘧啶等抗甲状腺药物。

【商品信息】丙硫氧嘧啶是治疗甲状腺功能亢进症最常用的药物之一。国内主要生产企业有上海朝晖药业有限公司、上海信谊药厂有限公司、南通精华制药股份有限公

司等。

【贮藏】原料与片剂遮光，密封保存。

你知道吗

地方性甲状腺肿大

地方性甲状腺肿大又称大脖子病，该病主要多见于远离沿海及海拔高的山区，流行地区的土壤、水和食物中含碘量极少，故一般认为本病与缺碘有密切关系。此外，在自然界含碘丰富的地区也有本病流行，主要是因为摄入碘过多，从而阻碍了甲状腺内碘的有机化过程，抑制 T4 的合成，促使 TSH 分泌增加而产生甲状腺肿大，称为高碘性地方性甲状腺肿大。

早期无明显临床症状，甲状腺轻、中度弥漫性肿大，质软，无压痛。极少数明显肿大者可出现压迫症状，如呼吸困难、吞咽困难、声音嘶哑、刺激性咳嗽等。胸骨后甲状腺肿大可有食管或上腔静脉受压症状。甲状腺功能基本正常，但约5%的患者由于甲状腺代偿功能不足，出现甲状腺功能减退，影响智力及生长发育。

甲巯咪唑[典][基][医保(甲)]

Thiamazole

【别名】甲巯基咪唑，他巴唑

【适应证】适用于各种类型的甲状腺功能亢进症。

【代表制剂及用法】甲巯咪唑片：白色片，每片规格5mg。成人开始剂量一般为一日30mg，可按病情轻重调节为15～40mg，一日最大剂量60mg，分次口服，病情控制后，逐渐减量，每日维持量按病情需要介于5～15mg，疗程一般为18～24个月；小儿开始剂量每日按体重0.4mg/kg，分次口服，维持量约减半，按病情决定。

甲巯咪唑软膏：乳剂型基质的乳白色软膏。每支规格10g：0.5g。用精密定量泵每次按压挤出软膏0.1g，然后均匀涂敷于颈前甲状腺表面皮肤，用手指在涂敷局部轻轻揉擦3～5分钟以使药物进入甲状腺内。

【典型不良反应】①较多见皮疹、皮肤瘙痒及白细胞减少；②粒细胞缺乏症；③可能出现再生障碍性贫血；④还可能致味觉减退、恶心、呕吐、上腹部不适、关节痛、头晕头痛、脉管炎等。

【用药指导】（1）用药注意　同丙硫氧嘧啶。

（2）药物评价　作用强于丙硫氧嘧啶，口服后由胃肠道迅速吸收，起效较快，且维持时间长。

【商品信息】甲巯咪唑是治疗甲状腺功能亢进症最常用的药物之一。国外生产企业主要是德国默克公司（赛治），国内主要生产企业有北京太洋药业有限公司、北京市燕京药业有限公司等。

【贮藏】原料与片剂密闭保存；软膏剂密闭，在凉暗处（避光并不超过20℃）保存。

（二）碘及碘化物

碘是人体的必需微量元素之一，在体内主要被用于合成甲状腺激素。甲状腺从血液中摄取碘的能力很强，甲状腺中碘的浓度比血浆高25倍以上。人体缺碘时，甲状腺代偿性肥大，可引起单纯性甲状腺肿大。

<h2 style="text-align:center">碘化钾^[典]</h2>
Potassium iodide

【适应证】①小剂量碘剂，用于地方性甲状腺肿大的预防与治疗。②大剂量碘剂，用于甲状腺功能亢进症手术前准备及甲状腺危象。

【代表制剂及用法】碘化钾片：白色片，每片规格10mg。①预防地方性甲状腺肿大：剂量根据当地缺碘情况而定，一般100μg/d即可。②治疗地方性甲状腺肿大：对早期患者给予1~10mg/d，连服1~3个月，中间休息30~40天。1~2个月后，剂量可渐增至20~25mg/d，总疗程为3~6个月。

【典型不良反应】①过敏反应：上肢、下肢、颜面部、口唇、舌或喉部水肿，也可出现皮肤红斑或风团、发热；②关节疼痛、嗜酸性粒细胞增多、淋巴结肿大；③长期服用，可出现口腔、咽喉部烧灼感、流涎、金属味和齿龈疼痛、胃部不适、剧烈头痛等碘中毒症状；④高钾血症，表现为神志模糊、心律失常、手足麻木刺痛、下肢沉重无力；⑤消化系统症状，表现为腹泻、恶心、呕吐和胃痛等。

【用药指导】（1）用药注意　①对碘化物过敏者应禁用。②能通过胎盘，造成胎儿甲状腺功能异常、甲状腺肿大，孕妇禁用。③能分泌入乳汁，婴幼儿易致皮疹，影响甲状腺功能，婴幼儿禁用，哺乳期妇女慎用。

（2）药物评价　作为抗甲状腺药时，短暂地抑制甲状腺激素合成，连续给药后抑制作用又可消失，导致甲亢症状加剧，故仅用于甲状腺危象，以迅速改善症状，且必须同时配合应用硫脲类药物。

> **请你想一想**
> 日常生活所用的食用含碘盐适合所有人群吗？

【商品信息】国内主要生产企业有天津力生制药股份有限公司、修正药业集团股份有限公司、武汉远大制药集团有限公司等。

【贮藏】原料与片剂遮光密封，在干燥处保存。

任务四　性激素类药

岗位情景模拟

情景描述　患者，女，52岁，经检查，医生诊断为绝经期综合征。患者来药店购买药品，医生的处方如下：雌二醇控释贴片，4.0cm×2.6cm：2.5mg*3片，每周1片，连用3周，停止1周。

讨论　1. 处方中各药品的作用是什么？

　　　　2. 店员应提醒病人哪些注意事项？

性激素主要由性腺分泌，具有促进性器官发育和副性征形成的作用。本类药品多为天然激素的人工合成品及其衍生物，主要用于两性性腺机能不全所致的各种疾病，还可用于避孕、妇产科及抗肿瘤等。目前常用的性激素类药分为以下几类，如图15－7所示。

　　　　　　　雄激素类：如甲睾酮、丙酸睾酮等

　　　　　　　同化激素类：如司坦唑醇、去氢甲睾酮、苯丙酸诺龙等

性激素类药　雌激素类：如雌二醇、炔雌醇、尼尔雌醇等

　　　　　　　孕激素类：如黄体酮、甲羟孕酮等

　　　　　　　避孕药：如左炔诺孕酮、米非司酮、甲地孕酮、壬苯醇醚等

图15－7　性激素类药分类

一、雄激素和同化激素类药

（一）雄激素

甲睾酮[典]

Methyltestosterone

【别名】甲基睾丸素，甲基睾丸酮

【适应证】主要应用于男性性腺机能减退症、无睾症及隐睾症；妇科疾病，如月经过多、子宫肌瘤、子宫内膜异位症、老年骨质疏松症及小儿再生障碍性贫血。

【代表制剂及用法】甲睾酮片：白色片，每片规格5mg。口服。①男性性腺功能减退者激素替代治疗：口服或舌下含服，一次5mg，一日2次；②绝经妇女、晚期乳腺癌姑息性治疗：口服或舌下含服，一次25mg，一日1～4次，如果治疗有反应，2～4周后，用量可减至一日2次，每次25mg，口服或舌下含服。

复方八维甲睾酮胶囊：内容物为黄色或淡黄色、类白色、灰色的颗粒或细粉，每粒规格0.625mg。每日一次，一次2粒，晚饭后1小时服用，3周为1个疗程，疗程间停服一周。症状控制后或轻症者，药量减半，或遵医嘱。

【典型不良反应】①长期大剂量使用出现胆汁淤积性肝炎、黄疸、肝功能异常；②女性可能引起痤疮、多毛、声音变粗、闭经、月经紊乱，应停药；③男性睾丸萎缩、精子生成减少、精液减少，应停药。

【用药指导】（1）用药注意　①儿童长期应用，可严重影响生长发育。②有过敏反

应者应停药。③肝功能不全者慎用，前列腺癌患者、孕妇及哺乳期妇女禁用。

（2）药物评价 ①雄激素作用与蛋白同化作用之比为1∶1。②经胃肠道和口腔黏膜吸收，在肝内破坏缓慢，胃肠道及口腔黏膜吸收较完全，口服或舌下给药有效，血浆半衰期为2.5～3.5小时，舌下含片1小时血药浓度达峰值，口服片2小时达峰值。

【商品信息】为人工合成的雄激素。国内主要生产企业有天津力生制药股份有限公司、威海人生药业集团股份有限公司、山东天达生物制药股份有限公司等。

【贮藏】片剂遮光，密闭保存；胶囊剂密封，置阴凉干燥处。

（二）同化激素

司坦唑醇[典][医保(乙)]
Stanozolol

【别名】康力龙，吡唑甲氢龙

【适应证】主要应用于治疗多种涉及血管的疾病，同时亦可用于慢性消耗性疾病、骨质疏松症，并与生长激素共同治疗特纳综合征。

【代表制剂及用法】司坦唑醇片：白色片，每片规格2mg。口服，一次2mg，每日2～3次；儿童每日1～4mg，1～3次分服。

【典型不良反应】①女性长期使用可能会出现痤疮、多毛、闭经或月经紊乱等；②男性长期使用可能会出现痤疮、精子减少、精液减少；③能使肝功能GOP、GTP上升，黄疸；④消化系统症状，如有恶心、呕吐、消化不良、腹泻等；⑤水钠潴留、水肿。

【用药指导】（1）用药注意 ①严重肝脏疾病、肾脏疾病、心脏病、高血压患者，孕妇及前列腺癌患者禁用。②卟啉症患者、前列腺肥大者、糖尿病患者慎用。③小儿常用量用于遗传性血管神经性水肿，仅在发作时应用。

（2）药物评价 ①为高效同化激素，其蛋白同化作用为甲睾酮的30倍，而雄激素活性仅为后者的1/4。②能促进机体蛋白质合成及抑制蛋白质异生，减少钙、磷排泄，减轻骨髓抑制，并能降低血胆固醇和三酰甘油，而男性化副作用甚微。

【商品信息】国内主要生产企业有广西南宁百会药业集团、广州白云山制药总厂、广东台城制药股份有限公司等。

【贮藏】原料与片剂密闭，避光保存。

二、雌激素和孕激素类药

（一）雌激素

雌二醇[典][医保(乙)]
Estradiol

【别名】17-β雌二醇，雌二醇酯苯甲酸

【适应证】 主要用于卵巢机能不全或卵巢激素不足引起的各种症状，主要是功能性子宫出血、原发性闭经、绝经期综合征以及前列腺癌等。

【代表制剂及用法】 苯甲酸雌二醇注射液：淡黄色的澄明油状液体，每支规格 1ml：1mg；1ml：2mg。肌内注射，一次 0.5～1.5mg，一周 2～3 次。平均替代治疗量每日0.2～0.5mg。用于功能性子宫出血，每日肌内注射 4～6mg，止血后减至每日或隔日 1mg，连用 3 周，继用黄体酮。用于退奶，每日在乳房未胀前肌内注射 4mg，连用 3～5 日。

戊酸雌二醇片（补佳乐）、戊酸雌二醇片/雌二醇环丙孕酮片复合包装（克龄蒙）：本品为复方制剂，其组成为 11 片白色糖衣片，每片含戊酸雌二醇 2mg；10 片浅橙红色糖衣片，每片含戊酸雌二醇 2mg 及醋酸环丙孕酮 1mg。口服，每日 1 片，无间断服用 21 天，其中 11 片白片，10 片浅橙红色片。

雌二醇控释贴片（伊尔）：涂于铝塑薄膜上含雌二醇的黏性薄片，药面为无色透明或略带乳白色，规格 4.0cm×2.6cm：2.5mg。外用，揭除贴片上的保护膜后立即贴于清洁干燥、无外伤的下腹部或臀部皮肤。一周 1 片，连用 3 周，停止一周。并于使用贴片的最后 5 日加用醋酸甲孕酮 4mg，一日 1 次，连续 5 日。贴片的部位应经常更换，同一部位皮肤不宜连续贴两次，不可贴于乳房部位。

【典型不良反应】 可有恶心、头痛、乳房胀痛，偶有血栓症、皮疹、水钠潴留等。

【用药指导】 （1）用药注意 ①肝、肾功能不全者忌用。②忌用于乳房、外阴和阴道黏膜。③长期或大量使用雌激素者，当停药或减量时须逐步减量。

（2）药物评价 ①本品可从胃肠道和皮肤吸收，但口服易被破坏，因此主要采用肌内注射和外用。外用时雌二醇从皮肤渗透直接进入血液循环，可避免肝脏首过代谢作用，且不损害肝功能。②临床常用雌二醇衍生物，具有可口服或长效的特点。

【商品信息】 国外主要生产企业有法国先灵公司，国内主要生产企业有广州白云山明兴制药有限公司、浙江亚太药业股份有限公司、拜耳医药保健有限公司广州分公司等。

【贮藏】 原料与片剂遮光密闭，在阴凉处保存；注射剂遮光，密封保存。

（二）孕激素

黄体酮[典][基][医保（甲/乙）]

Progesterone

【别名】 孕酮，助孕素

【适应证】 主要用于先兆流产和习惯性流产、经前期紧张综合征、无排卵型功能失调性子宫出血和无排卵型闭经、与雌激素联合使用治疗更年期综合征。

【代表制剂及用法】 黄体酮胶丸：软胶囊，内容物为淡黄色稠乳状物，每粒 0.1g。①口服，常规剂量为每日 200～300mg，1 次或分 2 次服用，每次剂量不得超过 200mg。服药时间最好远隔进餐时间。②阴道给药，每次给药不能超过 200mg，植入阴道深处。

黄体酮注射液：无色或淡黄色的澄明油状液体。规格 1ml：5mg；1ml：10mg；1ml：20mg。肌内注射：用于先兆流产，一般 10～20mg，用至疼痛及出血停止；习惯性流产史者，自妊娠开始，一次 10～20mg，每周 2～3 次；功能失调性子宫出血，用于撤退性出血者血红蛋白低于 7mg 时，一日 10mg，连用 5 天，或一日 20mg，连续 3~4 天；用于闭经，在预计月经前 8~10 天，每日肌内注射 10mg，共 5 天，或每日肌内注射 20mg，3~4 天；经前期紧张综合征，在预计月经前 12 天注射 10~20mg，连续 10 天。

复方黄体酮注射液：淡黄色的澄明油状液体。每支规格 1ml，含黄体酮 20mg 与苯甲酸雌二醇 2mg。肌内注射，一次 1ml，一日 1 次，连用 2~4 日。

【典型不良反应】①突破性出血，阴道点状出血，体重增加或减少，乳房肿胀。②恶心、头晕、头痛、倦怠感、发热、失眠。③过敏伴或不伴瘙痒，黑斑病，黄褐斑。④阻塞性黄疸，肝功能异常。

【用药指导】（1）用药注意 ①长期应用可引起子宫内膜萎缩、月经量减少，并容易发生阴道霉菌感染。②肝病患者不能口服。③有水钠潴留作用，肾病、心脏病、水肿、高血压患者慎用。④对早期流产以外的患者用药前应进行全面检查，确定属于黄体功能不全再使用。

（2）药物评价 ①本品口服可从胃肠道吸收，经 1~3 小时血浓度达峰值，由于迅速代谢而失活，故一般采用注射给药。②舌下含用或阴道、直肠给药也有效，经阴道黏膜吸收迅速，经 2~6 小时血浓度达峰值。

【商品信息】国内主要生产企业有浙江爱生药业有限公司、上海通用药业股份有限公司、浙江仙琚制药股份有限公司等。

【贮藏】原料与胶丸遮光，密封保存；注射剂遮光，密闭保存。

三、避孕药

左炔诺孕酮[典]

Levonorgestrel

请你想一想

避孕药是否能够长期服用？ 药物的主要成分是什么？ 有何危害？

【别名】D-甲炔诺酮，左旋甲基炔诺孕酮，左旋甲炔诺酮

【适应证】有抑制排卵作用，也可用于治疗月经不调、子宫功能性出血及子宫内膜异位症等。

【代表制剂及用法】左炔诺孕酮片：白色片，每片规格 0.75mg。口服，每次 0.75mg。

左炔诺孕酮炔雌醚片：薄膜衣片，每片含左炔诺孕酮 6mg，炔雌醚 3mg 。为长效避孕药。①于月经的当天算起，第 5 天午饭后服药一次，间隔 20 天服第二次，或月经第 5 天及第 10 天各服 1 片，以后均以第二次服药日期，每月服 1 片，一般在服药后 6~12 天有撤退性出血。服药后不良反应重者，第 4 个周期开始可改用减量片。②原服用短效口服避孕药改服长效避孕药时，可在服完 22 片后的第二天接服长效避孕药片，以后每月按开始服长效避孕药的同一日期服药 1 片。

复方左炔诺孕酮片：糖衣片或薄膜衣片，每片含左炔诺孕酮 0.15mg，炔雌醇 0.03mg。口服，从每次月经来潮的第 5 日开始服药，每日 1 片，连服 22，不能间断、遗漏，服完后等月经来潮的第 5 日，再继续服药。

【典型不良反应】①可见月经改变，多数表现为服药当月的月经提前或延后。②可

见轻度恶心、呕吐、乳房触痛、头痛、眩晕、疲劳等症状，一般不需处理，可在 24 小时后自行消失，如症状较重或持续存在应向医师咨询。③可有子宫异常出血，若出血不能自行消失，应及时就医，警惕异位妊娠的存在。

【用药指导】（1）用药注意　①严格按规定方法服药，漏服药不仅可发生突破性出血，还可导致避孕失败。②服药期限，以连续 3～5 年为宜，停药观察数月，体检正常者，可再服用。

（2）药物评价　①左炔诺孕酮是消旋炔诺孕酮的光学活性体，活性比炔诺孕酮强 1 倍，约为炔诺酮的 100 倍。②口服后吸收迅速而完全，几乎没有首过效应，血浆清除率明显比炔诺酮慢。

【商品信息】左炔诺孕酮为全合成的强效孕激素，是目前应用较广的一种口服避孕药。国内主要生产企业有北京紫竹药业有限公司（毓婷）、湖北制药有限公司、南京白敬宇制药厂等。

【贮藏】原料与片剂避光，密封保存。

你知道吗

1998 年由国家计划生育委员会科研所、国家计划生育委员会药具服务中心与北京紫竹药业有限公司联合开发推出中国第一个紧急避孕专用药——毓婷，学名左炔诺孕酮片。随后，丹媚、诺爽、保仕婷、后定诺等药品相继问世。

紧急避孕药也叫事后避孕药，适用于女性遭受意外伤害、进行了无防护性生活或其他避孕方式失败（如避孕套意外破裂）等情况，可在事后 72 小时内服用以避免意外怀孕，避孕有效率约为 85%。市面上最常见的紧急避孕药，其主要成分一般为大量孕激素，一次摄入大剂量激素容易造成女性内分泌紊乱，月经周期改变。因此，紧急避孕药不适合作为日常避孕手段，建议每年使用不要超过三次，每月最多使用一次。

健康的育龄女性日常避孕应使用常规短效口服避孕药，它具有安全、有效、舒适的特点，只要正确服用，避孕效果十分可靠，避孕有效率可达 99% 以上，是可靠性最高的常规避孕方式之一。

目标检测

一、选择题

1. 999 皮炎平的通用名是（　　）。
   A. 氢化可的松　　　　　　　　B. 醋酸地塞米松乳膏
   C. 泼尼松　　　　　　　　　　D. 倍他米松
2. 属于短效糖皮质激素的是（　　）。
   A. 曲安奈德　　B. 地塞米松　　C. 氢化可的松　　D. 泼尼松

3. 胰岛素制剂应贮存于（　　　）。

　　A. 10～30℃常温处　　　　　　　B. 不超过20℃阴凉处

　　C. 干燥处　　　　　　　　　　　D. 2～8℃冰箱中

4. 拜糖平的通用名是（　　　）。

　　A. 格列本脲　　　B. 罗格列酮　　　　C. 阿卡波糖　　　　D. 瑞格列奈

5. 以下属于糖尿病并发症的是（　　　）。（多选题）

　　A. 视网膜病变　　B. 肾脏病变　　　　C. 心脑血管病变　　D. 足部坏疽

6. 用于治疗呆小症的药品是（　　　）。

　　A. 碘化钾　　　　B. 甲状腺片　　　　C. 丙硫氧嘧啶　　　D. 甲巯咪唑

二、思考题

1. 糖皮质激素的主要作用和不良反应分别是什么？

2. 胰岛素的使用方法和注意事项分别有哪些？

3. 口服降糖药有哪些种类？代表药是什么？有何特点？

4. 甲状腺激素含量高低会对人体产生哪些影响？如何进行药物治疗？

（刘　杰）

书网融合……

 微课　　　　　　划重点　　　　　　自测题

项目十六 中枢神经系统药

学习目标

知识要求

1. **掌握** 中枢神经系统常用药的名称、适应证、用药指导。
2. **熟悉** 常见神经系统药品的代表制剂及用法、典型不良反应。
3. **了解** 常见神经系统药品的商品信息。

能力要求

1. 能按用途、剂型及分类管理要求陈列药品并对其进行正常养护。
2. 对本类药品进行全面评价，能根据顾客需求推荐药品，指导中枢神经系统药品的合理使用。
3. 能介绍新上市品种的特点，并进行同类药品的比较。

中枢神经系统（CNS）在人体的机体生理活动中发挥着主导和协调作用，通过神经体液性调节维持内环境稳定，并对外环境及时作出反应，同时主宰着人类的高度智能活动及复杂行为。

中枢神经系统疾病包括失眠、癫痫病、精神分裂症、抑郁症、帕金森病、阿尔茨海默病、神经性疼痛以及多发性硬化症等多种疾病。作用于中枢神经系统的药物主要有镇静催眠药、抗癫痫药、抗精神病药、镇痛药、中枢兴奋药、抗神经退行性疾病药等，如图 16-1 所示。

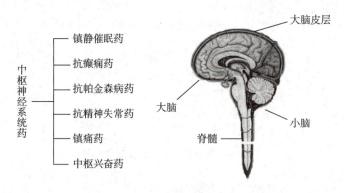

图 16-1 中枢神经系统及其主要用药

随着社会的高度发展，人们工作生活节奏逐渐加快，失眠、焦虑、抑郁等精神疾病的发病率迅速上升，加之全球性的人口老龄化日益加剧，带动了全球中枢系统药物销量的快速增长。

任务一　镇静催眠药

微课 1

岗位情景模拟

情景描述　患者，女，36 岁，来药店购买药品，主诉因为在外出差一段时间，睡眠不好，入睡困难，希望购买安定来帮助入眠。

讨论　1. 药店可以销售安定吗？

　　　　2. 药店可以销售的镇静催眠药有哪些？

镇静催眠药是一类对中枢神经系统（CNS）具有抑制作用，能引起镇静和近似生理性睡眠的药物。目前，临床常用的镇静催眠药物主要包括巴比妥类、苯二氮䓬类及非苯二氮䓬类。

1. 巴比妥类　传统镇静催眠药巴比妥类（如苯巴比妥、异戊巴比妥、司可巴妥），随着剂量增大依次出现镇静、催眠、嗜睡、抗惊厥和麻醉作用，甚至出现呼吸麻痹死亡。长期应用会产生耐受性和成瘾性。本类药在临床上已较少作为镇静催眠药使用。

2. 苯二氮䓬类　20 世纪 60 年代发现以地西泮为代表的苯二氮䓬类，安全范围大，很少导致麻醉死亡，广泛应用于失眠症和抗焦虑的治疗。苯二氮䓬类药物仍是目前治疗失眠症的主要品种。但由于对药物依赖性及滥用的顾虑，使本类药物的临床应用受到影响。

3. 非苯二氮䓬类　催眠药能够有效诱发或维持睡眠，不改变正常睡眠结构，不易产生依赖性，不良反应相对少，具有较好安全性，逐步被临床接受，用量稳步增长，这类药物主要有唑吡坦、佐匹克隆、扎来普隆等。

本类药物长期应用易产生依赖性，多作为精神药品特殊管理与使用。本类药物尚有氯美扎酮片（芬那露）、谷维素片作为镇静助眠非处方药品应用。

近年来，镇静催眠类药品在我国的销售额逐年攀升，2005 年为 35 亿元，到 2019年已经超过 100 亿元。

你知道吗

失眠症的认知行为治疗

《中国成人失眠诊断与治疗指南（2017 版）》中指明了失眠症的治疗策略：针对慢性失眠症需要进行规范性治疗，而针对短期失眠症，首先要找到相关的诱发因素，然后进行积极的治疗。而心理和行为治疗是首选的失眠症治疗方法，最常见的是 CBTI，即认知行为治疗。

总体来说，就是通过改变失眠症患者的不良认知和行为因素，增强患者自我控制失眠症的信心。具体包括：①找出失眠患者不良的生活与睡眠习惯，从而帮助建立良好的睡眠习惯，营造舒适的睡眠环境。②帮助患者认识到自己对于睡眠的错误认知，以及对失眠问题的非理性信念与态度，使患者重新树立起关于睡眠的积极、合理的观念，从而达到改善睡眠的目的。同时叠加放松治疗缓解紧张、焦虑等带来的不良效应。

一、苯二氮䓬类

根据作用时间的长短分为三类。长效类：地西泮、氟西泮等。中效类：艾司唑仑、阿普唑仑等。短效类：三唑仑、咪达唑仑等，见表 16 – 1。

表 16 – 1　常用苯二氮䓬类药

药品名称	药品特点
地西泮（安定）	临床上使用频率最高的药物，对焦虑性失眠疗效极佳
氟西泮（氟安定）	半衰期较长，可用于各种失眠
艾司唑仑（舒乐安定）	作用强，用量小，治疗安全范围大
阿普唑仑（佳静安定）	主要用于抗焦虑，并能作为催眠药
三唑仑（海乐神）	吸收快，起效快，患者可出现清晨失眠和白天焦虑
咪达唑仑（多美康）	起效快，无明显蓄积性，特别适用于入睡困难的患者

本类药的用药原则：①入睡困难的患者宜选用短效药物，少数患者如果是午睡困难也可以使用。②夜间睡眠浅且易醒的患者宜使用中效药物治疗。③夜间睡眠易醒和早醒的患者宜使用长效药物治疗。但半衰期短的药物（如三唑仑、咪达唑仑）容易形成依赖性和撤药综合征；半衰期长的药物（如地西泮、氟西泮等）易蓄积，不宜连续使用。

地西泮[典][基][医保(甲)]

Diazepam

【别名】安定

【适应证】失眠：尤其对焦虑性失眠疗效极佳，还可用于焦虑症及各种神经官能症。癫痫：可与其他抗癫痫药合用治疗癫痫大发作或小发作，控制癫痫持续状态时应静脉注射。各种原因引起的惊厥：如子痫、破伤风、小儿高烧惊厥等。脑血管意外或脊髓损伤性中枢性肌强直或腰肌劳损、内窥镜检查等所致肌肉痉挛。

【代表制剂及用法】地西泮片：白色片。每片 2.5mg；5mg。口服。成人常用量：抗焦虑，一次 2.5～10mg，一日 2～4 次；镇静，一次 2.5～5mg，一日 3 次；催眠，5～10mg，睡前服；急性乙醇戒断，第一日 1 次 10mg，一日 3～4 次，以后按需要减少到一次 5mg，每日 3～4 次。

【典型不良反应】①常见的不良反应：嗜睡、头晕、乏力等，大剂量可有共济失调、震颤。②罕见的有皮疹、白细胞减少。③个别病人出现兴奋、多语、睡眠障碍，甚至幻觉。停药后，上述症状很快消失。④长期连续用药可产生依赖性和成瘾性，停药可能发生撤药症状，表现为激动或忧郁。

【用药指导】（1）用药注意 ①能增强其他中枢抑制药的作用，若同时应用应注意调整剂量。治疗期间应避免饮酒或喝含乙醇的饮料，禁止从事危险岗位作业。②新生儿、哺乳期妇女、孕妇禁用，肝肾功能不良者慎用。③本品属于长效药，原则上不应作连续静脉滴注；长期用药，停药前应逐渐减量，不要骤停。

（2）药物评价 地西泮是临床上最常用的治疗焦虑症、失眠症和神经官能症的药物。

【商品信息】苯二氮䓬类的代表药，临床应用广泛，价廉，销量颇大。目前国内生产企业有哈药集团制药总厂、北京双鹤药业、通化茂祥制药等，主要剂型有片剂、注射剂。

【贮藏】遮光，密封保存。

二、非苯二氮䓬类

针对苯二氮䓬类可能导致的不良反应，特别是停药效应和依赖成瘾，服用者容易产生对药品的依赖性，通常需要不断加大用药剂量才能保持效果。因此，具有更优异性能的药物不断被开发出来，如唑吡坦、佐匹克隆和扎来普隆等。

酒石酸唑吡坦 [典][基][医保(乙)]

Zolpidem Tartrate

【商品名】思诺思
【适应证】用于失眠症的短期治疗。
【代表制剂及用法】酒石酸唑吡坦片：薄膜衣片，除去薄膜衣后显白色或类白色，每片5mg；10mg。临睡前服用。65岁以下患者为1片，65岁以上患者和肝功能不全患者为1/2片，每天剂量不超过10mg。疗程一般不超过7~10天，如果服药超过2~3周时，应对患者进行再评价。

【典型不良反应】①常见的不良反应：嗜睡、恶心、头晕等。②罕见有梦游症、呼吸抑制。③长期连续用药可产生依赖性和成瘾性，停药可能发生撤药症状，表现为激动或忧郁。

【用药指导】（1）用药注意 ①失眠原因很多，仅在必要时才服用本品治疗，不宜长期服用。②本品起效快，因此服药后应立即睡觉。③本品有中枢抑制作用，服药期间应禁酒，服药后应禁止从事驾驶、高空作业和机械操作等工作。

（2）药物评价 ①本品具有很强的睡眠诱导作用，作用快，服药后30分钟起效。由于其在血中的半衰期约为2.5小时，所以是短效类催眠药。②不宜长期应用，一般用于暂时性失眠或慢性失眠等的短期治疗。

【商品信息】由法国赛诺菲圣德拉堡研制公司开发生产。主要制剂有片剂、胶囊、分散片等。主要生产企业有赛诺菲安万特（杭州）制药、鲁南贝特制药、江苏豪森药业等。

【贮藏】 遮光，密闭保存。

佐匹克隆 [典][基][医保(乙)]

Zopiclone

【商品名】 忆孟返，奥贝舒欣，三辰，金盟，文飞，青尔齐

【适应证】 用于治疗各种失眠症。尤其适用于不能耐受次晨残余作用的患者。

【代表制剂及用法】 佐匹克隆片：薄膜衣片，除去薄膜衣后显白色或类白色。每片3.75mg；7.5mg。临睡前口服，每次7.5mg，一日1次；老年人最初服3.75mg，必要时可加至7.5mg；肝肾功能不全者，服3.75mg为宜。

佐匹克隆胶囊：内容物为白色或类白色颗粒。每粒3.75mg。临睡前口服，一次2粒，一日1次，老年人最初服1粒，必要时可加至2粒；肝肾功能不全者，服1粒为宜。

【典型不良反应】 偶见嗜睡、口苦、口干、肌无力、遗忘、醉态，有些人会出现异常的易怒、好斗、易受刺激或精神错乱、头痛、乏力等。

【用药指导】（1）用药注意 ①因在乳汁中浓度高，哺乳期妇女不宜使用。②肌无力患者用药时需注意医疗监护；呼吸功能不全者和肝、肾功能不全者适当调整剂量。③使用时应绝对禁止摄入含乙醇饮料。④用药时间不宜过长，突然停药应小心监护。⑤与神经-肌肉阻滞药或其他中枢神经抑制药同用可增强镇静作用；与苯二氮䓬类抗焦虑药和催眠药同用，戒断综合征的出现可增加。

（2）药物评价 ①健康人口服本品生物利用度为80%，口服吸收迅速，可迅速由血管分布至全身。②药物吸收不受患者性别、给药时间和重复给药影响。③用药过量可致昏睡或昏迷，但比一般苯二氮䓬类所致程度轻，毒性亦小。

【商品信息】 本品于2004年上市，该产品是首个可长期用于改善起始睡眠（难以入睡）和维持睡眠质量（夜间觉醒或早间觉醒过早）的药物。目前国内生产企业有齐鲁制药、上海信谊、吉林金恒制药、广东华润顺峰药业、天津华津制药等，以片剂、胶囊为主。进口产品主要是法国赛诺菲安万特佐匹克隆片（忆孟返，Imovane）及加拿大 APOTEX INC（奥贝舒欣，Apo-Zopiclone）。

请你想一想

非苯二氮䓬类的镇静催眠药优势在哪些方面？

【贮藏】 遮光，密封保存。

任务二 抗癫痫药

癫痫是大脑局部病灶神经元兴奋性过高，产生阵发性高频放电，并向周围扩布，导致大脑功能失调综合征，是一种慢性、反复性、突然发作性大脑功能失调性疾病。

对癫痫的药物治疗，一是通过影响中枢神经元，减少或防止过度放电；二是通过

提高脑组织的兴奋阈来减弱来自病灶的兴奋扩散，防止癫痫发作。

卡马西平^{[典][基][医保(甲/乙)]}

Carbamazepine

【**商品名**】得理多

【**适应证**】①抗癫痫类型中的复杂部分性发作（亦称精神运动性发作或颞叶癫痫）、全身强直－阵挛性发作、上述两种混合性发作或其他部分性或全身性发作；对典型或不典型性失神发作、肌阵挛性或失神张力性发作无效。②治疗三叉神经痛及舌咽神经痛。③治疗中枢性部分性尿崩症。④预防或治疗躁狂抑郁症。

【**代表制剂及用法**】卡马西平胶囊：内容物为白色或类白色粉末或颗粒，每粒0.2g。癫痫、三叉神经痛，一日0.3～1.2g，分2～3次服用。尿崩症口服，一日0.6～1.2g。抗躁狂症一日剂量为0.3～0.6g，分2～3次服，最大剂量每日1.2g。

【**典型不良反应**】头晕、头痛、共济失调、嗜睡、疲劳、复视恶心、呕吐以及皮肤过敏反应。通常在几天内症状自行减轻或减少剂量后减轻。

【**用药指导**】（1）用药注意 ①与三环类抗抑郁药有交叉过敏反应。②用药期间注意监测：全血细胞检查、尿常规、肝功能、眼科检查、卡马西平血药浓度测定。③癫痫患者不能突然撤药。④本品宜饭后服药，开始时应用小剂量，然后逐渐增加，直至获得良好疗效为止。

（2）药物评价 ①作用机制为电压－依赖性地阻滞各种可兴奋细胞膜的 Na^+ 通道，能明显抑制异常高频放电的发生和扩散。②不良反应较苯妥英钠为少，近年来临床用药明显上升，对精神运动性发作为首选用药。

【**商品信息**】目前国内生产企业有北京诺华制药、尼克美制药（中山）、北京曙光药业、河南天方药业等，以片剂和胶囊为主。

【**贮藏**】遮光，密封保存。

实例分析

实例 患者患有青少年肌阵挛性癫痫。医生处方：卡马西平片 0.1g，po，tid。

问题 1. 有无用药适应证？

2. 卡马西平对肌阵性挛发作是否有效？

任务三 抗帕金森病药 微课2

帕金森病又称震颤麻痹症。临床主要症状为进行性运动迟缓、肌强直及震颤、运动障碍等，此外尚有认识、识别及记忆障碍等症状。

现认为帕金森病是因纹状体内缺乏多巴胺所致，主要病变在黑质－纹状体多巴胺能神经通路。在黑质－纹状体中存在两种递质——乙酰胆碱和多巴胺。多巴胺为抑制性递质，乙酰胆碱为兴奋性递质，正常时两种递质处于平衡状态，共同调节运动机能。

当多巴胺减少或乙酰胆碱增多时，可引起震颤麻痹。

根据作用机制的不同将抗帕金森病药分为拟多巴胺药和胆碱受体阻断药两类。

1. 拟多巴胺药 如左旋多巴、复方卡比多巴（卡比多巴－左旋多巴复方制剂）等。

2. 胆碱受体阻断药 如苯海索。

左旋多巴[典][医保(甲/乙)]

Levodopa

【商品名】思利巴

【适应证】①震颤麻痹。对轻、中度病情者效果较好，重度患者或老年病人效果差。②肝昏迷。可使病人清醒，症状改善。

【代表制剂及用法】左旋多巴胶囊：每粒 0.25g。治疗震颤麻痹：口服，开始时一日 0.25~0.5g，每服 2~4 日增加 0.125~0.5g。维持量一日 3~6g，分 4~6 次服。

复方卡比多巴－左旋多巴片（西莱美）：每片含卡比多巴 25mg 及左旋多巴 250mg。口服。开始每次 137.5mg，每日 3 次，逐日增加 137.5mg，直至每日 2.2g。维持量每日 550mg，疗程 20~40 周。控释片：轻、中度患者，开始剂量为每次 250mg，每日 2~3 次，逐渐增加剂量，大多数患者每日只需 2~8 片，分数次服用。开始给药前 8 小时需停用左旋多巴。

【典型不良反应】较常见的反应有恶心、呕吐、心悸、体位性低血压等，一般程度均轻，不需处理。使用过程偶可见眼睑痉挛、高血压、胃痛等。

【用药指导】（1）用药注意 ①与维生素 B_6 或氯丙嗪等合用疗效降低。与外周多巴脱羧酶抑制剂卡比多巴等合用增加疗效，减少副作用，此时可合并应用维生素 B_6。②支气管哮喘、肺气肿、消化性溃疡、高血压、精神病、糖尿病、心律失常及闭角型青光眼患者及孕妇禁用。

（2）药物评价 ①药品本身并无药理活性，通过血－脑屏障进入中枢神经系统，经多巴脱羧酶作用转化成多巴胺（DA）而发挥药理作用。②本品安全范围小，须严格掌握指征，详细询问病史并检查。病人用药量应根据病人的耐受性而定，从小剂量用起。③临床为了减少不良反应，提高疗效，常与卡比多巴组成复方制剂。

【商品信息】目前国内生产企业有北京北大药业、上海东方制药、上海福达制药、南通精华制药、艾康礼制药（浙江）等，以片剂、胶囊和注射剂为主。

【贮藏】遮光，密封保存。

任务四 抗精神失常药

精神失常是由多种原因所致精神活动障碍的一类疾病。包括精神分裂症、躁狂症、抑郁症和焦虑症等。抗精神失常药可分为抗精神病药、抗躁狂症药、抗抑郁症药、抗焦虑症药。

一、抗精神病药

精神分裂症，简称精神病，是以思维、情感、行为之间不协调，精神活动与现实脱离为特征的常见精神病。常早年发病，经久难愈，危害极大，人群发病率为1%，有一定遗传性。多起病于青壮年，常缓慢起病，病程慢性迁延，多数呈复发和逐渐加重。

1. 主要类型　临床上将精神分裂症分为Ⅰ型和Ⅱ型，Ⅰ型以阳性症状（幻觉和妄想）为主，Ⅱ型以阴性症状（情感淡漠、主动性缺乏等）为主。

2. 病因

（1）环境危险因素　生活压力、社会关系、性格类型、心理素质、怀孕期的伤害及病毒感染、出生时的并发症、儿童期的不良经历、神经发育障碍等。

（2）遗传因素　遗传和早期脑损伤或神经发育障碍是精神分裂症的主要诱因。

3. 主要药物　20世纪50年代发现氯丙嗪，其后相继发现奋乃静、氟奋乃静等，这类药物主要是通过阻断多巴胺（DA）受体发挥作用，又被称为典型抗精神分裂症药物，主要对阳性症状有效。

20世纪80年代发现利培酮、奥氮平等药物，不仅能阻断DA受体，还能阻断5-HT受体，因此又称为非典型抗精神分裂症药物，作用广谱，对阴性和阳性患者均有效。

盐酸氯丙嗪[典][基][医保(甲/乙)]

Chlorpromazine Hydrochloride

【适应证】主要用于精神分裂症、躁狂症或其他精神病性障碍，对兴奋躁动、幻觉妄想、思维障碍及行为紊乱等阳性症状有较好的疗效。也可用于各种原因所致的呕吐或顽固性呃逆。

【代表制剂及用法】盐酸氯丙嗪片：糖衣片，除去包衣后显白色。每片12.5mg；25mg；50mg。口服。用于精神分裂症或躁狂症，从小剂量开始，一次25～50mg，一日2～3次，每隔2～3日缓慢逐渐递增至一次25～50mg，治疗剂量一日400～600mg。用于止呕，一次12.5～25mg，一日2～3次。

【典型不良反应】①常见口干、上腹不适、食欲缺乏、乏力及嗜睡。可引起体位性低血压、锥体外系反应，如震颤、僵直、流涎、运动迟缓、静坐不能等；②长期大量服药可引起迟发性运动障碍。③其他少见的有溢乳、男子女性化乳房、月经失调、闭经、中毒性肝损害或阻塞性黄疸等。

【用药指导】（1）用药注意　①肝肾功能不良、前列腺肥大、帕金森病、心血管系统疾病、青光眼、糖尿病、甲状腺功能减退症及既往有癫痫史、过敏史及骨髓造血功能不全者与妊娠期、哺乳期妇女禁用。②长期服药可出现迟发性运动障碍，宜减低剂量或考虑停药。③长期用药后突然撤药可出现类似戒断症状样反应，宜逐渐减量停药。

用药者应避免驾车或操作器械。④本药能增强催眠、麻醉、镇静药的作用，故合用时须减量。与抗高血压药合用易致直立性低血压。同用甲氧氯普胺可加重锥体外系反应。

（2）药物评价　①其抗精神病作用机制主要与其阻断中脑边缘系统及中脑皮层通路的多巴胺受体（DA$_2$）有关。②本品在临床上治疗精神病占有重要地位，但随着锥体外系反应小的抗精神病药物出现，其使用正在减少。

【商品信息】目前国内生产企业有上海上药信谊药厂、江苏天士力帝益药业、武汉五景药业、万邦德制药集团等，以片剂、注射剂为主。

【贮藏】遮光，密封保存。

利培酮[典][基][医保(乙)]

Risperidone

【商品名】维思通

【适应证】用于治疗急性和慢性精神分裂症，对精神分裂症阳性症状和阴性症状及情感性症状患者均有疗效。

【代表制剂及用法】利培酮片：薄膜衣，除去薄膜衣后显白色或类白色，每片1mg；2mg；3mg。初始剂量为每日 1～2mg，在 3～7 日内增加至每日 4～6mg，最适合剂量为每日 4～6mg。可维持治疗或进一步调整剂量。首次发作，老年人及肝、肾疾病患者剂量减半。

【典型不良反应】①常见的有失眠、焦虑、激越、头痛、口干等；②可能出现体位性低血压、锥体外系反应。③其他少见的有溢乳、男子女性化乳房、月经失调、闭经、体重增加、水肿等。

【用药指导】（1）用药注意　①从小剂量开始并应逐渐增加剂量，注意剂量的个体化。②用药初期和加药速度过快时会发生（体位性）低血压，此时则应考虑减量。③鉴于利培酮对中枢神经系统的作用，在与其他作用于中枢神经系统的药物同时服用时应慎重。建议患者服药期间避免驾驶汽车或操作机械。

（2）药物评价　①利培酮是全新的抗精神病药物，是具有独特平衡机制的 5-羟色胺与多巴胺拮抗剂。特点是对精神分裂症的阳性、阴性症状均有效，尤其对阴性症状的疗效弥补了传统药物的缺陷。1995 年至今，利培酮一直是全球处方量最大的抗精神病药物之一。与奥氮平相比，利培酮价格相对较低。②低剂量效果欠佳和易致高泌乳素血症是利培酮的主要劣势。

【商品信息】国内生产企业有西安扬森、齐鲁制药、天津药物研究院药业、南阳天衡制药厂、江苏恩华药业等，主要制剂有片剂、胶囊、口服液、口腔崩解片等。

【贮藏】密封保存。

二、抗抑郁症药

抑郁症是中枢神经系统递质代谢紊乱所致的情感性精神障碍疾病。抑郁症主要与中枢去甲肾上腺素、5－羟色胺、单胺氧化酶等特定的神经递质的水平失衡有关。合理的药物治疗已成为控制、改善抑郁病症状的重要手段。

临床上常用的抗抑郁药主要有：①三环类抗抑郁药，如阿米替林、盐酸丙米嗪、盐酸氯米帕明、盐酸多塞平。②四环类抗抑郁药，如麦普替林等。③选择性5－羟色胺再摄取抑制剂，如盐酸氟西汀、帕罗西汀、舍曲林、西酞普兰等。④5－羟色胺与去甲肾上腺素再摄取抑制剂，如文法拉辛等。

帕罗西汀 [典][基][医保(甲)]
Paroxetine

【商品名】赛乐特，乐友

【适应证】适用于治疗各种抑郁症。包括伴有焦虑的抑郁症及反应性抑郁症，伴有或不伴有广场恐怖的惊恐障碍以及强迫症。

【代表制剂及用法】帕罗西汀片：白色薄膜包衣片，每片20mg。口服。平均一日剂量为20~50mg，一般从20mg开始，每日服一次，连续三周。以后根据临床反应增减剂量，一次增减10mg，间隔不得少于一周。停药应逐渐减量，不可骤停。

【典型不良反应】不良反应较多，常见的有嗜睡、失眠、兴奋、食欲减退、体重增加、眩晕、耳鸣、震颤、头痛、口干、视力模糊、性功能障碍等。

【用药指导】（1）用药注意　成人或儿童重度抑郁症患者无论是否服用抗抑郁药物，都可能会出现抑郁症状恶化，甚至出现自杀意念和自杀行为，患病期间这种危险性会持续存在，直至病情得到显著缓解。

（2）药物评价　①临床用于治疗抑郁症。②适合治疗伴有焦虑症的抑郁症患者，作用比三环类抗抑郁症药起效快。

【商品信息】由葛兰素史克公司于1991年研制，商品名"赛乐特"。国内生产企业有中美天津史克制药、浙江华海药业、北京万生药业、浙江尖峰药业。

【贮藏】遮光，密闭，在干燥处保存。

📋 任务五　镇痛药

疼痛是多种疾病的症状，它使患者感到痛苦，而且常引起恐惧、紧张、焦虑不安等现象，尤其是剧痛，还可能引起生理功能紊乱，甚至休克。因此，适当地应用药物缓解疼痛，防止可能产生的生理功能紊乱是很必要的。

典型的镇痛药为阿片生物碱类及其合成代用品，其特点是镇痛作用强大，如反复应用易产生依赖性（成瘾性），故又称为成瘾性镇痛药或麻醉性镇痛药。一些药物部分激动阿片受体如喷他佐辛等，还有一类药理作用与阿片受体无关的镇痛药如罗通定等，成瘾性相对较弱，属于非麻醉性镇痛药。

盐酸吗啡[典][基][医保(甲/乙)]

Morphine

【商品名】美施康定，美菲康

【适应证】主要用于严重创伤，手术后，烧伤及癌症晚期的疼痛以及麻醉前给药和心源性哮喘。也可适用于急、慢性消耗性腹泻，以减轻症状，可选用阿片酊或复方樟脑酊；如为细菌感染，应同时服用抗菌药。

【代表制剂及用法】盐酸吗啡片：白色片，每片5mg；10mg。口服。常用量一次5～15mg，一日15～60mg。极量，一次30mg，一日100mg。

盐酸吗啡缓释片：薄膜衣片，除去包衣后显白色，每片10mg；30mg；60mg。成人每隔12小时按时服用一次，用量应根据疼痛的严重程度、年龄及服用镇痛药史决定用药剂量，个体间可存在较大差异。最初应用本品者，宜从每12小时服用10mg或20mg开始，根据镇痛效果调整剂量，可随时增加剂量，从而达到缓解疼痛的目的。

【典型不良反应】主要表现有恶心、呕吐、呼吸抑制、嗜睡、眩晕、便秘、排尿困难、胆绞痛等。偶见瘙痒、荨麻疹、皮肤水肿等过敏反应。

【用药指导】（1）用药注意　①连续使用可致成瘾性，需慎用。②哺乳期妇女、临产妇女禁用，婴儿禁用。③慢性阻塞性肺疾病、支气管哮喘、肺源性心脏病患者禁用；急性左心衰竭晚期并出现呼吸衰竭、颅内高压、颅脑损伤等患者及肝功减退者禁用。④胆绞痛、肾绞痛需与阿托品合用，单用本品反加剧疼痛。⑤在疼痛原因未明确前，忌用本品。⑥急性吗啡中毒的典型表现为针尖样瞳孔，可采用吸氧、人工呼吸，注射拮抗药纳洛酮、烯丙吗啡或尼可刹米等治疗。⑦本品按麻醉药品管理。

（2）药物评价　①在处理急性疼痛时，通常用非胃肠道途径给药。②个人的生物利用度不同，用药剂量必须个体化。③本品为第一个用于临床的镇痛药，但成瘾性较强，故目前不作为首选用药。

【商品信息】目前国内生产企业有东北制药集团公司沈阳第一制药厂、西南药业、青海制药厂等，主要剂型有片剂、控释片、缓释片和注射剂。

【贮藏】遮光，密封保存。

盐酸哌替啶[典][基][医保(甲)]

Pethidine

【别名】度冷丁

【适应证】主要用于各种剧痛，如创伤、烧伤、烫伤、术后疼痛等。也可用于心源性哮喘和麻醉前给药，以及内脏剧烈绞痛（胆绞痛、肾绞痛需与阿托品合用），与氯丙嗪、异丙嗪等合用进行人工冬眠。

【代表制剂及用法】盐酸哌替啶片：白色片或薄膜衣片。每片25mg；50mg。口服，一次 50～100mg，一日 200～400mg。极量，一次 150mg，一日 600mg。

【典型不良反应】治疗剂量时可出现轻度的眩晕、出汗、口干、恶心、呕吐、心动过速及直立性低血压等。本品的耐受性和成瘾性程度介于吗啡与可待因之间，一般不应连续使用。

【用药指导】（1）用药注意 ①成瘾性虽比吗啡轻，但连续应用亦能成瘾，皮下注射局部有刺激性。②婴幼儿慎用。1 岁以内小儿一般不应静脉注射本品或行人工冬眠。③不宜与异丙嗪多次合用，否则可致呼吸抑制，引起休克等不良反应。④室上性心动过速、颅脑损伤、颅内占位性病变、慢性阻塞性肺疾病、支气管哮喘、严重肺功能不全等患者禁用。严禁与单胺氧化酶抑制剂同用。⑤本品按麻醉药品管理。

（2）药物评价 ①本品的镇痛作用相当于吗啡的 1/10～1/8，持续时间 2～4 小时。②本品只宜用于急性疼痛的短期治疗，不适用于长期癌症止痛。③因其成瘾性小，在临床上作为麻醉性镇痛的首选药物。

> **请你想一想**
> 找出镇痛药吗啡和哌替啶的不同。

【商品信息】目前国内生产企业有青海制药厂、宜昌人福药业、东北制药集团公司沈阳第一制药厂等，主要剂型有片剂和注射剂。

【贮藏】密封保存。

其他常用镇痛药，见表 16-2。

表 16-2 其他常用镇痛药

药品名称	药品特点
美沙酮	耐受性和成瘾性发生较慢，戒断症状较轻；可用于各种阿片类成瘾的戒毒治疗
喷他佐辛	没列入麻醉药品管理（成瘾性小）；用于各种慢性疼痛

任务六 中枢兴奋药

中枢兴奋药是能提高中枢神经系统功能活动的一类药物。根据其主要作用部位可分为三类：①主要兴奋大脑皮层的药物，如咖啡因等。②主要兴奋延脑呼吸中枢的药物，又称呼吸兴奋药，如尼可刹米等。③主要兴奋脊髓的药物，如士的宁等，如图 16-2所示。

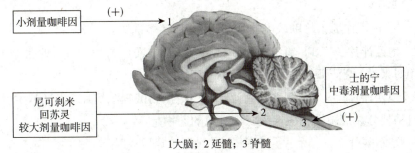

1大脑；2延髓；3脊髓

图 16-2 常用中枢兴奋药的主要作用部位

咖啡因 [典] [医保(乙)]
Caffeine

【适应证】 解救因急性感染中毒、催眠药、麻醉药、镇痛药中毒引起的呼吸、循环衰竭。与乙酰水杨酸制成复方制剂用于缓解感冒、上呼吸道感染引起的发热、头痛等症状，亦可用于神经痛、风湿痛、牙痛；与麦角胺合用治疗缺血性脑血管病及脑血管供血不足、外周血管性疾病。

【代表制剂及用法】 氨基比林咖啡因片：每片含氨基比林 150mg，咖啡因 40mg。常用量：每次 1~2 片，每日 3 次，或遵医嘱。

麦角隐亭咖啡因口服液：每 50ml 含甲磺酸双氢麦角隐亭 A 50mg，无水咖啡因 500mg。每次 2~4ml，每日 2 次，使用配备的刻度定量吸管量取。

【典型不良反应】 ①氨基比林咖啡因片：可引起消化不良、胃及十二指肠溃疡出血、急性肾功能不全、水钠潴留、高血钾等；大剂量使用氨基比林可致肝损害，可引起头痛、头晕、耳鸣、视神经炎等；可致粒细胞减少。②麦角隐亭咖啡因口服液：可引起轻度消化道不适（恶心），尤其在空腹服用时，可能出现头痛、消化系统不适和腹泻、皮肤潮红。

【用药指导】（1）用药注意　①消化性溃疡病患者不宜使用。②孕妇大量摄入本品可引起流产、早产，故应避免使用。③长期大量服用可能产生耐受性或依赖性。因此使用时应注意控制剂量。

（2）药物评价　①本品作用机制为阻断腺苷受体，抑制磷酸二酯酶，增加细胞内 cAMP 水平，抑制细胞内钙的运动与利用。②大量长期单用可产生成瘾性与戒断症状。③现临床上多用于复方制剂，适用于解热镇痛。

【商品信息】 目前国内生产企业有北京双鹤药业、上海信谊、武汉远大药业等，主要有片剂和注射液。

【贮藏】 遮光，密闭保存。

目标检测

一、选择题

1. （　　）可作为镇静助眠类非处方药使用。（多选题）
   A. 地西泮片　　　B. 氯美扎酮片　　　C. 谷维素片　　　　D. 地西泮注射液
2. 相对来说，停药反应和依赖性最小的药物是（　　）。
   A. 地西泮片　　　B. 阿普唑仑片　　　C. 酒石酸唑吡坦片　D. 三唑仑片
3. 对精神分裂症阳性和阴性症状均有效的药物是（　　）。
   A. 利培酮片　　　　　　　　　　　B. 帕罗西汀片
   C. 盐酸氯丙嗪片　　　　　　　　　D. 盐酸氯丙嗪注射液

4. 安定片适宜的服用时间为（　　　）。

  A. 睡前服用　　　B. 饭后服用　　　C. 饭前服用　　　D. 空腹服用

5. 安定的法定名称为（　　　）。

  A. 苯巴比妥　　　B. 异戊巴比妥　　　C. 地西泮　　　D. 阿苯达唑

二、思考题

1. 常用抗抑郁症的主要药物有哪些？请举例说明。

2. 试比较地西泮与酒石酸唑吡坦异同点。

（吴　玲）

书网融合……

微课1　　　微课2　　　划重点　　　自测题

PPT

📱微课

学习目标

知识要求

1. **掌握** 维生素类常用药的名称、适应证、用药指导。
2. **熟悉** 常见维生素类、矿物类药的代表制剂及用法、典型不良反应。
3. **了解** 本类药品的商品信息。

能力要求

1. 能按用途、剂型及分类管理要求陈列药品并对其进行正常养护。
2. 对本类药品进行全面评价，能根据顾客需求推荐药品，指导维生素类及矿物类药品的合理使用。
3. 能介绍新上市品种的特点，并进行同类药品的比较。

维生素是维持人类生命与健康、促进生长发育所必需的微量物质，对机体的新陈代谢、生长、发育、健康有极重要作用。大多数的维生素，机体不能合成或合成量不足，不能满足机体的需要，必须从外界获得。天然维生素或维生素前体广泛存在于食物中，如肉类、蔬菜、水果、粮食等。人体对维生素的需要量很小，一般人通过正常膳食，就可以满足身体的需要。如果人体长期缺乏某种维生素，就会引起生理机能障碍而发生某种疾病。儿童的生长发育期、妇女的孕期及哺乳期、人体机能失调等需要适当补充维生素。

维生素现已成为国际医药与保健品市场的主要大宗产品之一。中国是最主要的维生素生产、出口大国，绝大部分维生素产品现已进入国际市场，其价格受国际需求的影响较大。其中，维生素 C 在世界国际市场具有举足轻重的地位。

矿物质和维生素一样，是人体必须的元素，且无法自身产生、合成，需要从外界食物中摄取。人体必需的矿物质主要有钙、镁、铁、钾、磷、锌等。它们与酶结合使酶活化，参与人体正常的新陈代谢。

维生素与矿物质及多种维生素与微量元素组成的复方制剂称为复合维生素，主要是针对儿童、青少年、女士、孕妇、中年、老年等不同人群的产品和剂型，近年来发展较快。主要产品有金施尔康、安尔康、小施尔康维生素咀嚼片、善存、21 金维他等。

任务一 维生素类药

岗位情景模拟

情景描述 患儿，8个月，近期出现烦躁磨人，爱哭闹，睡眠不安宁，后脑勺处的头发被磨光。医院查血清钙、锌，血钙低于正常值。给予维生素D_3和液体钙。

讨论 1. 出现该症状的原因是什么？

2. 为什么要补充维生素D_3？

常用的维生素可分为脂溶性维生素（如维生素A、维生素E）和水溶性维生素（如B族维生素、维生素C）两大类，如图17-1所示，主要用于预防和治疗维生素缺乏症等。

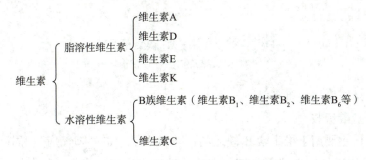

图17-1 常用维生素

维生素 A [典][医保(乙)]
Vitamin A

【别名】维生素A醋酸酯，视黄醇1

【适应证】主要用于维生素A缺乏症，如干眼病、角膜软化症、皮肤干燥及夜盲症等。此外，对烫、冻伤和溃疡也有疗效。

【代表制剂及用法】维生素A软胶囊：内容物为黄色至深黄色油状液。每粒5000U；2.5万U。严重维生素A缺乏症：口服，成人每日10万单位，3日后改为每日5万单位，给药2周，然后每日1万到2万单位，再用药2月。轻度维生素A缺乏症：每日3万到5万单位，分2到3次口服，症状改善后减量。

维生素A糖丸：为紫红色糖丸。每粒1000U（含维生素A 2500U）。口服，儿童1日1次，1次1000U；成人1日1次，一次2000U。

【典型不良反应】按推荐剂量服用，无不良反应。急性中毒可见异常激动、嗜睡、复视、颅内压增高等症状。

【用药指导】（1）用药注意 ①维生素A软胶囊是乙类非处方药、乙类医保药品。②长期大剂量应用可引起维生素A过多症，甚至发生急性或慢性中毒，以6个月至3岁的婴儿发生率最高。③婴幼儿对维生素A敏感，应谨慎使用。④老年人长期服用维生素A可能因视黄基醛清除延迟而致维生素A过量。⑤长期大剂量应用可引起齿龈出血、唇干裂。⑥慢性肾功能衰竭时慎用。

（2）药物评价 ①口服后极易吸收，主要在肝脏中贮存。几乎全部在体内被代谢，主要经由尿、粪排泄，而乳汁中仅有少量排泄。②β胡萝卜素是维生素A的前体，在动物肠黏膜内可转化为活性维生素A。

请你想一想

患者在光线昏暗时看不清东西，医生通过询问建议他服用一些维生素A，这是为什么？

【商品信息】天然维生素A广泛存在于动物性食品和植物中。全球维生素A市场产量增长速度较快，主要用于饲料添加剂、食品、药品和化妆品行业。国际上主要生产企业有巴斯夫、罗氏和安万特，国内维生素A产量较大的有浙江新和成、浙江新昌制药、厦门金达威。

【贮藏】遮光，密封，于凉暗处保存。

维生素 $B_{1[典][基][医保(甲/乙)]}$
Vitamin B_1

【商品名】甲维比，维多维

【别名】盐酸硫胺

【适应证】主要用于维生素 B_1 缺乏的预防和治疗，如"脚气病"、周围神经炎及消化不良。也可用于妊娠期或哺乳期、甲状腺功能亢进症、烧伤、长期慢性感染、重体力劳动、吸收不良综合征伴肝胆疾病、小肠系统疾病及胃切除后维生素 B_1 的补充。

【代表制剂及用法】维生素 B_1 片：白色片。每片5mg；10mg。口服，成人每次5~10mg，一日3次。

【典型不良反应】推荐剂量的维生素 B_1 几乎无毒性，过量使用可出现头痛、疲倦、烦躁、食欲缺乏、腹泻、浮肿。

【用药指导】（1）用药注意 ①本品片剂为乙类非处方药。②注射剂正常剂量对正常肾功能者几乎无毒性。大剂量静脉注射时，可能发生过敏性休克。③每天服用片剂超过5~10g时，偶尔会出现发抖、疱疹、浮肿、神经质、心跳增快及过敏等副作用。④维生素 B_1 在碱性溶液中容易分解，与碱性药物如苯巴比妥纳、碳酸氢钠、枸橼酸钠等合用，易引起变质。

（2）药物评价 ①本品为碳水化合物代谢时所需的辅酶，可抑制胆碱酯酶的活性，致乙酰胆碱水解加速，致神经冲动传导障碍，影响胃肠、心肌功能。②片剂经口服给药，在胃肠道主要是经十二指肠吸收，由尿排出。

【商品信息】维生素 B_1 是19世纪末荷兰医生艾克曼从米糠中提取制得的，天然维生素 B_1 广泛存在于植物中。我国维生素 B_1 主产地集中在天津、杭州、上海等。国际主要生产厂商有罗氏、巴斯夫、安万特等。

【贮藏】遮光，密封保存。

其他维生素见表17-1。

表 17 – 1 其他维生素

药品名称	药品特点
维生素 B_2 片	几乎无毒性反应，经肾排泄，大量服用时，尿呈黄色。空腹服用吸收差，宜进食后立即服用。用于口角炎、唇炎、阴囊炎及脂溢性皮炎等维生素 B_2 缺乏症
维生素 B_6 片	大剂量可致谷丙转氨酶升高；孕妇长期大剂量使用维生素 B_6，可导致新生儿出现维生素 B_6 依赖综合征和致畸作用。用于维生素 B_6 缺乏症，治疗痤疮、酒渣鼻、脂溢性皮炎、神经性皮炎、湿疹、荨麻疹、皮肤瘙痒症及妊娠皮肤病、唇炎等
复合维生素 B 片	预防和治疗 B 族维生素缺乏所致的营养不良、厌食、脚气病、糙皮病等
烟酰胺片	不良反应少，个别有头晕、食欲缺乏、恶心等，可自行消失。与异烟肼有拮抗作用，长期服用异烟肼的患者，要适量补充本品。用于防治糙皮病、口炎、舌炎、顽固性腹泻、感觉异常等

维生素 C [典][基][医保(甲/乙)]

Vitamin C

【商品名】德维喜，力度伸，高喜

【别名】抗坏血酸

【适应证】主要用于预防和治疗坏血病、克山病，也可用于各种急慢性传染性疾病及紫癜等辅助治疗。

【代表制剂及用法】维生素 C 片：白色或略带淡黄色片。每片 25mg；50mg；100mg；250mg。一次 50～100mg，一日 3 次。

维生素 C 泡腾片：白色或略带淡黄色片，片面有散在的小黄点。每片 0.5g；1g。1 次 0.5～1g，1 日 1～2 次。

【典型不良反应】①长期服用可引起停药后坏血病，故宜逐渐减量停药。②长期应用大量维生素 C 可引起尿酸盐、半胱氨酸盐或草酸盐结石。③过量服用（每日用量 1 克以上）可引起腹泻、皮肤红而亮、头痛、尿频（每日用量 600mg 以上）、恶心呕吐、胃痉挛。

【用药指导】（1）用药注意 ①肾功能较差的人不宜多服维生素 C。②维生素 C 以空腹服用为宜。大量服用维生素 C 后不可突然停药，如果突然停药会引起药物的戒断反应，使症状加重或复发，应逐渐减量直至完全停药。③不适合与碱性药物配伍使用，以免影响疗效。

（2）药物评价 ①本品使用较为安全，不良反应少。②现今社会对维生素 C 的评价很高，它的确有很多保健作用，但是是否可以美容和延缓衰老有待商榷。

【商品信息】维生素 C 是目前全世界产销量最大、应用范围最广泛的一种维生素，用于医药、食品饮料、饲料行业、化妆品行业等。我国目前已成为全球最大的生产国和出口国，产量占全球份额的七成以上。国际生产厂商主要有巴斯夫、帝斯曼和罗氏公司，我国以石家庄制药、华北制药、东北制药、江山制药等企业产销量较大。

【贮藏】遮光，密封保存。

维生素 E[典]
Vitamin E

【别名】生育酚

【适应证】用于维生素 E 缺乏症，心、脑血管疾病及习惯性流产、不孕症的辅助治疗。

【代表制剂及用法】维生素 E 片：糖衣片。每片 5mg；10mg；100mg。口服，一次 10～100mg，一日 2～3 次。

维生素 E 软胶囊：黄棕色透明胶丸。每粒 5mg；10mg；50mg；100mg。口服，一次 10～100mg，一日 2～3 次。

维生素 EC 片：白色或略带淡黄色片，片心为类白色滴丸。每片含维生素 C 50mg，维生素 E 10mg。成人，口服一次 1～3 片，一日 1～2 次。

【典型不良反应】长期过量服用可引起恶心、呕吐、眩晕、头痛、视力模糊、皮肤皲裂、唇炎、口角炎、腹泻、乳腺肿大、乏力。

【用药指导】（1）用药注意　①长期服用大剂量维生素 E 可引起血小板聚集和形成，导致血栓性静脉炎或肺栓塞。②可使机体免疫功能下降，加重高血压、心绞痛、糖尿病等疾病病情。

（2）药物评价　为抗氧化剂，可清除体内自由基，可用于抗衰老、美容，所以本品的销售量很大，但疗效并不太确定。

> **请你想一想**
> 许多化妆品中添加维生素 C 和维生素 E，声称可以抗衰老，为什么？

【商品信息】维生素 E 在全世界范围内使用较为普遍，主要用作于饲料添加剂、化妆品、药品、食品等。美国是全球最大的维生素 E 消费国。我国维生素 E 生产发展很快，成为继维生素 C 后第二大出口维生素产品。国际上维生素 E 生产厂家主要有罗氏公司、巴斯夫和 DSM 等，国内生产企业主要有广州白云山制药厂、华北制药集团、厦门星鲨药业和浙江医药等。

【贮藏】遮光，密封，在干燥处保存。

你知道吗

小儿多维生素滴剂

小儿多维生素滴剂为棕色或深棕色的澄清黏稠液体，有水果香气。本品为维生素类复方制剂，主要成分包括叶酸 400μg，烟酰胺 20mg，维生素 A 5000IU，维生素 B_1 1.5mg，维生素 B_{12} 6μg，维生素 B_2 1.7mg，维生素 B_6 2mg，维生素 C 60mg，维生素 D 400IU，维生素 E 30IU。用于补充 1 个月～2 岁婴幼儿维生素的摄入不足，同时能增强儿童抵抗力，促进儿童智力和身体发育。国内主要生产厂家为中美上海施贵宝制药（小施尔康滴剂）。

此外，国内市场尚有多种维生素制剂，目前以复合维生素更为广泛地为大众所接受和使用。此类商品多为非处方药，剂型众多，主要用于预防各种维生素的缺乏。

任务二　矿物类药

临床上主要使用的矿物类药物有碳酸钙、葡萄糖酸钙、葡萄糖酸锌、复方碳酸钙等。

葡萄糖酸钙[典][基][医保(甲)]
Calcium Gluconate

【商品名】佳加盖

【适应证】用于预防和治疗钙缺乏症，如骨质疏松症、手足抽搐症、骨发育不全、佝偻病以及儿童、妊娠和哺乳期妇女、绝经期妇女、老年人钙的补充。

【代表制剂及用法】葡萄糖酸钙口服溶液：无色至淡黄色液体或黏稠液体，气芳香，味甜。10%，每支10ml：1g；20ml：2g。一日20~30ml，分2~3次饭后服。

葡萄糖酸钙片：白色片，每片0.1g；0.5g。成人一次0.5~2g，一日3次；儿童一次0.5~1g，一日3次。

葡萄糖酸钙含片：白色片或着色片。每片0.1g；0.15g；0.2g。含化或咀嚼后服用，一次0.5~1g，一日3次。

复方葡萄糖酸钙口服溶液：主要成分为葡萄糖酸钙和乳酸钙。每10ml：0.11g（钙元素）；100ml：1.1g（钙元素）；200ml：2.2g（钙元素）。成人一般每次10~20ml，一日2~3次，小儿减半服用。

【典型不良反应】偶见便秘。

【用药指导】（1）用药注意　①静脉注射时如漏出血管外，可致注射部位皮肤发红、皮疹和疼痛，并可随后出现脱皮和组织坏死。②不宜用于肾功能不全患者与呼吸性酸中毒患者，应用强心苷期间禁止静脉注射本品。③禁与氧化剂、枸橼酸盐、可溶性碳酸盐、磷酸盐及硫酸盐配伍；与噻嗪类利尿药同用，可增加肾脏对钙的重吸收而致高钙血症。④本品片剂、口服液、含片为非处方药。

（2）药物评价　①与维生素A和维生素D同服可促进钙的吸收。②葡萄糖酸钙属于相对低端的补钙产品，在各种补钙产品中价格相对便宜，有广阔的市场。

【商品信息】在钙剂市场上占主导地位，口服液的市场占有率最高。目前国内生产企业有北京太洋药业、哈药集团、新疆特丰药业、上海华氏制药、汕头金石制药总厂等。主要剂型有片剂、注射液、含片和口服液等。

【贮藏】密封保存。

葡萄糖酸锌[典]

Zinc Gluconate

【商品名】星瑞灵，好感。

【适应证】主要用于小儿及老年人、妊娠期妇女因缺锌引起的生长发育迟缓、营养不良、厌食症、复发性口腔溃疡、皮肤痤疮等。

【代表制剂及用法】葡萄糖酸锌片：白色片，每片35mg；70mg；174mg。1日2次，饭后服，1次10~25mg。

葡萄糖酸锌胶囊：每粒含锌25mg。1日2次，饭后服用，1次10~25mg。

葡萄糖酸锌口服液：每瓶10ml，含锌10mg。成人1日2次，饭后服用，1次10~25mg。

【典型不良反应】有轻度恶心、呕吐、便秘等消化道反应。

【用药指导】（1）用药注意　①忌与四环素、青霉胺、多价磷酸盐同时服用。②用量过量可能影响铜、铁离子的代谢。本品为非处方药。

（2）药物评价　①为锌补充剂。②过量可影响铜、铁离子的代谢。

【商品信息】目前国内生产企业有哈药集团制药总厂、广州远东制药、南京星银药业等。主要剂型有片剂、胶囊、口服液、鼻喷剂。

【贮藏】遮光，密封保存。

其他矿物类药物见表17-2。

表17-2　其他矿物类药物

药品名称	药品特点
复方碳酸钙	补钙剂。用于预防和治疗缺钙症，如骨质疏松症、佝偻病、骨软化病，妊娠期、哺乳期、绝经期，慢性病如高血压、糖尿病、肾病等患者的钙剂补充
葡萄糖酸亚铁	用于缺铁性贫血

你知道吗

肠外营养药

肠外营养药是指由胃肠外途径（通常是静脉）供给机体足够的营养（蛋白质或氨基酸、脂肪、糖类、维生素、微量元素、电解质和水分）的药物。肠外营养制剂种类繁多，内含成分、量及渗透压各有差异，主要包括氨基酸类制剂和静脉脂肪乳剂，例如复方氨基酸（18AA）中／长链脂肪乳注射液等。

目标检测

一、单选题

1. 治疗 B 族维生素缺乏症，一般选用（　　　）。
　　A. 维生素 B_1　　　B. 维生素 B_2　　　C. 维生素 B_6　　　D. 复合维生素 B

2. 治疗佝偻病，选用（　　　）。
　　A. 维生素 AD　　　B. 维生素 B_2　　　C. 维生素 B_6　　　D. 复合维生素 B

3. 抗坏血酸是指（　　　）。
　　A. 维生素 AD　　　B. 维生素 D　　　C. 维生素 A　　　D. 维生素 C

4. 生育酚是指（　　　）。
　　A. 维生素 A　　　B. 维生素 D　　　C. 维生素 C　　　D. 维生素 E

5. 化妆品中抗氧化、润肤止痒的成分是（　　　）。
　　A. 维生素 E　　　B. 维生素 D　　　C. 维生素 C　　　D. 维生素 A

6. 影响钙、磷吸收，治疗龋齿和骨质疏松症的是（　　　）。
　　A. 维生素 A　　　B. 维生素 D　　　C. 氟化钠　　　D. 葡萄糖酸钙

7. 夜盲症选用（　　　）。
　　A. 维生素 A　　　B. 维生素 B　　　C. 维生素 C　　　D. 维生素 D

8. 属于脂溶性维生素的是（　　　）。
　　A. 维生素 B_2　　　B. 维生素 B_{12}　　　C. 维生素 C　　　D. 维生素 D

9. 不宜与左旋多巴合用的是（　　　）。
　　A. 维生素 B_1　　　B. 维生素 B_2　　　C. 维生素 B_6　　　D. 复合维生素 B

10. 婴幼儿钙缺乏，应补充（　　　）。
　　A. 维生素 A 和葡萄糖酸钙　　　　　B. 维生素 B_6 和液体钙
　　C. 氟化钠和葡萄糖酸钙　　　　　D. 维生素 D_3 和葡萄糖酸钙

二、思考题

1. 葡萄糖酸钙注射液在使用时需注意什么问题？
2. 许多化妆品中添加维生素 C 和维生素 E，声称可以抗衰老，为什么？

（邓　媚）

书网融合……

　　微课　　　　划重点　　　　自测题

PPT

>> 项目十八　麻醉药及麻醉辅助药

学习目标

知识要求

1. **掌握**　常用麻醉药的名称、适应证、用药指导。
2. **熟悉**　麻醉药品的代表制剂及用法、典型不良反应。
3. **了解**　常见麻醉药品的商品信息。

能力要求

1. 能按用途、剂型及分类管理要求陈列药品并对其进行正常养护。
2. 对本类药品进行全面评价，能指导麻醉药的合理使用。
3. 能介绍新上市品种的特点，并进行同类药品的比较。

　　麻醉药是指能使整个机体或机体局部暂时、可逆性失去知觉及痛觉的药物。根据其作用范围可分为全身麻醉药及局部麻醉药。局部麻醉药适用于小型手术或局部手术，全身麻醉药用于大型手术或不能用局部麻醉药的患者。

　　全身麻醉的手术量虽然远远不及局部麻醉手术量多，但全麻药价格较贵，因而全身麻醉药占了80%以上的全国麻醉药市场份额。

任务一　全身麻醉药

岗位情景模拟

　　情景描述　患者，女，43岁，行局麻下行乳房肿瘤切除术，用局部麻醉药局部浸润麻醉后5分钟，病人出现烦躁不安、寒战、呼吸急促、胸闷、继之四肢抽搐、惊厥。

　　讨论　1. 为什么会出现以上症状？

　　　　　　2. 如何进行预防？

　　全身麻醉药简称全麻药，是一类能抑制中枢神经系统功能，暂时引起意识、感觉特别是痛觉消失，以便进行外科手术的药物。良好的全麻药还必须能松弛骨骼肌，抑制各种反射，使麻醉平稳、迅速、舒适，麻醉深度易于调节，不影响心、肺、肝、肾等内脏功能，并能完全恢复麻醉前状态。

　　全身麻醉药多数为化学惰性的挥发性液体或气体。包括：①吸入麻醉药，如异氟烷、七氟烷等；②静脉麻醉药，如丙泊酚、硫喷妥钠、氯胺酮、依托咪酯、羟丁酸钠、咪达唑仑等。

　　由于吸入式麻醉不直接进血管，临床使用时因个体差异较大，无法稳定维持麻醉深度，有局限性且对医院设备要求较高，使其在应用上受到限制。未来一段时期内，我国仍将以静脉麻醉药物使用为主。

一、吸入麻醉药

异氟烷[典]
Isoflurane

【商品名】活宁，怡美宁，宁芬

【适应证】适用于全身麻醉诱导及维持，如颅脑手术麻醉、胸腔和心血管手术等，也可用于手术中控制性降压。

【代表制剂及用法】瓶装液体：每瓶100ml；250ml。须配有准确精密的蒸发器，能控制吸气内本品的蒸气浓度，全麻诱导时吸气内浓度应逐渐增加，成人全麻诱导时浓度一般为1.5%~3.0%，维持时浓度为1.0%~1.5%，小儿酌减。

【典型不良反应】偶有心律失常，白细胞计数增加。诱导时出现咳嗽、刺激喉痉挛，可发生呼吸抑制及低血压；复苏期的寒战、恶心以及呕吐。

【用药指导】（1）用药注意　①使用本品麻醉的深度极易发生变化，应使用或用雾化器以精确设定及控制药物输出。②异氟烷可引起血压下降和呼吸抑制，要密切注意血压和呼吸的变化。③老年患者使用本品时其维持浓度应酌减，并加用其他药物。

（2）药物评价　①异氟烷麻醉诱导和复苏均较快。②对呼吸道黏膜刺激性小，恶心、呕吐少见。有一定的肌松作用。

【商品信息】国内生产企业有鲁南贝特制药、上海雅培制药、河北九派制药、山东科源等。

【贮藏】遮光，密封，在阴凉处保存。

七氟烷[典][基][医保(乙)]
Sevoflurane

【商品名】凯特利

【适应证】成年人和儿童全身麻醉的诱导和维持，住院患者和门诊患者均适用。

【代表制剂及用法】为无色澄清的液体，一瓶250ml，易挥发，不易燃。麻醉前的用药：在使用七氟烷前，没有特定必须使用或禁忌使用的药物，是否决定使用术前药物由麻醉师决定。诱导：七氟烷不具有刺激性味道，不会引起呼吸系统刺激，适合用于儿童和成年人的面罩诱导麻醉。维持：当七氟烷浓度达到0.5%~3%时，无论是否同时吸入氧化亚氮（笑气），都可以达到手术水平的麻醉。七氟烷可使用任何类型的麻醉回路。

【典型不良反应】血压下降、肝功能异常、心律不齐、血压上升、恶心及呕吐。

【用药指导】（1）用药注意　①七氟烷禁用于已知对本品过敏的患者；禁用于已知或怀疑有恶性高热遗传史的患者。②在七氟烷过量后应马上停止使用、保持气管通畅、吸入纯氧以帮助或控制呼吸，并维持心血管功能。

（2）药物评价　①近乎完美的吸入麻醉药，满意度更高的吸入全麻首选药物。②使用安全可靠的医保用药，七氟烷较异氟烷更适合心脏手术。

【商品信息】国内生产企业有江苏恒瑞医药有限公司。

【贮藏】避光，密闭，室温保存。

二、静脉麻醉药

丙泊酚 [典][基][医保(甲)]

Propofol

【异名】异泊酚

【商品名】力蒙欣，迪施宁，乐维静

【适应证】适用于诱导和维持全身麻醉，多用于门诊手术和短小手术，术毕即可回家，可用于心脏、颅脑手术麻醉及 ICU 患者镇静，保持机械通气患者的安静。

【代表制剂及用法】丙泊酚注射液：无色或淡黄色澄清液体，每支 20ml：0.2g；50ml：0.5g。用于静脉全麻一般按体重 1.5～2.5mg/kg，30～45 秒内注完，维持量每小时 4～12mg/kg，静脉输注或根据需要间断静脉注射 25～50mg。老年人用量酌减。

【典型不良反应】低血压和呼吸抑制。

【用药指导】（1）用药注意　①使用前应摇匀，打开后不宜贮存再用。妊娠期妇女、癫痫患者、心脏病患者等慎用。②不宜肌内注射。

（2）药物评价　①目前临床上普遍用于麻醉诱导、麻醉维持、ICU 危重病人镇静的一种新型快速、短效静脉麻醉药。②具有麻醉诱导起效快、苏醒迅速且功能恢复完善、术后恶心呕吐发生率低等优点。

【商品信息】国内生产企业有西安力邦制药、四川国瑞药业、清远嘉博制药等。

【贮藏】在 4～25℃贮存，不得冷冻。

盐酸瑞芬太尼 [典][基][医保(乙)]

Remifentanil Hydrochloride

【商品名】瑞捷

【适应证】用于全麻诱导和全麻中维持镇痛。

【代表制剂及用法】注射用盐酸瑞芬太尼：本品为白色或类白色冻干疏松块状物。

麻醉诱导：本品应与催眠药（如丙泊酚、硫喷妥、咪达唑仑、氧化亚氮、七氟烷或氟烷）一并给药用于麻醉诱导。成人按每千克体重 0.5～1μg 的输注速率持续静脉滴注。

气管插管病人的麻醉维持：在气管插管后，应根据其他麻醉用药，减少本品输注速率。

【典型不良反应】常见不良反应有口干、心悸、头晕、头痛、嗜睡、不安和轻度胃肠不适，停药后即可消失。偶有幻听、幻视、定向力障碍、精神错乱、忧郁等。偶见皮疹、一过性低血压反应。

【用药指导】（1）用药注意 ①本品不能单独用于全麻诱导，即使大剂量使用也不能保证使意识消失。②本品处方中含有甘氨酸，因而不能于硬膜外和鞘内给药。③已知对本品中各种组分或其他芬太尼类药物过敏的病人禁用，重症肌无力及易致呼吸抑制病人禁用，支气管哮喘病人禁用。④禁与单胺氧化酶抑制药合用，禁与血、血清、血浆等血制品经同一路径给药。

（2）药物评价 ①瑞芬太尼在临床麻醉中具有独特的地位，其应用范围不断扩大。②瑞芬太尼可有效抑制气管插管、强烈手术刺激如心脏手术等引起的应激反应。瑞芬太尼起效迅速，镇痛作用强，剂量容易控制，无蓄积、安全可靠。③由于瑞芬太尼代谢迅速，手术结束停药时要给予超前镇痛。

【商品信息】国内主要生产企业有宜昌人福药业有限责任公司。

【贮藏】2～25℃遮光密封保存。

依托咪酯[典][[医保(乙)]

Etomidate

【商品名】宜妥利，福尔利

【适应证】全身麻醉诱导（短期麻醉须与镇痛药合用）。

【代表制剂及用法】水剂：依托咪酯溶于35%丙二醇中制备而成的注射液；脂肪乳剂：依托咪酯溶于20%中长链三酰甘油中制备而成的注射液。依托咪酯脂肪乳注射液：缓慢静脉注射，一次每千克体重0.15～0.3mg，相当于每千克体重0.075～0.15ml的依托咪酯脂肪乳注射液，于30～60秒内注射完毕。

【典型不良反应】①本品可引起暂时的肾上腺功能不全而呈现水盐失衡、低血压甚至休克。②本品用后常见恶心、呕吐、呃逆。③本品可使肌肉发生阵挛、肌颤、肌痛等。

【用药指导】（1）用药注意 ①不宜稀释使用。②中毒性休克、多发性创伤或肾上腺皮质功能低下者，应同时给予适量氢化可的松。③不具止痛作用，如果用于短期麻醉，强止痛剂如芬太尼须在本品使用之前或同时给药。

（2）药物评价 ①依托咪酯系一种催眠性静脉全麻药，是咪唑类衍生物，安全性大，是麻醉诱导常用的药物之一。②本品临床应用已有30年的历史。

【商品信息】国内生产企业有江苏恩华药业股份有限公司。

【贮藏】避光密闭，2～25℃保存，避免冰冻。

你知道吗

氯胺酮

氯胺酮俗称"K粉"，现按一类精神药品进行管理。如果滥用至70mg可导致中毒，

200mg 会产生幻觉，500mg 将出现濒死状态，过量可致死。目前非法贩卖和吸入氯胺酮在部分省市呈迅速发展蔓延态势，氯胺酮的滥用主要是在一些歌舞娱乐场所，由此引发的犯罪现象比较突出。

任务二　局部麻醉药

局部麻醉药是一类能在用药局部可逆性地阻断神经冲动的发生和传导的药品。局麻药是由可卡因衍变而来。包括：①酯类，如普鲁卡因、丁卡因等；②酰胺类，如利多卡因、布比卡因、罗哌卡因等。

盐酸普鲁卡因[典]
Procaine Hydrochloride

【适应证】为短效局部麻醉药，适用于浸润、阻滞麻醉、蛛网膜下隙麻醉和封闭疗法，亦可用于静脉复合麻醉。

【代表制剂及用法】盐酸普鲁卡因注射液：无色澄明液体。每支 2ml：40mg；10ml：100mg；20ml：50mg；20ml：100mg。浸润麻醉：0.25%～0.5%溶液，一次 0.5～1g。传导麻醉：1%～2%溶液，一次不超过 1.0g。蛛网膜下隙阻滞：一次不超过 0.15g。

注射用普鲁卡因：白色结晶或结晶性粉末。每支 0.15g；1.0g。临用加注射用水适量使溶解。用法与用量同注射液。

【典型不良反应】盐酸普鲁卡因片：个别患者可发生头晕、恶心、嗜睡或兴奋。盐酸普鲁卡因注射液：可有高敏反应和过敏反应，个别病人可出现高铁血红蛋白血症；剂量过大，吸收速度过快或误入血管可致中毒反应。

【用药指导】（1）用药注意　①本品使用前必须做皮下过敏试验，对本品过敏者禁用。②不能渗入皮肤黏膜，外用无效。用药宜个体化。③不可与葡萄糖配伍，可使局麻作用降低。

（2）药物评价　①本品是最早合成且久用不衰的优良局麻药，具有麻醉作用强、效果可靠、毒性较少、对组织无刺激性且价廉易得等优点。②对皮肤、黏膜的穿透性较差，不适用于表面麻醉。

【商品信息】国内生产企业有四川科伦药业、江西赣南海欣药业、西安迪赛生物药业西安阿斯兰制药、西南药业等。

【贮藏】遮光，密闭保存。

盐酸利多卡因[典][基][医保(乙)]
Lddocaine Hydrochloride

【适应证】用于表面、浸润、传导、硬脊膜外麻醉及抗室性心律失常，临床以硬脊膜外麻最常用。

【代表制剂及用法】盐酸利多卡因注射液：无色澄明液体。每支5ml：0.1g；20ml：0.4g。表面麻醉：2%～4%溶液，一次不超过100mg；神经传导阻滞：1%～2%溶液，一次不超过400mg；抗心律失常：静脉注射，每千克体重1～2mg，继以0.1%溶液静脉滴注，每小时不超过100mg。

盐酸利多卡因胶浆（Ⅰ）：无色至微黄色的黏稠液体，每支10g：0.2g；20g：0.4g。常用来涂抹于食管、咽喉气管或尿道等导管的外壁；妇女做阴道检查时可用棉花签蘸5～7ml涂于局部；尿道扩张术或膀胱镜检查时用量为200～400mg。

【典型不良反应】①可作用于中枢神经系统，引起嗜睡、感觉异常、肌肉震颤、惊厥昏迷及呼吸抑制等不良反应。②可引起低血压及心动过缓。血药浓度过高，可引起心房传导速度减慢、房室传导阻滞以及抑制心肌收缩力和心输出量下降。

【用药指导】（1）用药注意　①静脉注射时可有麻醉样感觉、头晕、眼发黑，若将药液静脉滴注，可使此症状减轻。②严重房室传导阻滞、室内传导阻滞患者禁用。③超量可引起惊厥和心搏骤停。

（2）药物评价　具有较强的穿透力，起效快，扩散力和局部麻醉作用比普鲁卡因强2倍，毒性也增强。

【商品信息】国内生产企业有宜昌人福药业、浙江康德药业、河北九派制药、四川国瑞制药等。

【贮藏】密闭保存。

罗哌卡因[典][基][医保(乙)]

Ropivacaine

【商品名】耐乐品，力蒙乐，泽荣

【适应证】用于外科手术麻醉：硬膜外麻醉（包括剖宫产术硬膜外麻醉）；局部浸润麻醉。急性疼痛控制：用于术后或分娩镇痛，可采用持续硬膜外输注，也可间歇性用药；局部浸润麻醉。

【代表制剂及用法】甲磺酸罗哌卡因注射液：①甲磺酸罗哌卡因仅供有麻醉经验的临床医生或在其指导下使用。②本品用注射用水溶解后使用。常用麻醉的参考剂量参考说明书，或遵医嘱。③一般情况，外科麻醉（如硬膜外用药）需要较高的浓度和剂量。对于镇痛用药（如硬膜外用药）控制急性疼痛，建议使用较低的浓度和剂量。

【典型不良反应】低血压、恶心、呕吐、心动过缓、感觉异常、体温升高、头痛、头晕、尿潴留、高血压、寒战、心动过速、焦虑、感觉减退。

【用药指导】（1）用药注意　①对酰胺类局麻药过敏者禁用。严重肝病患者慎用。低血压和心动过缓者慎用。慢性肾功能不全伴有酸中毒及低血浆蛋白患者慎用。②年老或伴其他严重疾患即需施用区域麻醉的患者，在施行麻醉前应尽力改善患者状况，并适当调整剂量。

（2）药物评价　①罗哌卡因局部浸润麻醉，不仅能够满足中小手术麻醉的需要，还能为全身麻醉术后提供镇痛。②在持续局部镇痛时，对伤口感染和肌肉损伤有影响。

【商品信息】国内主要生产企业有山东鲁抗辰欣药业有限公司、扬子江药业集团有限公司、浙江仙琚制药股份有限公司、西安汉丰药业有限责任公司。

【贮藏】在室温保存，避免冻结。

任务三　麻醉辅助药

用于复合麻醉的、临床必需的麻醉辅助药种类很多，用药目的各不相同。主要包括：①骨骼肌松弛药，如氯化琥珀胆碱、泮库溴铵、阿曲库铵、氯化筒箭毒碱等；②阿片类，如哌替啶、芬太尼、吗啡、二氢埃托啡以及麻醉性镇痛药的对抗药纳洛酮、烯丙吗啡等；③苯二氮䓬类，如地西泮、咪达唑仑等；④莨菪碱类，如阿托品、东莨菪碱等；⑤用于低温麻醉的氯丙嗪；⑥用于控制性降压的咪噻吩；⑦用于预防血压下降的麻黄碱；⑧用于处理心动过速的艾司洛尔等。

泮库溴铵
Pavulon

【商品名】潘龙

【适应证】可用于肌肉松弛的维持或全身麻醉气管插管以及机械通气治疗时的控制呼吸；也可用于破伤风等惊厥性疾病制止肌肉痉挛。

【代表制剂及用法】泮库溴铵注射液：每支 10mg/10ml；10mg/5ml。静脉注射，成人常用量 40~100μg/kg。与乙醚、氟烷合用时应酌减剂量。

【典型不良反应】增快心率，升高血压。

【用药指导】（1）用药注意　①重症肌无力者禁用。对溴盐过敏者亦应禁用。哺乳期妇女慎用，孕妇禁用。肾功能不全者慎用。②过量中毒时可静脉注射新斯的明及阿托品解救。

（2）药物评价　①为较长效非去极化型肌肉松弛药。其肌松作用强，静脉注射后起效快，较大剂量时可使心率加快，心收缩力减弱，外周阻力增加等。②主要用作外科手术麻醉的辅助用药。

【商品信息】主要为进口药品（N. V. Organon），目前国内临床已常用。

【贮藏】遮光，密闭保存。

维库溴铵[典][基]
Vecuronium Bromide

【适应证】主要作为全麻辅助用药，用于全麻时的气管插管及手术中的肌肉松弛。持续时间为泮库溴铵的 1/3~1/2，但效果稍强。

【代表制剂及用法】注射剂，仅供静脉注射或静脉滴注不可肌内注射。溶剂：本品可用下列注射液溶解成 1mg/ml 浓度供用，灭菌注射用水、5% 葡萄糖注射液、0.9% 氯化钠注射液、乳酸林格氏液、葡萄糖氯化钠注射液。

【典型不良反应】偶见支气管痉挛、皮肤潮红、皮疹、过敏反应。

【**用药指导**】（1）用药注意　①对维库溴铵或溴离子有过敏史者禁用。②须在有使用本品经验的医师监护下使用。③与吸入麻醉药同用时，本品应减量15%。

（2）药物评价　①肌肉松弛作用较泮库溴铵稍快稍强，时效较短，持续时间为泮库溴铵的1/3～1/2。反复用药基本无蓄积性。②在目前临床使用的肌肉松弛药中，是唯一对心血管系统无不良反应的强效、安全的中等时效非去极化肌肉松弛药。

> **请你想一想**
> 讨论比较异氟烷、丙泊酚、瑞芬太尼的异同。

【**商品信息**】维库溴铵在肌松药销售金额中占据一半，主要生产厂家为浙江仙居制药和欧加农。

【**贮藏**】遮光，密封，在阴凉处保存。

目标检测

一、选择题

1. 下列属于吸入麻醉药的是（　　）。
   A. 异氟烷　　　　B. 盐酸利多卡因　　C. 丙泊酚　　　　D. 盐酸普鲁卡因

2. （　　）可致滥用，属特殊管理药品。
   A. 异氟烷溶液　　　　　　　　　B. 七氟烷溶液
   C. 丙泊酚注射液　　　　　　　　D. 盐酸氯胺酮注射液

3. 下列关于盐酸普鲁卡因的叙述，错误的是（　　）。
   A. 本品使用前必须做皮下过敏试验，对本品过敏者禁用
   B. 本品为长效局部麻醉药
   C. 不能渗入皮肤黏膜，外用无效，用药宜个体化
   D. 不可与葡萄糖配伍，可使局麻作用降低

二、思考题

1. 比较异氟烷与丙泊酚在临床应用上有哪些异同？
2. 目前国内临床最常用的局麻药是什么？使用时应注意哪些事项？
3. 请列举出盐酸瑞芬太尼的用药注意事项。

（高丽丽）

书网融合……

划重点　　自测题

项目十九 临床专科用药

PPT

任务一 皮肤科用药   @微课

岗位情景模拟

情景描述 患者，男，经检查，医生诊断为体癣。患者来药店购买药品，店员为患者推荐皮肤科外用乳膏。店员依次推荐了卤米松软膏、曲安奈德乳膏、莫匹罗星软膏、联苯苄唑乳膏及尿素软膏。

讨论 1. 店员推荐的各个药品的作用分别是什么？

2. 针对患者所患疾病，选择哪一种或哪几种药品是正确的？

皮肤病发生在身体表面，大多数皮肤病的外用药都属于对症治疗药品。目前皮肤科的常用药物多为外用药，主要包括以下几类。

1. 抗感染药 常用药有莫匹罗星、联苯苄唑、咪康唑、酮康唑、特比萘芬、阿昔洛韦等。

2. 皮肤用糖皮质激素 常用药有卤米松、氢化可的松、曲安奈德、地塞米松、糠酸莫米松等。

3. 治疗痤疮药 常用药有维 A 酸、异维 A 酸、阿达帕林、过氧苯甲酰。

4. 治疗银屑病药 常用药有地蒽酚、煤焦油、卡泊三醇、阿维 A 酯等。

5. 消毒防腐药 常用药有聚维酮碘、过氧乙酸、氯己定、依沙丫啶、硼酸等。

莫匹罗星^{[基][医保(乙)]}

Mupirocin

【商品名】百多邦，匹得邦，澳琪

【适应证】为局部外用涂于患处抗生素，主要用于治疗革兰阳性球菌尤其葡萄球菌和链球菌皮肤感染，如脓疱病、疖肿、毛囊性及湿疹合并感染、溃疡合并感染、创伤合并感染等。

【代表制剂及用法】莫匹罗星软膏：类白色软膏，规格为 2%，每支 5g；8g；10g。外用，局部涂于患处。必要时，患处可用敷料包扎或敷盖，每日 3 次，5 天 1 疗程，必要时可重复 1 疗程。

【典型不良反应】一般无不良反应，偶见局部烧灼感、蜇刺感及瘙痒等，一般不需停药。

【用药指导】（1）用药注意　①如使用一个疗程后症状无好转或加重，应立即就医。②乳膏剂仅供皮肤给药，请勿用于眼、鼻、口等黏膜部位。若误入眼内时用水冲洗即可。③有中度或重度肾损害者慎用，孕妇慎用。④应按用法用量足疗程使用，在感染未被完全治愈前，不要在症状消失时过早停止治疗。

（2）药物评价　①本品皮肤外用经皮穿透和吸收极少，仅适用于局部给药。②抗菌作用主要是在高浓度时杀菌或在低浓度时抑菌。

【商品信息】莫匹罗星由葛兰素史克公司生产，1993 年在中国上市。目前生产企业有中美天津史克制药、湖北人福成田药业等。

【贮藏】密封保存。

联苯苄唑^{[典][医保(乙)]}

Bifonazole

【商品名】美克，孚琪

【适应证】适用于皮肤真菌、酵母菌、霉菌和其他皮肤真菌如糠秕孢子菌引起的皮肤真菌病，以及微小棒状杆菌引起的感染。如脚癣、手癣、体癣、股癣、花斑癣、表皮念珠菌病。

【代表制剂及用法】联苯苄唑乳膏：乳白色或微黄色乳膏，规格为 1%，每支 10g；15g；20g。外用，每日使用一次，最好是在晚上休息前使用。在患处皮肤涂一薄层并摩擦促使其吸收，疗程 2~4 周。

【典型不良反应】用药部位可能发生疼痛、外周水肿、接触性皮炎、红斑、瘙痒、皮疹等反应，停药后可恢复。

【用药指导】（1）用药注意　①避免接触眼睛和其他黏膜（如口、鼻等）。②用药部位如有烧灼感、红肿等情况应停药，并将局部药物洗净。③怀孕前 3 个月和哺乳期妇女慎用。④对咪唑类药物过敏者禁用。患处有糜烂、渗液或皲裂时应慎用。

（2）药物评价　为广谱抗真菌药，作用机制是抑制细胞膜的合成，对皮肤癣菌及念珠菌病等有抗菌作用。

【商品信息】生产企业有拜耳医药保健、北京华素制药等。主要剂型有乳膏剂、溶液剂和凝胶剂。

【贮藏】密闭，在阴凉处保存。

糠酸莫米松[基][医保(乙)]

Mometasone Furoate

【商品名】艾洛松，芙美松

【适应证】用于湿疹、神经性皮炎、异位性皮炎及皮肤瘙痒症。

【代表制剂及用法】糠酸莫米松乳膏：白色或类白色乳膏。规格为 0.1%（5g：5mg）；0.1%（10g：10mg）。局部外用，取本品适量涂于患处，每日 1 次。

【典型不良反应】使用本品的局部不良反应极少见，如烧灼感、瘙痒刺痛和皮肤萎缩等。

【用药指导】（1）用药注意 ①皮肤破损者禁用。②孕妇及哺乳期妇女、婴幼儿、儿童和皮肤萎缩的老年人慎用。③避免接触眼睛和其他黏膜（如口、鼻等）。④用药部位如有烧灼感、红肿等情况应停药，并将局部药物洗净。

（2）药物评价 ①用于非感染性炎症性皮肤病，若伴有皮肤感染时，应同时合用抗感染药物。②为局部外用糖皮质激素，具有抗炎、抗过敏、止痒及减少渗出作用。

请你想一想

癣症与皮炎有何不同？用药有何区别？

【商品信息】生产企业有拜耳医药（上海）、浙江仙琚制药、华润三九等。主要剂型包括乳膏剂、凝胶剂、洗剂等。

【贮藏】密封，置阴凉干燥处。

维 A 酸[典][基][医保(甲)]

Tretinoin

【商品名】迪维，轰克

【适应证】用于寻常痤疮、扁平疣、黏膜白斑、毛发红糠疹、毛囊角化病及银屑病的辅助治疗。

【代表制剂及用法】维 A 酸乳膏：类白色至微黄色乳膏，规格为 0.025%；0.05%；0.1%。外用。寻常痤疮：每晚 1 次，于睡前将药轻轻涂于患处。银屑病、鱼鳞病等皮疹位于遮盖部位的可一日 1~3 次。用毕应洗手。

【典型不良反应】可能会引起皮肤刺激症状，如灼感、红斑及脱屑，可能使皮损更明显，但同时表明药物正在起作用，不是病情加重。

【用药指导】（1）用药注意 ①妊娠前 3 个月内的妇女禁用，哺乳期妇女禁用。

②眼部禁用。③湿疹、晒伤、急性和亚急性皮炎、酒渣鼻患者不宜使用。④不宜大面积应用。

（2）药物评价　①外用可有少量经皮肤吸收，吸收后与维生素 A 在体内的主要代谢产物和活性形式相同。②本品可促进表皮细胞更新，调节表皮细胞增殖和分化，使角质层细胞疏松而容易脱落，有利于去除粉刺，并抑制新的粉刺形成。

【商品信息】国内生产企业有重庆华邦制药、湖北康正药业等。主要剂型包括乳膏剂、凝胶剂等。

【贮藏】遮光、密闭。

其他皮肤科用药见表 19 – 1。

表 19 – 1　其他皮肤科用药

药品名称	药品特点
夫西地酸乳膏	抗感染药，用于治疗脓疱疮、甲沟炎、创伤感染、毛囊炎、寻常型痤疮等细菌感染
红霉素软膏	抗感染药，用于脓疱疮等化脓性皮肤病、小面积烧伤、溃疡面的感染和寻常型痤疮
硝酸咪康唑乳膏	抗感染药，用于体癣、股癣、手癣、足癣、花斑癣、头癣等真菌感染
环吡酮胺乳膏	抗感染药，用于浅部皮肤真菌感染，如体、股癣，手、足癣等
阿昔洛韦乳膏	抗感染药，作为大多数疱疹属病毒感染的首选用药
地塞米松软膏	糖皮质激素，用于过敏性和自身免疫性炎症性疾病
醋酸曲安奈德乳膏	糖皮质激素，用于过敏性皮炎、湿疹、神经性皮炎、脂溢性皮炎及瘙痒症
曲咪新乳膏	含有咪康唑、曲安奈德、新霉素，用于湿疹、接触性皮炎、脂溢性皮炎、神经性皮炎、体癣、股癣以及手、足癣
尿素软膏	适用于皮肤角化症、手足皲裂、干皮症、鱼鳞病等
克林霉素凝胶	适用于寻常型痤疮

任务二　眼科用药

眼科用药主要包括青光眼、白内障、干眼症等疾病用药，以及抗感染药、糖皮质激素类药、非甾体抗炎药、抗变态反应药、散瞳药等。眼科用药主要包括以下几类。

1. 抗感染药　常用药有妥布霉素、氯霉素、红霉素、金霉素、氧氟沙星、左氧氟沙星、洛美沙星、加替沙星、复方磺胺甲噁唑钠、阿昔洛韦、利巴韦林等。

2. 抗变态反应药　常用药有色甘酸钠、苯甲唑啉等。

3. 治疗白内障药　常用药有苄达赖氨酸、吡诺克辛钠等。

4. 治疗青光眼药　常用药有噻吗洛尔、布林佐胺、毛果芸香碱等。

5. 缓解视疲劳药　常用药有聚乙烯醇、萘敏维等。

苄达赖氨酸[典]
Bendazac Lysine

【商品名】莎普爱思

【适应证】早期老年性白内障。

【代表制剂及用法】苄达赖氨酸滴眼液：无色或几乎无色澄明液体。规格为40mg：8ml。滴眼，一日3次，每次1~2滴或遵医嘱。

【典型不良反应】可能出现一过性灼烧感、流泪等反应，但能随着用药时间延长而适应。

【用药指导】（1）用药注意　①眼外伤及严重感染时，暂不使用。②将本品放入冰箱冷藏后使用以降低刺激感。③滴眼时请勿使管口接触手和眼睛，避免污染瓶内眼药水。

（2）药物评价　①本品是醛糖还原酶（AR）抑制剂，通过抑制眼睛中AR的活性，达到预防或治疗白内障的目的。②目前唯一能够治愈白内障的方式只有手术。

【商品信息】国内生产企业有浙江莎普爱思药业、湖北远大天天明制药等。

【贮藏】遮光，密闭保存。

任务三　耳鼻喉及口腔科用药

耳鼻喉及口腔科用药主要包括以下几类。

1. 治疗过敏性鼻炎药　常用药有左卡巴斯汀、曲安奈德、布地奈德、糠酸莫米松、酮替芬、氟替卡松、萘甲唑啉、氮䓬斯汀等。

2. 治疗口腔溃疡药　常用药有碘甘油、西地碘、甲硝唑等。

3. 缓解鼻塞药　常用药有赛洛唑啉、呋麻滴鼻液等。

4. 抗感染药　常用药有氯霉素、氧氟沙星等。

西地碘[典]
Cydiodine Buccal

【商品名】华素片

【适应证】用于慢性咽喉炎、口腔溃疡、慢性牙龈炎、牙周炎。

【代表制剂及用法】西地碘含片：浅棕黄色片。每片1.5mg。口含，成年人，一次1.5mg，一日3~5次。

【典型不良反应】偶见皮疹、皮肤瘙痒等过敏反应。长期含服可导致舌苔染色，停药后可消退。

【用药指导】（1）用药注意　①对本品过敏者或对其他碘制剂过敏者禁用。②孕妇及哺乳期妇女慎用。③甲状腺疾病患者慎用。

（2）药物评价　活性成分为分子碘，在唾液作用下迅速释放，直接卤化菌体蛋白质，杀灭各种微生物。

【商品信息】国内生产企业有北京华素制药股份有限公司等。

【贮藏】遮光，密闭保存。

目标检测

一、选择题

1. 以下属于抗感染外用药的是（　　）。

　　A. 卤米松　　　　B. 联苯苄唑　　　　C. 地塞米松　　　　D. 糠酸莫米松

2. 以下可用于治疗痤疮的药品是（　　）。

　　A. 碘甘油　　　　B. 维 A 酸　　　　C. 氯己定　　　　D. 阿托品片

3. 百多邦是（　　）的商品名。

　　A. 联苯苄唑　　　　B. 尿素　　　　C. 糠酸莫米松　　　　D. 莫匹罗星

4. 下列药物能治疗白内障的是（　　）。

　　A. 噻吗洛尔　　　　B. 苄达赖氨酸　　　　C. 色甘酸钠　　　　D. 氧氟沙星

二、思考题

1. 真菌感染与过敏性皮肤病的区别是什么？

2. 抗感染外用药可以细分为几个小类？

（陈　诚）

书网融合……

微课　　　　　　划重点　　　　　　自测题

项目二十　抗肿瘤药

学习目标

知识要求

1. **掌握**　抗肿瘤常用药物的名称、适应证、用药指导。
2. **熟悉**　常见抗肿瘤药品的代表制剂及用法、典型不良反应。
3. **了解**　常见抗肿瘤药品的商品信息。

能力要求

1. 能按用途、剂型及分类管理要求陈列药品并对其进行正常养护。
2. 对本类药品进行全面评价，能了解药品如何合理使用。
3. 能介绍新上市品种的特点，并进行同类药品的比较。

任务一　概述

岗位情景模拟

情景描述　患者王某，男，48 岁，胃癌根治术后，病理检查为胃窦低分化腺癌，肝肾功能正常，医生给出的化疗方案为紫杉醇＋奥沙利铂＋氟尿嘧啶。

讨论　1. 处方中各药品分别属于哪类抗肿瘤药？

　　　　2. 紫杉醇和奥沙利铂的适应证和典型不良反应有哪些？

肿瘤是机体在各种致癌因素的作用下，组织细胞在基因水平上失去对生长的正常调控，导致其异常增生而形成的新生物，成为常见的慢性疾病。一般将肿瘤分为良、恶性两大类。恶性肿瘤，又叫癌症。恶性肿瘤是危害人类健康的最危险的疾病之一。

由于其病因和机制尚未阐明，许多肿瘤目前尚缺乏有效防治措施。恶性肿瘤的治疗方法有手术治疗、放射治疗、免疫治疗、药物治疗和内分泌治疗等，而且愈来愈强调综合疗法。其中，肿瘤的化学药物治疗（简称化疗）在综合治疗中占有重要地位，但化疗中存在着严重毒性反应和肿瘤细胞耐药性问题，这也是导致化疗失败的主要原因。近年来，随着肿瘤分子生物学的发展，以分子靶向药物为代表的新型抗肿瘤治疗手段已经取得良好的进展。

一、作用机制

（一）细胞生物学机制

几乎所有的肿瘤细胞都具有一个共同的特点，即与细胞增殖有关的基因被开启或激活，而与细胞分化有关的基因被关闭或抑制，从而使肿瘤细胞表现为不受机体约束的无限增殖状态。从细胞生物学角度，诱导肿瘤细胞分化，抑制肿瘤细胞增殖各阶段或者促进肿瘤细胞凋亡的药物均可发挥抗肿瘤作用。

（二）生化作用机制

1. 干扰核酸生物合成：①抑制二氢叶酸还原酶；②阻止嘌呤类核苷酸生成；③阻止嘧啶类核苷酸生成；④抑制核苷酸还原酶；⑤抑制 DNA 多聚酶。

2. 破坏 DNA 结构和功能。

3. 干扰转录过程和阻止 RNA 合成。

4. 影响蛋白质合成与功能，包括影响纺锤丝形成；干扰核蛋白体功能；干扰氨基酸供应。

5. 影响体内激素平衡。

二、分类

（一）按照药物生化作用机制分类

1. 影响核酸（DNA、RNA）生物合成的药物　氟尿嘧啶、巯嘌呤等。

2. 直接影响 DNA 结构与功能的药物　烷化剂、丝裂霉素 C、博来霉素、顺铂等。

3. 干扰转录过程和阻止 RNA 合成的药物　放线菌素 D、柔红霉素、阿霉素等。

4. 影响蛋白质合成的药物　长春碱类、鬼臼毒素类、三尖杉碱类等。

5. 影响激素平衡的药物　抗雄激素、抗雌激素、雄激素、雌激素等。

（二）按照来源与药物化学结构分类

1. 烷化剂　环磷酰胺、塞替派、白消安、氮芥等。

2. 抗代谢药　甲氨蝶呤、氟尿嘧啶、巯嘌呤、阿糖胞苷等。

3. 抗肿瘤抗生素　柔红霉素、多柔比星、丝裂霉素、博来霉素等。

4. 抗肿瘤植物药　长春碱、长春新碱、紫杉醇、羟基喜树碱等。

5. 激素类药　他莫昔芬、托瑞米芬等。

6. 靶向抗肿瘤药　可分为大分子单克隆抗体：利妥昔单抗、西妥昔单抗、曲妥珠单抗、贝伐单抗等；小分子化合物如酪氨酸激酶抑制剂：甲磺酸伊马替尼、吉非替尼等。

7. 其他药物　铂类配合物、门冬酰胺酶等。

你知道吗

靶向抗肿瘤药

细胞毒药物能够对部分恶性肿瘤有一定疗效，但在杀伤肿瘤细胞的同时，其对正常细胞组织也有一定的毒副反应。随着分子生物学的飞速发展，针对肿瘤发生、发展、代谢的分子靶向药物成为抗肿瘤药物的研发热点。近年来靶向抗肿瘤药物取得了重大进展，包括单克隆抗体和小分子酪氨酸激酶抑制剂等。例如：贝伐单抗作用于血管内皮生长因子，与化疗联用可延长晚期肠癌患者的生存期；小分子酪氨酸激酶抑制剂如吉非替尼可有效用于非小细胞肺癌的治疗。

三、毒性反应

多数抗恶性肿瘤药化疗指数较小，选择性差，杀伤肿瘤细胞的同时，对正常组织细胞也有杀伤作用，特别是对增殖更新较快的骨髓、淋巴组织、胃肠黏膜上皮、毛囊和生殖细胞等正常组织损伤更明显。抗肿瘤药物常见毒性反应包括近期毒性和远期毒性。

（一）近期毒性

近期毒性分为共有毒性反应和特有毒性反应。

1. 共有毒性

（1）骨髓抑制　是肿瘤进行化疗的最大障碍之一，常表现为白细胞、血小板减少，除博来霉素、门冬酰胺酶、激素类药外，多数抗肿瘤药均有不同程度的骨髓抑制。

请你想一想

为减轻抗肿瘤药引起的恶心、呕吐，可以选用何种止吐药？

（2）胃肠道反应　上腹部不适、恶心、呕吐等胃肠道反应是抗肿瘤药最常见的不良反应。有些药物如顺铂、氮芥、环磷酰胺、阿霉素、亚硝脲等，也可直接损伤消化道黏膜，引起口腔炎、胃炎、胃肠溃疡等。

（3）脱发　大多数抗肿瘤药都损伤毛囊上皮细胞，特别是环磷酰胺、长春新碱、氟尿嘧啶、紫杉醇、博来霉素、多柔比星、甲氨蝶呤、丝裂霉素等易引起脱发，用药1~2周后出现症状，1~2个月后最明显，停药后毛发可再生。

2. 特有毒性反应

（1）心脏毒性　柔红霉素、丝裂霉素等可引起心肌炎、心肌缺血、心电图改变、心力衰竭等。

（2）肝脏毒性　临床表现为肝功能异常、肝区疼痛、肝大、黄疸等。容易引起肝损害的药物有：甲氨蝶呤、阿糖胞苷、环磷酰胺、阿霉素、依托泊苷、紫杉醇、替吉奥、奥沙利铂、长春碱类、曲妥珠单抗、索拉菲尼、舒尼替尼等。

（3）呼吸系统毒性　表现为肺间质性炎症和肺纤维化。常见引起肺毒性的抗癌药有博莱霉素、甲氨蝶呤、环磷酰胺、丝裂霉素等。

（4）肾损害及膀胱毒性　顺铂、甲氨蝶呤等药物可直接损伤肾小管上皮细胞，表现为血尿素氮、血清肌酐及肌酐酸升高。环磷酰胺等药物可引起急性出血性膀胱炎，尤其在大剂量静脉注射时易出现。

（5）神经系统毒性　中枢神经毒性主要表现为感觉异常、脑白质病、记忆力下降、痴呆、共济失调、嗜睡、精神异常等；周围神经毒性表现为肢端呈手套－袜子样麻木、灼热感、腱反射消失、感觉异常等。神经毒性缺乏有效的治疗方法，一旦出现毒性反应，要及时停药以防止严重毒性反应的发生。神经毒性经数天至数月可能恢复。紫杉醇、长春新碱、铂类等药物有较大的神经毒性。

（6）其他 抗肿瘤药物可引起不同程度的免疫功能抑制，是肿瘤患者化疗后易出现感染的重要原因。一些多肽类或蛋白质的抗肿瘤药物如门冬酰胺酶、博来霉素等注射后容易导致过敏反应。

（二）远期毒性

远期毒性一般指抗癌治疗结束 6 个月后发生的不良反应事件。主要包括多器官、多系统的组织损伤，治疗引起的第二原发恶性肿瘤，以及生长发育受影响和过早衰老。远期毒性对患者健康的影响是多方面的，会导致患者生活质量下降，严重时会导致生存时间缩短甚至死亡。

任务二 常用抗肿瘤药

一、烷化剂

烷化剂属于细胞毒类药物，又称生物烷化剂，在体内能形成碳正离子或其他具有活泼的亲电性基团的化合物，进而与细胞内生物大分子（DNA、RNA、酶）中含有丰富电子的基团（如氨基、巯基、羟基、羧基、磷酸基等）发生共价结合，使其丧失活性或使 DNA 分子发生断裂，导致肿瘤细胞死亡，抗肿瘤活性强。但是这类药物在抑制增生活跃的肿瘤细胞的同时，对增生较快的正常细胞例如骨髓细胞、肠上皮细胞等也同样产生抑制，有较严重的毒副作用，例如恶心、呕吐、骨髓抑制、脱发等。异环磷酰胺和环磷酰胺存在特异性不良反应——出血性膀胱炎。

烷化剂按化学结构可分为：氮芥类（盐酸氮芥、环磷酰胺等）、乙撑亚胺类（如塞替派）、磺酸酯及多元醇类（如白消安）、亚硝基脲类（如司莫司汀、洛莫司汀等）。

环磷酰胺 [典][基][医保(甲)]
Cyclophosphamide

【商品名】 安道生，Endoxan

【适应证】 主要用于恶性淋巴瘤、急性或慢性淋巴细胞白血病、多发性骨髓瘤、乳腺癌、睾丸肿瘤、卵巢癌、肺癌、头颈部鳞癌、鼻咽癌、神经母细胞癌、横纹肌肉瘤及骨肉瘤。

【代表制剂与用法】 环磷酰胺片：糖衣片，每片 50mg。成人常用量：每日 2～4mg/kg，连用 10～14 天，休息 1～2 周重复。儿童常用量：每日 2～6mg/kg，连用 10～14 天，休息 1～2 周重复。

注射用环磷酰胺：白色结晶或结晶性粉末。成人常用量：单药静脉注射按体表面积每次 500~1000mg/m², 加 0.9% 氯化钠注射液 20~30ml, 静脉冲入, 每周 1 次, 连用 2 次, 休息 1~2 周重复。儿童常用量: 静脉注射每次 10~15mg/kg, 加 0.9% 氯化钠注射液 20ml 稀释后缓慢注射, 每周 1 次, 连用 2 次, 休息 1~2 周重复。也可肌内注射。

【典型不良反应】骨髓抑制、脱发、消化道反应、口腔炎、膀胱炎。此外, 环磷酰胺可杀伤精子, 但具可逆性。

【用药指导】（1）用药注意　①代谢产物对尿路有刺激性, 应用时应鼓励患者多饮水, 大剂量应用时应水化、利尿, 同时给予尿路保护剂美司钠。②当大剂量用药时, 除应密切观察骨髓功能外, 尤其要注意非血液学毒性如心肌炎、中毒性肝炎及肺纤维化等。③当肝肾功能损害、骨髓转移或既往曾接受多程化放疗时, 环磷酰胺的剂量应减少至治疗量的 1/2~1/3。④环磷酰胺水溶液仅能稳定 2~3 小时, 最好现配现用。⑤口服制剂一般应空腹服用, 如发生胃部不适, 可分次服用或进食时服用。

（2）药物评价　①抗瘤谱广, 是第一个所谓"潜伏化"广谱抗肿瘤药, 对白血病和实体瘤都有效。②由于环磷酰胺在正常组织中的代谢产物毒性很小, 其对人体的副作用小于其他一些烷化剂抗肿瘤药物。

【商品信息】国内生产企业有江苏恒瑞医药、浙江海正药业、通化茂祥制药等。

【贮藏】遮光, 密闭, 在 30℃ 以下保存。

其他主要烷化剂见表 20-1。

表 20-1　其他主要烷化剂

药品名称	药品特点
注射用异环磷酰胺	对多种实体瘤和某些白血病均有效, 其抗瘤谱与环磷酰胺不完全相同
卡莫司汀注射液	能透过血-脑屏障, 常用于脑瘤和颅内转移瘤
洛莫司汀胶囊	作用原理与卡莫司汀相近, 能口服
白消安片	对慢性粒细胞白血病疗效显著, 对其他肿瘤疗效不明显

二、抗代谢药

本类药品其化学结构与体内某些代谢物相似, 干扰核酸蛋白质的生物合成和利用, 导致肿瘤细胞死亡。根据药物主要干扰的生化步骤或所抑制的靶酶的不同进行分类。包括: 二氢叶酸还原酶抑制剂（如甲氨蝶呤）、胸腺核苷合成酶抑制剂（如氟尿嘧啶、卡培他滨等）、嘌呤核苷合成酶抑制剂（如巯嘌呤、硫鸟嘌呤等）、核苷酸还原酶抑制剂（如羟基脲）、DNA 多聚酶抑制剂（如阿糖胞苷、吉西他滨等）。现有抗代谢药的缺点是在抑制肿瘤细胞生长同时, 对生长旺盛的正常细胞也有相当大的毒性, 并且很易出现耐药性。

巯嘌呤[典][基][医保(甲)]

Mercaptopurine

【商品名】乐疾宁

【适应证】用于绒毛膜上皮癌、恶性葡萄胎、急性淋巴细胞白血病及急性非淋巴细胞白血病及慢性粒细胞白血病的急变期。

【代表制剂及用法】巯嘌呤片：每片 25mg；50mg；100mg。成人用于绒毛膜上皮癌，一日 6 ~ 6.5mg/kg，分 2 次口服，以 10 日为 1 疗程，疗程间歇为 3 ~ 4 周。用于白血病，开始每日按体重 2.5mg/kg 或按体表面积 80 ~ 100mg/m^2，每日 1 次或分次服用，一般于用药后 2 ~ 4 周可见显效，如用药 4 周后，仍未见临床改进及白细胞计数下降，则可考虑在仔细观察下，加至按体重 5mg/kg；维持，每日按体重 1.5 ~ 2.5mg/kg 或按体表面积 50 ~ 100mg/m^2，每日 1 次或分次服用。儿童每日按体重 1.5 ~ 2.5mg/kg 或按体表面积 50mg/m^2，1 次或分次口服。

【典型不良反应】①较常见的为骨髓抑制：可有白细胞及血小板减少。②肝脏损害：可致胆汁淤积出现黄疸。③消化系统：恶心、呕吐、食欲减退、口腔炎、腹泻，但较少发生，可见于服药量过大的患者。④高尿酸血症：多见于白血病治疗初期，严重的可发生尿酸性肾病。⑤间质性肺炎及肺纤维化少见。

【用药指导】（1）用药注意 ①对诊断的干扰：白血病时有大量白血病细胞破坏，在服巯嘌呤片时则破坏更多，致使血液及尿中尿酸浓度明显增高，严重者可产生尿酸盐肾结石。②下列情况应慎用：骨髓已有显著的抑制现象（白细胞减少或血小板显著降低）或出现相应的严重感染或明显的出血倾向，肝功能损害、胆道疾患者、有痛风病史、尿酸盐肾结石病史者，4 ~ 6 周内已接受过细胞毒药物或放射治疗者。③用药期间应注意定期检查外周血常规及肝、肾功能，每周应随访白细胞计数及分类、血小板计数、血红蛋白 1 ~ 2 次，对血细胞在短期内急骤下降者，应每日观察血常规。

（2）药物评价 ①本品进入体内，在细胞内必须由磷酸核糖转移酶转为 6 - 巯基嘌呤核糖核苷酸后，方具有活性。②起效慢，易产生耐药性。

【商品信息】目前国内生产企业有浙江浙北药业、上海上药信谊药厂、江苏豪森药业等。

【贮藏】遮光，密封保存。

卡培他滨[典][基][医保(乙)]

Capecitabine

【商品名】希罗达，艾滨

【适应证】主要用于晚期乳腺癌、大肠癌，可作为蒽环类和紫杉类治疗失败后的乳腺癌解救治疗。

【代表制剂及用法】卡培他滨片：薄膜衣片，除去包衣后显白色。每片 0.15g；0.5g。推荐剂量：每日 2.5g/m^2，连用 2 周，休息 1 周。每日总剂量分早晚 2 次于饭后半小时用水吞服。

【典型不良反应】①可有腹泻、恶心、呕吐、胃炎。②几乎在一半的患者中出现手足综合征，表现为麻木、感觉迟钝、感觉异常、麻刺感、无痛感或疼痛感、皮肤肿胀或红斑、水疱或严重的疼痛。③皮炎或脱发较常见。④常有疲乏、黏膜炎、发热、虚弱、嗜睡，还有头痛、味觉障碍、眩晕、失眠、中性粒细胞减少、贫血、脱水。

【用药指导】（1）用药注意　①二氢嘧啶脱氢酶缺乏可引起严重毒性反应；②严重皮肤反应者应永久性停药。

（2）药物评价　①卡培他滨是已上市的第一个口服氟代嘧啶氨基甲酸酯类抗肿瘤药，是一种新型的靶向药物。②卡培他滨作为前体药物，口服在肠道吸收后，在体内水解为活性代谢物 5 - 氟尿嘧啶，是治疗乳腺癌的重要药物。

【商品信息】由瑞士罗氏公司开发，1998 年在美国上市。目前国内生产企业有上海罗氏制药、江苏恒瑞医药、齐鲁制药、正大天晴药业集团等，以片剂为主。

【贮藏】低于 30℃保存。

其他主要抗代谢药见表 20 - 2。

表 20 - 2　其他主要抗代谢药

药品名称	药品特点
注射用甲氨蝶呤、甲氨蝶呤片	最早应用于临床并取得成功的抗叶酸制剂，为基本抗肿瘤药
氟尿嘧啶注射液	对消化道癌和乳腺癌疗效较好
注射用阿糖胞苷	主要治疗急性白血病，对多数实体肿瘤无效
羟基脲胶囊、羟基脲片	治疗慢性粒细胞白血病的常用药之一，疗效较好

三、抗肿瘤抗生素

抗肿瘤抗生素是由微生物代谢产生的具有抗肿瘤活性的化学物质。主要药物有多肽类及蛋白类抗生素（放线菌素 D、博来霉素、平阳霉素等）、蒽环类抗生素（柔红霉素、盐酸多柔比星、吡柔比星、表柔比星等）。以盐酸多柔比星（阿霉素）为代表的蒽环类抗生素已成为临床使用最广泛的一类抗肿瘤抗生素。

盐酸多柔比星[典][基][医保(甲)]
Doxorubicin Hydrochloride

【商品名】楷莱，里葆多

【适应证】为广谱抗肿瘤抗生素，对急性白血病、淋巴瘤、乳腺癌、肺癌及多种其他实体瘤均有效。

【代表制剂与用法】注射用盐酸多柔比星：橙红色疏松块状物或粉末，每支 10mg；50mg。静脉注射，一般主张间断给药，40 ~ 50mg/m^2，每 3 周 1 次；也有人给予 20 ~ 30mg/m^2，每周 1 次，连续两次静脉注射。目前认为总量不宜超过 450mg/m^2，以免发生心脏毒性。

【典型不良反应】①骨髓抑制、脱发、消化道反应均较常见；②可引起心脏毒性。

【用药指导】（1）用药注意　①本品的肾排泄虽较少，但在用药后 1 ~ 2 日内可出现红色尿，一般都在 2 日后消失。②过去曾用过足量柔红霉素、表柔比星及本品者不能再用。③外渗后可引起局部组织坏死，需确定静脉通畅后才能给药。④与其他抗肿瘤药物联用时不能在同一注射器内混用。

（2）药物评价　①多柔比星（阿霉素）自20世纪70年代进入临床试验以来，因具有抗瘤谱广、临床疗效高的显著特点，已成为蒽环类抗肿瘤药物的代表。②临床上主要用于乳腺癌、恶性淋巴瘤、胃癌等实体瘤的治疗。

【商品信息】国内生产企业主要有辉瑞制药（无锡）、山西普德药业、深圳万乐药业、浙江海正药业、上海复旦张江生物医药（脂质体注射液）等。

【贮藏】遮光，密闭，在阴凉处保存。

其他主要抗肿瘤抗生素见表20-3。

表20-3　其他主要抗肿瘤抗生素

药品名称	药品特点
注射用柔红霉素	用于对常用抗肿瘤药耐药的急性淋巴细胞或粒细胞白血病
注射用盐酸博来霉素	抗菌谱广，优点是骨髓抑制较轻
注射用丝裂霉素	对多种实体瘤有效，消化道癌常用
注射用表柔比星	疗效与多柔比星相同，而毒性尤其是心脏毒性低于多柔比星

四、抗肿瘤植物药

主要包括长春碱类（长春碱、长春新碱、长春地辛、长春瑞滨等）；紫杉醇类（紫杉醇、多西他赛等）；喜树碱类（拓扑替康、伊立替康、羟喜树碱等）；鬼臼毒素衍生物类（依托泊苷、替尼泊苷）、高三尖杉酯碱等。此类药物是从天然植物中提取出来的，具有一定活性、作用机制独特、毒副作用低的特点。

紫杉醇[典][基][医保(甲)]

Paclitaxel

【商品名】泰素，紫素，特素

【适应证】对卵巢癌、乳腺癌、非小细胞肺癌有较好的疗效，对头颈癌、食管癌、胃癌、膀胱癌、恶性黑色素瘤、恶性淋巴瘤等有效。

【代表制剂与用法】紫杉醇注射液：无色至淡黄色的澄明黏稠液体，每支5ml：30mg；10ml：60mg；16.7ml：100mg；25ml：150mg。静脉滴注：时间大于3小时。①单药治疗，一次135~200mg/m^2，在G-GSF支持下剂量可达250mg/m^2。②联合用药，一次135~175mg/m^2，3~4周1次。应在治疗前12小时及6小时口服地塞米松20mg，治疗前30~60分钟肌内注射苯海拉明50mg并静脉注射西咪替丁300mg或雷尼替丁50mg。

【典型不良反应】①过敏反应：主要表现为支气管痉挛性呼吸困难、低血压、血管神经性水肿、全身荨麻疹。过敏反应通常发生在用药后最初的10分钟内，为剂量非依赖毒性。②神经毒性：为周围神经毒性，表现为指（趾）末端麻木及感觉异常。③骨关节和肌肉疼痛：一般较轻，发生率与严重程度明显与剂量相关。④心血管毒性、肝脏毒性。⑤输注药物的血管周围及药物外渗局部偶见炎症反应。

【用药指导】（1）用药注意　①为预防有可能发生的过敏反应，紫杉醇治疗前应用地塞米松、苯海拉明和 H_2 受体拮抗剂进行预处理。②给药期间尤其输注开始的 15 分钟内应密切观察有无过敏反应。③滴注紫杉醇时应采用非聚氯乙烯材料的输液瓶和输液器，并通过所连接的过滤器，过滤器的微孔膜应小于 0.22μm。

（2）药物评价　①紫杉醇由于水溶性小，其注射液通常会加入表面活性剂，如聚环氧化蓖麻油等助溶剂，可导致过敏反应。②至今尚未发现有比紫杉醇更好的植物抗癌药，今后几年，紫杉醇仍将是国际抗肿瘤药物市场的"中坚产品"。

【商品信息】紫杉醇来自太平洋短叶紫杉属植物及中国的红豆杉树皮，是一种天然产品，通过半合成制得。目前临床使用的紫杉醇制剂主要有注射液、脂质体、白蛋白结合型。国内生产企业有北京四环、海口制药、北京协和、四川太极、山东鲁抗辰欣药业等。

【贮藏】遮光，密闭，在 25℃ 以下保存。

其他主要抗肿瘤植物药见表 20-4。

表 20-4　其他主要抗肿瘤植物药

药品名称	药品特点
注射用长春新碱	临床应用较广，对骨髓抑制较轻，但周围神经损害较重
注射用多西他赛	作用与紫杉醇相同，神经毒性和心脏毒性较轻，骨髓抑制较明显
伊立替康注射液	晚期大肠癌的一线用药
注射用羟喜树碱	主要对肝癌、大肠癌、肺癌和白血病有效
注射用依托泊苷	在同类药物中毒性较低，对小细胞肺癌和淋巴瘤、睾丸肿瘤等疗效突出
高三尖杉酯碱注射液	对急性粒细胞白血病疗效较好

五、激素类药

激素失调能诱发多种肿瘤，与许多肿瘤的发生和生长有着密切关系，改变激素平衡可以有效地抑制肿瘤的生长环境。部分源于激素依赖性组织的肿瘤，仍可部分地保留对激素的依赖性和受体，通过内分泌或激素治疗，直接或间接通过垂体的反馈作用，改变原来机体的激素平衡和肿瘤生长的内环境，抑制肿瘤的生长。因而部分激素和抗激素制剂可用于某些肿瘤的治疗。与激素水平有关的肿瘤包括乳腺癌、前列腺癌、甲状腺癌、宫颈癌、卵巢癌、睾丸肿瘤等，尤其是在乳腺癌、前列腺癌的治疗中，激素类药发挥着重要的作用。

常用药物包括雌激素类、雄激素类、孕激素（甲羟孕酮、甲地孕酮）、抗雌激素类（他莫昔芬、托瑞米芬、雷洛昔芬）、抗雄激素类（氟他胺、比卡鲁胺）。

他莫昔芬 [典][基][医保（甲）]
Tamoxifen

【商品名】艾洛克，诺瓦得士，特茉芬

【适应证】用于治疗晚期乳腺癌和卵巢癌。

【代表制剂及用法】枸橼酸他莫昔芬片：白色片，每片 10mg（按他莫昔芬计）。口服，每次 10mg，一日 2 次，可连续使用。

枸橼酸他莫昔芬口服液，规格为 10ml∶20mg（他莫昔芬）。口服，每次 10 ~ 20mg，一日 2 次，可长期服用。

【典型不良反应】①胃肠道反应，如食欲减退、恶心、呕吐、腹泻；②继发性抗雌激素作用，如面部潮红、月经失调、闭经、阴道出血等；③神经精神症状，如头痛、眩晕、抑郁等；④视力障碍；⑤骨髓抑制；⑥其他如皮疹、脱发、体重增加、肝功能异常等。

【用药指导】（1）用药注意 ①所有考虑接受本品治疗的患者应评估任何血栓栓塞增加的风险。②用药前检查有视力障碍、肝肾功能不全者慎用。

（2）药物评价 ①为抗雌激素类药物中临床应用时间最长，应用最广泛的内分泌治疗药物。②临床治疗乳腺癌，有效率一般在 30% 左右。

> **请你想一想**
> 何为靶向抗肿瘤药？

【商品信息】1966 年，他莫昔芬首次在英国合成，原研公司为阿斯利康。目前国内生产企业有扬子江药业、上海复旦复华药业、吉林天力泰药业等。

【贮藏】遮光，密封保存。

其他主要激素类抗肿瘤药见表 20 - 5。

表 20 - 5 其他主要激素类抗肿瘤药

药品名称	药品特点
甲羟孕酮片	主要用于激素依赖性恶性肿瘤的姑息治疗
氟他胺片	用于前列腺癌
托瑞米芬片	用于绝经后妇女雌激素受体阳性和不详的转移性乳腺癌

六、靶向抗肿瘤药

靶向抗肿瘤药按照分子大小，分为大分子单克隆抗体（如利妥昔单抗、西妥昔单抗、曲妥珠单抗等）和小分子化合物（如酪氨酸激酶抑制剂，如伊马替尼、吉非替尼、厄洛替尼）。

利妥昔单抗[基]

Rituximad

【商品名】美罗华，汉利康

【适应证】主要用于复发或耐药的滤泡性中央型淋巴瘤。未经治疗的 CD20 阳性 Ⅲ ~ Ⅳ 期滤泡性非霍奇金淋巴瘤，应给予标准 CVP（环磷酰胺、长春新碱和泼尼松）8 个周期联合治疗。CD20 阳性弥漫大 B 细胞性非霍奇金淋巴瘤（DLBCL），应给予标准 CHOP（环磷酰胺、阿霉素、长春新碱、泼尼松）8 个周期联合治疗。

【代表制剂与用法】利妥昔单抗注射液：无色或淡黄色液体，每支 10ml∶100mg；50ml∶500mg。静脉滴注：应用 0.9%氯化钠或 5%葡萄糖注射液稀释至浓度为 1mg/ml，通过专用输液管给药。初次滴注起始速度 50mg/h；最初 60 分钟后，可每 30 分钟增加 50mg/h，直至最大速度 400mg/h。以后的滴注，起始滴注速度可为 100mg/h，每 30 分钟增加 100mg/h，直至最大速度 400mg/h。

用于滤泡性非霍奇金淋巴瘤，单药治疗，成人一次 $375mg/m^2$，一周 1 次，22 天疗程内共给药 4 次。首次治疗后复发患者，一次 $375mg/m^2$，一周 1 次，连续 4 周。用于弥漫大 B 细胞性非霍奇金淋巴瘤联合 CHOP，一次 $375mg/m^2$，每个化疗周期的第 1 天使用，化疗的其他组分应在本品应用后使用。

【典型不良反应】①常有不同程度的过敏反应，如发热、寒战、发抖，主要发生于首次滴注后 30~120 分钟内，一般在以后注射时减轻，但仍可有轻度的发热。②其他有脸部潮红、血管性水肿、恶心、荨麻疹/皮疹、疲劳、头痛、咽喉刺激、鼻炎、呕吐。

【用药指导】（1）用药注意　①出现严重细胞因子释放综合征的患者应立即停止滴注，并予对症治疗，严密监护至症状和体征消失。②注意超敏反应。③约 50%的患者会出现输液相关不良反应，约 10%的患者较严重，出现低血压、呼吸困难和支气管痉挛。④滴注期间可能出现一过性低血压，滴注前 12 小时及滴注期间应考虑停用抗高血压药。有心脏病史的患者在滴注过程中应严密监护。⑤可能导致严重的皮肤黏膜反应。⑥定期检查全血细胞计数，骨髓功能差的患者慎用。

（2）药物评价　①本药是全球第一个被批准用于临床治疗非霍奇金淋巴瘤（NHL）的单克隆抗体。②治疗中患者对其具有良好的血液学耐受性，毒副作用较小，但价格昂贵。

【商品信息】美罗华（利妥昔单抗）是由罗氏（Roche）公司生产的单克隆抗体。2019 年 2 月，国家药品监督管理部门批准上海复宏汉霖生物制药有限公司研制的利妥昔单抗注射液上市注册申请。

【贮藏】避光，在 2~8℃冷藏箱中保存。

你知道吗

格列卫

随着电影《我不是药神》火爆上映，影片中的"格列宁"几乎一夜之间为大家所知晓。其实，它的现实原型药叫格列卫（通用名为甲磺酸伊马替尼）。格列卫于 2002 年进入中国市场，当时规格 0.1g*120 片的定价为 23500 元。慢性粒细胞白血病患者每个月需要服用一盒，按这个价格，很多本就不富裕的家庭背上了沉重的包袱。以格列卫为代表的靶向药，给肿瘤患者带来了生的希望，但这些"贵族药"也让很多患者望而生畏。幸运的是，格列卫于 2017 年 9 月 1 日正式被纳入国家医保目录，属于有限制范围的乙类药品。国产的甲磺酸伊马替尼生产企业有江苏豪森药业、正大天晴药业、石药集团。

其他主要靶向抗肿瘤药见表 20-6。

表 20 - 6 其他主要靶向抗肿瘤药

药品名称	药品特点
吉非替尼片	第一代靶向药物，适用于非小细胞肺癌
注射用曲妥珠单抗	治疗转移性乳腺癌
西妥昔单抗注射液	治疗转移性结直肠癌

七、铂类抗肿瘤药 [e]微课

铂类化合物可与 DNA 结合，破坏其结构与功能，使肿瘤细胞 DNA 复制停止，阻碍细胞分裂。其抗瘤谱非常广泛，常用铂类化合物有顺铂、卡铂和奥沙利铂。常见消化道反应（恶心、呕吐、腹泻）、肾毒性、耳毒性、神经毒性、低镁血症等，也可出现骨髓功能抑制、过敏反应。

奥沙利铂 [典][基][医保(乙)]

Oxaliplatin

【商品名】乐沙定，艾恒，艾克博康

【适应证】用于经氟尿嘧啶治疗失败后的结直肠癌转移的患者，可单独或联合氟尿嘧啶使用。辅助治疗原发肿瘤完全切除后的Ⅲ期结肠癌。

【代表制剂及用法】注射用奥沙利铂：白色或类白色冻干疏松块状物或粉末。每支 50mg；100mg。每次单药剂量为 $130mg/m^2$，联合用药剂量为 $100mg/m^2$ 或 $130mg/m^2$，静脉滴注 2 小时，21 日后重复 1 次。

【典型不良反应】①神经毒性：主要表现为感觉迟钝、感觉异常、遇冷加重，偶见可逆性急性咽喉感觉异常。②胃肠道反应：一般多为轻、中度，有恶心、呕吐和腹泻，而腹泻反应较常见。③血液学毒性：发生率不高，多为轻、中度。④其他：局部静脉炎、轻度氨基转移酶升高。

【用药指导】（1）用药注意　①因与氯化钠和碱性溶液特别是 5 - 氟尿嘧啶之间存在配伍禁忌，本品不要与上述制剂混合或通过同一条静脉同时给药。②勿与具有潜在性神经毒性的药物合并使用。③用药期间，勿吃冷食，禁用冰水漱口。

（2）药物评价　①本药为第三代铂类抗肿瘤药，当前联合化疗中最常用的药物之一。毒性反应低，而且抗肿瘤活性谱广。②对耐顺铂、卡铂的肿瘤细胞有显著的抑制作用，常与其他化疗药联合使用。

【商品信息】主要剂型为粉针、注射液及甘露醇注射液。目前国内生产企业有江苏恒瑞医药、深圳海王药业、四川美大康佳乐药业、江苏奥赛康药业、齐鲁制药、扬子江药业等。进口产品主要是法国赛诺非安万特（Sanofi - Aventis）的注射用奥沙利铂。

【贮藏】遮光，密闭保存。

目标检测

选择题

1. 下列药物中，（　　　）是植物类抗肿瘤药物。

    A. 紫杉醇注射液　　　　　　　　　　B. 伊立替康注射液

    C. 注射用盐酸多柔比星　　　　　　　D. 环磷酰胺片

2. 紫杉醇的主要剂型为（　　　）。

    A. 片剂　　　　　B. 胶囊　　　　　C. 栓剂　　　　　D. 注射液

3. 阿霉素指（　　　）。

    A. 紫杉醇　　　　B. 伊立替康　　　C. 盐酸多柔比星　　D. 环磷酰胺

4. 下列属于抗生素类抗肿瘤药的是（　　　）。

    A. 紫杉醇　　　　B. 博来霉素　　　C. 盐酸多柔比星　　D. 环磷酰胺

（邵　璟）

书网融合……

e 微课　　　　划重点　　　　自测题

▶▶ 项目二十一　影响机体免疫功能药

学习目标

知识要求

1. **掌握**　影响机体免疫功能常用药的名称、适应证、用药指导。

2. **熟悉**　常用影响机体免疫功能药的代表制剂及用法、典型不良反应。

3. **了解**　常见影响机体免疫功能药物的商品信息。

能力要求

1. 能按用途、剂型及分类管理要求陈列药品并对其进行正常养护。

2. 能对本类药品进行全面评价，能指导患者合理使用影响免疫功能的药品。

3. 能介绍新上市品种的特点，并进行同类药品的比较。

　　机体免疫系统发挥着识别和处理抗原性异物的作用。免疫系统由参与免疫反应的各种细胞、组织和器官如胸腺、淋巴结、脾脏等及分布在全身体液和组织中的淋巴细胞和浆细胞组成。这些组分及其正常功能是机体免疫功能的基本保证，任何一方面的缺陷都将导致免疫功能障碍，丧失抗感染能力或形成免疫性疾病，如过敏反应、自身免疫性疾病、免疫缺陷病和免疫增殖病等。

　　人体的免疫应答反应分三期。①感应期：巨噬细胞和免疫活性细胞处理和识别抗原。②增殖分化期：免疫活性细胞被抗原激活后分化增殖并产生免疫活性物质。③效应期：致敏淋巴细胞或抗体与相应靶细胞或抗原接触，产生细胞免疫或体液免疫。

　　影响机体免疫功能的药物能够通过调节机体的免疫应答反应和免疫病理反应来调节机体的免疫功能，防治免疫功能异常所致的疾病。按照作用方式不同分为免疫抑制药和免疫增强药。

　　免疫抑制药是一类能抑制免疫反应的药物，主要用于过敏反应、自身免疫性疾病和抑制器官移植的排斥反应。

　　免疫增强药是一类能增强机体免疫功能的药物。其作用是通过激活免疫细胞，增强机体的非特异性或特异性免疫，使低下的免疫功能恢复正常；或具有免疫佐剂作用，增强与之合用的抗原的免疫原性，加速诱导免疫应答反应；或替代体内缺乏的免疫活性物质，具有免疫替代作用。多数免疫增强药具有双向调节作用，能使过高或过低的功能恢复正常，又称"免疫调节药"。临床主要用其增强免疫作用，治疗免疫缺陷性疾病以及增强抗感染和抗肿瘤的能力。

人体免疫系统及药物见图 21-1。

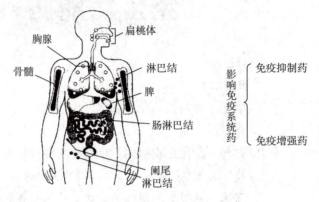

图 21-1　人体免疫系统及药物

任务一　免疫抑制药　微课

岗位情景模拟

情景描述　患者，男，46 岁，因肾功能衰竭，在有配型合适的供体后，进行了器官移植。

讨论　1. 为什么要配型合适才可移植？

2. 手术后怎样克服排斥反应？

免疫抑制药物有如下特点：①对免疫系统以及免疫细胞缺乏选择性和特异性，因而往往全面抑制机体的免疫功能，在抑制免疫病理反应的同时，也抑制正常的免疫应答反应，对细胞免疫和体液免疫都有抑制作用，长期应用不良反应较多，如降低机体抵抗力而易诱发感染、增加肿瘤发生率、抑制骨髓造血功能及影响生殖系统功能等。②一般只能控制症状，但不能改变机体自身免疫体质，不能根治疾病。③对正在增殖的免疫细胞的抑制作用较强，对已分化成熟的免疫细胞如浆细胞等作用较弱。④不同类型的免疫病理反应对免疫抑制药的敏感性不同。⑤不同的免疫抑制药作用的最佳时间不同。如在抗原刺激前24~48小时，用糖皮质激素，抑制作用最强；而在抗原刺激后24~48小时，用巯嘌呤，抑制作用最强。⑥一些免疫抑制药有抗炎作用，如甲氨蝶呤、糖皮质激素等，可减轻炎症反应。常用的免疫抑制药主要有以下几类。

1. 糖皮质激素类 常用药有泼尼松等。

2. 钙调磷酸酶抑制药 常用药有环孢素、他克莫司、西罗莫司等。

3. 抗代谢药 常用药有硫唑嘌呤、甲氨蝶呤、来氟米特、吗替麦考酚酯、咪唑立宾等。

4. 烷化剂 常用药有环磷酰胺、白消安、噻替派等。

5. 抗体类 常用药有抗淋巴细胞球蛋白、英夫利昔单抗、阿达木单抗、巴利昔单抗等。

使用须注意：①宜采用多种药物小剂量合用，以增强疗效，减低毒性。②治疗自体免疫性疾病时，宜首先选用糖皮质激素类，如果疗效不好或不能耐受时，再考虑合用或改用其他免疫抑制剂。

环孢素[典][基][医保(甲)]

Cyclosporin

【商品名】新山地明，田可，新赛斯平，因普兰他

【适应证】已广泛用于肾、肝、胰、心、肺、皮肤、角膜及骨髓等器官或组织移植的排斥反应，常与肾上腺皮质激素合用。也可用于治疗其他药物无效的难治性自身免疫性疾病，如类风湿关节炎、系统性红斑狼疮、银屑病、皮肌炎等。

【代表制剂及用法】环孢素口服溶液：淡黄色或黄色的澄清油状液体，每瓶50ml：5g。口服。于移植前4~12小时起每日每千克体重服15mg，到手术后1~2周，每日减量每千克体重2mg，达到每日每千克体重6~8mg的维持量。空腹使用，每日两次。

环孢素软胶囊：内容物为淡黄色或黄色的油状液体，每粒10mg；25mg；50mg；100mg。成人口服常用量：开始剂量按体重每日12~15mg/kg，1~2周后逐渐减量，一般每周减少开始用药量的5%，维持量为每日5~10mg/kg。对于移植手术的患者，在移植前4~12小时给药。

环孢素注射液：黄色澄明液体，每瓶5ml：250mg。本品浓缩液应用0.9%氯化钠注射液或5%葡萄糖液按1：20或1：100比例稀释，然后缓慢输入静脉，时间应超过2~6小时。建议用量为3~5mg/kg，约相当于口服剂量的1/3。

环孢素滴眼液：淡黄色的澄明油状液体，每支3ml：30mg。滴眼。将药物滴入结膜囊内，每日4~6次，每次1~2滴。

【典型不良反应】①肾毒性、肝毒性。②高血压、高脂血症。③震颤、头痛、肌痛等中枢神经系统症状。④恶心、畏食、齿龈增生等。

【用药指导】（1）用药注意　①静脉给药只用于无法口服的患者，相当多病人静脉给药会发生过敏反应。②本药对肾毒性大，用药前后均监测肝肾功能，每日剂量不超过17mg/kg为宜。③与非甾体抗炎药合用，可使肾衰竭的危险性增加，应避免合用。④妊娠期及哺乳妇女和儿童，近日接触或发作过水痘、带状疱疹及注射肝炎病毒等疫苗者禁用。

（2）药物评价　①环孢素是一种从真菌代谢产物中提取出来的免疫抑制剂，与激素和硫唑嘌呤相比，其免疫抑制作用更具有选择性。②自从环孢素应用于临床抗排异以来，大部分免疫排异反应已经能够得到有效地控制，使器官移植术后生存率得到了显著的提高。③本药口服吸收不完全，胆汁是影响其吸收和排泄的一个重要因素。④不良反应发生率较高，其严重程度、持续时间均与剂量、血药浓度相关，多为可逆性。应严格遵医嘱按时按量服药，禁忌自行调整用药剂量，必要时应监测血药浓度。

【商品信息】　环孢素滴眼液为华北制药研制生产，北京双鹭药业为国内环孢素注射液唯一生产商。环孢素胶囊、软胶囊及口服溶液的生产企业较多，目前国内生产企业有华北制药、杭州中美华东制药、瑞士诺华制药、丽珠集团等。

【贮藏】　遮光、密封，在阴凉干燥处保存。

你知道吗

器官移植免疫抑制药

进入21世纪，器官移植作为外科领域的发展重点在我国得到了迅速的发展，新的免疫抑制药的应用大大促进了器官移植手术的成功率。

他克莫司的免疫抑制作用是环孢素的数十倍以上，但肝毒性远小于环孢素，感染发生率及对血压、血脂的影响弱于环孢素；鉴于其肾脏毒性，他克莫司禁与环孢素A联合应用。

西罗莫司是目前世界上最新的强效免疫抑制药，与环孢素和他克莫司相比，也是肾毒性最低的免疫抑制药。

由于器官移植后绝大多数的患者需终身服用免疫抑制药进行抗排斥反应，每年都有新移植患者加入进来，免疫抑制药市场有加速上升的趋势。由于本类药物价格相对较贵，准入门槛高，安斯泰来、罗氏、诺华等外资企业主导市场，国内企业华北制药、浙江海正药业等也相继推出了自己的产品。

其他常用免疫抑制药见表21-1。

表21-1　其他常用免疫抑制药

药品名称	药品特点
他克莫司胶囊	疗效似环孢素，不能与环孢素合用，不良反应似环孢素但更严重，肾毒性和神经毒性的发生率更高。妊娠期及哺乳期妇女禁用。对他克莫司过敏者禁用

续表

药品名称	药品特点
吗替麦考酚酯片	与环孢素或他克莫司、皮质激素合用效果好。对本品过敏者禁用。妊娠期、哺乳期妇女禁用。使皮肤癌发生的风险增加，避免日晒
来氟米特片	不良反应少而轻。肝损害者、肾功能不全者、免疫缺陷者、骨髓发育不良者慎用。妊娠期、哺乳期妇女禁用

任务二　免疫增强药

免疫调节药种类繁多，常用的药物有左旋咪唑、卡介苗、白介素－2、干扰素、转移因子、胸腺素、免疫核糖核酸、丙种球蛋白等，其中以干扰素类药物应用较广。

左旋咪唑[典]
Levamisole

【别名】盐酸左旋咪唑，Lms

【适应证】用于肿瘤术后或放疗、化疗的辅助治疗，使缓解期延长、肿瘤复发率和死亡率降低。也用于自身免疫性疾病，如类风湿关节炎、系统性红斑狼疮及上呼吸道感染、小儿呼吸道感染、支气管哮喘。作为驱虫药对蛔虫病、钩虫病、蛲虫病和粪类圆线虫病有较好疗效。

【代表制剂及用法】片剂、肠溶片；25mg，50mg。肿瘤辅助治疗：每日150～250mg，连服3日，停11日，再进行下一疗程；治疗类风湿：每次50mg，每日3次，可连续服用。

【典型不良反应】①消化道反应：恶心、呕吐、腹痛、食欲减退等。②过敏反应：荨麻疹。③嗜睡、头痛、乏力、发热等中枢神经系统症状。④少数患者有白血病及血小板减少、血压低、脉管炎等。

【用药指导】（1）注意事项　①肝炎活动期禁用。②类风湿关节炎患者服用本品后易诱发粒细胞缺乏症。③干燥综合征患者慎用。

（2）药物评价　为广谱驱肠虫药，后发现其具有双向免疫调节作用，用于免疫功能低下者，可减少感染的发病率、严重程度和对抗菌药的依赖。

【商品信息】我国于1973年开始生产。国内生产企业有广州敬修堂制药、山西太原制药、西安利君制药、白云山制药、北京紫竹药业等。

【贮藏】密封保存。

你知道吗

干扰素

干扰素（Interferon，简称IFN）是由细胞基因控制，在特定诱导剂的作用下产生的一类高活性、多功能的细胞因子，具有广谱抗病毒、抗肿瘤作用，并可调节人体免疫功能。临床可用于慢性乙肝、恶性肿瘤及获得性免疫缺陷综合征等多种疾病的辅助治疗。根据来源的不同，干扰素可分 α、β、γ 三种类型。

（1）干扰素 α　人白细胞产生的干扰素为干扰素 α（IFNα），又称人白细胞干扰素。由于其蛋白分子变异和肽类氨基酸序列的不同，又可分为 α2a、α2b、α2c 三种。

（2）干扰素 β　人纤维母细胞产生者为干扰素 β（IFNβ），又称为人纤维母细胞干扰素。

（3）干扰素 γ　由特异性抗原刺激 T 淋巴细胞产生干扰素 γ（IFNγ）。

干扰素也可通过大肠埃希菌、酵母菌基因工程重组（recombinant）而得，这些干扰素常冠以"r"，如 rIFNα2b。由于基因重组干扰素纯度高，已成为干扰素的主要品种。

由于制备大量干扰素有一定的困难，价格也较贵，故也可应用干扰素诱导剂诱生干扰素。

重组人干扰素 α1b [典][医保(乙)]

Recombinant Human Interferon α1b

【商品名】运德素，赛若金，滴宁

【适应证】适用于治疗病毒性疾病和某些恶性肿瘤。已批准用于治疗慢性乙型肝炎、丙型肝炎和毛细胞白血病。已有临床试验结果或文献报告用于治疗病毒性疾病如带状疱疹、尖锐湿疣、流行性出血热和小儿呼吸道合胞病毒性肺炎等有效，可用于治疗恶性肿瘤如慢性粒细胞白血病、黑色素瘤、淋巴瘤等。滴眼液可用于治疗眼部病毒性疾病。

【代表制剂及用法】重组人干扰素 α1b 注射液：无色透明液体，每支 10μg；20μg；30μg；50μg。慢性乙型肝炎：每次 30~50μg，隔日 1 次，皮下或肌内注射，疗程 4~6 个月，可根据病情延长疗程至 1 年。可进行诱导治疗，即在治疗开始时，每天用药 1 次，0.5~1 个月后改为每周 3 次，到疗程结束。

注射用重组人干扰素 α1b：白色薄壳状疏松体，每支 10μg；20μg；30μg；40μg；50μg；60μg。本品一次 30~60μg，隔日 1 次，皮下或肌内注射。

重组人干扰素 α1b 滴眼液：微黄色液体，每支 2ml：20 万 IU。用法：旋下瓶盖，于结膜囊内滴本药一滴，滴后闭眼 1~2 分钟。急性炎症期，每日滴用 4~6 次，随病情好转逐渐减为每日 2~3 次，基本痊愈后改为每日 1 次，继续用药一周后停药。

【典型不良反应】①最常见的不良反应是流感综合征，常在用药初期出现寒战、发热、出汗、头痛、肌肉关节痛、全身倦怠等症状，并具有剂量依赖性，减量或停药后症状消失。②其他可有白细胞减少、轻度贫血、心悸、高血压、心律失常、干咳、嗜睡、运动感觉障碍等。

【用药指导】（1）用药注意　①过敏体质、严重肝肾功能不良、白细胞及血小板减少症患者慎用。②制品溶解后应一次用完，不得分次使用。

（2）药物评价　①具有广谱的抗病毒、抗肿瘤及免疫调节功能。②作用温和。

【商品信息】国内市场上的主要品种有北京三元的运德素和深圳科兴的赛若金。滴眼剂有长春长生的滴宁等。

【贮藏】2~8℃，避光保存。

重组人干扰素 α2b $^{[典][医保(乙)]}$

Recombinant Human Interferon α2b

【商品名】安达芬，甘乐能，凯因益生，安福隆，英特龙

【适应证】用于治疗某些病毒性疾病，如急慢性病毒性肝炎、带状疱疹、尖锐湿疣。用于治疗某些肿瘤，如慢性白血病、多发性骨髓瘤、淋巴瘤、恶性黑色素瘤等。

【代表制剂及用法】重组人干扰素 α2b 注射液：无色透明液体，无肉眼可见的不溶物，每支 100 万 IU；300 万 IU；500 万 IU；600 万 IU。本品可以肌内注射、皮下注射和病灶注射。

慢性乙型肝炎、急慢性丙型肝炎、丁型肝炎：皮下或肌内注射，每天（3~6）× 10^6 IU，连用四周后改为 3 次/周，连用 16 周以上。

注射用重组人干扰素 α2b：微黄色或白色疏松体，溶解后为澄明液体，无肉眼可见的不溶物，每瓶 100 万 IU；300 万 IU；500 万 IU；600 万 IU。慢性乙型肝炎：皮下或肌内注射，每天 3~6× 10^6 IU，连用四周后改为 3 次/周，连用 16 周以上。

【典型不良反应】①治疗宫颈糜烂：个别患者偶可出现轻度瘙痒、下腹部坠胀、分泌物增多，停药后自行消失，未见其他明显不良反应。②治疗病毒性皮肤病：用药期间偶见轻度瘙痒、灼痛，不需终止治疗可自行缓解。

【用药指导】（1）用药注意　①本品注射液为无色透明液体，如遇有浑浊或沉淀等异常现象、药瓶或预灌装玻璃注射器有损坏则不得使用。②患有严重心脏疾病、严重的肝肾或骨髓功能不正常者、癫痫及中枢神经系统功能损伤者禁用。

（2）药物评价　本药对病毒性疾病效果良好，对肿瘤的治疗最好与其他抗肿瘤药物合用以取得更大的疗效。

【商品信息】已开发预充式重组人干扰素 α2b 注射液，除注射剂外还有滴眼液、栓剂、乳膏剂、阴道泡腾片等剂型。国内主要生产企业有先灵葆雅、安徽安科、天津华立达等。

【贮藏】2~8℃，避光保存。

你知道吗

白细胞介素

白细胞介素（Iterleukins，IL）是由淋巴细胞、单核细胞或其他非单个细胞产生的细胞因子，它在细胞间相互作用、免疫调节、造血以及炎症过程中起重要作用，到目前为止共命名的 IL 有 18 种，已在临床应用的有白细胞介素 -2（IL-2）。

重组人白细胞介素 – 2 [典][医保(乙)]

Recombinant Human Interleukin – 2

【商品名】新德路生，远策欣

【适应证】用于慢性肝炎、免疫缺陷病如艾滋病及恶性肿瘤（如肾细胞癌、黑色素瘤、结肠和直肠癌等）的辅助治疗。用于癌性胸腹水的控制；对某些病毒性、细菌性疾病、胞内寄生菌感染性疾病，如乙型肝炎、麻风病、肺结核、白色念珠菌感染等具有一定的治疗作用。

【代表制剂及用法】注射用重组人白细胞介素 – 2：白色薄壳状疏松体，每瓶 5 万 IU；10 万 IU；20 万 IU；50 万 IU；100 万 IU。本品应在临床医师指导下使用。①皮下注射：60 万 ~ 150 万 IU/m^2，用 2ml 溶解液溶解，一日 1 次，每周 5 次，4 周为一疗程。②静脉注射：20 万 ~ 40 万 IU/m^2，溶于 500ml 0.9% 氯化钠注射液，滴注 2 ~ 4 小时，一日 1 次，每周 5 次，4 周为一疗程。③肿瘤病灶局部给药：根据瘤灶大小决定剂量，每次每个病灶注射不少于 10 万 IU，隔日一次，4 周为一疗程。

【典型不良反应】①发热、寒战，与用药剂量有关，一般是一过性发热（38℃左右），亦可有寒战、高热，停药后 3 ~ 4 小时体温多可自行恢复到正常温度。②个别患者可出现恶心、呕吐、类感冒症状。皮下注射者局部可出现红肿、硬结、疼痛，所有副反应停药后均可自行恢复。③使用较大剂量时，可能会引起毛细血管渗漏综合征，表现为低血压、末梢水肿、暂时性肾功能不全等。

【用药指导】（1）用药注意　①必须在有经验的专科医生指导下慎重使用。②使用应从小剂量开始，逐渐增大剂量。应严格掌握安全剂量。③过敏体质、心脏病患者、严重肝肾损害者慎用。

（2）药物评价　使用低剂量、长疗程用药可降低毒性，并可维持抗肿瘤活性。

【商品信息】此药品的剂型有注射剂和冻干粉针剂两种。生产企业有北京四环生物制药、北京远策药业、江苏金丝利药业、深圳市海王英特龙、沈阳三生制药等企业。

【贮藏】2 ~ 8℃ 避光保存。

重组人粒细胞 – 巨噬细胞集落刺激因子 [典]

Recombinant Human Granulocyte – Macrophage Colony Stimulating Factor

【商品名】特尔立，格宁，尤尼芬，先特能

【适应证】预防和治疗肿瘤放疗或化疗后引起的白细胞减少症；治疗骨髓造血机能障碍及骨髓增生异常综合征；预防白细胞减少可能潜在的感染并发症；使中性粒细胞因感染引起数量减少的回升速度加快。

【代表制剂及用法】注射用重组人粒细胞巨噬细胞集落刺激因子：每支 50μg；75μg；100μg；150μg；300μg。肿瘤放、化疗后：放、化疗停止 24 ~ 48 小时后方可使用本品，用 1ml 注射用水溶解本品（切勿剧烈振荡），在腹部、大腿外侧或上臂三角肌处进行皮下注射，一日 3 ~ 10μg/kg，持续 5 ~ 7 天。本品停药后至少间隔 48 小时方可进行下一疗程的放、化疗。骨髓移植：5~10μg/kg，静脉滴注4~6小时，每日1次，持续应用至连续3天中性粒细胞绝对数≥1000/ml。骨髓增生异常综合征/再生障碍性贫血：按体重一次3μg/kg，一日1次，皮下注射，需2~4天才观察到白细胞增高的最初效应，以后调节剂量使白细胞计数维持在所期望水平，通常<10000/μl。

【典型不良反应】安全性与剂量和给药途径有关。可出现发热、寒战、恶心、呼吸困难、腹泻，一般的常规对症处理便可使之缓解；还有皮疹、胸痛、骨痛和腹泻等。

【用药指导】（1）用药注意 ①必须在有经验的专科医生指导下慎重使用。②本品属蛋白质类药物，用前应检查是否发生浑浊，如有异常，不得使用；③不应与抗肿瘤放、化疗药同时使用，如要进行下一疗程的抗肿瘤放、化疗，应停药至少48小时后，方可继续治疗；④孕妇、高血压患者及有癫痫病史者慎用；⑤用药过程中应定期检查血常规。

（2）药物评价 作用于造血祖细胞，促进其增殖和分化，其重要作用是刺激粒、单核巨噬细胞成熟，促进成熟细胞向外周血释放，并能促进巨噬细胞及嗜酸性细胞的多种功能。

【商品信息】先特能是仙灵葆雅公司在国内上市销售的产品，国内还有厦门特宝、上海东昕、安徽江中高邦制药等公司生产。

【贮藏】2~8℃，避光保存。

重组改构人肿瘤坏死因子

Recombinant Mutant Human Tumor Necrosis Factor

【商品名】天恩福

【适应证】与NP、MVP化疗方案联合，可试用于经其他方法治疗无效或复发的晚期非小细胞肺癌患者；与BACOP化疗方案联合，可试用于经化疗或其他方法治疗无效的晚期非霍奇金氏淋巴瘤患者。

【代表制剂及用法】注射用重组改构人肿瘤坏死因子：每瓶50万IU，与其他化疗药物联合使用，每周的第3~7天用药，剂量为每平方米60~90万单位，用0.9%氯化钠注射液稀释至20ml，5~8分钟内恒速静脉推注。

【典型不良反应】发热、感冒样症状、注射局部疼痛、局部红肿硬结、骨肌肉疼痛等。

【用药指导】（1）用药注意 ①必须在三甲医院内并在有经验的临床医师指导下使用。②过敏体质，特别是对肽类药品或生物制品有过敏史者慎用。③静脉给药时及给药后2小时内，医护人员应严密观察患者，如出现不良反应，可给予对症处理。④药瓶如有裂缝、破损者不能使用。药品溶解后应为透明液体，如有浑浊、沉淀和不溶物等现象，则不能使用。药物溶解后应一次用完，不可多次使用。

（2）药物评价 与CAP化疗方案联合试用于经其他方法治疗无效或复发的晚期非小细胞肺癌患者。

【商品信息】国内主要生产企业是上海唯科生物制药有限公司。

【贮藏】2~8℃避光保存。

目标检测

一、选择题（1～3题为单选题，4～10题为多选题）

1. 应用最广的免疫调节药是（　　　）。
   A. 干扰素　　　　　　　　　　B. 环孢素
   C. 白细胞介素　　　　　　　　D. 细胞集落刺激因子

2. 具有广谱抗病毒、抗肿瘤作用，并可调节人体免疫功能的是（　　　）。
   A. 干扰素　　　　　　　　　　B. 环孢素
   C. 肿瘤坏死因子　　　　　　　D. 细胞集落刺激因子

3. 治疗免疫功能低下，又可用于抗肠蠕虫的药物是（　　　）。
   A. 干扰素　　　B. 糖皮质激素　　　C. 环孢素　　　　　D. 左旋咪唑

4. 环孢素的主要剂型有（　　　）。
   A. 口服溶液　　　B. 胶囊　　　C. 注射液　　　　D. 粉针剂

5. 环孢素的常见商品名称有（　　　）。
   A. 田可　　　B. 新山地明　　　C. 赛诺金　　　D. 安达芬

6. 下列药物中具有免疫抑制作用的药物是（　　　）。
   A. 来氟米特　　　B. 西罗莫司　　　C. 吗替麦考酚酯　　D. 环孢素

7. 干扰素具有（　　　）的作用。
   A. 抗肿瘤　　　B. 抗病毒　　　C. 抗真菌　　　D. 调节免疫

8. 左旋咪唑的临床应用包括（　　　）。
   A. 免疫功能低下　　　　　　　B. 驱虫药
   C. 系统性红斑狼疮　　　　　　D. 肿瘤的辅助治疗

9. 属于免疫增强剂的是（　　　）。
   A. 胸腺五肽　　　B. 转移因子　　　C. 干扰素　　　D. 白介素 - 2

10. 属于免疫抑制剂的是（　　　）。
    A. 泼尼松　　　B. 环磷酰胺　　　C. 环孢素　　　D. 白介素 - 2

二、思考题

1. 简述干扰素类免疫调节剂的主要药物及应用特点。

2. 为什么常用的干扰素是重组干扰素？

（邓　媚）

书网融合……

微课　　　　　　　划重点　　　　　　　自测题

▷▷ 项目二十二　调节生活质量药

随着社会经济不断发展，生活水平不断提高，人们的健康意识也不断增强，调节生活质量的药品应用日益增多。本项目主要介绍减肥药、抗骨质疏松药、阿尔茨海默病用药及调节性功能用药。

任务一　减肥药

📑 岗位情景模拟

情景描述　小美感觉最尴尬的就是站在体重秤上的那一刻，虽然平时已经非常注意控制饮食，但体重还在不断往上涨。她看到身边很多朋友在服用"奥利司他"后体重都减轻了，她也到药店来购买此药。

讨论　1. 如何判定小美是否适合服用"奥利司他"？

2. 如果适合服用本品，在服用过程中需要注意什么？

减肥药是指具有减肥瘦身作用的药品，是解决因吃多发胖、久坐发胖、水肿型肥胖、脂肪性肥胖等问题的药品。

你知道吗

肥　胖

肥胖是指一定程度的明显超重与脂肪层过厚，是体内脂肪，尤其是三酰甘油积聚过多而导致的一种状态。由于食物摄入过多或机体代谢的改变而导致体内脂肪积聚过多造成体重过度增长并引起人体病理、生理改变等。

BMI 指数是世界公认的一种评定肥胖程度的分级方法，计算的方式是体重除以身高的平方。BMI 指数 <18.5 为体重过轻；18.5～23.9 为正常体重；24～27.9 为超重；≥28 为肥胖。

肥胖通常为导致高脂血症、2 型糖尿病、脂肪肝、高血压、心血管疾病和癌症等疾病的高危因素，每年全球因此而死亡的人数大概有 300 万。

奥利司他
Orlistat

【商品名】伊宁曼，舒尔佳，赛尼可（Xenical）

【适应证】主要用于肥胖症或体重超重患者（体重指数 ≥24）的治疗。

【代表制剂及用法】奥利司他片：白色或类白色片，每片 0.12g。成人：餐时或餐后 1 小时内口服 1 片。如果有一餐未进或食物中不含脂肪，则可省略一次服药。

奥利司他胶囊：内容物为白色或类白色颗粒，每粒 0.12g。成人：餐时或餐后 1 小时内口服 1 粒。如果有一餐未进或食物中不含脂肪，则可省略一次服药。

【典型不良反应】①常见油性斑点、胃肠排气增多、大便紧急感、脂肪（油）性大便、脂肪泻和大便失禁（随膳食中脂肪成分增加，发生率也相应增高。大部分患者用药一段时间后可改善）。②可引起腹痛、直肠痛、牙齿不适、牙龈不适。

【用药指导】（1）用药注意　①对该药过敏、慢性吸收不良综合征、胆汁淤积症、器质性肥胖者（如甲状腺机能减退症）及孕妇禁用。②18 岁以下儿童、哺乳期妇女不宜使用；肾功能不全者、有高草酸尿和草酸钙肾石病病史的患者慎用。③第一次使用该药前应咨询医师，治疗期间应定期到医院检查。④按推荐剂量服用，不要擅自增加用量；每日服用该药不超过 3 次。⑤服用该药时应注意控制饮食，尽量减少摄入脂肪含量高的食物，同时应注意结合运动。⑥可使脂溶性维生素吸收减少，应注意补充脂溶性维生素，但脂溶性维生素应在服用该药 2 小时后或在睡前服用。

（2）药物评价　①该药为非作用于中枢神经系统的肥胖症治疗药，仅作用于胃肠道，不进入人体血液，也不作用于人体中枢，故全身不良反应较少。②通过减轻体重，可降低与肥胖症相关的危险因素（如心血管疾病的患病风险），也可有效改善糖尿病患者的血脂、血压异常以及胰岛素抵抗等问题。③奥利司他作为国内唯一的 OTC 减肥药，被越来越多的减肥人士所接受。

> **请你想一想**
> 奥利司他的适用人群有哪些？使用过程中需要注意什么？

【商品信息】奥利司他是目前全球唯一的 OTC 减肥药，也是目前最畅销的减肥产品。国外主要生产企业有瑞士 Roche（罗氏）公司、葛兰素史克公司、墨西哥 Serral 公司生。国内主要生产企业有浙江海正药业、重庆植恩药业。

【贮藏】密封，在阴凉干燥处保存。

任务二 抗骨质疏松药

岗位情景模拟

情景描述 患者，男，70岁，因"腿痛"去医院看病，经检查诊断为"骨质疏松症"，医生开具的处方药品为阿仑膦酸钠片，患者到药店购买此药。

讨论 1. 针对该患者情况，你觉得还需要了解患者哪些情况？

2. 你该从哪些方面指导患者服用阿仑膦酸钠？

骨质疏松症是由多种原因导致的骨密度和骨质量下降，骨微结构破坏，造成骨脆性增加，从而容易导致骨折发生的全身性骨病。骨质疏松症分为原发性和继发性两大类。原发性骨质疏松症又分为绝经后骨质疏松症（Ⅰ型）、老年性骨质疏松症（Ⅱ型）和特发性骨质疏松症（包括青少年型）三种。绝经后骨质疏松症一般发生在妇女绝经后5～10年内；老年性骨质疏松症一般指老年人70岁后发生的骨质疏松；而特发性骨质疏松症主要发生于青少年人群，病因尚不明。继发性骨质疏松症的病因很多，临床上以内分泌疾病、结缔组织疾病、肾脏疾病、消化道疾病和药物所致者多见。

你知道吗

骨质疏松症的症状和危害

1. **症状** ①疼痛：患者可有腰背酸痛或周身酸痛，负荷增加时疼痛加重或活动受限，严重时翻身、起坐及行走有困难。②脊柱变形：严重者可有身高缩短和驼背。③骨折：多为脆性骨折，常见于胸、腰椎、髋部、桡、尺骨远端和肱骨近端部位。

2. **危害** 疼痛本身可降低患者的生活质量，脊柱变形、骨折可致残，使患者活动受限、生活不能自理，增加肺部感染、压疮发生率，不仅使患者生命质量降低、死亡率增加，也给个人和家庭带来沉重的经济负担。

抗骨质疏松药物可以预防骨质的丢失和恢复部分骨密度，大大降低骨折的发生率。目前治疗的药物根据其机制主要有两大类。①骨吸收抑制剂。这类药物能有效阻断机体破坏骨骼的过程和途径，起到预防和治疗作用。主要包括三种类型：双膦酸盐、雌激素类药物和选择性雌激素受体调节剂。②骨形成促进剂。这类药物能有效促进骨骼的生长和重建，如甲状旁腺激素。

阿仑膦酸钠[典][医保(乙)]　📱微课

Alendronate Sodium

【商品名】固邦，福善美（Alendros）

【适应证】适用于治疗绝经后妇女的骨质疏松症，也适用于男性骨质疏松症。

【代表制剂及用法】阿仑膦酸钠片：白色或类白色片，每片10mg；70mg。绝经后妇女骨质疏松症：口服，一次10mg，一日一次（早餐前至少30分钟空腹用200ml温水送服）；或一次70mg，一周一次（早餐前至少30分钟空腹用200ml温水送服）。连续6个月为1个疗程。治疗男性骨质疏松症：口服，一次10mg，一日一次（早餐前至少30分钟空腹用200ml温水送服）；作为一种选择，每周一次，一次70mg也可以考虑。

阿仑膦酸钠肠溶片：肠溶包衣片，除去包衣后显白色或类白色，每片10mg；70mg。绝经后妇女骨质疏松症：口服，一次10mg，一日一次（早餐前至少30分钟空腹用200ml温水送服）；或一次70mg，一周一次（早餐前至少30分钟空腹用200ml温水送服）。连续6个月为1个疗程。治疗男性骨质疏松症：口服，一次10mg，一日一次（早餐前至少30分钟空腹用200ml温水送服）；作为一种选择，每周一次，一次70mg也可以考虑。

【典型不良反应】①常见食道溃疡、咽喉灼烧感、口腔炎、腹痛、腹泻、恶心、便秘、消化不良等胃肠道反应。②血钙降低、低磷酸盐血症、短暂白细胞升高等。③部分患者可出现皮疹、荨麻疹、肌肉疼痛等。

【用药指导】（1）用药注意　①儿童、孕妇、哺乳期妇女不宜使用；食道迟缓不能、食道狭窄者、严重肾损害者、骨软化症者禁用；胃肠道紊乱、胃炎、十二指肠炎、溃疡病患者慎用。②开始应用该药前，必须纠正钙代谢和矿物质代谢紊乱、维生素D缺乏和低钙血症。③该药早餐前至少30分钟用200ml温开水送服（不应咀嚼或吮吸药片），用药后至少30分钟方可进食及躺卧（服药后即卧床有可能引起食道刺激或溃疡性食管炎）；患者在就寝前或清早起床前不要服用该药。④与橘子汁和咖啡同时服用会显著地减少该药的吸收；在服用该药前后30分钟内不宜饮用牛奶、奶制品和含钙较高的饮料。⑤服用该药后应至少推迟半小时再服用其他药物。⑥如果漏服了一次每周剂量，应当在记起后的早晨服用一片。不可在同一天服用两片，而应按其最初选择的日期计划，仍然每周服用一片。

（2）药物评价　①该药属于最新一代双膦酸盐类药物，通过抗骨吸收达到治疗骨质疏松的目的，疗效确切。②该药在临床研究中，一般耐受性良好。在一些长达5年的研究中，不良反应通常是轻微的，一般不需要停止治疗。③阿仑膦酸钠价格基本上比较稳定，虽然新药将对老产品造成冲击，但短期内阿仑膦酸钠在国际市场上还不会进

> **请你想一想**
> 在服用阿仑膦酸钠过程中应提醒患者注意哪些问题？

入衰退期。

【商品信息】本品由默沙东公司（在美国和加拿大被称为默克）研发、生产，是治疗骨质疏松症应用历史最长的药物之一。目前国内主要生产企业有海南曼克星制药厂、河北石家庄制药集团有限公司、河北制药集团有限公司、美国默沙东大药厂和中美杭州默沙东制药有限公司等。

【贮藏】密封保存。

鲑降钙素[典]
Salcatonin

【商品名】考克，邦瑞得，密盖息（Miacalcic）

【适应证】适用于禁用或不能使用常规雌激素与钙制剂联合治疗的早期和晚期绝经后骨质疏松症以及老年性骨质疏松症；多种原因所致的高钙血症；变形性骨炎；甲状旁腺功能亢进症；维生素 D 中毒（包括急性或慢性中毒）；痛性神经性营养不良症或 Sudeck 病。

【代表制剂及用法】鲑降钙素注射液：无色的澄明液体。规格有 1ml∶8.3μg（50IU）；1ml∶16.7μg（100IU）。骨质疏松症：皮下或肌内注射，每日一次，每次50～100IU 或隔日 100 IU，为防止骨质进行性丢失，应根据个体需要，适量摄入钙和维生素 D。高钙血症：每日每千克体重 5～10IU，一次或分两次皮下或肌内注射，治疗应根据病人的临床和生物化学反应进行调整，如果注射的剂量超过 2ml，应采取多个部位注射。变形性骨炎：皮下或肌内注射，每日或隔日 100IU。

鲑降钙素鼻喷雾剂：无色澄明液体。规格为 2ml∶4400IU（每喷 200IU）。骨质疏松症：喷鼻，一次一喷，每日或隔日一次；骨质溶解或骨质减少引起的骨痛：喷鼻，一次一喷，每日 1～2 次，需连用数天，才能完全发挥止痛作用。Paget 骨病（变形性骨炎）：喷鼻，一次一喷，每日一次。慢性高钙血症的长期治疗：喷鼻，一次一喷，每日 1～2 次。神经性营养不良症：前 2～4 周，喷鼻，一次一喷，每日一次，以后可根据治疗情况，隔日给药 200 IU，连续 6 周或遵医嘱。

【典型不良反应】①剂量相关性恶心、呕吐、头晕、轻度的面部潮红伴发热感。②少数病人可引起过敏、心动过速、低血压、虚脱、多尿、寒战等。

【用药指导】（1）用药注意　①对降钙素过敏者、孕妇、哺乳期妇女禁用；儿童不宜使用。②长期卧床治疗的患者，每日需检查血液生化指标和肾功能。③慢性鼻炎病人使用该药鼻喷雾剂时应定期作检查，这是因为鼻黏膜炎症时可增加机体对本品的吸收。④抗酸药和导泻剂或金属离子如镁、铁会影响本药吸收；与氨基糖苷类合用会诱发低钙血症。

（2）药物评价　①该药通过其特异性受体，抑制破骨细胞的活性；抑制骨盐溶解，阻止骨内钙释出；改善骨密度，有效缓解疼痛症状。②该药出现

请你想一想
该如何指导患者正确使用鲑降钙素鼻喷雾剂？

的恶心、呕吐、面部潮红和头晕等不良反应与剂量有关。

【商品信息】目前国内生产本品的企业有上海上药第一生化药业有限公司、成都力思特制药股份有限公司、北京双鹭药业股份有限公司、桂林南药股份有限公司、石药集团欧意药业有限公司、青岛国大生物制药股份有限公司等。

【贮藏】避光，密闭，在 2～8℃保存。

任务三　阿尔茨海默病用药

阿尔茨海默病（AD）是一种起病隐匿的进行性发展的神经系统退行性疾病。临床上以记忆障碍、失语、失用、失认、视空间技能损害、执行功能障碍以及人格和行为改变等全面性痴呆表现为特征，病因迄今未明。65 岁以前发病者，称早老性痴呆；65 岁以后发病者称老年性痴呆。女性较男性多（女∶男为 3∶1）。根据认知能力和身体机能的恶化程度分成三个时期：第一阶段（1～3 年），为轻度痴呆期；第二阶段（2～10 年），为中度痴呆期；第三阶段（8～12 年），为重度痴呆期。

你知道吗

世界老年性痴呆宣传日

1906 年德国神经病理学家阿尔茨海默（Alois Alzheimer）首次报告了一例具有进行性痴呆表现的 51 岁女性患者，1910 年这种病被命名为阿尔茨海默病。

9 月 21 日是"世界老年性痴呆宣传日"，也有人将其简称为"世界老年痴呆日"。"世界老年痴呆日"是国际老年痴呆协会于 1994 年在英国爱丁堡第十次会议上确定的。每年在全世界的许多国家和地区都要举办宣传日活动，使全社会都知晓阿尔茨海默病的预防是非常重要的，应当引起足够的重视。

盐酸多奈哌齐[典][医保(乙)]
Donepezil Hydrochloride

【商品名】安理申，思博海

【适应证】适用于轻度或中度阿尔茨海默型痴呆症状的治疗。

【代表制剂及用法】盐酸多奈哌齐片：薄膜衣片，除去包衣后显白色或类白色，每片 5mg。口服，初始用量每次 5mg（1 片），每日一次，睡前服用；并至少将初始剂量维持 1 个月以上，才可根据治疗效果增加剂量至每次 10mg（2 片），仍每日一次，此为最大推荐剂量。

盐酸多奈哌齐胶囊：内容物为白色颗粒状粉末，每粒 5mg。口服，初始用量每次 5mg（1 片），每日一次，睡前服用；并至少将初始剂量维持 1 个月以上，才可根据治疗效果增加剂量至每次 10mg（2 片），仍每日一次，此为最大推荐剂量。

【典型不良反应】①常见恶心、呕吐、腹泻、乏力、倦怠、肌肉痉挛、食欲缺乏等，常为一过性、轻度反应，继续用药可缓解。②少数病人可出现头晕、头痛、精神紊乱、抑郁、多梦、嗜睡、视力减退、胸痛、关节痛等。

【用药指导】（1）用药注意 ①对该药过敏者、对哌啶类衍生物有过敏史者、妊娠期妇女禁用。②对心脏疾患、哮喘或阻塞性肺部疾病患者有影响，也能增加患消化道溃疡的危险性。③拟胆碱作用可能引起尿潴留及惊厥（可能与原发病有关），用药时应注意观察。④与拟胆碱药和其他抑制剂有协同作用。⑤与琥珀胆碱类肌松剂、抗胆碱能药有拮抗作用，不能并用。

（2）药物评价 ①该药是一种长效的阿尔茨海默病（AD）的对症治疗药。②本品是第二代胆碱酯酶（AChE）抑制剂，其治疗作用是可逆性地抑制乙酰胆碱酯酶（AchE）引起的乙酰胆酰水解而增加受体部位的乙酰胆碱含量。多奈哌齐可能还有其他机制，包括对肽的处置、神经递质受体或 Ca^{2+} 通道的直接作用。

【商品信息】盐酸多奈哌齐是唯一同时被美国FDA 和英国 MCA 批准上市的用于轻、中度 AD 对症治疗的新药。目前国内生产企业有江苏豪森药业、厦门金日制药、陕西方舟制药、西安海欣制药、重庆植恩药业、卫材（中国）药业等。

请你想一想
盐酸多奈哌齐在使用时需要注意什么？

【贮藏】遮光，密封，室温干燥处保存。

任务四 调节性功能药

岗位情景模拟

情景描述 某患者因患有"心绞痛"，到药店购买单硝酸异山梨酯片，正好碰到药店在搞促销活动，打算购买活动产品"枸橼酸西地那非片"试一试。

讨论 1. 枸橼酸西地那非片与单硝酸异山梨酯片能同时服用吗？

2. 如果你是店员，你觉得该怎么指导患者用药？

性功能障碍是性行为和性感觉的障碍，常表现为性心理和生理反应的异常或者缺失，是多种不同症状的总称。男性性功能障碍主要包括性欲障碍、阴茎勃起障碍和射精障碍等；女性性功能障碍以性欲障碍和性高潮障碍最为普遍。

枸橼酸西地那非
Sildenafil citrate

【商品名】万艾可，金戈

【适应证】适用于治疗勃起功能障碍。

【代表制剂及用法】枸橼酸西地那非片：浅蓝色菱形薄膜衣，除去薄膜衣后为白色。每片 25mg；50mg；100mg。对大多数患者，推荐剂量为 50mg，在性活动前约 1 小时服用；或在性活动前 0.5～4 小时内的任何时候服用均可。基于药效和耐受性，剂量可增加至 100mg（最大推荐剂量）或降低至 25mg。每日最多服用一次。

【典型不良反应】①常见头痛、潮红、消化不良、鼻塞、尿道感染、视觉异常等。②少数病人可引起腹泻、眩晕、皮疹等。

【用药指导】（1）用药注意　①该药不可与有机硝酸酯类或提供 NO 类药物（如硝普钠）合用。②阴茎解剖畸形（如阴茎偏曲、海绵体纤维化、Peyronie 病）、易引起阴茎异常勃起的疾病（如镰状细胞性贫血、多发性骨髓瘤、白血病）患者慎用。③该药为成人使用，不适用于新生儿、儿童或妇女。未满 18 岁的非成人不得购买。④服用该药期间不宜同时饮酒，否则会减弱该药的勃起功效。

（2）药物评价　①该药不能引起性欲，其作用只是在出现性欲冲动时，帮助 ED（勃起功能障碍）患者恢复正常的勃起功能。②万艾可疗效稳定，安全性高，是全球第一个口服 PDE5 抑制剂（5 型磷酸二酯酶抑制剂），用于治疗男性勃起功能障碍，推动 ED 治疗取得了革命性的进展，有效改善阴茎勃起硬度。

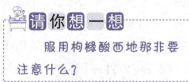

请你想一想

服用枸橼酸西地那非要注意什么？

【商品信息】该药原是由美国辉瑞（Pfizer）制药公司研制生产的一种治疗心绞痛的药物，后发现对治疗阳痿有特殊效果。本品被多个国家和地区的医学指南推荐作为 ED 的一线治疗药，称为"小蓝片"，颜色为浅蓝色，而不是深蓝色。

【贮藏】密封，30℃以下保存。

其他调节生活质量药品见表 22-1。

表 22-1　其他常用调节生活质量药品

药品名称	主要特点
盐酸氯卡色林	用于成人体质指数（BMI）≥27 的肥胖或超重者，并且患者至少有一项与体重相关的疾病（如高血压、2 型糖尿病或高脂血症）；该药对心脏有风险
吡拉西坦	本品是一种新型促思维记忆药，主要用于脑动脉硬化症及血管意外所致的记忆和思维功能减退的治疗
盐酸芬氟拉明	本品为苯丙胺类食欲抑制药，用于单纯性肥胖及伴有糖尿病、高血压、焦虑症、心血管疾病的肥胖患者；对治疗孤独症亦有一定疗效
帕米膦酸二钠	本品为第二代二膦酸盐类药物，用于恶性肿瘤及其骨转移引起的高钙血症及骨质破坏溶解，Paget 病的骨病变及多种原因引起的骨质疏松症

目标检测

一、单选题

1. 鲑降钙素与氨基糖苷类合用会诱发（　　）。

   A. 低钙血症　　　B. 低钾血症　　　　C. 低钠血症　　　　D. 低镁血症

2. 福善美用于治疗（　　）。

   A. 性功能障碍　　B. 阿尔茨海默病　　C. 骨质疏松症　　　D. 高血压

3. 下列关于盐酸多奈哌齐叙述错误的是（　　）。

   A. 始用量每次 5mg（1 片），一日 1 次，睡前服用；并至少将初始剂量维持 1 个月以上，才可根据治疗效果增加剂量至每次 10mg（2 片），一日 1 次

   B. 本品是一种短效的阿尔茨海默病的对症治疗药

   C. 与拟胆碱药和其他抑制剂有协同作用

   D. 与琥珀胆碱类肌松剂有拮抗作用

二、思考题

1. 服用奥利司他应注意哪些问题？
2. 简述盐酸多奈哌齐片的用法。
3. 简述阿仑膦酸钠的用法。

（秦付林）

书网融合……

微课　　　　　划重点　　　　　自测题

项目二十三　调节水、电解质、酸碱平衡药及糖类药

PPT

学习目标

知识要求

1. **掌握**　调节水、电解质和酸碱平衡常用药的名称、适应证、用药指导。

2. **熟悉**　常见水、电解质和酸碱平衡药品及糖类药的代表制剂及用法、典型不良反应。

3. **了解**　常见水、电解质和酸碱平衡药及糖类药的商品信息。

能力要求

1. 能按用途、剂型及分类管理要求陈列药品并对其进行正常养护。

2. 对本类药品进行全面评价，能根据顾客需求推荐药品，指导水、电解质和酸碱平衡药及糖类药的合理使用。

3. 能介绍新上市品种的特点，并进行同类药品的比较。

任务一　调节水、电解质及酸碱平衡药

岗位情景模拟

情景描述　患者，男，28 岁，自述因饮食原因从今日早晨开始出现腹泻，半天时间不到，已经上了 4 次卫生间，现到药店来购药。

讨论　1. 如果你是店员，针对患者脱水情况，应该推荐什么药？

2. 请你为该患者进行健康指导。

水、电解质是人体细胞进行正常代谢所必需的物质，也是维持人体生命和各脏器生理功能所必要的条件。

因疾病、创伤、感染、理化刺激及不恰当的治疗等因素引起机体失去代偿能力，将会出现水、电解质和酸碱平衡紊乱。水、电解质和酸碱平衡紊乱一旦发生，除了调整失衡，还需针对其原发病进行治疗，但是当疾病发展到一定阶段，水、电解质和酸碱平衡紊乱会成为威胁生命的主要因素，则必须及早发现和纠正以挽救病人的生命。

常用的水、电解质和酸碱平衡调节药主要有氯化钠、氯化钾及钙、镁、磷等矿物质盐类。它们在体内参与多种代谢过程及生理活动，并可提供能量，对维持体液容量、

渗透压、各种电解质浓度及酸碱度平衡有重要作用。

本类药品大多属于输液剂。临床各科室几乎都可以使用调节水、电解质及酸碱平衡药，是医药商业中不可忽视的重要商品类别之一。

你知道吗

正常人体液和电解质分布

水是人体内含量最多的成分，体内的水和溶解在其中的物质构成了体液。体液中的各种无机盐、低分子有机化合物和蛋白质都是以离子状态存在的，称为电解质。人体的新陈代谢是在体液中进行的，体液的含量、分布、渗透压、pH及电解质含量必须维持正常，才能保证生命活动的正常进行。

氯化钠[典][基][医保(甲)]

Sodium Chloride

【适应证】用于治疗各种原因所致的缺盐性失水症（如由大面积烧伤、严重吐泻、大量发汗、强利尿药、出血等引起）；也可用于维持血容量；还可用于预防高温作业者中暑或用于清洗伤口、洗眼、洗鼻等。

【代表制剂及用法】氯化钠注射液：无色的澄明液体，味微咸。规格有 2ml：18mg；5ml：45mg；10ml：90mg；20ml：180mg；50ml：0.45g；100ml：0.9g；200ml：1.8g；250ml：2.25g；300ml：2.7g；500ml：4.5g；1000ml：9g。静脉滴注，剂量根据病情而定，一般每次 500~1000ml。

浓氯化钠注射液：无色的澄明液体，味咸。规格有 10ml：1g；100ml：10g。静脉滴注，临用前稀释，用量及浓度视病情需要而定。

复方氯化钠注射液（林格液）：无色的澄明液体，味微咸。规格有 250ml；500ml；1000ml（内含氯化钠0.85%，氯化钾0.03%，氯化钙0.03%）。静脉滴注，剂量视病情需要及体重而定。常用剂量，一次 500~1000ml。

【典型不良反应】①口服可致胃肠道反应，如恶心、刺激感；输液过多、过快，可致水钠潴留，引起水肿、血压升高、心率加快、胸闷、呼吸困难，甚至急性左心衰竭。②过多、过快给予低渗氯化钠可致溶血、脑水肿等。

【用药指导】（1）用药注意 ①儿童及老年人的补液量和速度应严格控制。②心、肾功能不全者慎用。③本品输入过量可引起组织水肿。④其注射液的 pH 为 4.5~7.0。浓氯化钠注射液应稀释后应用。

（2）药物评价 由普通食盐精制而成，是临床最常用的输液药品之一，价格便宜，销售量大。

【商品信息】目前国内生产企业有中国大冢制药、四川美大康药业、北京双鹤药业、杭州民生药业集团、华北制药集团等上百家。剂型有溶液剂、注射剂、片剂等。

【贮藏】密闭保存。

氯化钾 [典][基][医保(甲)]

Potassium Chloride

【适应证】 用于低钾血症（由进食不足、呕吐、严重腹泻、长期应用排钾利尿剂或肾上腺皮质激素等引起）的防治；亦可用于强心苷类中毒。

【代表制剂及用法】 氯化钾片：白色片、糖衣片或薄膜衣片，除去包衣后显白色。每片 0.25g；0.5g。成人每次 0.5~1g，一日 2~4 次，饭后服用，并按病情调整剂量。一般成人每日最大剂量为 6g。

氯化钾缓释片：糖衣片或薄膜衣片，除去包衣后显白色。每片 0.5g。成人每次 0.5~1g，一日 2~4 次，饭后服用。一日最大剂量 6g。

氯化钾注射液：无色澄明液体每支 10ml：1g；10ml：1.5g。静脉滴注：临用前用 5% 葡萄糖注射液稀释至 0.3% 以下。一次 1~1.5g，一日用量视病情需要而定，滴注速度宜慢。

【典型不良反应】 ①口服氯化钾易引起胃部不适。②静脉滴注，氯化钾浓度较高时，能引起静脉炎、静脉痉挛、血钾过高、心房及心室内传导阻滞、窦室停搏等。

【用药指导】 （1）用药注意　①肾功能严重减退者、尿少者慎用。②静脉滴注，应稀释后方可使用，浓度不超过 0.3%，切忌静脉直接推注，稀释后静滴速度不应太快，一日总量的滴入时间不应少于 6~8 小时。③吞服片剂能造成对胃肠的刺激，形成溃疡或坏死等，宜制成溶液并稀释后饭后服用。④其注射液的 pH 为 5.0~7.0。

（2）药物评价　该药注射液为临床常用剂型，价格便宜。

【商品信息】 目前国内生产企业有上海信谊、天津力生、北京双鹤、中国大冢制药、四川科伦、西南药业等。常用制剂有片剂、缓释片、注射液、颗粒等。

【贮藏】 注射液密闭保存；片剂、缓释片密封，在干燥处保存。

> **请你想一想**
> 同为补充电解质的注射剂，氯化钠和氯化钾在适应证和用法上有哪些区别？

口服补液盐 [典][基][医保(甲)]　微课

Oral Rehydration Salt

【商品名】 博叶

【适应证】 可补充液体，调节水、电解质和酸碱平衡。用于各种原因如腹泻引起的轻度或中度脱水，对小儿患者尤为适宜。

【代表制剂及用法】 口服补液盐散（Ⅰ）：白色结晶性粉末。复方制剂，每大包含主要成分葡萄糖 11g、氯化钠 1.75g，每小包含主要成分氯化钾 0.75g、碳酸氢钠 1.25g。口服。临用前将大、小包药品同溶于 500ml 凉开水中。小儿每千克体重 50~100ml，成人总量不得超过 3000ml，分次于 4~6 小时内服完。

口服补液盐散（Ⅱ）：白色结晶性粉末。每包 5.58g（氯化钠 0.7g、枸橼酸钠 0.58g、氯化钾 0.3g、无水葡萄糖 4g）；13.95g（氯化钠 1.75g、枸橼酸钠 1.45g、氯化钾 0.75g、无水葡萄糖 10g）；27.9g（氯化钠 3.5g、枸橼酸钠 2.9g、氯化钾 1.5g、无水葡萄糖 20g）。口服。临用前取一包溶于 500ml 凉开水中。临用时，将本品 1 包（13.95g）溶于 500ml 温水中。成人：① 治疗轻中度失水：轻度失水，开始时 50ml/kg，4~6 小时内饮完，以后酌情调整剂量；中度失水，开始时 50ml/kg，6 小时内饮完，其余应予静脉补液。② 治疗急性腹泻：轻度腹泻，每日 50ml/kg；严重腹泻，应以静脉滴注为主，直至腹泻停止。小儿：治疗轻度失水，开始时 50ml/kg，4 小时内服用，直至腹泻停止。中度脱水应以静脉补液为主。

口服补液盐（Ⅲ）：白色结晶性粉末。每袋 5.125g，含氯化钠 0.65g、氯化钾 0.375g、枸橼酸钠 0.725g 和无水葡萄糖 3.375g。临用前，将一袋量溶解于 250ml 温开水中，随时口服。成人开始时 50ml/kg，4~6 小时内服完，以后根据患者脱水程度调整剂量直至腹泻停止；儿童开始时 50ml/kg，4 小时内服完，以后根据患者脱水程度调整剂量直至腹泻停止。重度脱水或严重腹泻应以静脉补液为主，直至腹泻停止。

【典型不良反应】①开始服用时常见恶心、呕吐，多为轻度，此时可分次少量服用。②高钠血症、水过多，此时应立即停药。

【用药指导】（1）用药注意 ①肾功能不全者（特别是无尿、少尿症患者）、葡萄糖吸收障碍、肠梗阻、肠麻痹、肠穿孔、代谢性碱中毒、不能口服者禁用。②当脱水得到纠正，腹泻停止时，应立即停用。③该药易吸潮结块、变色，轻微吸湿而未变色者，不可服用。

（2）药物评价 ①除补充水、钠和钾外，尚对急性腹泻有治疗作用。本品含有葡萄糖，肠黏膜吸收葡萄糖的同时可吸收一定量的钠离子，从而使肠黏膜对肠液的吸收增加。②本品是世界卫生组织推荐的治疗腹泻脱水有优异疗效的药物，处方组成合理，价廉易得，方便高效，其纠正脱水的速度优于静脉滴注。此疗法不仅适用于医疗条件较好的城市，更适宜于边远的地区。③补液盐Ⅲ更有利于将水及电解质转运至血液循环，能快速纠正机体脱水状态，同时可以减少粪便量、腹泻次数和腹泻持续时间，提高腹泻治疗效果，还能有效降低不良反应发生风险。

> **请你想一想**
>
> 口服补液盐（Ⅲ）较口服补液盐散（Ⅰ）、口服补液盐散（Ⅱ）相比，有哪些优势？

【商品信息】该药主要制剂包括口服补液盐散（Ⅰ）、口服补液盐散（Ⅱ）及口服补液盐溶液（Ⅲ）。目前国内生产企业有上海强生制药、西安安健药业、河南省安阳市第一制药厂、北京曙光药业、北京北卫药业、北京三九药业等。

【贮藏】密封，于干燥处保存。

任务二　糖类药

葡萄糖为人体主要热能来源，临床常用于补充热量，治疗低镁血症，全静脉营养，饥饿性酮症，补充因进食不足或大量体液丢失所致腹泻、剧烈呕吐、脱水等。此外，糖原的合成需要钾离子参与，而钾离子进入细胞内将有助于降低血钾浓度，因此，也常用于高钾血症。

葡萄糖[典][基][医保(甲)]

Glucose

【适应证】用于补充热能和体液；用于各种原因引起的进食不足或大量体液丢失（如呕吐、腹泻等）；用于药物中毒、细菌毒素中毒、妊娠中毒等；也用于肝炎、肝昏迷。高渗溶液作为脱水剂，可用于肺水肿、脑水肿。与胰岛素合用治疗高钾血症。

【代表制剂及用法】葡萄糖注射液：无色或几乎无色的澄明液体。每瓶（支）10ml：2g；20ml：5g；20ml：10g；100ml：5g；100ml：10g；250ml：12.5g；250ml：25g；250ml：50g；250ml：100g；500ml：25g；500ml：50g；1000ml：50g；1000ml：100g。静脉注射或滴注：每次5~50g，每日10~100g。

葡萄糖粉剂：白色或几乎白色结晶性粉末或颗粒性粉末。每袋50g；75g；200g；250g；300g；350g；500g。口服，一次8~16g，一日3次，温开水冲服或与食物调和服用。

【典型不良反应】①大剂量口服可出现烦躁、疲倦以及食欲缺乏等，少数患者可出现皮肤潮红、瘙痒、尿液呈黄色等。②静脉给药可引起静脉炎、外渗可致局部肿痛、高血糖非酮症昏迷、电解质紊乱等。

【用药指导】（1）用药注意　①糖尿病酮症酸中毒未能控制时，高血糖非酮症性高渗状态及重度心力衰竭并发肺水肿时禁用；心、肾功能不全患者慎用。②高渗液应缓慢注射。颅内和脊柱内出血或脱水病人不能使用高渗溶液。③在配制注射液时应注意无菌操作。夏季应注意消毒，预防细菌繁殖。冬季在注射前先将安瓿加热到与体温相近的温度，再缓慢注入静脉，以免发生血管痉挛。④本品溶液偏酸性（pH为3.2~6.5），与碱性注射液配伍时可能出现沉淀。

（2）药物评价　①该药由淀粉加硫酸分解制成，供注射用的葡萄糖纯度应在99%以上。临床应用甚广，价格低廉，销售量很大。②本品为机体所需能量的主要来源之一，在体内被氧化成二氧化碳和水并同时供给热量，或以糖原形式贮存。对肝脏有保护作用。口服可作为营养剂，临床多为注射。目的为供给能源、补充体液、促进肝脏解毒能力。

【商品信息】目前国内生产企业有辅仁药业、浙江尖峰药业、湖北科伦药业、鲁南制药、武汉健民药业集团、四川科伦药业、中国大冢制药等，产品以注射液为主。

【贮藏】密封保存。

葡萄糖氯化钠注射液[典][基][医保(甲)]
Glucose and Sodium Chloride Injection

【适应证】 补充热能和体液。用于各种原因引起的进食不足或大量体液丢失。

【代表制剂及用法】 葡萄糖氯化钠注射液：复方制剂，内含 5% 葡萄糖与 0.9% 氯化钠。每瓶 100ml：葡萄糖 5g 与氯化钠 0.9g；100ml：葡萄糖 10g 与氯化钠 0.9g；250ml：葡萄糖 12.5g 与氯化钠 2.25g；250ml：葡萄糖 25g 与氯化钠 2.25g；500ml：葡萄糖 25g 与氯化钠 4.5g；500ml：葡萄糖 50g 与氯化钠 4.5g；1000ml：葡萄糖 50g 与氯化钠 9g。静脉滴注，剂量根据病情而定，一般每次 500～1000ml。

【典型不良反应】 ①输注过多、过快，可致水钠潴留，引起水肿、血压升高、心率加快、胸闷、呼吸困难，甚至出现急性左心衰竭。②反应性低血糖等。

【用药指导】 （1）用药注意 ①水肿性疾病，如肾病综合征、肝硬化、腹水、充血性心力衰竭、急性左心衰竭、脑水肿及特发性水肿以及高血压等慎用。②儿童和老年人补液量和速度应严格控制。③其pH 为 3.5～5.5。

（2）药物评价 为葡萄糖或无水葡萄糖与氯化钠的灭菌水溶液，临床应用甚广，价格低廉，销售量大。

> **请你想一想**
> 患者在未进食情况下进行剧烈运动，出现心慌、冷汗、头痛、头晕、饥饿感、疲倦等症状，适合选用什么药？

【商品信息】 目前国内生产企业有四川科伦药业、西南药业、河南竹林众生制药、宜昌三峡药业等，产品以注射液为主。

【贮藏】 密封保存。

目标检测

选择题

1. 生理氯化钠溶液含氯化钠的浓度应为（ ）。
　　A. 0.5%　　　　　B. 1%　　　　　　C. 0.9%　　　　　D. 10%
2. 小儿腹泻等引起的轻度脱水宜选用（ ）。
　　A. 口服补液盐散　　　　　　　　B. 生理氯化钠溶液
　　C. 氯化钠注射液　　　　　　　　D. 葡萄糖氯化钠注射液
3. 氯化钠的典型不良反应有（ ）。
　　A. 胃肠道反应　　B. 水肿　　　　C. 血压升高　　　D. 心率加快
4. 临床口服补液盐主要用于（ ）。
　　A. 补充体液　　　B. 补充能量　　C. 腹泻引起的脱水　D. 小儿更为适用

（秦付林）

书网融合……

微课

划重点

自测题

项目二十四　生物制品

PPT

学习目标

知识要求

1. **掌握**　常用生物制品的名称、适应证、用药指导。
2. **熟悉**　常见生物制品的代表制剂及用法、典型不良反应。
3. **了解**　常见生物制品的商品信息。

能力要求

1. 能按用途、剂型及分类管理要求陈列药品并对其进行正常养护。
2. 对本类药品进行全面评价，指导生物制品的合理使用。
3. 能介绍新上市品种的特点，并进行同类药品的比较。

任务一　认识生物制品

传染病曾对人类健康和安全构成威胁，如历史上举世震惊的鼠疫、霍乱、流感大流行。预防接种是预防和消灭传染病最经济、最有效的手段。人类运用生物学的方法与疾病斗争的历史源远流长，但20世纪80年代以来艾滋病HIV病毒、禽流感H1N1病毒、SARS冠状病毒以及2019年出现的新型冠状病毒等新的传染病原不断出现，使防疫工作面临严峻形势，生物制品的研制任重道远。目前，生物工程技术（基因工程、细胞工程、蛋白质工程、发酵工程等）已成为研究开发新生物制品的主要手段。

一、认识生物制品

生物制品是以微生物、细胞、动物或人源组织和体液等为原料，应用传统技术或现代生物技术制成，用于人类疾病预防、治疗和诊断的药品。主要包括细菌类疫苗（含类毒素）、病毒类疫苗、抗毒素及抗血清、血液制品、细胞因子、生长因子、酶、体内及体外诊断制剂，以及其他生物活性制剂，如毒素、抗原、变态反应原、单克隆抗体、抗原抗体复合物、免疫调节剂及微生态制剂等。生物制品按作用用途分为以下几类。

1. 预防用生物制品　用于预防的生物制品，无论是来自细菌或病毒，国际上统称为疫苗。

2. 治疗用生物制品　包括抗毒素、抗血清及人血液制品。

3. 诊断制品　包括体内诊断制品（如结核菌素纯蛋白衍生物）和体外诊断制品

（如抗 A 抗 B 血型定型制剂等）。

二、生物制品的保存及运输

生物制品是一种特殊的药品，多是用微生物或其代谢产物制成，多具有蛋白的特性，有的本身就是活的微生物。因此，生物制品一般都怕热、怕光，有的还怕冻，保存条件直接影响其质量。一般来说，温度除另有规定外，多适宜在 2～8℃ 干燥暗处储存。除冻干品及其他制品另有规定外，均不能在 0℃ 以下保存，因冻结会造成蛋白变性或溶化后大量溶菌而出现絮状沉淀，故不可再供药用。

生物制品运输：采用最快速运输法，缩短运输时间；一般应用冷链方法运输；运输时应防止制品冻结。

三、生物制品使用的注意事项

生物制品接种后，少数人可出现局部或全身反应，以血清和疫苗反应较多。局部反应一般在接种 24 小时出现，一般为注射部位红肿疼痛，严重时附近淋巴结肿大并有压痛。全身反应主要表现为发热、头痛、寒战、恶心、呕吐、腹痛、腹泻等，一般 1～2 天即可消失。极少数可出现异常反应如晕厥、过敏性休克、血清病（多发生在注射后 1～2 周，表现为皮疹、肌肉关节痛、全身淋巴结肿大等）。

为了预防严重异常反应的发生，使用抗毒血清等血液制品前必须先做皮肤试验，阳性反应者必须脱敏后再使用，如出现过敏性休克应立即使病人平卧，保持安静，并给予肾上腺素，然后再对症治疗。

请你想一想

生物制品按作用用途可分为哪几类？

患有以下疾病时不宜接种：发热及急性传染病、心血管系统疾病、肝肾疾病、活动性肺结核、糖尿病等，妊娠 3 个月内或 6 个月以上的孕妇，经期妇女不宜接种。有湿症、化脓性皮肤病者禁种牛痘。

任务二　常用生物制品

岗位情景模拟

情景描述　患儿，男，身体免疫力较差，现满 3 月龄，其母亲带其前往疫苗接种中心接种第 2 剂脊髓灰质炎疫苗。

讨论　1. 患儿接种脊髓灰质炎疫苗时选择哪种类型更好？

2. 接种时应注意哪些问题？

一、疫苗类

疫苗是以病原微生物或其组成成分、代谢产物为起始材料，采用生物技术制备而成，用于预防、治疗人类相应疾病的生物制品。疫苗接种人体后可刺激免疫系统产生特异性体液免疫和（或）细胞免疫应答，使人体获得对相应病原微生物的免疫力。

疫苗按照是否免费或自愿接种分为两类。第一类疫苗，是指政府免费向公民提供，公民应当依照政府的规定接种的疫苗，包括国家免疫规划确定的疫苗，省、自治区、直辖市人民政府在执行国家免疫规划时增加的疫苗，以及县级以上人民政府或者其卫生主管部门组织的疫苗。第二类疫苗，是指由公民自费并且自愿接种的其他疫苗。第一类疫苗和第二类疫苗的划分也不是绝对不变的。目前，第一类疫苗中国家免疫规划确定的包括乙肝疫苗、卡介苗、脊灰灭活疫苗（第1、2剂次接种）、脊灰减毒活疫苗（第3、4剂次接种）、百白破疫苗、麻风疫苗、麻腮风疫苗、乙脑减毒活疫苗、A群流脑多糖疫苗、A群C群流脑多糖疫苗、甲肝减毒活疫苗。第二类疫苗常见的有人用狂犬病疫苗、重组乙型肝炎疫苗、腮腺炎减毒疫苗、麻疹减毒疫苗、水痘疫苗、肺炎球菌多糖疫苗、口服轮状病毒疫苗、流行性感冒疫苗等。

你知道吗

疫苗分类

1. 按是否免费或自愿接种分类　第一类疫苗、第二类疫苗。
2. 按性质分类　灭活疫苗、减毒活疫苗、组分疫苗、重组基因工程疫苗等。
3. 按剂型分类　液体疫苗、冻干疫苗。
4. 按成分分类　普通疫苗、提纯疫苗。
5. 按含吸附剂分类　吸附疫苗、非吸附疫苗。
6. 按使用方法分类　注射用疫苗、划痕用疫苗、口服用疫苗。

乙型脑炎减毒活疫苗[典]

Japanese Encephalitis Vaccine, Live

【成分】本品系流行性乙型脑炎病毒减毒株接种于原代地鼠肾细胞，经培育后收获病毒液，加入稳定剂冻干制成。有效成分为乙型脑炎减毒活病毒。

【作用与用途】接种本疫苗后，可刺激机体产生抗乙型脑炎病毒的免疫力，用于预防流行性乙型脑炎。

【接种对象】8月龄以上健康儿童和由非疫区进入疫区的儿童和成人。

【代表制剂及用法】乙型脑炎减毒活疫苗：橘红色澄明液体，复溶后每瓶0.5ml；1.5ml；2.5ml。免疫程序如下：每1人次用剂量为0.5ml。于上臂外侧三角肌下缘附着处皮下注射。8月龄儿童首次注射1次；于2岁再注射1次，每次0.5ml，以后不再免疫。

【典型不良反应】个别出现一过性发热反应，一般不超过2天，可自行缓解。偶有散在皮疹出现，一般不需特殊处理，必要时可对症治疗。

【用药指导】（1）用药注意　①疫苗浑浊、变色、曾经结冻、有异物、疫苗瓶有裂纹者均不可使用。疫苗开启后应立即使用，如需放置应置 2~8℃ 于半小时内使用，其余应废弃。②应备有肾上腺素，以备偶有发生过敏反应时急救用。接受注射者在注射后应在现场观察至少 30 分钟。③发热，患急性疾病、严重慢性疾病或体质衰弱者、对药物或食物有过敏史、有惊厥史者禁用。④本品为减毒活疫苗，不推荐在该病流行季节使用；使用其他减毒活疫苗应至少间隔 1 个月；注射免疫球蛋白者，应至少间隔 3 个月以上接种本品，以免影响免疫效果。⑤注射疫苗过程中，切勿使消毒剂接触疫苗。

（2）药物评价　流行性乙型脑炎经蚊传播，多见于夏秋季，临床上急起发病，有高热、意识障碍、惊厥、强直性痉挛和脑膜刺激征等，重型患者病后往往留有后遗症。进行预防接种是保护易感人群的重要措施，保护率可达 60%~90%。疫苗的免疫力一般在第二次注射后 2~3 周开始，维持 4~6 个月，因此，疫苗接种须在流行前一个月完成。

【商品信息】国内生产企业有成都生物制品研究所、武汉生物制品研究所、兰州生物制品研究所等。

【保存、运输及有效期】于 2~8℃ 遮光保存和运输。自生产之日起，有效期为 18 个月。

脊髓灰质炎减毒活疫苗【典】[基] 和脊髓灰质炎灭活疫苗【典】[基]

Poliomyelitis Vaccine in Dragee Candy，Live　AND
Poliomyelitis Vaccine Inactivated

【成分】脊髓灰质炎减毒活疫苗系用脊髓灰质炎病毒 Ⅰ、Ⅱ、Ⅲ 型减毒株分别接种于人二倍体细胞或原代猴肾细胞，经培养、收获病毒液制成。脊髓灰质炎灭活疫苗系用脊髓灰质炎病毒 Ⅰ、Ⅱ、Ⅲ 型减毒株分别接种后，经培养、收获、浓缩、纯化、灭活后制成。

【作用与用途】本疫苗服用后，可刺激机体产生抗脊髓灰质炎病毒的免疫力，用于预防脊髓灰质炎。

【接种对象】主要为 2 个月龄以上的儿童。

【代表制剂及用法】脊髓灰质炎减活疫苗糖丸（人二倍体细胞）：白色固体糖丸，每丸 1g。每 1 次人用剂量为 1 粒，口服。

口服脊髓灰质炎减毒活疫苗（猴肾细胞）：橘红色澄明液体，每瓶 1.0ml。每 1 次人用剂量为 2 滴（相当于 0.1ml），口服。

脊髓灰质炎减活疫苗糖丸（猴肾细胞）：白色固体糖丸，每丸 1g，每 1 次人用剂量为 1 粒，口服。

脊髓灰质炎灭活疫苗：橘红色、橘黄色或无色澄明液体，每瓶 0.5ml，每 1 次人用剂量为 1 粒，上臂外侧三角肌或大腿前外侧中部，肌内注射。

国家免疫规划疫苗儿童免疫程序：共接种 4 剂次，其中 2 月龄、3 月龄各接种 1 剂脊髓灰质炎灭活疫苗，4 月龄、4 周岁各接种 1 剂脊髓灰质炎减毒活疫苗。

【典型不良反应】个别出现发热、恶心、呕吐、腹泻和皮疹，一般不需特殊处理，必要时可对症治疗。

【用药指导】（1）用药注意　①脊髓灰质炎减活疫苗只能口服给药，不可注射，且应使用 37℃以下的温水送服，切勿用热水送服，也不可于进食热食时服用。②脊髓灰质炎灭活疫苗严禁血管内注射，应确保针头没有进入血管。③若有发热、体质异常虚弱、严重佝偻病、活动性结核、严重腹泻或其他严重疾病者，均应停止服用脊髓灰质炎减活疫苗。④脊髓灰质炎减活疫苗糖丸内包装开封后，切勿使消毒剂接触疫苗，如未能立即用完，应置于 2～8℃，并于当天内使用。⑤脊髓灰质炎减活疫苗不推荐在该病流行季节使用；使用其他减毒活疫苗应至少间隔 1 个月；注射免疫球蛋白者，应至少间隔 3 个月以上接种本品，以免影响免疫效果。⑥对慢性免疫功能缺陷的患者，推荐接种脊髓灰质炎灭活疫苗。⑦应备有肾上腺素，以备偶有发生过敏反应时急救用。接受注射者在注射后应在现场观察至少 30 分钟。

（2）药物评价　95% 以上的接种者产生长期免疫，并可在肠道内产生特异性抗体 sIgA，使接触者亦可获得免疫效果。

【商品信息】脊髓灰质炎减毒活疫苗缩写为 OPV，脊髓灰质炎灭活疫苗缩写为 IPV。2020 年国家有关部委联合发布了《关于国家免疫规划脊髓灰质炎疫苗和含麻疹成分疫苗免疫程序调整相关工作的通知》，将适龄儿童脊灰疫苗免疫程序调整为第 1、2 剂次接种脊灰灭活疫苗，第 3、4 剂次接种脊灰减毒活疫苗。国内生产企业有北京天坛生物制品股份有限公司、中国医学科学院医学生物学研究所。

【保存、运输及有效期】脊髓灰质炎减毒活疫苗于 −20℃以下或 2～8℃保存；−20℃以下有效期为 24 个月，2～8℃口服脊髓灰质炎减毒活疫苗（猴肾细胞）有效期为 12 个月，糖丸有效期为 5 个月；生产日期为半成品配制日期或糖丸制造日期；运输应在冷藏条件下进行，标签上只能规定一种保存温度及有效期。

脊髓灰质炎灭活疫苗于 2～8℃避光保存和运输，避免冻结。

你知道吗

减毒活疫苗与灭活疫苗

减毒活疫苗系指病毒经物理、化学或生物学方法处理后，成为失去致病性而保留免疫原性的弱毒株后再用来制备的疫苗。病毒毒力有可能再复原。

灭活疫苗（死疫苗）系指选用免疫原性强的病原体，经人工培养后，用理化方法杀死或灭活后制成。病毒毒力不会复原，较安全。

卡介苗【典】［基］ e 微课

Bacillus Calmette – Guérin Vaccine

【成分】系用卡介菌经培养后收集菌体制成。有效成分为卡介菌活体。

【作用与用途】主要用于结核病的预防。此外还可用于恶性黑色素瘤、肺癌、急性白血病等肿瘤的辅助治疗，及小儿哮喘性支气管炎的治疗和预防小儿感冒。

【接种对象】出生 3 个月以内的婴儿或用 5IUPPD 试验阴性（PPD 试验后 48~72 小时局部硬结在 5mm 以下者）的儿童。

【代表制剂及用法】皮内注射用卡介苗，免疫程序：10 次人用剂量加入 1ml 所附稀释剂，5 次人用剂量加入 0.5ml 所附稀释剂，放置约 1 分钟，摇动安瓿使之溶化后，用注射器来回抽动数次，使充分混匀。先用 75% 乙醇消毒上臂外侧三角肌中部略下处皮肤，然后用灭菌的 1ml 蓝心注射器（25~26 号针头）吸取摇匀的菌苗，皮内注射 0.1ml。

【典型不良反应】接种 2 周左右出现局部红肿、浸润、化脓，并形成小溃疡，结痂留有圆形瘢痕。接种侧腋下淋巴结可出现轻微肿大。

【用药指导】（1）用药注意　①本菌苗严禁皮下或肌内注射，否则会引起严重深部脓肿，长期不愈。②凡患有结核病、急性传染病、肾炎、心脏病、湿疹、免疫缺陷病或其他皮肤病者均不得接种。③疫苗溶解后必须在半小时内用完。与其他疫苗同时使用时，应不在同侧注射。注射免疫球蛋白者，应至少间隔 1 个月以上接种本品，以免影响免疫效果。

（2）药物评价　①卡介苗接种被称为宝宝"出生第一针"，接种后可使儿童产生对结核病的特殊抵抗力。②可预防发生儿童结核病，特别是能防止那些严重类型的结核病，如结核性脑膜炎。

> **请你想一想**
>
> 一类疫苗和二类疫苗是如何划分的，常见的一类疫苗和二类疫苗有哪些？

【商品信息】本品缩写为 BCG。生产企业有北京生物制品研究所、上海生物制品研究所、成都生物制品研究所、兰州生物制品研究所等。

【保存、运输及有效期】2~8℃ 避光保存和运输。自生产之日起，按批准的有效期执行。

其他疫苗见表 24–1。

表 24–1　其他疫苗

药品名称	药品特点
人用狂犬病疫苗	任何年龄都可以进行免疫接种，分为暴露前免疫和暴露后免疫
重组乙型肝炎疫苗	由重组酵母或重组 CHO 工程细胞表达的乙型肝炎表面抗原，经纯化制成，可刺激机体产生抗乙型肝炎病毒的免疫力，用于预防乙型肝炎
腮腺炎减毒疫苗	可刺激机体产生抗腮腺炎病毒的免疫力，用于预防流行性腮腺炎
麻疹减毒疫苗	可刺激机体产生抗麻疹病毒的免疫力，用于预防麻疹

二、抗毒素

抗蛇毒血清[典][基][医保(甲)]
Snake Antivenins

【成分】 本品系用某种蛇毒或脱毒处理的蛇毒免疫马，使其产生相应的采集含有抗体的血清或血浆精制而成。

【适应证】 用于毒蛇咬伤中毒的治疗。

【代表制剂及用法】 抗蝮蛇毒血清注射液：每瓶含抗蝮蛇毒血清6000U，一次用6000～16000U，以氯化钠或25%葡萄糖注射液稀释1倍，缓慢静脉注射。

抗五步蛇毒血清注射液：每瓶含抗五步蛇毒血清2000U，一次用8000U，以氯化钠或注射液稀释1倍，缓慢静脉注射。

抗银环蛇毒血清注射液：每瓶含抗银环蛇毒血清10000U，一次用10000U，缓慢静脉注射。

抗眼镜蛇毒血清注射液：每瓶含抗眼镜蛇毒血清1000U，一次用2500～10000U，缓慢静脉注射。

【典型不良反应】 可发生过敏反应，即刻表现为胸闷、气短、恶心、呕吐、腹痛、抽搐及血压下降。迟发反应表现为发热、皮疹、荨麻疹等。

【用药指导】 （1）用药注意 ①用药前应询问过敏史并做皮肤过敏试验。对于严重毒蛇咬伤中毒有生命危险者，若皮肤过敏试验阳性者可做脱敏注射法。注射时如反应异常应立即停止，及时处理。②每次注射须保存详细记录，包括姓名、性别、年龄、住址、注射次数、上次注射后的反应情况、本次过敏试验结果及注射后反应情况、所用抗血清的生产单位名称及批号等。③门诊病人注射抗血清后，需观察至少30分钟方可离开。

（2）药物评价 抗蛇毒血清有单价和多价两类，单价抗蛇毒血清特异性强、效价高、疗效好；多价抗蛇毒血清特异性小、效价低、疗效差。

【商品信息】 国内主要生产企业是上海赛伦生物技术有限公司。

【贮藏】 于2～8℃避光保存和运输。

三、血液制品

人免疫球蛋白[典][医保(乙)]
Human Immunoglobulin

【成分】 本品系由健康人血浆，用低温乙醇蛋白分离法或经批准的其他分离纯化，并经病毒去除和灭活处理制成，不含抑菌剂和抗生素。

【适应证】 主要用于预防麻疹和传染性肝炎，若与抗生素合并使用，可提高对某些严重细菌和病毒感染的疗效。也可用于原发性免疫球蛋白缺乏症、继发性免疫球蛋白缺陷病和自身免疫性疾病。

【代表制剂及用法】人免疫球蛋白：每瓶 150mg（10%，1.5ml）或每瓶 300mg（10%，3ml）。肌内注射。预防麻疹：为预防发病或减轻症状，可在与麻疹患者接触 7 日内按每千克体重注射 0.05~0.15ml，5 岁以下儿童注射 1.5~3.0ml，6 岁以上儿童最大注射量不超过 6ml。一次注射预防效果通常为 2~4 周。预防传染性肝炎：按每千克体重注射 0.05~0.1ml 或成人每次注射 3ml，儿童每次注射 1.5~3ml，一次注射预防效果通常为一个月左右。

静脉滴注人免疫球蛋白：无色或淡黄色澄清液体，可带轻微乳光。静脉滴注或以 5% 葡萄糖溶液稀释 1~2 倍作静脉滴注，开始滴注速度为 1.0ml/min（约 20 滴/分）持续 15 分钟后若无不良反应，可逐渐加快速度，最快滴注速度不得超过 3.0ml/min（约 60 滴/分）。

【典型不良反应】一般无不良反应。少数人会出现注射部位红肿、疼痛感，无需特殊处理，可自行恢复。

【用药指导】（1）用药注意　①本药肌内注射制剂不得用于静脉输注，静脉注射液只能用作静脉滴注。②静脉注射液不得与其他药物混合输注。③冻干制剂加入灭菌用水溶解后，应为无色或淡黄色澄清液体，如有异物、浑浊、絮状物或沉淀不得使用。④对免疫球蛋白过敏或有其他严重过敏史者禁用，有 IgA 抗体的选择性 IgA 缺乏者禁用。

（2）药物评价　①注射免疫球蛋白是一种被动免疫疗法。它是把免疫球蛋白内含有的大量抗体输给受者，使之从低或无免疫状态很快达到暂时免疫保护状态。②由于抗体与抗原相互作用可以直接中和毒素、杀死细菌和病毒。因此免疫球蛋白制品对预防细菌、病毒性感染有一定的作用。③在人体内半衰期为 3~4 周。

【商品信息】国内主要生产企业有华兰生物工程、四川远大蜀阳药业、北京天坛生物制品、江西博雅生物制药、上海莱士血制品等。

【贮藏】于 2~8℃ 避光保存和运输。

其他血液制品见表 24-2。

表 24-2　其他血液制品

药品名称	药品特点
乙型肝炎人免疫球蛋白	用于乙型肝炎的预防，与乙型肝炎疫苗联合使用，可获得较为满意的预防效果
人血白蛋白	血容量扩充剂，具有增加循环血容量和维持血浆渗透压的作用
人凝血因子Ⅷ	对缺乏人凝血因子Ⅷ所致的凝血机能障碍具有纠正作用，主要用于防治甲型血友病和获得性凝血因子Ⅷ缺乏而致的出血症状及这类病人的手术出血治疗

目标检测

一、选择题

1. 卡介苗是一种（　　）。

 A. 细菌减毒活疫苗　　　　　　　　B. 病毒减毒活疫苗

 C. 细菌灭活疫苗　　　　　　　　　D. 病毒灭活疫苗

2. 脊髓灰质炎减毒活疫苗的缩写为（　　）。

 A. OPV　　　　　B. IPV　　　　　C. BCG　　　　　D. POV

3. 凝血因子Ⅷ制剂在临床上主要用于（　　）的治疗。

 A. 甲型血友病　　B. 乙型血友病　　C. 丙型血友病　　D. 肺气肿

二、思考题

1. 什么是生物制品？按性质和用途可分成哪几类？在保管中需注意什么？

2. 抗蛇毒血清用药时需注意哪些问题？

（鲁燕君）

书网融合……

 微课　　　　　　划重点　　　　　　自测题

3

模块三

其他医药商品

▶▶ 项目二十五　医疗器械

知识要求

1. **掌握**　医疗器械定义；医疗器械的注册（备案）及产品注册（备案）号的常识；家用医疗器械的产品结构与功能、使用方法、注意事项、产品质量及商品信息等商品学知识。

2. **熟悉**　医疗器械的分类与管理。

3. **了解**　医疗器械的经营管理。

能力要求

1. 能识别医疗器械的标识；能根据顾客需求推荐产品，指导医疗器械的合理使用。

2. 能介绍新上市医疗器械的特点，并进行同类产品的比较。

3. 能按分类管理要求陈列家用医疗器械并对其进行正常养护。

📑 任务一　认识医疗器械

📋 岗位情景模拟

情景描述　一顾客到药店购买一次性注射器，店员小刘告诉她，药店不卖注射器，顾客认为药店品种不够丰富。

讨论　1. 店员小刘应该怎样简单介绍医疗器械的分类？

　　　　2. 正规药店销售医药商品的要求是什么？

医疗器械是医药商品的重要组成部分。为了加强对医疗器械的监督管理，保证医疗器械的安全、有效，保障人体健康和生命安全，国务院于 2014 年颁布了修订后的《医疗器械监督管理条例》。此外，原国家食品药品监督管理部门还先后颁布了《医疗器械标准管理办法》《医疗器械注册管理办法》《医疗器械经营监督管理办法》等一系列法规文件，以规范医疗器械的生产、经营、使用与管理。

一、医疗器械的定义

医疗器械，是指直接或者间接用于人体的仪器、设备、器具、体外诊断试剂及校准物、材料以及其他类似或者相关的物品，包括所需要的计算机软件；其效用主要通过物理等方式获得，不是通过药理学、免疫学或者代谢的方式获得，或者虽然有这些方式参与，但只起辅助作用。其目的是：①疾病的诊断、预防、监护、治疗或者缓解；②损伤的诊断、监护、治疗、缓解或者功能补偿；③生理结构或者生理过程的检验、替代、调节或者支持；④生命的支持或者维持；⑤妊娠控制；⑥通过对来自人体的样本进行检查，为医疗或者诊断目的提供信息。

二、医疗器械的分类与管理

（一）医疗器械的分类

医疗器械按照风险程度实行分类管理，共分为三类。

第一类是风险程度低，实行常规管理可以保证其安全、有效的医疗器械，如纱布绷带、医用橡皮膏、创可贴、听诊器（无电能）、集液袋、基础外科手术器械等。

第二类是具有中度风险，需要严格控制管理以保证其安全、有效的医疗器械，如血压计、体温计、（中医用）针灸针、避孕套、无菌医用手套、睡眠监护系统软件、医用脱脂棉等。

第三类是具有较高风险，需要采取特别措施严格控制管理以保证其安全、有效的医疗器械，如心脏起搏器、微波手术刀、植入器材、一次性使用无菌注射器等。

（二）医疗器械的注册与备案管理

第一类医疗器械实行产品备案管理，第二类、第三类医疗器械实行产品注册管理，见表25－1。

表25－1　医疗器械的注册与备案表

分　类		注册或备案	管理部门
第一类	国产	备案	设区的市级药品监督管理局
	进口	备案	国家药品监督管理局
第二类	国产	注册	省药品监督管理局
	进口	注册	国家药品监督管理局
第三类	国产	注册	国家药品监督管理局
	进口	注册	国家药品监督管理局

香港、澳门、台湾地区医疗器械的注册、备案，参照进口医疗器械办理。

医疗器械注册证有效期5年，第一类医疗器械不设期限。

三、医疗器械的经营管理

按照医疗器械风险程度，医疗器械经营也实施分类管理。

经营第一类医疗器械不需许可和备案。经营第二类医疗器械实行备案管理，经营企业向所在地设区的市级药品监管部门备案；经营第三类医疗器械实行许可管理，经营企业向所在地设区的市级人民政府药品监督管理部门申请经营许可，经所在地设区的市级人民政府药品监督管理部门审查批准，并发给医疗器械经营许可证。医疗器械经营许可证有效期为 5 年。

从事医疗器械经营活动，应当有与经营规模和经营范围相适应的经营场所和贮存条件，以及与经营的医疗器械相适应的质量管理制度和质量管理机构或者人员。从事第三类医疗器械经营的企业还应当具有符合医疗器械经营质量管理要求的计算机信息管理系统，保证经营的产品可追溯。

任务二　医疗器械的说明书和标签

医疗器械应当按照要求附有说明书和标签。医疗器械说明书和标签的内容应当与经注册或者备案的相关内容一致；医疗器械最小销售单元应当附有说明书。

医疗器械的产品名称应当使用通用名称，通用名称应当符合国家药品监督管理局制定的医疗器械命名规则；第二类、第三类医疗器械的产品名称应当与医疗器械注册证中的产品名称一致。医疗器械说明书和标签文字内容应当使用中文，中文的使用应当符合国家通用的语言文字规范。医疗器械说明书和标签可以附加其他文种，但应当以中文表述为准。

一、医疗器械说明书

医疗器械说明书是指由医疗器械注册人或者备案人制作，随产品提供给用户，涵盖该产品安全有效的基本信息，用以指导正确安装、调试、操作、使用、维护、保养的技术文件。

医疗器械说明书应当符合国家标准或者行业标准有关要求，一般应当包括以下内容：产品名称、型号、规格；注册人或者备案人的名称、住所、联系方式及售后服务单位，进口医疗器械还应当载明代理人的名称、住所及联系方式；生产企业的名称、住所、生产地址、联系方式及生产许可证编号或者生产备案凭证编号，委托生产的还应当标注受托企业的名称、住所、生产地址、生产许可证编号或者生产备案凭证编号；医疗器械注册证编号或者备案凭证编号；产品技术要求的编号；产品性能、主要结构组成或者成分、适用范围；禁忌证、注意事项、警示以及提示的内容；安装和使用说明或者图示，由消费者个人自行使用的医疗器械还应当具有安全使用的特别说明；产品维护和保养方法，特殊储存、运输条件、方法；生产日期，使用期限或者失效日期；配件清单，包括配件、附属品、损耗品更换周期以及更换方法的说明等；医疗器械标签所用的图形、符号、缩写等内容的解释；说明书的编制或者修订日期；其他应当标注的内容。

医疗器械说明书中有关注意事项、警示以及提示性内容主要包括：产品使用的对象；潜在的安全危害及使用限制；产品在正确使用过程中出现意外时，对操作者、使用者的保护措施以及应当采取的应急和纠正措施；必要的监测、评估、控制手段；一次性使用产品应当注明"一次性使用"字样或者符号，已灭菌产品应当注明灭菌方式以及灭菌包装损坏后的处理方法，使用前需要消毒或者灭菌的应当说明消毒或者灭菌的方法；产品需要同其他医疗器械一起安装或者联合使用时，应当注明联合使用器械的要求、使用方法、注意事项；在使用过程中，与其他产品可能产生的相互干扰及其可能出现的危害；产品使用中可能带来的不良事件或者产品成分中含有的可能引起副作用的成分或者辅料；医疗器械废弃处理时应当注意的事项，产品使用后需要处理的，应当注明相应的处理方法；根据产品特性，应当提示操作者、使用者注意的其他事项。

二、医疗器械标签

医疗器械标签是指在医疗器械或者其包装上附有的用于识别产品特征和标明安全警示等信息的文字说明及图形、符号。医疗器械标签一般应当包括以下内容：产品名称、型号、规格；注册人或者备案人的名称、住所、联系方式，进口医疗器械还应当载明代理人的名称、住所及联系方式；医疗器械注册证编号或者备案凭证编号；生产企业的名称、住所、生产地址、联系方式及生产许可证编号或者生产备案凭证编号，委托生产的还应当标注受托企业的名称、住所、生产地址、生产许可证编号或者生产备案凭证编号；生产日期，使用期限或者失效日期；电源连接条件、输入功率；根据产品特性应当标注的图形、符号以及其他相关内容；必要的警示、注意事项；特殊储存、操作条件或者说明；使用中对环境有破坏或者负面影响的医疗器械，其标签应当包含警示标志或者中文警示说明；带放射或者辐射的医疗器械，其标签应当包含警示标志或者中文警示说明。

医疗器械标签因位置或者大小受限而无法全部标明上述内容的，至少应当标注产品名称、型号、规格、生产日期和使用期限或者失效日期，并在标签中明确"其他内容详见说明书"。

（一）医疗器械注册证格式与备案凭证格式 📱微课

按照 2014 年 10 月 1 日起实施《医疗器械注册管理办法》，医疗器械产品注册（备案）号的格式如下。

1. 产品注册号的编排方式为：

×1 械注（×2）字×××3 第×4 ×5×××6 号。

其中，×1 为注册审批部门所在地的简称：境内第三类医疗器械、进口第二类、第三类医疗器械为"国"字；境内第二类医疗器械为注册审批部门所在的省、自治区、直辖市简称。

×2 为注册形式："准"字适用于境内医疗器械；"进"字适用于进口医疗器械；"许"字适用于台湾、香港、澳门地区的医疗器械。

×××3 为批准注册年份；×4 为产品管理类别；××5 为产品品种编码；×××6 为注册流水号。

例如川械注（准）字 2014 第 2××××× 号。

2. 产品备案号的编排方式为：

×1 械备×××2××××3 号。

其中，×1 为备案部门所在地的简称：进口第一类医疗器械为"国"字；境内第一类医疗器械为备案部门所在的省、自治区、直辖市简称加所在社区的市级行政区域的简称（无相应设区的市级行政区域时，仅为省、自治区、直辖市的简称）。

××××2 为备案年份；××××3 为备案流水号。

例如，国械备 20140010 包埋机 Embedding Center，阿莫氏科学企业有限公司（A-MOS SCIENTIFIC PTY. LTD）生产。

你知道吗

了解旧的医疗器械产品注册号的编排方式

注册号的编排方式为：

×（×）1（食）药监械（×2）字×××3 第×4××5××××6 号。其中：

×1 为注册审批部门所在地的简称：境内第三类医疗器械、境外医疗器械以及台湾、香港、澳门地区的医疗器械为"国"字；境内第二类医疗器械为注册审批部门所在的省、自治区、直辖市简称；境内第一类医疗器械为注册审批部门所在的省、自治区、直辖市简称加所在设区的市级行政区域的简称，为××1（无相应设区的市级行政区域时，仅为省、自治区、直辖市的简称）。

×2 为注册形式（准、进、许）："准"字适用于境内医疗器械；"进"字适用于境外医疗器械；"许"字适用于台湾、香港、澳门地区的医疗器械。

××××3 为批准注册年份；×4 为产品管理类别；××5 为产品品种编码；×××6 为注册流水号。

（二）医疗器械生产企业的生产许可证编号或者生产备案凭证编号

按照 2017 年实施的《医疗器械生产监督管理办法》，开办第二类、第三类医疗器械生产企业的，应当向所在地省、自治区、直辖市药品监督管理部门申请生产许可，取得生产许可；开办第一类医疗器械生产企业的，应当向所在地设区的市级药品监督管理部门办理第一类医疗器械生产备案，取得第一类医疗器械生产备案凭证。

医疗器械生产许可证编号的编排方式为：

×食药监械生产许××××××××号。

其中：第一位×代表许可部门所在地省、自治区、直辖市的简称；第二到五位×代表 4 位数许可年份；第六到九位×代表 4 位数许可流水号。

第一类医疗器械生产备案凭证备案编号的编排方式为：

××食药监械生产备××××××××号。

请你想一想

医疗器械的注册证号与医疗器械的生产许可证号有何不同？

其中：第一位×代表备案部门所在地省、自治区、直辖市的简称；第二位×代表备案部门所在地设区的市级行政区域的简称；第三到六位×代表4位数备案年份；第七到十位×代表4位数备案流水号。

任务三　家用医疗器械

近年来，随着人民生活水平的提高，人们的健康意识越来越强；而随着城市人口的增长和生活节奏的加快，处于亚健康状态的人群在不断增加；按摩椅、按摩器、按摩床、按摩脚盆等，因对缓解疲劳，消除亚健康效果显著，所以倍受处于亚健康状态人群的欢迎。由于人口老龄化进程加快，老年人常见病、慢性病的日常护理和治疗以社区和家庭为主。这一切都给家用医疗器械领域带来了巨大的商机，各种简单实用、功能齐全的新型家庭用医疗器械也应运而生，走入家庭，成为人们生活中必不可少的用品，以保健、调理为主要功能的家用医疗器械和以辅助治疗慢性病痛为主要功能的家庭医疗用品市场发展前景广阔。

一、家用医疗器械经营特点

家用医疗器械主要适用于家庭使用，它区别于医院使用的医疗器械，操作简单、体积小巧、携带方便是其主要特性，如体温计、血压计等，特别对一些慢性患者更为实用，可以随时体察病人情况，及时就医。

二、药店经营的主要医疗器械

医疗器械在多元化理念的引导下逐渐进入药店，目前已成为药品零售连锁企业重点关注的增量品类之一。随着一系列医疗器械的相关政策出台，药店对医疗器械的关注度进一步提升。

药店经营的家用医疗器械主要分为以下几类。

1. 家用检测器械　如体温计、血压计、血糖仪、脂肪测量仪、电子计步器、体重计、妊娠诊断试纸（早孕检测试纸）等。

2. 家用卫生材料及敷料　如医用脱脂棉、医用脱脂纱布、医用卫生口罩、医用绷带、医用橡皮膏等。

3. 家庭康复辅助器具类医疗器械　家庭保健按摩产品，如按摩功能椅（床）、足浴盆、足底按摩器；家用康复保健器械，如家用颈椎腰治疗仪、医用充气气垫、制氧机、助听器。

4. 家用护理急救器械　如氧气袋、家用药箱、家庭急救药箱等。

5. 家用美容保健器械　如减肥腰带、丰胸器、美容按摩器、口腔卫生健康用品等。

6. 中医医疗器械　如拔火罐、煎药器等。

7. 避孕医疗器械　医用高分子材料及制品，如避孕套、避孕帽。

8. 物理治疗设备　如磁疗器具。

创可贴

【商品名】邦迪，耐适康，海氏海诺，恒建，邦牌

【产品的结构组成】创可贴（输液贴）产品通常由基底材料、胶粘剂层、吸水层、隔离纸或膜、染料（基底材料如有）组成。目前生产企业通常选用已成型的医用胶带作为原材料，基底材料一般有无纺布、纸基、PE 薄膜、PVC 薄膜、PU 薄膜、EVA 泡棉、海绵、PET 薄膜等；吸水层材质有无纺布、棉垫、PE 垫层等；胶粘剂应为医用胶粘剂，如丙烯酸酯共聚物、氰基丙烯酸酯、有机硅共聚物、聚乙烯基醚、聚异丁烯、聚氨酯等。

【产品标准】创可贴分为普通型、透气型、阻水型、弹性型及其组合等。创可贴应切边整齐，表面清洁，无污渍、破损。创可贴的胶带应涂胶均匀，无脱胶、漏胶、背面渗胶现象。创可贴的吸水层应位于胶带中间，无明显歪斜、错位。创可贴的隔离层应交叉完全覆盖创可贴的粘贴面，无胶带、吸水层外露现象。

【产品型式】一般分规则型（长方形、圆形、椭圆形等）及不规则型（如根据使用部位，为方便使用设计的异形产品）。

【产品用途】创可贴主要应用于割伤、碰伤、擦伤等创面的止血和保护创面用，不能用于手术创口。

【规格及用法】70（72）mm×18mm；70（72）mm×19mm；70（72）mm×35mm；90mm×20mm；90mm×25mm；90mm×60mm；40mm×10mm；55mm×16mm 等。①使用本品前，应清理伤口。②根据伤口大小选用适合的弹性创可贴。③沿箭头方向，剥开包装纸，将吸收垫对准伤口部位，分先后左右把两面覆盖除去，并用胶带固定位置。④为保持伤口卫生，每天宜更换一次。

【注意事项】①本品为灭菌产品，若发现包装纸破损或打开，请勿使用。②本品为一次性使用产品。③拆封后忌用手接触中间复合层。④本品为低过敏性产品，一般无过敏反应。

【产品评价】①20 世纪初，美国强生公司发明了外科轻微创伤快速止血产品——邦迪，由于其简便有效，迅速风靡全球。②本品为现代生活中常用的外科产品。

【商品信息】创可贴的生产企业众多，目前国内生产企业有上海强生、云南白药集团、青岛海诺生物工程、广东恒建制药、浙江汇康医药用品、江门市康达医疗器械、义乌市邦美医药用品、杭州达维先医药科技、上海神天药业、浙江仁康医药用品、稳健实业（深圳）、江西科伦医疗器械制造等。进口产品主要有美国 3M 医疗产品事业部的耐适康、德国保赫曼股份公司（Paul Hartmann）的德护贴、美国 TZ Medical 的海王星创可贴等。

【贮藏】遮光，密封，于常温干燥处保存。

避孕套

【商品名】杜蕾斯、杰士邦、高邦，倍力乐，男子汉，美好时代，多乐士，冈本

【别名】阴茎套、安全套

【产品的结构组成】由天然橡胶胶乳制造。

【产品适用范围】用于男性或女性避孕和预防性病传播。

【规格】按形式和直径分有圆柱形特小号、小号、中号、大号和超薄型小号、中号、大号，共7种规格，各号直径分别为29mm、31mm、33mm、35mm，全长不小于160mm。

【注意事项】①过期的避孕套已经变质，容易破裂，不宜使用。②本品为一次性使用产品。③避孕套有不同的规格，应根据阴茎勃起时的大小选择适当型号。④本品为低过敏性产品，一般无过敏反应。

【产品评价】①本品不会产生类似其他避孕方式的生理副作用，给女性更安全的保护。②本品是最有效防止性病、艾滋病、滴虫等的相互传染的避孕方式。

【商品信息】目前国内生产企业有青岛双蝶集团、武汉杰士邦卫生用品、天津中生乳胶、桂林乳胶厂、桂林恒保健康用品、桂林玖玖加药业等。

【贮藏】在阴凉、干燥和不接触酸、碱、油的环境中保存，尤其要避免受到暴晒。

电子血压计
Blood Pressure Monitor

电子血压计是利用现代电子技术与血压间接测量原理进行血压测量的医疗设备。电子血压计有臂式、腕式之分；其技术经历了最原始的第一代、第二代（臂式使用）、第三代（腕式使用）的发展。电子血压计已经成为家庭自测血压的主要工具，电子血压计也越来越多地被用于医院及家庭等使用。对于家用电子血压计，患者可在家里随时监测血压的变化，如发现血压异常便可及时去医院治疗，起到了预防脑出血、心功能衰竭等疾病猝发的作用。

【工作原理】目前绝大多数血压监护仪和自动电子血压计采用了示波法间接测量血压。示波法是通过测量血液流动时对血管壁产生的振动，在袖带放气过程中，只要袖带内压强与血管压强相同，则振动最强。

示波法测血压通过建立收缩压、舒张压、平均压与袖套压力震荡波的关系来判别血压。示波法测血压时袖套内无拾音器件，操作简单，抗外界噪声干扰能力强，还可同时测得平均压。

【电子血压计适用人群】对老年人来说，推荐使用上臂式全自动血压计，不推荐使用半自动血压计和手腕式血压计。对中青年人来说可以使用腕式电子血压计。电子血压计的测量结果，仅供医生诊断时参考，就医时应采用听诊法测量进一步确认被测者的血压。

腕式电子血压计，不适用于患有血液循环障碍的病人，如糖尿病、高血脂、高血压等病会加速动脉硬化，从而引起末梢循环障碍。这些患者的手腕同上臂的血压测量值相差很大，建议这些患者及老年人应选择臂式电子血压计来使用。

【注意事项】1. 在测量前应放松身体，稳定情绪：人体的血压会因各种原因产生波动。在吸烟、运动、沐浴、饮酒、紧张等情况下血压都会变化，为了真实地反映人体的正常血压，必须使身体保持放松，情绪保持稳定。

2. 使血压计的臂带中心处与心脏保持在同一水平位置：若不在同一水平位置，会使测量值与真实的血压值产生偏差，偏差就是臂带中心处与心脏的高度差带来的压力差值。测量时臂带位置高于心脏水平高度，测出的血压值偏低；臂带位置低于心脏水平高度，测出的血压值偏高。

3. 为了了解自己的血压变化趋势，应在每天的固定时间，身体和心情处于稳态时测量：严格来说，人体的血压在每一天的不同时刻是不一样的，为了得到人体血压的长时间变化趋势，为了使得到的测量结果具有可比性，尽量选取在每一天的固定时间、身体放松、情绪稳定的情况下进行测量。医生建议，最佳的测量血压时间应该是清晨起床后，这时人处于一种静息状态下，比较能真实地反映血压水平。

4. 掌握正确的测量血压的姿势：肘部放在桌面或平台上，手心向上，身体挺直、放松。

5. 由于血压是时刻变化的，因此只测量一次很难测得正确的血压，应测量 2～3 次。第一次由于紧张或测量血压的准备工作等原因，一般都偏高，接着进行第二次测量时，紧张的情绪有所缓和，一般的人会比前一次低 0.7～1.3kPa（5～10mmHg），而且血压越高的人这种人变化越明显。

6. 反复测量时，应注意疏通淤血：在测量时，身体受臂带的压迫，尤其是在反复测量时会使得手臂受压迫程度加大，以至于使得手指尖部血液流通不畅而引起淤血的情况，再次测量时影响测量结果。应当在下次测量前松开臂带，把手举过头顶，反复进行几次左右手掌的握紧和伸展运动，就能疏通淤血，以便下次测量得到正确的测量值。

7. 加压过程中，应避免压力过大：在加压过程中，应根据自身的实际情况来加压，所加压值大于自身平时收缩压（或称高压）的 20%～30%，加压、减压过程应平稳。

8. 血压计应定期进行检定、校准：尤其是电子血压计测量压强是通过压敏器件实现的，这类器件本身难以保证长期稳定性。血压计在使用中如发现异常应及时送到计量检定、校准机构进行检定、校准，以保证测量数据的准确性。

9. 袖带（臂式）底部应在手臂肘窝上方 1～2cm 地方：袖带戴不对使得测量结果次次不同。把袖带戴得过高或者过低，血流经过这些地方时压力已经发生了改变，测量的结果自然不准确。

【产品评价】电子血压计可准确测量血压，减少由于人为操作方法而造成的血压误差；有利于高血压病人家庭使用，操作简便；自动测出收缩压、舒张压、心跳次数，可储存上百个记忆；避免水银柱血压计充放气速度等因素影响；避免医生听力、视力误差及测量习惯的影响；无汞源污染，更有利于环保。

随着医学科学和电子技术的发展，高血压电子病历管理凸显优势。由高血压病人用电子血压计自测血压，可直接连接电脑，通过互联网传递，医生可获得相关医疗信息，及时指导病人的治疗。

【商品信息】目前国产电子血压计的生产厂家及产品有江苏鱼跃医疗设备的鱼跃电子血压计、天津九安医疗电子的九安电子血压计、欧姆龙（大连）电子血压计、华略电子（深圳）及鸿邦电子（深圳）的迈克大夫电子血压计、优盛医疗电子（上海）的脉博士电子血压、爱安德电子（深圳）的爱安德电子血压计、松下电气机器（北京）的松下电子血压计、西铁城精电科技（江门）的西铁城电子血压计、合泰医疗电子（苏州）的瑞康电子血压计、深圳金亿帝科技的金亿帝电子血压计等。

进口电子血压计的生产厂家有欧姆龙健康医疗事业株式会社（Omron）、日本爱鹿克株式会社（Elk）、日本精密测器株式会社等。

电子血糖仪
Blood glucose test meter

电子血糖仪又叫电子血糖计，是一种方便地测试自身血糖指数的智能电子医疗仪器，一般适用于血糖较高的人群。主要包括血糖仪、试纸和针头，针头用于刺破无名指采血，试纸用于吸入样血，接入血糖仪中，血糖仪通过测试试纸得出血糖指数。

【使用方法】1. 基本操作步骤　插入试片→自动开机→自动吸血→自动检测→自动退片→自动关机。

2. 采血准备

（1）首先清洁双手，用干净毛巾或纸巾擦干，并把电池装在机器上，注意正负电极。

（2）来回搓动双手，使双手血液循环畅通。

（3）选定采血手指，建议选择无名指，因为相较食指或中指，无名指疼痛感较小。

（4）用75%的乙醇消毒左手无名指指腹待干，待乙醇干了再采血。

（5）准备采血。

3. 采血测试

（1）将试纸由试片桶中取出，迅速把试片带电极的这端插入血糖仪的插槽。

（2）拿起已装好针的采血笔，把采血笔调到适合的深度，对住已消毒的部位按下采血键，针头会在0.5秒内扎针完毕，有微弱疼痛感。

（3）用纸巾拭掉第一滴血，因为第一滴血含组织液较多，会影响测量值。

（4）轻揉针孔周围皮肤，使血液流出较快；将已接上仪器的试片另一端的侧面贴近出血位置，反应槽对准血滴（反应槽就是红点旁边那条白色的槽线）。

（5）把采血针装进采血笔内，调整好深度，点大代表针尖扎入较深，点小代表针尖扎入较浅。

（6）试片自动吸血，此时仪器开始10秒倒计时"10、9、8、7、……"，仪器10

秒倒计时完毕，屏幕上会显示出测量值。

（7）确认读数后，把手指擦干净止血。对准垃圾桶，按下仪器退片键，试片自动掉进垃圾桶。把采血笔盖除去，对准垃圾桶向前推动弹推控制杆，采血针会直接弹出掉入垃圾桶。再把弹推控制杆推回中间位置，把笔盖装回。

（8）测量完毕，整理桌面，把仪器、采血笔、试片放回收纳包，以利下次使用。

【注意事项】1. 血糖仪必须配合使用同一品牌的试纸，不能混用。有的血糖试纸每批次有区别，换用前需要把新试纸的条形码数字输入仪器，否则会影响测试结果。

2. 检测前用乙醇消毒，待乙醇干透以后再取血，以免乙醇混入血液。不能用碘酒消毒，因为碘会与试纸上的测试剂产生化学反应，影响测试准确性。

3. 单次取血或间隔时间较长，测定血糖取血部位宜选择左手无名指指尖两侧指甲角皮肤薄处。因为该指不易感染，最接近实验室血糖，且相对固定在一个手指指端采血，可便于对比及作出准确判断。若经常测试血糖，应轮换选择 10 个手指指尖皮肤。避免取血部位太靠近指甲，因为这可能增加感染的危险性。

4. 采血量必须足以完全覆盖试纸测试区。取血时发现血液量少不能挤手指，否则会混入组织液，干扰血糖浓度。为保证采血量足够，之前手可以在温水中泡一下，再下垂 30 秒。另外，扎的时候把针按一下再弹出，以免扎得太浅。

5. 注意滴血位置，用吸血的血糖仪，就将血吸到试纸专用区域后等待结果。用滴血的血糖仪，就将一滴饱满的血滴或抹到试纸测试区域后将试纸插入机内等待结果。不要追加滴血，否则会导致测试结果不准确。

6. 试纸注意保存，放在干燥、避光的地方，需在试条保存温度限制范围内保存。使用时不要触摸试纸条的测试区和滴血区。避免将仪器置于电磁场（如移动电话、微波炉等）附近。

7. 采血针一定一次性使用。

【血糖检测】人体的血糖一天 24 小时是不停变化的，会受到自身激素水平的变化、情绪、饮食、运动等因素的影响。所以，不同时间检测的结果可比性低。

虽说掌握了正确的测量方法就能准确自测血糖，然而并不是所有时段都适合血糖的监测，要想了解血糖全貌，还需记住以下 5 个监测时段。

1. 测空腹血糖，可以看出前一天晚上所用药物对整个夜间乃至清晨血糖的控制情况。

2. 测餐前血糖，可以及时发现低血糖，指导患者调整将要吃入的食物总量和餐前药物的用量。

3. 测餐后两小时（从吃第一口饭开始算起）血糖，许多早期糖尿病患者空腹血糖并不高，但其胰岛素分泌功能已受损，受高糖刺激后反应较差，餐后血糖会明显升高。

4. 测睡前血糖，可以指导夜间用药或注射胰岛素剂量。睡前血糖要小于 6mmol/L，夜间低血糖发生率大于 50%。

5. 测凌晨3：00血糖，可以鉴别空腹高血糖的原因，这是因为夜间胰岛素缺乏和胰岛素用量过大都可以引起空腹高血糖。

【血糖指标】**1. 血糖正常范围**

空腹正常值：3.9～6.1mmol/L；空腹指12小时没有进食，至少8～10小时。

餐后两小时：3.9～7.8mmol/L。

2. 糖尿病的诊断标准

糖尿病症状 + 任意时间血浆葡萄糖水平 ＞11.1mmol/L。

空腹血浆葡萄糖水平 ＞7.0mmol/L。

糖耐量试验中，2小时血浆葡萄糖水平 ＞11.1mmol/L。

【商品信息】家用血糖仪主要的进口品牌有欧姆龙214、欧姆龙215；雅培安妥型、雅培利舒坦；强生稳步型、强生稳豪型、强生稳豪倍易型、强生稳豪倍优型；罗氏活力型、罗氏优越型、罗氏卓越型、罗氏整合型等。国产品牌有三诺SXT-1型、三诺安稳型；怡成JPS系列五型、六型、七型；怡成5D系列等。

目标检测

一、选择题

1. 有较高风险，需要采取特别措施严格控制管理以保证其安全、有效的医疗器械，如电子血压计按《医疗器械管理条例》要求属于（　　）医疗器械。

    A. 第一类　　　　B. 第二类　　　　　C. 第三类　　　　　D. 第四类

2. 国械注准20153150974是（　　）医疗器械。

    A. 国产第三类　　B. 国产第二类　　　C. 进口第二类　　　D. 进口第三类

3. 2014年10月1日以后，医疗器械的注册证格式正确的是（　　）。

    A. 国食药监械（进）字第号　　　　　B. 浙食药监械（准）字第

    C. 川械注（准）字第号　　　　　　　D. 国械备

二、思考题

1. 简述电子血压计使用注意事项。

2. 简述电子血糖仪使用注意事项。

（周　容）

书网融合……

 微课　　　　划重点　　　　自测题

 **项目二十六** **保健食品**

学习目标

知识要求

1. **掌握** 保健食品的定义；保健食品的批准文号、保健食品的标志、警示用语等常识；常用保健食品的产品功能、使用方法、注意事项、产品质量及商品信息等商品学知识。

2. **熟悉** 保健食品的分类与管理；常见品种。

3. **了解** 保健食品的发展状况。

能力要求

1. 能根据顾客需求推荐产品，指导保健食品的合理使用。

2. 能介绍新上市保健食品的特点，并进行同类产品的比较。

3. 能按分类管理要求陈列常用保健食品并对其进行正常养护。

正文具体内容请扫描二维码获取。

项目二十七 **化妆品**

学习目标

知识要求

1. **掌握** 化妆品的定义及功效；化妆品的名称、技术标准编号、批准文号的标识要求。
2. **熟悉** 化妆品的分类。
3. **了解** 化妆品的选择。

能力要求

1. 能正确解读化妆品标签上的各项内容；能向顾客推荐适合的化妆品。
2. 学会指导化妆品的合理使用；能介绍新上市化妆品的特点，并能对同类产品进行比较。
3. 能按分类管理要求陈列常用化妆品；能对化妆品进行正常养护。

正文具体内容请扫描二维码获取。

4
模块四

实 训

项目二十八 基本技能实训

任务一 走进模拟药店，认识医药商品

一、实训目的

1. 走进模拟药店，初步认识药店。
2. 能正确快速牢记药店内各区域：药品区（处方药区、非处方药区）、非药品区。
3. 认识各种标识牌：药品区、非药品区；处方药、非处方药、外用药；保健食品、医疗器械；拆零专柜、特殊药品专柜、冷藏柜。
4. 能正确区分药品、保健食品、医疗器械、化妆品等。
5. 具备良好的职业素养。

二、实训指导

1. 根据《药品经营质量管理规范》（GSP）的要求，将药品、非药品等分开，同时应有各种标识牌：药品区、非药品区；处方药、非处方药、外用药；保健食品、医疗器械；拆零药品、特殊药品、冷藏药品。

2. 药品、保健食品、医疗器械等医药商品的识别，见表 28 - 1。

表 28 - 1　医药商品识别依据表

分类	合法标志
药品	境内生产药品批准文号格式为：国药准字 H（Z、S）＋四位年号＋四位顺序号 中国香港、澳门和台湾地区生产药品批准文号格式为：国药准字 H（Z、S）C＋四位年号＋四位顺序号 境外生产药品批准文号格式为：国药准字 H（Z、S）J＋四位年号＋四位顺序号
保健食品	国产保健食品注册及备案号：国食健字 G＋4 位年代号＋4 位数字（20160701 前） 国食健注 G＋4 位年代号＋4 位顺序号（20160701 后） 食健备 G＋4 位年代号＋2 位省级行政区域代码＋6 位顺序（20160701 后） 进口保健食品注册及备案号：国食健字 J＋4 位年代号＋4 位数字（20160701 前） 国食健注 J＋4 位年代号＋4 位顺序号（20160701 后） 食健备 J＋4 位年代号＋00＋6 位顺序（20160701 后）
医疗器械	医疗器械注册号：×1 械注（×2）字×××3 第×4×5×××6 号（20141001 后） 医疗器械备案号：×1 械备×××2×××3 号（20141001 后） 医疗器械注册号（×）（食）药监械（×）字×××第×××××××号（20141001 前）
化妆品	化妆品生产企业卫生许可证号：FDA（＊＊＊＊）卫妆准字＊＊-XK-＊＊＊＊号

三、实训准备

1. 模拟药店内的各区域的标识牌：处方药、非处方药、非药品。

2. 处方药、非处方药若干种。

3. 保健食品若干种。

4. 医疗器械（如创可贴、避孕套、医用脱脂棉等）若干种。

5. 化妆品若干种。

四、实训操作

1. 牢记药店内各区域，认识模拟药店内的各种标识牌。

2. 认真识别各种医药商品：药品、保健食品、医疗器械、化妆品。

3. 区分各种医药商品，并放在正确的区域。

五、实训考核

考核标准见表 28 – 2。

表 28 – 2　走进模拟药店，认识医药商品 实训考核表

项　目	考核要求	分　值	得　分
仪表仪态	着装整洁，态度和蔼亲切，语言通俗	10	
确定药店各区域	准确、快速	30	
区分各医药商品	快速、正确	40	
各医药商品摆放	快速、准确	10	
职业素养	药品归位、场地清洁、团队协作	10	
合　计		100	

任务二　药品的分类与使用

一、实训目的

1. 能按药品分类管理分类。

2. 能按药品剂型分类，并能准确说出药品的正确使用方法等。

3. 能按疾病的用途分类。

4. 具备良好的职业素养。

二、实训指导

1. 药品分类

（1）按药品、非药品分类。

（2）按处方药与非处方药（OTC）；内服、外用药品分类。

（3）按药品作用及剂型分类。

（4）拆零专柜、特殊药品专柜、冷藏柜。

2. 药品常用剂型的正确使用方法

（1）舌下含片   正确服用方法是：将药片放在舌下，闭上嘴；接着在舌下聚集口水，并尽量减少咽口水的频率，以便让药片溶解；请至少等待 5 分钟再喝水。

（2）气雾剂   使用前充分摇匀喷雾器——→站立，张口缓慢呼气——→将气雾剂装置喷口放至嘴里或嘴边——→开始吸气并按下按钮，缓慢吸入——→屏住呼吸约 10 秒后用鼻慢慢呼气。如需多次吸入者，休息 1 分钟后重复操作。

（3）滴眼剂

1）滴眼液   将手洗净擦干——→坐下或躺在床上——→保持双眼睁开，向上看——→拇指或示指将眼睑下拉，形成小囊——→滴管靠近眼睑——→挤出规定剂量的药液到此小囊——→闭上眼睛——→用手指按压鼻侧眼角 1～2 分钟即可。注意避免污染药液。

2）眼膏剂   将挤出眼膏成线状，置于下拉眼睑形成的小囊中，使眼膏在眼中均匀分布。

（4）滴耳剂   将头偏向一侧，受感染的耳朵朝上——→一手抓住耳垂轻轻向后上方拉起，耳道变直——→另一手持滴管，手掌根置于耳廓旁，滴管滴入规定剂量的药液——→轻压耳屏数次，使药液进入中耳腔。注意避免滴管污染。

（5）滴鼻剂和鼻腔用喷剂

1）喷鼻剂   张大鼻孔——→将头后仰——→滴入规定剂量的药液——→保持 5～10 秒钟后，轻吸鼻 2～3 次即可。

2）鼻腔用喷剂   喷鼻剂不用后仰。将喷雾器喷嘴插入鼻孔——→挤压喷雾器，吸气即可。将喷雾器从鼻孔中抽出之前，不要松手，防止鼻腔内的黏液和细菌进入喷雾器污染药物。

（6）栓剂

1）直肠栓剂   先上厕所排便清空肠道——→洗手并擦干——→侧卧位躺在床上，同时曲膝——→一手戴上指套或手套取出栓剂——→将栓剂的尖头朝里，尽量推至直肠深处，以舒适为宜——→并拢双腿静坐几分钟。

2）阴道用栓剂   平躺在床上，同时曲起双膝——→一手戴上指套或手套取出栓剂——→将栓剂轻轻推入阴道中，合拢双腿，并保持仰卧姿势 20～30 分钟。

三、实训准备

1. 各种分类标识牌：处方药、非处方药、外用药、抗菌消炎药、消炎镇痛抗风湿药、呼吸系统用药、消化系统用药、心脑血管系统用药、泌尿系统用药、五官科用药、综合类药品。

2. 若干种处方药、非处方药、外用药、特殊管理药品（二类精神药品）。

3. 各种剂型的常用药品若干。主要包括片剂（普通片、糖衣片、肠溶片、控缓释片等）；胶囊（硬胶囊、软胶囊）；颗粒剂；液体制剂（溶液剂、糖浆、酊剂、合剂、滴眼剂、滴鼻剂）等；半固体制剂（软膏剂、栓剂）；膜剂；气雾剂。

4. 若干种不同作用用途的药品：抗菌消炎药、消炎镇痛抗风湿药、呼吸系统用药、消化系统用药、心脑血管系统用药、泌尿系统用药、五官科用药、综合类药品。

四、实训操作

1. 各小组把分配到的20种药品按药品分类管理（处方药与非处方药）分类。

2. 各小组把分配到的20种药品按药品的剂型分类。

3. 各小组把分配到的20种药品的作用用途分类。

4. 由实训老师随机抽取一种药品，由各组学生介绍药品的剂型、类别及使用方法。

药品介绍举例

※ 阿莫西林胶囊→普通药品→处方药→口服抗生素→剂型正确的服用方法。

※ 氯霉素滴眼液→普通药品→非处方药→外用抗生素→剂型正确的服用方法。

※ 复方磷酸可待因口服溶液→二类精神药品→处方药→口服镇咳药→剂型正确的服用方法。

五、实训考核

考核标准见表28 –3。

表28 –3　药品的分类与使用　实训考核表

项 目	考核要求	分 值	得 分
仪表仪态	着装整洁，态度和蔼亲切，语言通俗	10	
按分类管理分类	分类快速、准确	30	
按作用用途分类	分类快速、准确	30	
药品剂型使用介绍	介绍清晰准确	20	
职业素养	药品归位、场地清洁、团队协作	10	
合 计		100	

任务三　医药商品陈列

一、实训目的

1. 熟悉零售药店商品陈列操作程序和要求。

2. 正确设置商品分类标牌、商品提示性标识和其他提示性标识。

3. 对提供的医药商品进行合理分类与陈列，选择合适的陈列方式及陈列位置，完成医药商品的陈列操作。

4. 具备良好的职业素养。

二、实训指导

1. 复习 GSP（2016 年版）有关药品陈列的原则和有关规定。

摘录如下：

第一百六十四条药品的陈列应当符合以下要求。

（1）按剂型、用途以及储存要求分类陈列，并设置醒目标志，类别标签字迹清晰、放置准确；

（2）药品放置于货架（柜），摆放整齐有序，避免阳光直射；

（3）处方药、非处方药分区陈列，并有处方药、非处方药专用标识；

（4）处方药不得采用开架自选的方式陈列和销售；

（5）外用药与其他药品分开摆放；

（6）拆零销售的药品集中存放于拆零专柜或者专区；

（7）第二类精神药品、毒性中药品种和罂粟壳不得陈列；

（8）冷藏药品放置在冷藏设备中，按规定对温度进行监测和记录，并保证存放温度符合要求；

（9）中药饮片柜斗谱的书写应当正名正字；装斗前应当复核，防止错斗、串斗；应当定期清斗，防止饮片生虫、发霉、变质；不同批号的饮片装斗前应当清斗并记录；

（10）经营非药品应当设置专区，与药品区域明显隔离，并有醒目标志。

2. 药品陈列注意：保持量感；突出特点。

3. 常见药品陈列方式：醒目陈列、连带陈列、重点陈列、季节陈列、背景陈列。

三、实训准备

1. 模拟药店。

2. 不同包装（包括中包装、小包装）、用途和剂型的医药商品若干。

3. 货架、货柜、隔货板、标价牌、商品分类标牌、商品提示性标识等。

4. 药店货位分配定位图。

5. 抽签决定操作对象（小组或个人）及需要陈列的商品品种。

四、实训操作

1. 提出陈列方案，确定商品的陈列位置。

2. 按医药商品陈列的要求，整理清洁实训场地、货台、货架等。

3. 根据提供的医药商品的品种、规格、数量等将实训场地分区，并做好标记。

4. 设置商品分类标牌、商品提示性标识和其他提示性标识。

5. 对医药商品进行陈列操作。

6. 根据医药商品包装的形状、颜色和大小等，调整商品的陈列布局，做到整齐美观，便于识别。

五、实训考核

1. 考核说明

（1）医药商品的陈列，主要考察学生根据医药商品的特点和要求，分类陈列医药商品，主要目的是便于识别。

（2）教师在评定成绩时，应从学生陈列的准确性、速度、整齐美观、便于识别等方面综合判定。

2. 实践项目考核表　考核标准见表28-4。

表28-4　医药商品陈列　实训考核表

项　目	考核要求	分　值	得　分
仪表仪态	着装整洁，态度和蔼亲切，语言通俗	10	
陈列方案设计	方案设计合理	10	
实训场地分区	分区合理	10	
标志设置	标志设置正确	20	
陈列操作	准确、快速、整齐美观	40	
职业素养	药品归位、场地清洁、团队协作	10	
合　计		100	

任务四　处方审查与调配

一、实训目的

1. 能熟练说出处方中拉丁缩写的含义，能正确解读处方。

2. 初步具备识别不同类型不合格、不合理处方的能力，并能正确处理。

3. 具备调配合格处方的能力。

4. 能按处方要求正确指导患者用药。

5. 具备良好的职业素养。

二、实训指导

根据《处方管理办法》的规定认识处方、解读处方、初步审核处方、调配处方。

1. 认识处方　认识处方结构、处方常用拉丁缩写、处方开具方式。

2. 处方解读　正确解读处方。

3. 处方审核　仔细阅读不同类别处方，挑出不合格处方并指明差错类型。

4. 处方调配

（1）处方调配基本程序　收方→审方（签字）→划价收费→调配（签字）→包装标示→核查（药师签字）→发药→处方去向（购药者带走；药店收集整理处方。）

（2）审核处方要四查十对　①查处方，对科别、姓名、年龄；②查药品，对药名、剂型、规格、数量；③查配伍禁忌，对药品性状、用法用量；④查用药合理性，对临床诊断。

（3）处方调配　根据处方，按药品顺序逐一调配。调配药品时，检查药品的批准文号，药品的有效期。

（4）包装标示　尽量每种药品外包装上分别贴上用法、用量、贮存条件等标签。

三、实训准备

药柜、药架、西药处方 20 张、相关药品、一次性纸药袋、药匙等调剂用具若干。

四、实训操作

1. 实训地点　模拟药店。

2. 实训分组　3 人一组。

3. 实训任务　分别轮换完成处方解读；处方初步审核；处方调配任务。

4. 实训步骤

（1）认识并解读处方　根据提供的处方，指认处方并回答老师关于拉丁缩写的提问。

（2）审方　仔细阅读不同类型的处方，找出不合格、不合理的处方，记录不合格、不合理原因，并提出处理意见。

（3）调配　调剂员将审查合格的处方按处方要求调配药品。

（4）包装标示　在每种药品包装上贴上用法用量标签。

（5）药品的复核与发放　药品核对，发药人员将调配好的药品发放给患者。

（6）指导患者用药，提供用药咨询。

5. 实训操作记录

处方号	审核结果	处理意见	备注（不合格原因）

调配记录：

药品给付记录：

五、实训考核

考核标准见表28-4。

表28-4 处方审查与调配 实训考核表

项 目	考核要求	分 值	得 分
仪表仪态	着装整洁，态度和蔼亲切，语言通俗	5	
处方解读	根据提供的处方，正确快速解读	10	
审方	准确审方，判断正确	15	
调配	快速、准确调配药品	20	
包装标示	清晰、通俗易懂	20	
药品复核与发放	发放正确	5	
用药指导	正确、合理	20	
职业素养	药品归位、场地清洁、团队协作	5	
合 计		100	

（周　容）

项目二十九 专项技能实训

任务一　抗感冒药的用药指导

一、实训目的

1. 通过对患者症状的询问，初步具备对感冒疾病进行评估的能力。
2. 初步具备推荐合适的抗感冒药的能力。
3. 初步具备指导患者合理用药的能力；能对患者进行健康指导。
4. 具备良好的职业素养。

二、实训指导

1. 通过查阅文献资料、结合所学知识，探索感冒疾病的问病要点、用药注意、用药误区及健康问题。
2. 分组讨论：常见感冒患者的用药方案、用药指导和健康指导。

三、实训准备

1. 实训场地为有柜台和货架的模拟药店。
2. 按照药品陈列原则陈列的抗感冒药（数种到数十种）。
3. 实训学生两人一组，轮流扮演药店营业员及患者角色。

四、实训操作

1. **实训分组**　2 人一组；模拟药店店员、患者。
2. **情景模拟**
（1）患者，男，44 岁，司机。主诉发热、头痛、全身酸痛、乏力，2 天，食欲不佳，有糖尿病史。
（2）患者，女，26 岁，职员。主诉鼻塞、流鼻涕、打喷嚏 2 天，食欲一般，无既往病史。
3. **实训步骤**

（1）**分组实训**　2 人一组，根据提供的病例，学生列出问病要点，组内学生轮流扮演不同角色，巩固问病过程。

（2）组内讨论　制定合理用药方案，教师参与方案修订，点评每组优缺点。

（3）用药指导　从用法、用量、用药次数、服药时间、可能引起的不良反应及处理办法、注意事项等方面进行指导，教师参与点评。

（4）健康指导　从饮食、运动、改变不良嗜好、建议及时就医等方面指导，教师点评。

（5）随机选出一组进行演练，教师点评。

五、实训考核

考核标准见表29-1。

表29-1　抗感冒药的用药指导　实训考核表

项　目	考核要求	分　值	得　分
仪表仪态	着装整洁，态度和蔼亲切，语言通俗	5	
问病过程	思路清晰，问病流畅、全面	20	
药品推荐	正确、合理、对症	20	
介绍药品	清楚、全面、正确	20	
用药指导	正确、合理	20	
健康指导	有针对性、正确、合理	10	
职业素养	药品归位、场地清洁	5	
合　计		100	

任务二　抗消化性溃疡药的用药指导

一、实训目的

1. 通过对患者症状的询问，初步具备对消化性溃疡病进行评估的能力。

2. 初步具备推荐合适的抗消化性溃疡药的能力。

3. 初步具备指导患者合理用药的能力；能对患者进行健康指导。

4. 具备良好的职业素养。

二、实训指导

1. 通过查阅文献资料、结合所学知识，探索消化性溃疡病的问病要点、用药注意、用药误区及健康问题。

2. 分组讨论：常见消化性溃疡患者的用药方案、用药指导和健康指导。

三、实训准备

1. 实训场地为有柜台和货架的模拟药店。

2. 按照药品陈列原则陈列的抗溃疡药（数种到数十种）。

3. 实训学生两人一组，轮流扮演药店营业员及患者角色。

四、实训操作

1. 实训分组 两人一组；模拟药店店员、患者。

2. 情景模拟

（1）患者，男，41岁，业务员。主诉餐后胃痛不适，胃部饱胀，嗳气，反酸1月余。患者长期饮食不规律、精神压力大，并且有10年吸烟史，一年前经X线钡餐检查发现胃小弯处有龛影。

（2）患者，女，35岁，职员。周期性、节律性上腹部疼痛5年。5年前开始出现上腹部饥饿样痛。疼痛多发生在进食前，进食后缓解，常有夜间疼痛。医院确诊患有十二指肠溃疡，并有Hp感染。

3. 实训步骤

（1）分组实训 两人一组，根据提供的病例，学生列出问病要点，组内学生轮流扮演不同角色，巩固问病过程。

（2）组内讨论 制定合理用药方案，教师参与方案修订，点评每组优缺点。

（3）用药指导 从用法、用量、用药次数、服药时间、可能引起的不良反应及处理办法、注意事项等方面进行指导，教师参与点评。

（4）健康指导 从饮食、运动、改变不良嗜好、建议及时就医等方面指导，教师点评。

（5）随机选出一组进行演练，教师点评。

五、实训考核

考核标准见表29-2。

表29-2 抗消化性溃疡药的用药指导 实训考核表

项 目	考核要求	分 值	得 分
仪表仪态	着装整洁，态度和蔼亲切，语言通俗	5	
问病过程	思路清晰、问病流畅、全面	20	
药品推荐	正确、合理、对症	20	
介绍药品	清楚、全面、正确	20	
用药指导	正确、合理	20	
健康指导	有针对性、正确、合理	10	
职业素养	药品归位、场地清洁	5	
合 计		100	

任务三　抗高血压药的用药指导

一、实训目的

1. 根据患者的处方，具备调配处方的能力。

2. 初步具备指导患者合理用药的能力；能对患者进行健康指导。

3. 为患者提供血压测量服务，具备良好的职业素养。

二、实训指导

1. 通过查阅文献资料、结合所学知识，探索抗高血压药用药注意、用药误区及健康问题。

2. 分组讨论：常见抗高血压药的用药指导和健康指导。

三、实训准备

1. 实训场地为有柜台和货架的模拟药店。

2. 按照药品陈列原则陈列的抗高血压药（数种到数十种）。

3. 实训学生两人一组，轮流扮演药店营业员及患者角色。

四、实训操作

1. 实训分组　2 人一组；模拟药店店员、患者。

2. 情景模拟

（1）患者，男，41 岁，业务员。主诉 1 年前无诱因头晕，测血压 160/90mmHg，有头晕，同时自觉乏力，经医院诊断为高血压 2 级、高危。后经复诊给予卡托普利 25mg，tid；氢氯噻嗪 12.5mg，qd。

（2）患者，女，65 岁，退休。高血压 20 年，最高曾达 220/110mmHg，同时伴有血脂异常和劳累性心绞痛。经复诊医生诊断为：①高血压 3 级、极高危；②高脂血症；③心绞痛。给予氨氯地平 5mg，美托洛尔缓释片 95mg，qd；阿托伐他汀 30mg，qd；单硝酸异山梨酯 10mg，tid；阿司匹林 100mg，qd。

3. 实训步骤

（1）分组实训　2 人一组，根据提供的处方，学生进行处方审核和调配。

（2）组内讨论　该处方用药的合理性，教师参与讨论，点评每组优缺点。

（3）用药指导　从用法、用量、用药次数、服药时间、可能引起的不良反应及处理办法、注意事项等方面进行指导，教师参与点评。

（4）健康指导 从饮食、运动、改变不良嗜好、建议及时就医等方面指导，教师点评。

（5）随机选出一组进行演练，教师点评。

五、实训考核

考核标准见表 29-3。

表 29-3 抗高血压药的用药指导 实训考核表

项 目	考核要求	分 值	得 分
仪表仪态	着装整洁，态度和蔼亲切，语言通俗	5	
处方审核	准确审方、判断正确	20	
处方调配	快速、正确	20	
分析药品	清楚、全面、正确	20	
用药指导	正确、合理	20	
健康指导	有针对性、正确、合理	10	
职业素养	药品归位、场地清洁、团队协作良好	5	
合 计		100	

任务四 降血糖药的用药指导

一、实训目的

1. 根据患者的处方，具备调配处方的能力。
2. 初步具备指导患者合理用药的能力；能对患者进行健康指导。
3. 为患者提供血糖测量服务，具备良好的职业素养。

二、实训指导

1. 通过查阅文献资料、结合所学知识，探索降血糖药用药注意、用药误区及健康问题。
2. 分组讨论：常见降血糖药的用药指导和健康指导。

三、实训准备

1. 实训场地为有柜台和货架的模拟药店。
2. 按照药品陈列原则陈列的降血糖药（数种到数十种）。
3. 实训学生两人一组，轮流扮演药店营业员及患者角色。

四、实训操作

1. 实训分组 2 人一组；模拟药店店员、患者。

2. 情景模拟 患者，男，50 岁，经检查，医生诊断为 2 型糖尿病。患者来药店购买药品，医生的处方如下：二甲双胍片，0.25g/片，每次 1 片，一日 3 次，餐中或餐后服用；罗格列酮片，4mg/片，每次 1 片，一日 1 次，空腹或进餐时服用。

3. 实训步骤

询问疾病 → 给患者测量血糖 → 依据处方调配药品 → 指导合理用药

（1）分组实训 2 人一组，根据提供的处方，学生进行处方审核和调配。

（2）组内讨论 该处方用药的合理性，教师参与讨论，点评每组优缺点。

（3）用药指导 从用法、用量、用药次数、服药时间、可能引起的不良反应及处理办法、注意事项等方面进行指导，教师参与点评。

（4）健康指导 从饮食、运动、改变不良嗜好、建议及时就医等方面指导，教师点评。

（5）随机选出一组进行演练，教师点评。

五、实训考核

考核标准见表 29 - 4。

表 29 - 4 降血糖药的用药指导 实训考核表

项 目	考核要求	分 值	得 分
仪表仪态	着装整洁，态度和蔼亲切，语言通俗	5	
处方审核	准确审方、判断正确	20	
处方调配	快速、正确	20	
分析药品	清楚、全面、正确	20	
用药指导	正确、合理	20	
健康指导	有针对性、正确、合理	10	
职业素养	药品归位、场地清洁、团队协作良好	5	
合 计		100	

任务五 维生素及矿物类药的用药指导

一、实训目的

1. 通过对患者症状的询问，初步具备对维生素及矿物质缺乏疾病进行评估的能力。

2. 初步具备推荐合适的维生素及矿物质药的能力。

3. 初步具备指导患者合理用药的能力；能对患者进行健康指导。

4. 具备良好的职业素养。

二、实训指导

1. 通过查阅文献资料、结合所学知识，探索维生素及矿物质缺乏疾病的问病要点、用药注意、用药误区及健康问题。常见维生素及矿物质缺乏疾病见表 29 – 5。

表 29 – 5　常见维生素及矿物质缺乏疾病

维生素及矿物质	缺乏症
维生素 A（视黄醇）	夜盲症、眼球干燥、皮肤干燥
维生素 B_1（硫胺素）	情绪低落、肠胃不适、手脚麻木、脚气病
维生素 B_2（核黄素）	嘴角开裂、溃疡，口腔内黏膜发炎，眼睛易疲劳
维生素 B_6	贫血、抽筋、头痛、呕吐、暗疮
维生素 B_{12}（钴胺素）	疲倦、精神抑郁、记忆力衰退、恶性贫血
维生素 C（抗坏血酸）	牙龈出血，牙齿脱落；毛细血管脆弱，伤口愈合缓慢，皮下出血
维生素 D	小孩软骨病、食欲不振、腹泻等
钙	牙齿不牢固、抽筋、腰酸背痛、骨质疏松症
锌	成长障碍、贫血、味觉异常、皮肤炎、抑郁
铁	注意力低下、头疼、食欲不振等

2. 分组讨论：常见维生素及矿物质缺乏患者的用药方案、用药指导和健康指导。

三、实训准备

1. 实训场地为有柜台和货架的模拟药店。

2. 按照药品陈列原则陈列的维生素及矿物质药（数种到数十种）。

3. 实训学生两人一组，轮流扮演药店营业员及患者角色。

四、实训操作

1. 实训分组　2 人一组；模拟药店店员、患者。

2. 情景模拟

（1）患者，男，41 岁，业务员。主诉经常牙龈出血，牙齿脱落，伤口愈合缓慢。

（2）患者，女，2 岁，厌食，身高、体重发育缓慢。

3. 实训步骤

（1）分组实训　2 人一组，根据提供的病例，学生列出问病要点，组内学生轮流扮演不同角色，巩固问病过程。

（2）组内讨论　制定合理用药方案，教师参与方案修订，点评每组优缺点。

（3）用药指导　从用法、用量、用药次数、服药时间、可能引起的不良反应及处理办法、注意事项等方面进行指导，教师参与点评。

（4）健康指导　从饮食、运动、改变不良嗜好、建议及时就医等方面指导，教师点评。

（5）随机选出一组进行演练，教师点评。

五、实训考核

考核标准见表29-6。

表29-6　维生素及矿物质类药的用药指导　实训考核表

项　目	考核要求	分　值	得　分
仪表仪态	着装整洁，态度和蔼亲切，语言通俗	5	
问病过程	思路清晰，问病流畅、全面	20	
药品推荐	正确、合理、对症	20	
介绍药品	清楚、全面、正确	20	
用药指导	正确、合理	20	
健康指导	有针对性、正确、合理	10	
职业素养	药品归位、场地清洁	5	
合　计		100	

任务六　皮肤科用药的用药指导

一、实训目的

1. 通过对患者症状的询问，初步具备对皮肤科病进行评估的能力。
2. 初步具备推荐合适的皮肤科用药的能力。
3. 初步具备指导患者合理用药的能力；能对患者进行健康指导。
4. 具备良好的职业素养。

二、实训指导

1. 通过查阅文献资料、结合所学知识，探索皮肤病的问病要点、用药注意、用药误区及健康问题。

2. 分组讨论：常见皮肤病患者的用药方案、用药指导和健康指导。

三、实训准备

1. 实训场地为有柜台和货架的模拟药店。
2. 按照药品陈列原则陈列的皮肤科用药（数种到数十种）。

3. 实训学生两人一组，轮流扮演药店营业员及患者角色。

四、实训操作

1. 实训分组 2人一组；模拟药店店员、患者。

2. 情景模拟

（1）患者，男，55岁，公务员。主诉脚趾缝隙瘙痒、有水疱、脱皮，有十余日，并有扩散的趋势，无既往病史。

（2）患者，女，18岁，学生。主诉外出游玩后出现上臂皮肤瘙痒，起红斑1日，无既往病史。

3. 实训步骤

（1）分组实训 2人一组，根据提供的病例，学生列出问病要点，组内学生轮流扮演不同角色，巩固问病过程。

（2）组内讨论 制定合理用药方案，教师参与方案修订，点评每组优缺点。

（3）用药指导 从用法、用量、用药次数、服药时间、可能引起的不良反应及处理办法、注意事项等方面进行指导，教师参与点评。

（4）健康指导 从饮食、运动、改变不良嗜好、建议及时就医等方面指导，教师点评。

（5）随机选出一组进行演练，教师点评。

五、实训考核

考核标准见表29-7。

表29-7 皮肤科用药的用药指导 实训考核表

项 目	考核要求	分 值	得 分
仪表仪态	着装整洁，态度和蔼亲切，语言通俗	5	
问病过程	思路清晰，问病流畅、全面	20	
药品推荐	正确、合理、对症	20	
介绍药品	清楚、全面、正确	20	
用药指导	正确、合理	20	
健康指导	有针对性、正确、合理	10	
职业素养	药品归位、场地清洁	5	
合 计		100	

任务七 综合实训考核

一、实训目的

1. 考核医药商品学实训的基本技能。
2. 重点考核处方调配和用药指导。

二、实训准备

1. 本校模拟药店，药品多种。
2. 处方 20 张。

三、实训内容

1. 处方调配 学生抽取试卷，审核处方，如处方不规范报告教师；根据处方进行处方调配，正确标示用法用量，指导患者用药。5 分钟内完成考核。

2. 用药指导 学生抽取（用药指导）试卷，内容包括抽取疾病的问病要点，对疾病的评估，推荐 3 种以内治疗药品，并进行指导用药等。主题内容有：普通感冒、流行感冒、消化性溃疡、胃肠炎、荨麻疹、咽炎、骨质疏松症、手足浅表真菌感染、结膜炎。

四、实训考核

考核标准见表 29 - 8。

表 29 - 8 综合实训考核评分表

姓名				实训时间		
班级				实训地点		
学号				实训教师		
序号	考核项目	具体要求	分值	评分标准		得分
1	实训准备	着装干净整洁，实训准备充分	5	着装不干净整洁扣 2 分；实训无准备扣 3 分		
2	处方调配	处方调配正确；标示用法用量；指导用药	30	调配规定时间未完成，扣 2 分；不正确，扣 5 分；标示不清楚，扣 10 分；交待用药不清楚，扣 10 分		
3	用药指导	问病要点全面；正确评估疾病；推荐药品；用药指导	50	问病要点不清楚，扣 5 分；不全面，扣 5 分；评估疾病错误，扣 10 分；推荐药品不合理，错一药扣 10 分；不对患者进行用药指导，扣 10 分		
4	职业素养	工具摆放整齐；药品归回原位；场地清洁卫生	15	工具摆放不整齐，扣 2 分；药品不归位，1 盒药扣 3 分；场地不清洁，扣 3 分		
成绩评定			实训教师： 年 月 日		合计得分	

参考答案

项目一

一、选择题

1. ABCD　2. ACD　3. D　4. B

项目二

一、选择题

1. ABD　2. BCD　3. B　4. B

项目三

一、选择题

1. A　2. B　3. C　4. C

项目四

一、选择题

1. A　2. D　3. ABC

项目五

一、选择题

1. ACD　2. C　3. A　4. ABCD　5. ABCD

项目六

一、选择题

1. D　2. A　3. C　4. B　5. C　6. B

项目七

一、选择题

1. C　2. D　3. A　4. D　5. B　6. C　7. A　8. B　9. B　10. C　11. C　12. D　13. BD
14. B　15. D　16. D　17. D　18. D　19. C

项目八

一、选择题

1. D　2. D　3. D　4. D　5. D　6. A

项目九

一、选择题

1. B　2. A　3. A　4. A

项目十

一、选择题

1. C　2. D　3. D　4. B　5. D　6. C

项目十一

一、选择题

1. C   2. B   3. C   4. D

项目十二

一、选择题

1. C   2. B   3. C   4. C   5. A   6. B   7. C   8. B   9. A   10. D   11. B   12. A   13. C   14. C
15. BD

项目十三

一、选择题

1. A   2. D   3. A   4. A   5. C   6. A   7. C   8. B   9. B   10. B

项目十四

一、选择题

1. A   2. B   3. B

项目十五

一、选择题

1. B   2. C   3. D   4. C   5. ABCD   6. B

项目十六

一、选择题

1. BC   2. C   3. A   4. A   5. C

项目十七

一、选择题

1. D   2. A   3. D   4. D   5. D   6. B   7. A   8. D   9. C   10. D

项目十八

一、选择题

1. A   2. D   3. B

项目十九

一、选择题

1. B   2. B   3. D   4. B

项目二十

一、选择题

1. A   2. D   3. C   4. B

项目二十一

一、选择题

1. A   2. A   3. D   4. ABC   5. AB   6. A   7. ABD   8. ABCD   9. ABCD   10. AC

项目二十二

一、选择题

1. A　2. C　3. B

项目二十三

一、选择题

1. A　2. A　3. ABCD　4. ACD

项目二十四

一、选择题

1. A　2. A　3. A

项目二十五

一、选择题

1. C　2. A　3. C

项目二十六

一、选择题

1. D　2. C　3. C　4. A　5. ABC

项目二十七

一、选择题

1. A　2. C　3. D　4. D　5. ABCD　6. AB　7. B

参考文献

［1］叶真，丛淑芹．药品购销技术学．北京：化学工业出版社，2020.

［2］张虹，秦红兵．药理学．3 版．北京：中国医药科技出版社，2017.

［3］甘友清．医药商品学．北京：中国中医药出版社，2015.

［4］刘亚琴．医药商品学．3 版．北京：中国医药科技出版社，2008.

［5］王雁群．医药商品学．2 版．北京：中国医药科技出版社，2017.

［6］周小江，窦建卫．医药商品学．北京：中国中医药出版社，2009.

［7］宋卉，吴争鸣．药学服务技能与药师岗前培训教程．北京：中国医药科技出版社，2009.

［8］孙师家，杨群华．药品购销员实训教程．北京：中国医药科技出版社，2007.